Veronika und Gunter Prüller-Jagenteufel (Hg.)
GESTALTEN UND VERANTWORTEN

GESTALTEN UND VERANTWORTEN

Alte und neue Herausforderungen christlichen Engagements

Festschrift für Leo Prüller

Herausgegeben von
Veronika und Gunter Prüller-Jagenteufel

Mit Unterstützung von
Erzbischof Alois Wagner · Bischof Maximilian Aichern ·
EU-Kommissar Franz Fischler · Herbert Binder ·
Hans Bürstmayr · Fritz Csoklich · Luitgard Derschmidt ·
Karl Dillinger · Hubert Feichtlbauer · Maximilian Fürnsinn ·
Hubert Lehner · Eva und Josef Petrik · Heinrich Schnuderl ·
Erika Schuster · Klaus Zapotoczky ·

DRUCK- UND VERLAGSHAUS THAUR

CIP-Titelaufnahme der Deutschen Bibliothek
Prüller-Jagenteufel, Veronika und Gunter (Hg.)
Gestalten und Verantworten
Alte und neue Herausforderungen christlichen Engagements.
Festschrift für Leo Prüller. –
Thaur: Druck- und Verlagshaus Thaur GmbH, 1998
ISBN 3-85400-083-9

Alle Rechte vorbehalten
Copyright © by Druck- und Verlagshaus Thaur GmbH, Thaur – Wien – München
ISBN 3-85400-083-9
Umschlaggestaltung: Karl Giesriegl
Herstellung: Druck- und Verlagshaus Thaur GmbH, Krumerweg 9, A-6065 Thaur
Printed in Austria 1998

Inhaltsverzeichnis

Leo Prüller zu Ehren 11

FRANZ KARDINAL KÖNIG
Vorwort 13

ERIKA WEINZIERL
Österreich 1928 – 1998: Ein Überblick 16

ALFRED STRÖER
Durch Gespräch zur Verständigung 38

LAND
ZWISCHEN VOLKSKULTUR UND GLOBALISIERUNG 45

JOSEF RIEGLER
Mit brennendem Herzen für das Land 47

SIXTUS LANNER
Das Dorf im Spannungsfeld von Tradition und Innovation 48

GUNTER M. PRÜLLER-JAGENTEUFEL
Soziale Gerechtigkeit für Bauern
Die Probleme des ländlichen Raumes im Spiegel der katholischen
Sozialverkündigung 59

HANS WEBER
Das Leben auf dem Land als globale Zukunftsfrage
Katholische Landorganisationen in Anwaltschaft für den ländlichen
Raum 76

ERHARD BUSEK
Heimat und Identität
Österreich in Europa 89

MANFRED WOHLFAHRT
Regionalisierung
Subjektwerdung zwischen Heimatmuseum und Zukunftswerkstatt 101

HANS KARNER
Lebendige Geschichte – lebendiges Land:
Die Region Eisenwurzen 106

BILDUNG
LEBENSBEGLEITUNG UND ANSPRUCH 111

Wilhelm Filla
Der Erwachsenenbildner 113

Karl Kalcsics
Von der Volksbildung zur Erwachsenenbildung – und weiter? 114

Karl Mittlinger
Braucht Bildung ein Haus?
Orte der Erwachsenenbildung im virtuellen Zeitalter 127

Erika Schuster
Von Gurus, Trainern und Begleiterinnen
oder: Was ist ein Erwachsenenbildner 136

Franz Stauber
Reisen – eine Schule der Bildung 145

KIRCHE
... UND SIE BEWEGT SICH DOCH 153

Franz Zak
Ein Mann der Kirche 155

Ernst Waldstein
Kulissenwechsel
Vom Fels Petri zum wandernden Volk Gottes 157

Hubert Feichtlbauer
Zerfall oder neue Zukunft?
Es rumort von „unten" in den Strukturen des Laienapostolats 167

Jakob Patsch
Ohne Begehren stirbt die Liebe
Das „Kirchenvolks-Begehren" – ein vitales Hoffnungszeichen der Kirche 176

Christian Friesl
KA semper reformanda oder „Wer braucht die Katholische Aktion?" 189

Veronika Prüller-Jagenteufel
Laien und die Lust an der Kirche
Essay beim Luftholen für den langen Atem 199

FAMILIE
ZUGEWIESENE LEBENSWELT IM WANDEL **213**

Theresia Prüller
Ein Familienmensch **215**

Barthold Strätling
Von der Vielzahl der Familienformen
Von ihren Wandlungen und Veränderungen und ihren zukünftigen Perspektiven **216**

Eva Maria Krendl-Klimitsch / Robert Krendl
Ein Partner für alle Lebensabschnitte?
Ehe – ein Leben lang unvermischt und ungetrennt leben **230**

Veronica-Maria Schwed
Miteinander im Glauben wachsen
Vom Zugewinn religiösen Familienlebens **239**

Eva und Josef Petrik
Beziehungen im Generationensprung
Großeltern und ihre Enkelkinder **248**

Konrad Köhl
Das Alter als spirituelle Aufgabe **253**

LEO PRÜLLER
ZUR PERSON **261**

Wirken und Anliegen Leo Prüllers **262**

Funktionen, Ehrungen, Publikationen **266**

Es gratulieren herzlich **274**

Zu den Autoren **278**

Leo Prüller zu Ehren

Der 70. Geburtstag von Leo Prüller ist ein guter Grund zu feiern, denn das jahrzehntelange fruchtbare Wirken des Jubilars erweckt Bewunderung und Dankbarkeit. Obwohl er in vielen Funktionen über seinen primären Wirkungskreis im Bildungshaus St. Hippolyt hinaus tätig und bekannt ist, steht er selten im Rampenlicht öffentlichen Interesses. Umso mehr scheint es geraten, die Gelegenheit zu ergreifen und ihn mit einer Festschrift zu ehren und ihm Dank auszusprechen.

Dem persönlichen Beispiel Leo Prüllers folgend, dem es nicht um seinen eigenen Erfolg, sondern um die jeweilige Sache geht, steht in dieser Festschrift nicht die Person im Zentrum, sondern die Themen, für die er sich einsetzt. So lassen sich anhand seines Lebens im Dienst an Kirche und Gesellschaft Entwicklungslinien und heutige Herausforderungen für christliches Engagement aufzeigen. Aus dem Wirkungskreis Leo Prüllers wurden dafür die vier Bereiche Land, Bildung, Kirche und Familie ausgewählt, denen jeweils mehrere Artikel zugeordnet sind. Je ein Überblicksartikel beschreibt die Entwicklungen in den letzten Jahrzehnten, die anderen Beiträge widmen sich Einzelthemen und diskutieren aktuelle Fragen.

Leo Prüller selbst wird in einer kurzen Biographie und in den Einleitungsstatements zu den einzelnen Bereichen vorgestellt. Ein Überblick über die österreichische Geschichte in den letzten siebzig Jahren und die Erinnerungen eines Zeitzeugen aus dem „anderen Lager" umreißen den allgemeinen Hintergrund. Im Anhang finden sich Angaben zu den vielen Funktionen Leo Prüllers sowie eine Auswahlbibliographie seiner Schriften.

Die Autoren und Autorinnen haben mit Leo Prüller zusammengearbeitet oder sind heute in den angesprochenen Bereichen tätig. Die redaktionelle Herausgeberschaft haben Veronika und Gunter Prüller-Jagenteufel übernommen.

Die Tabula Gratulationis umfaßt rund 450 Gratulanten und Gratulantinnen, die mit ihrer Subskription das Zustandekommen dieses Buches unterstützten. In ihrem Namen wünschen wir dem Jubilar alles Gute und Gottes Segen und allen Lesern und Leserinnen Freude an dieser Festschrift, die wie das Wirken Leo Prüllers weit über seine Person hinausreicht.

Ad multos annos!

Erzbischof Alois Wagner · Bischof Maximilian Aichern ·
EU-Kommissar Franz Fischler · Herbert Binder · Hans Bürstmayr ·
Fritz Csoklich · Luitgard Derschmidt · Karl Dillinger · Hubert Feichtlbauer ·
Maximilian Fürnsinn · Hubert Lehner · Eva und Josef Petrik ·
Heinrich Schnuderl · Erika Schuster · Klaus Zapotoczky ·

FRANZ KARDINAL KÖNIG

Vorwort

Es ist für mich immer wieder überraschend, im Rückblick auf den eigenen Lebensweg festzustellen, wie sehr wir alle geformt und geprägt werden durch Personen und Ideen, denen wir begegnen; wie sehr wir geprägt werden durch geschichtliche und politische Mächte, die uns begleiten. Das heißt aber auch, wieviel davon abhängt, wie wir auf Herausforderungen und Fragen unterwegs reagieren und antworten.

Damit möchte ich auf jene geistigen Kräfte, Menschen und Ideen hinweisen, die auch das Leben von Prof. Dipl. Ing. Leo Prüller von Beginn seiner Jugend an in Anspruch nahmen und herausforderten; dazu kamen aber auch die persönlichen Vorstellungen und Ziele, mit denen er Einfluß genommen hat auf die ihn umgebende geistige Welt.

Sein Leben war eng verbunden mit dem Aufbruch jener jungen Generation nach dem letzten Krieg, die im Widerstand gegen den Nationalsozialismus und in Gemeinschaft mit der verfolgten Kirche, Hand anlegen wollte, um so mitzuhelfen, die zerstörte Heimat auch geistig wieder aufzubauen, neue Wege zu suchen, ein christliches Welt- und Menschenbild in Verbindung zu setzen mit den Aufgaben dieser Welt und Zeit. So sollte ein altes Mißtrauen zwischen Welt und Kirche allmählich abgebaut werden.

Es waren jene Jahre nach dem Kriege, in denen eine „Wiener", eine „Österreichische Katholische Jugend" zu Tausenden über die Ringstraße zog, um bei „Bekenntnistagen" Mut und Zuversicht zu manifestieren. Auf den Wiener Hochschulen spürte man überall den Einfluß der Katholischen Hochschuljugend, die sich in ihren führenden Kräften um Karl Strobl und Otto Mauer sammelte. Otto Mauer war bereits in der Zeit des Nationalsozialismus als mutiger Prediger in St. Stephan weithin bekannt geworden. Er wurde zum Sammelpunkt einer neuen akademischen Gemeinschaft, die sich zum Teil später in der Katholischen Aktion Österreichs wiederfand. – Wenn also Leo Prüller bereits vor Abschluß seines Hochschulstudiums den Vorsitz in der Katholischen Hochschuljugend (1950/51) übernahm, so ist dies ein Zeichen, wie sehr er bereits damals als Gesprächspartner und Wegbereiter in der jungen Generation tätig war. Sein späterer Vorsitz im Österreichischen Bundesjugendring unterstrich dieses sein Interesse und seinen Bekanntheitsgrad.

Das Wiener Seelsorgeinstitut mit Prälat Rudolf, Prof. Michael Pfliegler, zeitweise Karl Rahner und anderen Jesuitenprofessoren aus Innsbruck, die am Seelsorgeinstitut angebotenen Vorlesungen „Theologie für Laien", die sogenannten „Theologischen Fernkurse", sowie die großen Weihnachts-Seelsorgertagungen brachten das Erbe einer Jugendbewegung (Neuland) aus der Zwischenkriegszeit in jene bewegten Jahre. Das Bemühen von Pius Parsch von Klosterneuburg und P. Jungmann aus Innsbruck, die versuchten, das liturgische Interesse in der jungen Generation zu wecken, wies damit bereits in die Richtung des Zweiten Vatikanischen Konzils. Die Gliederungen der KJ in Arbeiterjugend, Landjugend, Studierende Jugend sollte die verschiedenen konkreten Ziele näher ins Auge fassen und die gemeinsame Zuversicht in diesem Sinne verstärken.

Das sogenannte „Mariazeller Manifest" (1952) mit dem Stichwort von einer „freien Kirche in einer freien Gesellschaft" wurde zu einem Signal der jungen Generation, verhärtete Strukturen auf politischer und staatlicher Ebene im Verlauf der Zeit zu lockern. Damit wurde die Bedeutung des Dialogs, des Gespräches erkannt. Der junge Diplomingenieur Leo Prüller beschloß, sich nicht nur durch persönliches Interesse, sondern auch beruflich an dieses geistige Milieu zu binden und durch die Übernahme vielfältiger Aufgaben zu verpflichten. So übernahm er 1953-56 hauptberuflich die Aufgabe eines Bundessekretärs der Katholischen Jugend und anschließend bis 1960 die eines Generalsekretärs der Katholischen Aktion Österreichs. Alle Bemühungen gingen damals in die Richtung eines erneuerten Kirchenbildes, in die Richtung der Mitverantwortung der Laien an den Aufgaben von Kirche und Welt, um so die Vorstellung einer einseitigen Klerikerkirche zu korrigieren. Einige Jahre später stellte das Zweite Vatikanische Konzil in einem seiner Texte (LG 33) fest: „Die Laien sind besonders dazu berufen, die Kirche an jenen Stellen und in jenen Verhältnissen anwesend zu machen, wo die Kirche nur durch sie Salz der Erde werden kann."

Ein neues Zeitzeichen jener Jahre war die Wahl Johannes XXIII. (1958-63), sowie die Einberufung des Zweiten Vatikanischen Konzils (1962-65). Der euphorische Beginn dieser Kirchenversammlung, die Hinwendung der Kirche auf einer international-geistlichen Ebene zur Welt von heute – im Sinne der Schrift „Gehet hinaus und verkündet das Evangelium" – wurde auch von dem Jungakademiker Prüller mit Aufmerksamkeit verfolgt. In jenen Jahren wurden für ihn zwei Aufgabenbereiche für Welt und Kirche wichtig und konkret. Da war zum einen die Sorge für die Familie: er erkannte sehr früh die Notwendigkeit, den Familien nicht nur finanzielle, sondern auch moralische Hilfe und Unterstützung zu geben. Ebenso sah er die neuen Aufgaben der Erwachsenenbildung, besonders auch im ländlichen Lebensbereich. Aus diesem Grunde übernahm er 1961 die Stelle eines Direktors des Bildungshauses St. Hippolyt in St. Pölten, das er bis zu seiner Pensionierung im Jahre 1989 leitete. Bereits früh erkannte er, daß jener traditionelle Gegensatz von Stadt und Land sich wandelte: Das Schwergewicht verlagerte sich von der Stadt weg in Richtung ländlicher Lebenskreise und neuer Dorfgemeinschaften, wo Familie und Kirche neue Aufgaben zu sehen hatten. Eine christliche Soziallehre, so stellte er fest, richte sich nicht nur an die Welt der Industriearbeiter, sondern ebenso als gesellschaftliches Orientierungsprinzip an die bäuerlichen Lebensbereiche.

So wurde für fast dreißig Jahre das Bildungshaus von St. Pölten zum Mittelpunkt seiner Arbeit in Richtung Familie und Bildungsarbeit. Im Schatten einer mehr gesamtösterreichisch orientierten Katholischen Aktion verlagerte sich seine Aufmerksamkeit auf die kleineren, aber elementaren Lebensbereiche innerhalb von Kirche und Staat. Die Zahl seiner ehrenamtlichen Tätigkeiten als Vorsitzender vieler Gremien, im diözesanen, österreichischen und internationalen Bereich, dokumentieren seine Bereitschaft zu und sein Interesse an aktiver Mitarbeit.

Was Diplomingenieur Leo Prüller in einem langen Leben, in enger Verbindung mit der Kirche, mit seinem Team von Mitarbeiterinnen und Mitarbeitern, durch viele Konferenzen und Arbeitskreise lebendig werden ließ, das verdient auch meinen Respekt und meine dankbare Anerkennung.

ERIKA WEINZIERL

Österreich 1928 – 1998: Ein Überblick

Zeichen an der Wand

1928, das Geburtsjahr Leo Prüllers, war eines der wenigen relativ ruhigen Jahre der Ersten Republik. Die ärgste Nachkriegsnot war überwunden, die Währung saniert. Die Zahl der Arbeitslosen war zwar hoch – sie war aber auch in den besten Zeiten nie niedriger als 100.000 – aber dennoch nicht so katastrophal wie zu Beginn der dreißiger Jahre mit 600.000, von denen die Hälfte „ausgesteuert" war, d. h. überhaupt keine Unterstützung bekam. An der Regierung war seit 1922 (und bis 1932) der sogenannte „Bürgerblock", eine Koalition der Christlichsozialen Partei mit der Großdeutschen Partei unter Bundeskanzler Prälat Ignaz Seipel, dem stets um das Wohl der Kirche besorgten Moraltheologen. Für die Verpflichtung, in der Kulturpolitik nichts zu ändern, gewährte er den Großdeutschen volle Freiheit in der „Anschlußpropaganda". In der Opposition befand sich seit 1920 die Sozialdemokratische Partei, die nur in Wien regierte. Sie machte den „Wasserkopf" der kleinen Republik zu einer international anerkannten Musterstadt im Wohn-, Gesundheits- und kulturellen Bereich, wobei in den beiden letzteren vor allem Juden hervorragende Leistungen erbrachten. In den Bundesländern waren die Christlichsozialen dominierend. Dieser politische und soziale Gegensatz zwischen Wien und den Ländern war in der gesamten Zwischenkriegszeit eine innenpolitische Belastung. Dazu kam das intellektuelle und kulturelle Übergewicht der ungeliebten Hauptstadt.

Die blutigen Zusammenstöße zwischen Schutzbündlern, der bewaffneten Organisation der Sozialdemokratie, und deutschnationalen ehemaligen Frontkämpfern am 30. Jänner 1927 im burgenländischen Schattendorf hatten die erste große innenpolitische Krise ausgelöst. Die Frontkämpfer erschossen einen Kriegsinvaliden und ein Kind. Am 14. Juli wurden die Todesschützen von einem Geschworenengericht in Wien sogar von der Anklage der Notwehrübertretung freigesprochen. Dieses Urteil erregte vor allem die sozialdemokratischen Arbeiter, denen der flammende Protest des Chefredakteurs Friedrich Austerlitz in der „Arbeiter-Zeitung" vom 15. Juli 1927 nicht genügte. Am Morgen dieses Tages zogen Tausende aus den Arbeiterbezirken zu einer großen Demonstration in die Innenstadt, zunächst mit dem Ziel Parlament. Weder die sozialdemokratische Parteiführung noch der Wiener Polizeipräsident Schober hatten dieses Ereignis vorhergesehen. Auf der Ringstraße kam es zu

Zusammenstößen zwischen Demonstranten und berittener Polizei. Laut Polizeibericht wollten die Demostranten in das Rathaus und in das Parlament eindringen. Um 10 Uhr wurde die Parole ausgegeben, den Justizpalast zu stürmen. Die Polizei war zu schwach, um das Eindringen von Demonstranten zu verhindern. Diese legten Brandherde an, auch von außen wurden mit Benzin übergossene Akten brennend wieder in das Gebäude zurückgeworfen. Das Feuer breitete sich rasch aus, bald stand das Haus in Flammen, weil die demonstrierende Menge Polizei und Feuerwehr nicht durchließ. Auch die Beschwörungen des beliebten Bürgermeisters Karl Seitz, der von einem Feuerwagen aus bat, doch der Feuerwehr den Weg freizumachen, wurden nicht befolgt. Daher bat Schober Bundeskanzler Seipel unter Umgehung des Bürgermeisters, den Einsatz von Gewehren zu bewilligen, was auch geschah. Die Gewehrsalven krachten in eine Menge, deren Erregung bereits ihren Höhepunkt überschritten hatte. 89 Tote, davon 4 Polizisten, und über tausend Verwundete waren die Opfer. Die Polizei nahm bei der nun schnellen Räumung des Platzes einige Demonstranten fest. Der von den Sozialdemokraten für den 16. Juli ausgerufene Generalstreik scheiterte. Bei seiner Blockierung trat zum ersten Mal die Heimwehr als eine Art Hilfspolizei in Erscheinung.[1] Am 26. Juli 1927 fand im Nationalrat die große Debatte zwischen Opposition und Regierung über die Ereignisse des 15. Juli statt. Otto Bauer klagte in einer leidenschaftlichen Rede Regierung und Polizei an und bat um eine Amnestie für die Verhafteten. Seipel antwortete mit einer ebenfalls brillanten Rede, deren Höhepunkt allerdings in dem Satz bestand: „Verlangen Sie nichts vom Parlament und von der Regierung, was gegenüber den Opfern und Schuldigen dieses Unglückstages milde erscheint, aber grausam wäre gegenüber der Republik." Damit hatte er selbst der Opposition das Schlagwort für ihre Propaganda gegen „den Prälaten ohne Milde" geliefert, unter deren Eindruck allein 1927 28.000 Österreicher aus der Kirche austraten.

Die Ereignisse des 15. Juli 1927, also noch vor der Geburt Leo Prüllers, wurden in diesen Kurzabriß über die österreichische Geschichte 1928-1998 deshalb so ausführlich aufgenommen, weil sie ein Zeichen an der Wand waren. Fast alle Probleme, die Österreich im nächsten Jahrzehnt „sturmreif" machten, waren in diesem Juli 1927 bereits vorgezeichnet. Man hat sie nur nicht erkannt. Seit damals ging in Österreich das Gespenst des Bürgerkrieges um.

Abschied von Demokratie und Republik

Trotz der innenpolitischen Spannungen kam es noch 1927 zu einer Schulgesetznovelle und 1929 zu einer Veränderung der Verfassung von 1920. Sie erweiterte die Rechte des von nun an durch das Volk zu wählenden Bundespräsidenten.² Nach 1929 erfaßte die Weltwirtschaftskrise mit Bankenzusammenbrüchen auch Österreich. So wie Seipel 1922 erreichte der christlichsoziale Bundeskanzler Dollfuß 1932 mit der Lausanner Anleihe eine neuerliche Hilfe des Völkerbundes, deren Verwendung der Völkerbundkommissar Rost van Tonningen, der Führer der niederländischen NSDAP, überwachte.

In dieser schweren Krisenzeit hätte es einer kraftvollen, in allen ihren Bürgern verwurzelten Demokratie bedurft. Man hätte alles für ihre Stärkung tun müssen, aber das Gegenteil trat ein: Gerade in jenen Jahren wandten sich führende Politiker, wie z. B. Bundeskanzler Seipel, von ihr ab und erwarteten das politische Heil von „starken" Männern und Mächten. So propagierte der Wiener Staatsphilosoph Othmar Spann den „wahren", ständisch geordneten Staat und hielten die Sozialdemokraten an ihrem Linzer Parteiprogramm von 1926 fest, in dem die Demokratie nur als Weg zum Sieg des Sozialismus gewertet worden war. Die Krise des Parlaments wurde daher nicht in gemeinsamer Anstrengung behoben, sondern im März 1933 von Bundeskanzler Dollfuß zu dessen Ausschaltung benützt.

Die außenpolitische Konstellation, die von März 1933 an in zunehmendem Maß durch das bereits fest etablierte Hitler-Regime im Deutschen Reich bestimmt wurde, ließ Dollfuß außerdem Schutz und Hilfe für die jetzt zum ersten Mal seit 1918 ernstlich von außen gefährdete Selbständigkeit Österreichs beim faschistischen Italien suchen. Der von Mussolini geforderte Preis dafür war hoch: die Eliminierung der Sozialdemokratie aus der Politik. Das war am Ende des blutigen Bürgerkrieges vom Februar 1934 erreicht. Es kann kein Zweifel darüber bestehen, daß die große Mehrheit der österreichischen Arbeiterschaft von nun an dem Schicksal des ständisch-gegliederten, betont christlichen Bundesstaates Österreich, in dessen Verfassung vom 1. Mai 1934 das Wort „Republik" nicht mehr vorkam, teilnahmslos gegenüberstand. Ein Teil des bald verstummenden Jubels vom März 1938 wurzelte auch im Bürgerkrieg vom Februar 1934.

Es läßt sich nicht bestreiten, daß die deutschen Divisionen, die am 12. März 1938 in Österreich als dem ersten Opfer des nationalsozialistischen Imperialismus einmarschierten, von jubelnden Österreichern empfangen worden sind, obwohl der Nationalsozialismus als solcher in Österreich vor 1938 nur eine Minderheit zu seinen organisierten Anhängern zählen konnte. Seine Gegner – von wenigen Jugend- und Arbeitergruppen abgesehen – sind jedoch in jenen Märztagen nicht auf die Straßen gegangen. Sie wurden daher ebensowenig photographiert wie jene zehntausende Österreicher, die schon unmittelbar nach dem Einmarsch der deutschen Truppen von der Gestapo verhaftet wurden.

Trotzdem war im März und im April 1938 zweifellos auch viel echte Zustimmung zum „Anschluß" vorhanden. Der bis dahin nie wirklich zustandegekommene Konsens aller Österreicher in der Bejahung einer selbständigen demokratischen Republik, die wirtschaftliche und soziale Not der Zwischenkriegszeit – noch im Frühjahr 1938 gab es mehr als 300.000 Arbeitslose –, Bürgerkrieg und ein zumindest von der Hälfte der Bevölkerung abgelehntes autoritäres Regime waren die wesentlichen Gründe dafür. Kein Wunder, daß der alte, nach 1918 bei den Großdeutschen, Sozialdemokraten und auch den Christlichsozialen starke und nur durch das Veto der Alliierten verhinderte Wunsch nach dem Anschluß noch einmal erwachte. Daher war die „Republik ohne Republikaner" schon 1934 nur von einer Minderheit aktiv verteidigt worden. Daß dann 1938 die Mehrheit der Österreicher auch dem auf der politisch-militärischen Ebene mit nackter Gewalt erzwungenen „Anschluß" ihre Zustimmung gab, war nur eine weitere Konsequenz der bis dahin nicht bewältigten Ausgangssituation der Republik. Erst die sieben Jahre nationalsozialistischer Herrschaft, die sogar den Namen „Österreich" auslöschen wollte, hat hier einen grundlegenden Wandel bewirkt.

Zu einem aktiven Widerstand gegen sie waren unmittelbar nach dem 11. März 1938 nur wenige Österreicher, vor allem überzeugte Kommunisten und Legitimisten, bereit. Es muß jedoch mit aller Deutlichkeit gesagt werden, daß es ihn schon damals gegeben hat und daß bereits im Winter 1939/40, also nach dem siegreichen Polen-Feldzug, in den geheimen Lageberichten des Sicherheitsdienstes der SS vermerkt wurde, daß der Widerstand gegen den Nationalsozialismus in der „Ostmark" stärker war als im übrigen Reichsgebiet. Er hat bis 1945 zahlreiche Opfer gefordert: 2.700 Österreicher wurden in Gerichtsverfahren als aktive Widerstandskämpfer zum Tode verurteilt und hingerichtet, 16.493 wurde in KZs ermordet, 9.687 wurden in Gestapogefängnissen umgebracht, 6.240 gingen in Zuchthäusern und Gefängnissen in den von der deutschen Wehrmacht besetzten Ländern zugrunde. Diese durch amtliche Unterlagen gesicherten Zahlen enthalten nicht die Opfer der Wehrmachtsjustiz, die erst erfaßt werden müssen. Nach dem Stand der bisherigen Erhebungen haben 35.300 Österreicher, ein halbes Prozent der Gesamtbevölkerung, ihr Leben im Kampf gegen den Nationalsozialismus hingegeben.

Da angesichts des totalen Gehorsamkeitsanspruches der nationalsozialistischen Machthaber und der für seine Verletzung drohenden Sanktionen nach der von mir geteilten Meinung Karl Stadlers „jegliche Opposition im Dritten Reich als Widerstandshandlung gewertet werden muß", sind sie alle in einem letztlich sogar nationalen Befreiungskampf gefallen, selbst wenn sie nicht wie der oberösterreichische Bauer Franz Jägerstätter ganz bewußt in ihren Tod gegangen sind. Sie haben jenen Beitrag zur Befreiung geleistet, den die Alliierten in der Moskauer Deklaration von 1943 für die Wiederherstellung eines freien, unabhängigen Österreich von den Österreichern selbst verlangt hatten.

Zur weiteren Bilanz der nationalsozialistischen Herrschaft in Österreich gehören 65.400 ermordete und 112.000 aus ihrer Heimat vertriebene österreichische Juden, 170.800 als Soldaten der Deutschen Wehrmacht gefallene und 76.200 vermißte Österreicher, 24.300 Tote infolge von Luftangriffen, eine halbe Million österreichische Kriegsgefangene und schließlich noch Kriegs- und Besatzungsschäden im Ausmaß von 240 Millionen Schilling[3], ohne Einrechnung des Produktionsausfalles und der damit verbundenen Einbußen der österreichischen Wirtschaft.

Erbe und Neuanfang

Dieses Erbe lastete auf der Republik Österreich, für deren Wiedererrichtung im Frühjahr 1945 die alliierten Truppen die Voraussetzung geschaffen hatten. Die Interessen Österreichs vertrat seit Ende April 1945 die unter Staatskanzler Karl Renner gebildete Provisorische Staatsregierung. Deren Konstituierung war die bereits Mitte April erfolgte Gründung österreichischer demokratischer Parteien, der „Sozialistischen Partei" und der „Österreichischen Volkspartei", vorausgegangen. Den Gründern dieser Parteien, die nun die Nachfolge der beiden großen österreichischen Parteien der Zwischenkriegszeit antraten, war gemeinsam, daß sie in ihrer Mehrheit dem aktiven Widerstand angehört und zum Teil viele Jahre in den KZs der Nationalsozialisten verbracht hatten. Dort hatten sie ihre seinerzeitigen politischen Gegner getroffen, sie verstehen und achten gelernt und beschlossen, in einer besseren Zukunft nicht mehr gegen-, sondern miteinander zu arbeiten. Die führenden Politiker der ebenfalls wieder errichteten Kommunistischen Partei waren im Gefolge der russischen Truppen aus jahrelangem Exil in der Sowjetunion zurückgekehrt. Die kleineren Funktionäre der Partei, die vor ihrem Verbot 1933 in ganz Österreich nie mehr als 24.000 Mitglieder gehabt hatte, waren in großer Zahl dem nationalsozialistischen Terror zum Opfer gefallen.

Die Vertreter aller drei genannten Parteien erließen am 27. April 1945 gemeinsam eine aus fünf Artikeln bestehende „Unabhängigkeitserklärung". Ihre ersten Artikel lauten:

„Art I.: Die demokratische Republik Österreich ist wiederhergestellt und im Geiste der Verfassung von 1920 einzurichten.
Art. II.: Der im Jahre 1938 dem österreichischen Volk aufgezwungene Anschluß ist null und nichtig.
Art. III: Zur Durchführung dieser Erklärung wird unter Teilnahme aller antifaschistischen Parteirichtungen eine Provisorische Staatsregierung eingesetzt und vorbehaltlich der Rechte der besetzenden Mächte mit der vollen Gesetzgebungs- und Vollzugsgewalt betraut."

Die noch am selben Tag von Staatskanzler Renner als Konzentrationsregierung aller drei Parteien gebildete Provisorische Staatsregierung hat bereits mit dem Datum vom 1. Mai durch die Annahme des Verfassungsüberleitungsgesetzes und der sogenannten „Vorläufigen Verfassung" Österreich für die kommende schwierige Aufbauzeit Verfassungskämpfe erspart. Das Bundesverfassungsgesetz vom 1. Oktober 1920 in der Fassung von 1929 und alle anderen Verfassungsgesetze traten mit dem Stand vom 5. März 1933 wieder in Kraft. Alle nach diesem Zeitpunkt erlassenen Gesetze wurden aufgehoben. Die „Vorläufige Verfassung" übertrug der Regierung für die Zeit, in der noch keine parlamentarischen Vertretungskörper bestanden, deren Rechte. Sie verlor am 19. Dezember 1945, dem Tag des Zusammentrittes des neuen Nationalrates, ihre Wirksamkeit. Dieser war am 25. November 1945 gewählt worden. Trotz bzw. wegen der massiven Unterstützung, die die russischen Truppen in Ostösterreich und Wien der KPÖ leisteten, legten die unter Hunger, Kälte und Entbehrungen aller Art leidenden Österreicher ein eindrucksvolles Bekenntnis zur parlamentarischen Demokratie ab. Da die Mehrzahl der Kriegsgefangenen zu dieser Zeit noch nicht heimgekehrt war und die ehemaligen Nationalsozialisten (es gab 525.000 registrierte) nicht wählen durften, waren von den 3,449.605 Wahlberechtigten 64% Frauen. Die in ganz Österreich frei und geheim durchgeführten Wahlen ergaben 85 Mandate und damit die absolute Mehrheit für die ÖVP, 76 für die SPÖ und 4 für die KPÖ.

In der Eröffnungssitzung des Nationalrates der Republik Österreich am 19. Dezember 1945 führte zunächst Altpräsident Karl Seitz den Vorsitz. Er verkörperte jene Kontinuität der österreichischen Parlamentsgeschichte, die er auch in seiner Rede besonders betonte. Er schloß sie mit folgendem Bekenntnis:

> „Wir wissen, daß wir ein kleiner Staat sind. Aber wir sind kein verachteter Staat. Wir wissen, daß wir eine Geschichte haben, daß wir nicht aus Liebedienerei und weil es heute modern ist, sondern aus urinnerster Überzeugung Demokraten sind und nichts anderes wollen, als daß der Staat nach den Gesetzen wahrer Demokratie geleitet werde. (...) Wir sind Österreicher und wir wollen es bleiben, wir werden etwas anderem niemals zustimmen. (...) Wir wollen, daß wir immer ein unabhängiges Volk bleiben, daß wir uns in dieser Art und nach unserer Art frei entwickeln können. Es lebe die Republik Österreich!"

Die Abgeordneten, unter ihnen neun Frauen, brachen daraufhin laut Protokoll in ein „dreimaliges begeistertes Hoch" aus, dem großer anhaltender Beifall und Händeklatschen folgten. In der anschließenden Wahl wurde Leopold Kunschak zum ersten, Johann Böhm zum zweiten und Alphons Gorbach zum dritten Präsidenten des Nationalrates gewählt. Kunschak, dessen Parlamentsrede im Juni 1920 den Anlaß zur Sprengung der rot-schwarzen Koalition gegeben und der 1934 die eigene christlichsoziale Partei vergeblich vom Bürgerkrieg abzuhalten versucht hatte, hielt nur eine kurze Rede, da er diesen „Freudentag erster Ordnung" nicht durch eine ausführliche Rückschau auf das vergangene Jahrzehnt „vergällen" wollte.

> „Das möge den Geschichtsschreibern einer kommenden Zeit überlassen bleiben. Uns geziemt es, fest und unbeirrt unseren Weg in die Zukunft zu lenken."

Wenn jetzt auch nur Zerstörung zu sehen sei, sagte Kunschak, so sei doch das Ziel ein freies Volk, ein arbeitsames und durch seine Arbeit in seiner Arbeit glückliches Volk. Die im Parlament vertretenen drei Parteien hätten jede ein eigenes Programm, das sie zu verwirklichen entschlossen seien. Das sei nicht nur ihr gutes Recht, sondern sogar ihre Pflicht. Dennoch stünden sie zusammen und stellten die Parteiinteressen zurück, „weil wir alle miteinander die Pflicht empfinden, in erster Linie und mit der ganzen Kraft und Hingabe, über die wir verfügen, dem Volke und dem Vaterland zu dienen." Daher lade er die Abgeordneten ein: „Hören wir mit dem Reden auf und gehen wir in Gottes und des Volkes Namen an die Arbeit." Auch diesen Worten folgte „stürmischer, langanhaltender Beifall". Danach legte Karl Renner, der im April 1938 ebenso wie die österreichischen Bischöfe öffentlich erklärt hatte, er werde für den „Anschluß" stimmen, den Rechenschaftsbericht der Provisorischen Staatsregierung vor. Dieser Rechenschaftsbericht von 1945 ist keine „Lebenslüge", sondern ein eindrucksvolles und überzeugendes Bekenntnis „zur gemeinsamen Staatlichkeit wie zur Autonomie der Teile der demokratischen Republik Österreich" und zur Friedensmission ihrer Selbstbehauptung. Der an seinem Ende stehende Wunsch nach dem *„baldigen* Erscheinen des Tages unserer vollen Freiheit" ging allerdings nicht in Erfüllung.

Der Weg von der Wiederherstellung der Republik Österreich im Jahr 1945 bis zur Erlangung ihrer Souveränität, von der Befreiung zur Freiheit, sollte noch ein volles Jahrzehnt dauern. Die erfolgreiche Bewältigung der Nöte dieser Zeit vierfacher militärischer Besetzung, der wirtschaftliche Wiederaufbau aus den Trümmern des Krieges und das österreichische „Wirtschaftswunder" sind der Arbeit der Österreicher und der großzügigen amerikanischen Wirtschaftshilfe zu danken, die insgesamt mehr als das Sechsfache der Genfer Völkerbundanleihe von 1922 ausmachte.

Die große Koalition

Im wirtschaftlichen und politischen Bereich ist diese Entwicklung wesentlich einem in der Nachkriegszeit spezifisch österreichischen Phänomen zu verdanken: der Großen Koalition zwischen ÖVP und SPÖ von 1945 bis 1966. Wenn ihre beste Zeit auch zweifellos das Jahrzehnt von 1945 bis 1955 war und sie nach dem Wegfall der äußeren Klammer der Besatzung ab 1955 nicht mehr ganz reibungslos funktionierte, so hat sie dennoch auch nachher noch Probleme lösen können, die zum Teil ihren Ursprung in der friedlosen Innenpolitik der Ersten Republik hatten. Dazu gehörten der Ausbau der österreichischen Sozialgesetzgebung, der einvernehmliche Aufbau des Bundesheeres, die Schulgesetzgebung, der Eintritt in die EFTA im Jahr 1960 und die für das damals noch zu 89% katholische Österreich[4] wichtige Bereinigung der Beziehungen des Staates zur Kirche, die seit 1945 im Gegensatz zur Zeit vor 1938 zunehmend parteipolitische Distanz wahrte.

Insgesamt kommt der ganzen Koalitionsära für die Befriedung und Konsolidierung der österreichischen Innenpolitik entscheidende Bedeutung zu. Sie hat die beiden großen politischen „Lager" dieses Landes, die 1934 einander ja in einem blutigen Bürgerkrieg bekämpft hatten, an die Zusammenarbeit gewöhnt. Sie hat ihnen das Vertrauen in die demokratische Gesinnung ihres Partners und damit auch die demokratische Bewährung unter den Bedingungen von Einparteienregierungen nach 1966 ermöglicht. Ihr Ansehen war 1961 bei den Österreichern noch so hoch, daß bei einer Meinungsumfrage die Anhänger der ÖVP *und* der SPÖ erklärten, ihrer Partei läge am meisten am Weiterbestand der Koalition. Die Frage nach ihren Verdiensten wurde damit beantwortet, daß sie Wohlstand, Arbeit und inneren Frieden gebracht habe. Obwohl die Alleinregierung der Volkspartei und die sozialistische Opposition und vice versa all dies seit 1966 nicht gefährdet haben, wurden schon vor dem 1. März 1970 und seither immer wieder in beiden großen Parteien Stimmen laut, die sich für den Fall, daß keine der beiden Parteien die absolute Mehrheit erringen sollte, für eine, wenn auch modifizierte, Erneuerung der Großen Koalition aussprachen. Im allgemeinen kann man aber sicher sagen, daß sich seit 1966 die Überzeugung durchgesetzt hat, daß Koalition und Proporz weder die Voraussetzung noch die Verneinung einer funktionierenden Demokratie darstellen, denn dafür ist die demokratische Gesinnung aller am demokratischen Prozeß Beteiligten ausschlaggebend. Für schwere Krisenzeiten hat sich jedoch ohne Zweifel die Große Koalition als bester Weg zur Bewältigung erwiesen.

Bis zu ihrer Auflösung im Frühjahr 1966 überlebte die Koalition erfolgreich alle Wechsel in der Führung beider Parteien und sie funktionierte bis 1963, dem Jahr der „Habsburg-Krise", im wesentlichen reibungslos. In den Auseinandersetzungen um die Frage, ob Dr. Otto Habsburg, der älteste Sohn des letzten österreichischen Kaisers, die Einreise nach Österreich erlaubt werden sollte, stimmten die Sozialistische Partei und die Freiheitliche Partei, seit 1954 die Nachfolgeorganisation des 1949 gegründeten Verbandes der Unabhängigen (VdU), zum ersten Mal gemeinsam gegen die Volkspartei. Durch die Vermittlung der ÖVP, die einen Kompromiß zwischen den Sozialisten und Dr. Habsburg zustande bringen wollte, wurde damals ein Bruch verhindert.[5]

Der Weg in die Neutralität

Die im Vergleich mit der Ersten Republik ebenfalls viel günstigere außenpolitische Situation der Zweiten Republik war seit 1955 durch den Staatsvertrag und die Neutralitätserklärung bestimmt. Diese standen am Ende einer zehnjährigen Besatzungszeit, die trotz oder besser wegen ihrer Härten – anfangs befanden sich 700.000 Mann Besatzungstruppen in Österreich – ebenso wie der Druck des Nationalsozialismus 1938-1945 als Einigungsfaktor gewirkt und das österreichische Selbstverständnis und Selbstbewußtsein gestärkt hatte.

Seinen beträchtlichen materiellen Staatsvertragsverpflichtungen ist Österreich pünktlich, sogar vorzeitig, nachgekommen. Die Zweite Republik, die 1946/47 große Bereiche von Wirtschaft und Industrie verstaatlichte, um sie vor dem russischen Anspruch als sogenanntes „Deutsches Eigentum" zu retten, hat den Nachweis erbracht, daß sie im Gegensatz zur Ersten Republik infolge der guten Zusammenarbeit der Sozialpartner auch schwere Opfer ohne Gefährdung ihrer Existenz auf sich nehmen kann. Die Erfüllung der Neutralitätsverpflichtung, 1955 *der* Preis der UdSSR, dem Staatsvertrag zuzustimmen, ist Österreich weit leichter gefallen, da sie der von den Politikern der beiden Koalitionsparteien in Anknüpfung an Neutralitätsideen der Zwischenkriegszeit seit 1947 vertretenen Linie der Ablehnung jedweder Eingliederung in den Ost- oder Westblock entsprach. Bei der Annahme des Neutralitätsgesetzes durch das österreichische Parlament am 26. Oktober 1955 betonte Bundeskanzler Julius Raab ebenfalls im Einklang mit einer schon früher geäußerten Meinung jedoch, daß das Gesetz weder die politische Freiheit des einzelnen berühre, noch den Staat selbst zu ideologischer Neutralität verpflichte.

Jenseits der von der Neutralität gezogenen Schranken nahm Österreich außenpolitisch stets eine vermittelnde Haltung ein. Sie wurde dadurch erleichtert, daß die Zweite Republik in den sechziger Jahren auch die wirtschaftlichen und kulturellen Beziehungen mit ihren östlichen Nachbarn und der Sowjetunion intensivierte. Auch wenn dabei da und dort an eine noch aus einer gemeinsamen Vergangenheit stammende Tradition angeknüpft werden konnte, waren diese Kontakte ausschließlich von den Erfordernissen der Zeit bestimmt. Die Ansiedlung bedeutender internationaler Organisationen (z. B. IAEO und UNIDO), die in ganz Österreich zunehmende Zahl internationaler Kongresse sowie die Wahl Wiens als Tagungsort für politische Konferenzen von weltpolitischem Rang[6] waren eine Bestätigung für die Richtigkeit des in der Neutralitätspolitik eingeschlagenen Weges. Er ist bei der Mehrheit der österreichischen Bevölkerung noch immer ebenso unumstritten wie die Überzeugung, daß die Unabhängigkeit der demokratischen Republik Österreich gegen jeden Angriff von außen verteidigt werden muß.

Stabilität und Wirtschaftswachstum

Die wirtschaftliche Wachstumsrate und die innere politische Stabilität in Österreich nach 1945 ist an etliche Faktoren gebunden. Trotz aller Unterschiede wich die gespannte Atmosphäre der Zwischenkriegszeit einem neuem Klima vertrauensvoller Zusammenarbeit. Sehr wichtig war dabei der Wechsel in der Haltung der Österreicher zu ihrem Staat, ebenso die Zusammenarbeit zwischen den Sozialpartnern und besonders die strikte Trennung von Kirche und Parteipolitik, die vor allem Kardinal König, Erzbischof von Wien zwischen 1956-1985, verantwortete. 1945 bereits hatte hier ein bewußter Wechsel begonnen, in dem die Kirche sich verpflichtete, künftig frei von einseitiger politischer Bindung zu bleiben.

Wirksam wurde das österreichische „Wirtschaftswunder", das mit der sogenannten Raab-Kamitz-Periode begann, dann insbesondere in den 50er Jahren. 1957 wurde die „Paritätische Kommission" zwischen den Sozialpartnern gegründet, deren Funktion 1962 in einem Abkommen zwischen dem damaligen Präsidenten der Bundeswirtschaftskammer, Julius Raab, und dem Präsidenten des Österreichischen Gewerkschaftsbundes, Franz Olah, erweitert wurde – ein Abkommen, das heute immer noch, wenn auch etwas mühsam – existiert und alle Koalitionen überstanden hat. Nicht zuletzt der funktionierenden Sozialpartnerschaft wegen nannte Papst Paul VI. Österreich noch in der Mitte der 70er Jahre eine „Insel der Seligen". Für heute gilt das sicher nicht mehr.

Die Ära der Großen Koalition endete einerseits durch Fehler, die die Sozialisten machten, besonders aber durch die Gründung einer kleinen Splitterpartei durch den vormals mächtigen Präsidenten des Gewerkschaftsbundes und Innenminister 1963/64, Franz Olah, der zuvor aus der SPÖ ausgeschlossen worden war.[7] Andererseits kam es zum Generationswechsel in der Volkspartei von Raab zu Gorbach und Klaus. Die ÖVP erreichte nun bei der Nationalratswahl im März 1966 zum ersten Mal seit 1945 wieder die absolute Mehrheit. Eine ÖVP-Regierung unter Bundeskanzler Josef Klaus wurde gebildet, in der – auch zum ersten Mal – eine Frau, Grete Rehor, Sozialministerin wurde. Von nun an gab es keine Regierung ohne Frauen.

Viele Ängste widerlegend, hielt sich die Regierung Klaus an alle demokratischen Richtlinien. Wirtschaftliche Kontakte mit osteuropäischen Staaten wurden durch Klaus' offizielle Besuche intensiviert. Der Konflikt zwischen Österreich und Italien, der seit 1946 über das Problem der Rechte der Südtiroler existierte, wurde im „Südtirol-Paket" von 1969 einem Abschluß nähergebracht.[8]

Die Ära Kreisky

Die Wirtschaftsrezession von 1967-1968, inkonsequente Steuerpolitik, Meinungsunterschiede zwischen Spitzenpolitikern der Volkspartei und besonders die rasche Erholung der SPÖ unter der Führung von Bruno Kreisky verhinderten die Wiederholung des Wahlerfolges der ÖVP von 1966. Kreisky, der während der NS-Zeit nach Schweden emigriert war und dort Freundschaft mit Olof Palme geschlossen hatte, war seit 1955 Staatssekretär im Außenministerium. Er gab den Sozialisten den Impuls für die Entwicklung zur modernen Partei der Zukunft. In der Folge erreichte die SPÖ bei den Nationalratswahlen am 1. März 1970 die relative Mehrheit. Eine Koalition mit der Volkspartei kam nicht zustande, weshalb eine Minderheitsregierung gebildet wurde. Eine „kleine" Wahlreform, die kleinere Parteien begünstigte, vor allem die Freiheitliche Partei, sicherte den Sozialisten die Unterstützung für ihr Budget 1971. Im Oktober 1971 wurden Neuwahlen abgehalten. Die SPÖ erreichte mit dem Motto „Laßt Kreisky und sein Team arbeiten" die absolute Mehrheit. Dieser Erfolg wurde 1975 und 1979 wiederholt. Die relative Mehrheit, erreicht als Ergebnis der Wahl 1983, führte zur Bildung einer kleinen Koalition mit der Freiheitlichen Partei, diesmal unter der Führung von Fred Sinowatz, Kreiskys Nachfolger als Kanzler und Parteivorsitzender. Die 13 Jahre, in denen die Sozialisten allein regierten, waren so stark durch den „Journalisten-Kanzler" Kreisky beeinflußt, daß sie als die „Ära Kreisky" bezeichnet werden. Sie ging mit seinem Ausscheiden aus der aktiven Politik 1983 und schließlich seinem Tod 1990 zu Ende.

Zweifellos fand in Österreich in dieser Periode ein Modernisierungsprozeß statt, von dem besonders die Bildung und die Justiz profitierten. Die Ministerien für Gesundheit, Wissenschaft und Forschung wurden errichtet; letzteres wurde 13 Jahre lang erfolgreich von einer Frau geleitet, Dr. Hertha Firnberg. Die Zahl der Hochschul- und Universitätsstudenten verdoppelte sich und die Anzahl der studierenden Frauen entsprach jener der Männer, obwohl die dropout-Rate für Frauen höher war und ist. Das Universitäts-Organisationsgesetz von 1975 gab Assistenten und Studenten das Recht zur Mitbestimmung. Dieses wurde an allen Universitäten durchgeführt – sicherlich nicht zur Freude aller Professoren.

Der auf lange Sicht wirksamste soziale Wandel wurde jedoch in den Reformen der Strafrechts- und Familiengesetze in Gang gebracht. Justizminister Christian Broda kämpfte viele Jahre um Unterstützung für diese Reformen. Er fand einen fairen und kooperativen Partner im ÖVP-Justizsprecher Dr. Hauser. Die einzige Rechtsreform, die die Beziehungen zwischen der Kirche und dem Staat beziehungsweise der SPÖ belastete, war im neuen Strafgesetz das

Fristenlösungsgesetz 1975, das eine Abtreibung bis zum dritten Schwangerschaftsmonat straffrei stellt.

Bedeutendere soziale Veränderungen – wie der Rückgang der Anzahl der Bauern um die Hälfte und die kräftige Zunahme der Angestellten, besonders im Dienstleistungssektor – wurden durch die Schaffung neuer Arbeitsplätze aufgefangen. Die Anzahl der Arbeitslosen konnte bis zum Anfang der 80er Jahre auf Kosten steigender Staatsschulden relativ klein gehalten werden.

In seiner Innenpolitik hatte Kreisky jedoch nicht nur Erfolge. So scheiterten seine wiederholten Anstrengungen, die Situation der Kärntner Slowenen entsprechend der Vereinbarungen im Staatsvertrag (Art. 7, Abs. 3) zu verbessern. Das am 6. Juli 1972 im Nationalrat angenommene Gesetz über zweisprachige topographische Bezeichnungen in den gemischtsprachigen Gebieten Kärntens, das 205 Ortschaften aus 36 Kärntner Gemeinden betraf, löste bei seiner Durchführung im Herbst 1972 Vorfälle aus, deren Folgen bis heute noch nicht ganz überwunden sind. Am 10. Oktober wurden von deutschnationalen Kärntnern alle doppelsprachigen Ortstafeln entfernt, wobei es zu Demonstrationen kam, bei denen gerufen wurde: „Kärnten frei und ungeteilt!" sowie „Nie mehr zweisprachige Tafeln!". Bei slowenischen Gegendemonstrationen wurden dagegen Rufe laut wie: „Es lebe Slowenisch-Kärnten!" und „Freiheit für Kärntens Slowenen!". Der sozialistische Kärntner Landeshauptmann Sima, der schließlich wegen des Ortstafelstreites von seiner eigenen Partei zum Rücktritt gezwungen wurde, aber auch Bundeskanzler Kreisky selbst wurden bei Vermittlungsversuchen in Kärnten mit Unmutsbezeugungen bedacht.

Bereits am 8. November traf in Wien die erste jugoslawische Protestnote wegen dieser Vorgänge um die zweisprachigen Ortstafeln ein. Ihr folgten weitere, im Ton immer schärfere. Den Höhepunkt erreichte diese Streitfrage zwischen Jugoslawien und Österreich, die seit den fünfziger Jahren in guten Beziehungen miteinander gestanden waren, im Frühjahr 1975 mit der Rückberufung des österreichischen Botschafters aus Belgrad zur Berichterstattung nach Wien.

Ohne Zustimmung der Vertreter der Slowenenverbände einigten sich die drei im Parlament vertretenen Parteien am 1. Juli 1976 auf eine Vorgangsweise, die zum Volksgruppengesetz und zur geheimen Erhebung der Muttersprache führte. Das Volksgruppengesetz, das unter anderem Slowenisch als zusätzliche Amtssprache vorsieht, und die Novelle zum Volkszählungsgesetz wurden bereits am 7. Juli 1976 vom Nationalrat einstimmig beschlossen. Die geheime Erhebung der Muttersprache in ganz Österreich („Volkszählung besonderer Art") fand am 14. November statt. Da aber u. a. nach Solidaritätsaufrufen für die Slowenen nur 26,9 Prozent aller Teilnahmeberechtigten abstimmten (in Kärnten 86,3 Prozent) und in Wien von 4747 Bürgern gegen nur

3941 in Kärnten Slowenisch als Muttersprache angegeben wurde, kam es zu keinem brauchbaren Ergebnis. Weitere Verhandlungen und erhöhte Zuwendungen des Bundes an das Land Kärnten vor dem Inkrafttreten des Volksgruppengesetzes mit 1. Juli 1977 führten Ende Juni zu einem gemeinsamen Aufruf der drei im Landtag vertretenen Parteien an die Kärntner zu Versöhnung und friedlicher Zusammenarbeit. Später verschärfte sich die Lage durch das sogenannte „Pädagogenmodell" zur Neuregelung des zweisprachigen Schulwesens wieder. Die außenpolitische Verstimmung mit Jugoslawien wurde dagegen mit dem Besuch des jugoslawischen Außenministers im Oktober 1979 in Wien und dem Staatsbesuch Kreiskys in Belgrad im Frühjahr 1980, dem ersten in der Ära nach Tito, beigelegt.

1978 lehnten die Österreicher in einem Referendum die Inbetriebnahme des bereits fertiggestellten Atomreaktors in Zwentendorf ab. Kreisky, der die Abstimmung selbst initiiert hatte und für das Kraftwerk war, respektierte jedoch das Ergebnis. Dieses Verhalten brachte ihm letztlich wieder die absolute Majorität bei den Nationalratswahlen von 1979 ein. Doch wachsende finanzielle und wirtschaftliche Schwierigkeiten in den beginnenden 80er Jahren belasteten den an einer schweren Nierenerkrankung leidenden, über 70 Jahre alten Kanzler zunehmend. Als der damalige Finanzminister, Herbert Salcher, der dem langjährigen Finanzminister und Vizekanzler Hannes Androsch wegen dessen Steuerberatungskanzlei über Wunsch Kreiskys gefolgt war, im sogenannten „Mallorca-Pakt" die Zinsertragssteuer einführte, wurde dies zum Auslöser für den Verlust der absoluten Mehrheit der Sozialisten bei den Nationalratswahlen 1983, nach denen Kreisky zurücktrat.

In der Außenpolitik hatte Österreich durch die Aktivitäten und das Renomee Kreiskys großes Ansehen erworben. Nur mit Israel konnte oder wollte er nicht die schon bestehenden guten zwischenstaatlichen Beziehungen verbessern. Bei seiner massiven Verteidigung des Bundesparteiobmanns der FPÖ, Friedrich Peter, der im Krieg einer Einsatzgruppe der SS angehört hatte und nach den Wahlen 1975 dritter Nationalratspräsident werden sollte, scheute Kreisky auch nicht vor schweren Angriffen gegen Israel und Simon Wiesenthal zurück. Andererseits gewährte Österreich unter Kreisky vor allem für jüdische Emigranten aus der UdSSR großzügig Asyl, was trotz des palästinensischen Terroranschlages im September 1973 auf einen Emigrantenzug im Bahnhof Marchegg weitergeführt wurde.

Waldheim, Haider und die Grünen

Die erste Regierung einer kleinen Koalition der SPÖ mit der FPÖ von 1983-1986 unter Bundeskanzler Dr. Fred Sinowatz und Vizekanzler Norbert Steger war nicht erfolgreich und endete 1986 infolge von zwei nicht miteinander im

Zusammenhang stehenden politischen Affären. Die erste war die Wahl eines neuen Bundespräsidenten nach dem Ablauf der zweiten Amtsperiode des allseits geschätzten Bundespräsidenten Dr. Rudolf Kirchschläger. Er lehnte den Vorschlag der beiden großen Parteien ab, wegen einer dritten Kandidatur die Verfassung zu ändern. So standen einander bei der Stichwahl am 8. Juni 1986 der Kandidat der ÖVP, Dr. Kurt Waldheim – in der Regierung Klaus Außenminister und danach zwei Perioden Generalsekretär der UNO –, und der aus der Regierung Sinowatz ausgeschiedene Gesundheitsminister, Dr. Kurt Steyrer, gegenüber. Diese (zweite) Kandidatur Waldheims erregte in Österreich und international großes Aufsehen, da er vom Jüdischen Weltkongreß beschuldigt wurde, während des Zweiten Weltkrieges an Kriegsverbrechen auf dem Balkan beteiligt gewesen zu sein. Beweise dafür wurden nicht einmal von der Internationalen Historikerkommission gefunden, die auf Anregung von Simon Wiesenthal über Waldheims Wunsch arbeitete. Doch es blieb der Vorwurf, einige Stationen seines Lebens verschwiegen bzw. geleugnet zu haben. Waldheim war schon 1987 von der US-Regierung auf die „Watch-List" gesetzt worden, was dauerndes Einreiseverbot in die USA bedeutet.

In Österreich wurde im Zuge der Waldheim-Affäre latenter Antisemitismus in beunruhigendem Ausmaß aktiv. Andererseits bewirkten und bewirken diese Ereignisse eine besonders dichte Reihe von Gedenkveranstaltungen, die dann 1988 auch zur Erinnerung an und zum Bekenntnis zur österreichischen Mittäterschaft an NS-Verbrechen führten.

Bundeskanzler Sinowatz trat nach dem Sieg Waldheims zurück. Sein Nachfolger wurde der bisherige Finanzminister Dr. Franz Vranitzky. Er kündigte die „kleine Koalition" unmittelbar nach der Wahl des zwar in Oberösterreich geborenen, aber in der Kärntner FPÖ erfolgreichen Rechtspopulisten Dr. Jörg Haider zum Obmann der FPÖ. Seiner Wahl ging der organisierte Sturz des nationalliberalen Obmanns und Vizekanzlers Norbert Steger voraus – in einem Parteiklima, das Grund zur Sorge gab.

Der „Wein-Skandal" – künstliche Versüßung von Wein durch chemische Aufzuckerung vor allem für den Export –, die Krise der VOEST, das Steigen des staatlichen Budget-Defizites, Korruptionsfälle in beiden großen Parteien, Zunahme der Arbeitslosigkeit, die Reder-Frischenschlager-Affäre – FPÖ-Verteidigungsminster Frischenschlager war dem nach langjähriger Haft in Italien begnadigten Kriegsverbrecher Reder zur Begrüßung entgegengefahren – und die Folgen der Waldheim-Wahl hatten die österreichische politische Landschaft in einem beträchtlichen Ausmaß verändert. Für die nach der Aufkündigung der SPÖ-FPÖ-Koalition erforderlichen neuen Nationalratswahlen hatten alle Meinungsforschungsinstitute eine Niederlage der SPÖ vorhergesagt. Der Obmann der ÖVP, Vizekanzler und Außenminister Dr. Alois Mock, hatte daher schon damals mit einem Sieg seiner Partei gerechnet. Bei den

Wahlen am 23. November 1986 erhielt Vranitzky jedoch einen Vorsprung von drei Mandaten und die relative Mehrheit. Die „Grünen", angeführt von Freda Meissner-Blau, die durch die erfolgreiche Besetzung der Hainburger Au für deren Erhaltung im Dezember 1984 bekannt geworden war, gewannen acht Mandate und zogen damit erstmals in den Nationalrat ein. Seit dem Ausscheiden der letzten Kommunisten 1959 hatte es keine vierte Partei im Parlament mehr gegeben. Jörg Haider, der vor den Wahlen erklärt hatte, seine Kandidatur sei „die stärkste und fürchterlichste Kampfansage" an SPÖ und ÖVP, erhielt doppelt so viele Mandate (18) und Stimmen als die FPÖ bei den Wahlen zuvor. Da Vranitzky von Anfang an eine Koalition mit der Haider-FPÖ ausgeschlossen hatte, wurden Verhandlungen für eine neue Große Koalition mit der ÖVP aufgenommen.

Die zweite Ära der Großen Koalition in der Zweiten Republik begann im Jänner 1987. Die erste Gesetzgebungsperiode dieser Koalition wurde voll zu Ende geführt, obwohl es wieder zu einer Reihe von Skandalen gekommen war – Steuerhinterziehungen, Korruption, Versicherungsbetrug, die vor allem die SPÖ betrafen. 18 Monate vor den Wahlen am 7. Oktober 1990 folgte der Bauernbundobmann Dr. Josef Riegler dem bisherigen ÖVP-Obmann Vizekanzler Dr. Alois Mock als Bundesparteiobmann. Als Außenminister blieb Mock in der Regierung. Obwohl wieder alle Meinungsumfragen das Gegenteil vorhersagten, errang die SPÖ vor allem durch die Anstrengungen des populären Bundeskanzlers und SPÖ-Obmanns Vranitzky wiederum eine noch dazu gestiegene relative Mehrheit im Parlament (80 Mandate). Die „Grünen" (10 Mandate) und besonders die ÖVP (60 Mandate) waren die Verlierer dieser Wahl, die rechte FPÖ war mit 33 Mandaten der größte Gewinner. Im Februar 1993 traten allerdings 5 FPÖ-Mandatare aus der FPÖ aus und bildeten unter der Führung der dritten Nationalratspräsidentin Heide Schmidt als „Liberales Forum" eine eigene Parlamentsfraktion.

Die zwischenparteilichen Verhandlungen führten zu einer Fortführung der Großen Koalition, obwohl einige Gruppen in der ÖVP eine rechte Koalition mit der FPÖ vorgezogen hätten. Eine derartige Koalition gab es bereits auf lokaler Ebene in Kärnten, allerdings nicht ohne Probleme für die ÖVP. Haider war 1990/91 mit Unterstützung der ÖVP Kärntner Landeshauptmann. Seine Aussage im Kärntner Landtag am 13. Mai 1991 über die „ordentliche Beschäftigungspolitik im Dritten Reich", „was nicht einmal Ihre Regierung in Wien zusammenbringt", erregte solches Aufsehen, daß der Ministerrat am 18. Juni verkündete, daß er Haiders Rücktritt erwarte. Nachdem der Kärntner Landtag am 21. Juni den Mißtrauensantrag von SPÖ und ÖVP gegen Haider mit 25 Stimmen angenommen hatte, trat Haider zurück. Die darauffolgende Obstruktion der FPÖ im Kärntner Landtag, die durch ihren Auszug eine Neuwahl verhinderte, endete schließlich überraschend, und SPÖ und ÖVP wählten Zernatto zum Landeshauptmann. Die Art der Verhandlungen Haiders mit dem Kärntner ÖVP-Landeshauptmann Christof Zernatto und dem, nach der Niederlage auch der Sozialdemokraten bei den Landtagswahlen im März 1994 zur Sanierung der SPÖ nach Kärnten gesendeten, Gesundheitsminister Dr. Michael Ausserwinkler wirkte in der Folge derart abschreckend, sodaß es mittlerweile auch in der ÖVP nicht mehr viele Befürworter einer Koalition mit der FPÖ gibt.

Auf dem Weg nach Europa

Haider war danach mit dem deklarierten Ziel, 1994 Landeshauptmann und 1998 Bundeskanzler zu werden, landauf landab wahlwerbend unterwegs. Zu seiner bisher wohl am stärksten wirksamen Artikulation gehört die Fremdenfeindlichkeit, die in der Bevölkerung sowohl befürwortet als auch abgelehnt wird. Das bisher stärkste Zeichen der Ablehnung von Fremdenfeindlichkeit war das „Lichtermeer" am 23. Jänner 1993 am Ring und Heldenplatz in Wien, an dem nach allen Zeitungsberichten ca. 250.000 Menschen teilnahmen. Die Demonstration richtete sich gegen das von FPÖ-Obmann Dr. Jörg Haider eingeleitete Volksbegehren „Österreich zuerst", das die Erschwerung der Aufnahme von Flüchtlingen und Fremden in Österreich forderte. Ein Erfolg des Lichtermeeres bestand darin, daß das von Haider angegebene Ziel von mindestens 500.000 Unterschriften nicht erreicht wurde: Nur 417.248 hatten bis 1. Februar 1993 unterschrieben. Daß die neue Asylgesetzgebung mit Wirksamkeit vom 1. Juli 1993 und 1997 dennoch den Ängsten vieler Österreicher durch Verschärfung entgegenkam, ist allerdings auch nicht zu leugnen. Danach versuchte Haider, für die Volksabstimmung am 12. Juni 1994 über den EU-Beitritt Österreichs möglichst viele Gegenstimmen zu gewinnen, obwohl die FPÖ und Haider selbst früher am stärksten für den EU-Beitritt geworben hatten.

Dieser Beitritt hat eine lange Geschichte. Bei der Gründung der EWG 1957 scheiterte die Teilnahme Österreichs am Veto der UdSSR wegen der Neutralität. Auch ein Assoziierungsabkommen kam wegen des Einspruchs Italiens vor dem Hintergrund der Bombenattentate in Südtirol nicht zustande. Daher trat Österreich mit den anderen neutralen Staaten Europas sowie mit Großbritannien und Portugal 1960 in die EFTA, die Europäische Freihandelszone, ein. Erst die „Wende" in der sowjetischen Politik durch Gorbatschow seit 1985/86 gab den österreichischen Bemühungen um die Aufnahme in die nunmehrige 12er-Gemeinschaft neuen Auftrieb. Bundeskanzler Vranitzky wurde bei seinem Staatsbesuch in Moskau im Herbst 1991 offiziell mitgeteilt, daß Rußland keine Einwände gegen einen EG-Beitritt Österreichs habe, auf die Neutralität allerdings sehr wohl noch Wert lege. Ihre Beibehaltung hat Vranitzky auch im März 1993 für den Fall der EU-Mitgliedschaft ausdrücklich betont. Aber auch die neue Situation war nicht einfach: In Wien und Brüssel gab es Befürworter und Gegner. In Österreich waren zuerst ÖVP und FPÖ Befürworter, Gegner die SPÖ und danach die „Grünen". Später wurden die beiden Regierungsparteien die Vorkämpfer für einen Beitritt und die FPÖ seit Juni 1993 zum Gegner. Die „Grünen" behielten ihre kritische Position bei. Unermüdlicher Motor der EU-Verhandlungen war Außenminister Dr. Alois Mock, der am 17. Juli 1989 das österreichische Beitrittsansuchen in Brüssel übergab. Mock hatte einerseits Brüsseler zentralistische Tendenzen und ein gewisses Mißtrauen wegen der deutschen Patronage zu überwinden, andererseits die durchaus berechtigten sozialen Sorgen und Bedenken in Österreich zu verringern. Die Bauern und kleinen Gewerbetreibenden haben mittlerweile schon materielle Verluste erlitten, das „Transitland" Österreich und seine Ökologie sind größeren Belastungen ausgesetzt. Alle diese Probleme haben bis zum Frühjahr 1994 Befürworter und Gegner trotz der Annahme des Vertrages von Maastricht in einem knappen Gleichgewicht gehalten. Die Verhandlungen der Österreicher in Brüssel im April 1994 wirkten sich positiv auf die Abstimmung im Europa-Parlament aus. Am 12. Juni 1994 stimmten dann in einer Volksabstimmung bei einer 82%igen Wahlbeteiligung 66% dem Beitritts Österreich zur EU zu. Ohne Zweifel waren für diese, auch von Meinungsforschern in solcher Höhe nicht erwartete, Akzeptanz auch Faktoren wie der Zerfall Jugoslawiens und andere sicherheitspolitische Probleme maßgebend. Am 1. Jänner 1995 wurde Österreich Mitglied der Europäischen Union. Am 26. Februar 1996 trat Österreich auch dem NATO-Programm „Partnerschaft für den Frieden" bei. Was die von nicht wenigen befürchtete Beeinträchtigung der österreichischen Identität betrifft, so wird sie sich möglicherweise in einem großen Staatenbund länger halten, als man heute glaubt. Die Tatsache, daß die einzelnen EU-Mitglieder sehr auf die Beibehaltung ihrer Position bedacht sind, läßt diese Hoffnung zu.

Das positive Ergebnis der Volksabstimmung hatte in dieser Eindeutigkeit niemand erwartet. Es erzeugte für kurze Zeit eine Euphorie. Sie dauerte allerdings nicht lange, denn sofort nach der Volksabstimmung begannen die beiden Koalitionsparteien einen Streit darüber, wer in Brüssel die Beitrittsurkunden unterzeichnen werde. Auf der Stecke blieb die junge Staatssekretärin für Europafragen im Bundeskanzleramt und nunmehrige Wiener Finanzstadträtin Brigitte Ederer, die sich bei den Verhandlungen in Brüssel sehr bewährt hatte. Da die österreichischen Bürger erst seit 1945 eine durchgängige und funktionierende Demokratie haben, haben sie die große Koalition, die letztlich immer einen Kompromiß finden muß, schätzen gelernt. Auch nach neuesten Umfragen sind 67% für diese Form der parlamentarischen Demokratie. Das heißt, die Mehrheit der Österreicher ist konsens- und harmoniebedürftig. Deshalb schätzen sie Auseinandersetzungen um protokollarische Fragen oder Ressortverteilungen, die mit Härte, Intrigen und verbalen Ausschreitungen einhergehen, nicht. Daß die Politiker das nicht einsehen und Jörg Haider jede Gelegenheit nützte, um nun sogar die repräsentative Demokratie in Frage zu stellen und eine „Dritte Republik" (Präsidialdemokratie) propagierte, ist gefährlich. Sicherlich sind die wirtschaftlichen, sozialen und außenpolitischen Rahmenbedingungen anders als in der Zwischenkriegszeit – aber: Haider hat mittlerweile 1 Million Wähler und 42 Abgeordnete im Nationalrat. Ob die Aufdeckung der Millionenbetrügereien des FPÖ-Finanzkassiers Rosenstingl (vorläufig in Brasilien in Haft) den weiteren Aufstieg Haiders stoppen kann, wird sich bei den Nationalratswahlen 1999 zeigen.

Koalitionsspiele und blutiger Ernst des Fremdenhasses

Auch die Innenpolitik der letzten Jahre war nicht so ruhig, wie es in der Zweiten Republik lange der Fall war, allerdings auch nicht so belastet wie in der zweiten Hälfte der 80er Jahre. Auf dem Bundesparteitag der ÖVP 1991 löste Wissenschaftsminister Dr. Erhard Busek Landwirtschaftsminister Josef Riegler als Bundesparteiobmann der ÖVP und als Vizekanzler ab. Busek hatte in seinem Ressort ein neues, 1993 vom Nationalrat angenommenes Universitäts-Organisationsgesetz durchgesetzt, das den Universitäten – allerdings in einer etwas komplizierten Struktur – mehr Autonomie zugesteht. Busek übernahm nun die schwere Aufgabe, die ÖVP nach 13 Jahren Opposition und 8 Jahren Juniorpartnerschaft in der Großen Koalition vor weiteren Abstürzen zu bewahren. Ende April 1995 trat er wegen innerparteilicher Differenzen zurück. Sein Nachfolger als Bundesparteiobmann wurde Dr. Wolfgang Schüssel, der auch das bis dahin von Alois Mock geleitete Außenministerium übernahm. Schüssel ließ die große Koalition wegen des Budgets 1996 am 12. April 1995 scheitern. Von den nun notwendigen Neuwahlen am 17. Dezember 1995 erwartete er eine „Richtungsentscheidung". Sie erfolgte allerdings in einer anderen Richtung, als von ihm gewünscht: Im Vergleich mit den Wahlen von 1994 gewann die Vranitzky-SPÖ 71 statt bisher 65, die ÖVP 53 statt 52 und die FPÖ 40 statt 42 Mandate. Als Gründe dafür können der Widerwille der Wähler, nach nur 14 Monaten wieder zur Wahl gerufen zu werden, und der Wunsch nach Ruhe und Kontinuität genannt werden, sowie die Sorgen vieler Wähler vor einem Koalitionswechsel, da Schüssel eine Koalition mit der FPÖ nicht ausdrücklich ausgeschlossen hatte. Das Wahlergebnis von 1995 ließ jedoch die schwarz-blaue Option hinfällig werden. Die Koalitionsverhandlungen zwischen ÖVP und SPÖ wurden allerdings erst am 13. März 1996 abgeschlossen.

Im Jänner 1997 sorgte der Rücktritt des sozialdemokratischen Bundeskanzlers Franz Vranitzky, der seit 1983 fünf Kabinetten vorgestanden war, für Überraschung. Sein Nachfolger als Bundeskanzler und SPÖ-Bundesparteiobmann wurde der von ihm selbst in die Regierung berufene Verkehrs- und spätere Finanzminister Viktor Klima. Die Zusammenarbeit zwischen Klima und Schüssel funktioniert bisher zwar nicht reibungslos, aber doch nicht ohne Erfolg. Bundespräsident Klestil mußte dennoch zweimal einen Koalitionswechsel der ÖVP zur FPÖ verhindern. Derzeit, Juni 1998, sind zwar die von Finanzminister Edlinger erstellten Budgets 1997 und 1998, samt zweitem „Sparpaket" genehmigt und ein drittes im Koalitionsabkommen vereinbart, der „Optionenbericht" über die künftige Sicherheitspolitik ist jedoch wegen der Ablehnung eines NATO-Beitrittes Österreichs durch die SPÖ Klimas nicht zustandegekommen. Problematisch sind die nach wie vor hohe Arbeitslosenzahl und die nach dem EU-Beitritt zunehmende Zahl von Übernahmen größerer österreichischer Firmen vor allem durch deutsche oder internationale Konzerne. Wenn es der Koalition gelingt, mit diesen Herausforderungen fertig zu werden, wird die Regierung Klima-Schüssel bis zur nächsten Nationalratswahl 1999 im Amt bleiben.

Die Krise der ÖVP ist dennoch nicht zu leugnen. Sie ist allerdings auch durch die allgemeine gesellschaftliche Entwicklung bedingt. Ihre Stammwähler, Bürger und Bauern, nehmen an Zahl und Bedeutung ab. Die Vranitzky- bzw. Klima-SPÖ ist auch für den Mittelstand wählbar geworden, rechte Konservative driften zur Haider-FPÖ ab, die sich auch als Interessensvertreterin der Arbeiter darstellt. Insgesamt entspricht diese Entwicklung, die z. B. in Deutschland für die CDU/CSU nur durch die deutsche Einheit verzögert wurde, einem europäischen Trend. Die Politiker der traditionellen Großparteien wurden und werden – von eigenen Fehlern abgesehen – von den Medien systematisch in Frage gestellt. Das gilt vor allem für die „Neue Kronen-Zeitung" von Hans Dichand, der relativ größten Zeitung der Welt, und für Kurt Falks „täglich alles". Dem europäischen Rechtstrend entspricht die Zunahme rechtsextremistischer und neonazistischer Gruppierungen und deren Propaganda. Ihre Fremdenfeindlichkeit ist von alt-neuem Antisemitismus begleitet, der sich in Anschlägen auf Synagogen und jüdische Friedhöfe artikuliert. Die Aggressionen gegen Ausländer, die in Zeiten wirtschaftlicher Hochkonjunktur als produktive Arbeitskräfte nach Österreich geholt worden waren, und gegen Flüchtlinge hat ihren bisherigen Höhepunkt in den Anfang 1993 beginnenden Briefbombenattentaten erreicht, bei denen der damalige populäre Wiener Bürgermeister Dr. Helmut Zilk schwere Verletzungen erlitt. Die einstimmige Novellierung des NS-Verbotsgesetzes in §3 durch die Senkung der Mindeststrafe für NS-Propaganda und öffentliche Verbreitung der „Auschwitz-Lüge" von 5 auf 3 Jahre im Februar 1993 hat bereits Wirkung gezeigt.

Geschworene und Richter sind eher bereit, Delikte dieser Art durch niedrigere Haftstrafen zu ahnden. Der neonazistische „Führer" Gottfried Küssel wurde 1993 – durchaus begründet – zu 10 Jahren Haft verurteilt, Hansjörg Schimanek jun. 1995 zu 15 Jahren. Diese Strafe erscheint vielen zu hoch. Haben sie nicht im Fernsehen gesehen, wie Schimanek jun. den effizientesten Kehlkopfschnitt am lebenden Ojekt demonstrierte? Nach wie vor nicht ganz geklärt scheint trotz der Verhaftung von Franz Fuchs 1997 das Bombenattentat vom 5. Februar 1993 zu sein, dem in Oberwart 4 Sinti zum Opfer fielen.

Ruhig verliefen hingegen die Bundespräsidentenwahlen im Frühjahr 1992. Die Stichwahl am 24. Mai gewann der von der ÖVP nominierte, aber unabhängig auftretende Diplomat Dr. Thomas Klestil unerwartet hoch mit 59% gegen Verkehrsminister Dr. Rudolf Streicher. Im Unterschied zu seinen Vorgängern versuchte er, die dem Bundespräsidenten in der Verfassungsnovelle von 1929 zugestandenen Rechte nach eigener Aussage voll auszunützen. Das führte nicht nur zu unterschiedlichen verfassungsrechtlichen Expertisen, sondern verstärkte auch den Ruf nach einer Verfassungsreform. Sie wird durch den EU-Beitritt und den Ausgleich zwischen Bundes- und Länderinteressen ohnedies z. T. notwendig, eine totale Verfassungsreform wäre jedoch für die Republik insgesamt nicht nützlich. Bei den Präsidentschaftswahlen am 19. April 1998 traten 5 KandidatInnen zur Wahl an. Gewählt wurde im ersten Wahlgang der von der ÖVP unterstützte, erneut antretende Thomas Klestil mit über 63% der abgegebenen Stimmen. SPÖ und FPÖ hatten keinen Kandidaten aufgestellt.

Zu guter Letzt: die Kirche

All das haben Leo Prüller und seine Generation, zu der ich mich auch zähle, wenigstens seit 1938 miterlebt. Bisher verschwiegen habe ich ein für ihn und zumindest für alle Mitarbeiter der Katholischen Aktion leidiges Thema: die Kirchenkrise des letzten Jahrzehnts. Ich behandle es nun doch zum Schluß, weil ich derzeit einen Schimmer von Hoffnung sehe. Die Nachfolge des nunmehr 93jährigen, allseits verehrten Wiener Erzbischofs, Kardinal König, des Garanten einer parteiunabhängigen Kirchenpolitik und unermüdlichen Kämpfers gegen Antijudaismus und Antisemitismus, trat 1986 der Gründer des neuen Zisterzienserinnenklosters in Maria Roggendorf, P. Hans Hermann Groër OSB, an. Seine Ernennung dürfte vor allem auf die Interventionen des österreichischen Kurien-Kardinals Alfons Maria Stickler, Leiter der Vatikanischen Bibliothek, des damaligen Regensburger Theologieprofessors Kurt Krenn sowie konservativer Laien aus Wien und Westösterreich zurückgegangen sein. Krenn wurde danach selbst zunächst Weihbischof von Wien, dann Bischof in

St. Pölten. Seine zutiefst reaktionäre Haltung hat von Anfang an Aufregung verursacht. Der Streit über den Fall Groër, der des sexuellen Mißbrauchs von ihm abhängiger Schüler bzw. Mitbrüder beschuldigt wird, und über Bischof Krenn, der Groër massiv verteidigte, hat mittlerweile seinen Höhepunkt überschritten. Er spaltete nicht nur viele katholische Gemeinden, sondern auch den Episkopat, was bis vor kurzem nicht denk- bzw. bemerkbar war. Andererseits sind Entwicklungen wie „Kirchenvolksbegehren" und ebenso die katholischen Massenproteste gegen die Absetzung von P. Udo Fischer als Pfarrer von Paudorf als positive Begleiterscheinung der Krise anzusehen.

Groër schwieg zu den Vorwürfen auch nach seiner Amtsübergabe an den neuen Erzbischof von Wien, Christoph Schönborn, der zuvor schon Groër von Rom als Weihbischof zur Seite gestellt worden war. Nach Benediktineräbten hatten auch 6 Bischöfe öffentlich gegen Groër Stellung bezogen. Nun hing alles von Papst Johannes Paul II. ab, der allein für Kardinäle zuständig ist. Im Juni 1998 hat er zum dritten Mal Österreich besucht. Um diesen Besuch nicht zu belasten, wurde der Fall Groër am Osterdienstag vorläufig gelöst. Kardinal Groër bat auf Weisung des Papstes um Vergebung, „wenn" er gesündigt haben sollte. Er verzichtete öffentlich auf die weitere Ausübung bischöflicher Funktionen und zog sich wie erwartet in ein ausländisches Frauenkloster zurück, was als „Erholungsurlaub" deklariert wurde. Der Papst selbst hat bei seinem Besuch allerdings nur sehr indirekt zur Situation der österreichischen Kirche Stellung genommen.

Wir alle, auch Leo Prüller und ich, können nur hoffen, daß der Fall Groër bis zu Leo Prüllers Geburtstag endgültig gelöst ist und auch die Arbeit der Katholischen Aktion und aller Laien wieder anerkannt wird. Daher: ad multos annos!

Wichtigste Literatur:

Walter Goldinger / Dieter A. Binder, Geschichte der Republik Österreich 1918-1938, Wien 1997.
Ernst Hanisch, Der lange Schatten des Staates 1890-1990. Österreichische Gesellschaftsgeschichte im 20. Jahrhundert, Wien 1994.

Anmerkungen:

[1] Die Heimwehr war 1918 vor allem aus den auf dem Land aufgestellten örtlichen Heimatwehren enstanden und wurde in den zwanziger Jahren eine rechts stehende, bewaffnete Organisation, die sich am italienischen Faschismus orientierte. Dennoch gab es auch in ihr einen gemäßigten Flügel, dem auch christlichsoziale Politiker angehörten. Die extrem rechte steirische Heimwehr ging 1933 geschlossen zur NSDAP über.

[2] Das erste Mal wurde der Bundespräsident allerdings erst 1951 vom Volk gewählt, und zwar der damalige Wiener Bürgermeister Theodor Körner.
[3] Gerechnet nach dem Schillingwert von 1960.
[4] Heute sind 78% der österreichischen Bevölkerung Mitglieder der römisch-katholischen Kirche.
[5] Später wurde Dr. Habsburg gestattet, einen ständigen Wohnsitz in Österreich aufrechtzuerhalten – ein Ergebnis der Politik der Kreisky-Ära.
[6] So beherbergte Wien unter anderem das Treffen Kennedy – Chruschtschow 1961, wenige Wochen vor dem Mauerbau in Berlin; die SALT-Konferenz 1970; die Unterzeichnung des SALT II-Abkommen durch Carter und Breschnew. Zu nennen sind weiters die zahlreichen bedeutungsvollen Konsultationen des international angesehenen Bundeskanzlers Kreisky in der Zeit zwischen 1970-1983.
[7] 1950 war Olah maßgeblich an der raschen Niederschlagung des großen „Oktoberstreiks", der von der KPÖ, aber auch der Linzer VdU-Betriebsräte initiiert worden war, beteiligt. Dabei ist festzuhalten, daß der „Oktoberstreik" kein geplanter kommunistischer Putschversuch, aber in der damaligen Situation durchaus gefährlich war.
[8] Der offizielle Abschluß wurde 1994 von Österreich anerkannt.

Alfred Ströer

Durch Gespräch zur Verständigung

Ein Zeitzeuge, ein Sozialdemokrat, Jugendbildner, Gewerkschafter und ein von den Nationalsozialisten Verfolgter wird eingeladen, mitzuwirken an einer Festschrift, die einem lieben Freund und Mitstreiter gewidmet ist, dem erfolgreichen Jugend- und Erwachsenenbildner Dipl. Ing. Leo Prüller.

Erwartet wird ein Beitrag, der sich mit wichtigen politischen Ereignissen der vergangenen Jahrzehnte aus der Sicht eines Sozialdemokraten beschäftigt. Gewünscht wird auch eine Stellungnahme zum Verhältnis Katholische Kirche und Sozialdemokratie, und zwar gestern und heute. Darüber kann ein Zeitzeuge am besten berichten.

Vorweg eine Bemerkung: Wer kann sich Zeitzcuge nennen? Allgemein bezeichnet man als Zeitzeugen jene Frauen und Männer, die die politische Entwicklung unseres Landes vor dem Zweiten Weltkrieg und in den vergangenen Jahrzehnten bewußt erlebt haben. Das sind die Jahrgänge bis spätestens 1920 und 1921. Ein Teil dieser Frauen und Männer erinnert sich an die Auflösung des Parlaments im Jahre 1933, die mit dem Untergang der Ersten Republik verbunden ist; an die Weltwirtschaftskrise, von der auch Österreich stark betroffen wurde, und an den verhängnisvollen 12. Februar 1934.

Rezession und Bürgerkrieg

Viele Zeitzeugen erinnern sich vielleicht auch an den damals arbeitslosen oder ausgesteuerten Vater. Not und Elend herrschten in vielen Familien. Kein Wunder, betrug doch die Zahl der registrierten Arbeitslosen in den dreißiger Jahren zwischen 320.000 und 450.000. Am 31. Dezember 1932 zählte man über 400.000 unterstützte Arbeitslose; das waren etwa 26 Prozent aller Arbeitnehmer. Dazu kam die große Zahl der Ausgesteuerten. Diese waren auf die Fürsorge der Gemeinden angewiesen. Die Arbeitslosigkeit war mit schwerwiegenden sozialen und politischen Folgen verbunden.

Im März 1933 wurde das Parlament ausgeschaltet. Das war der Beginn des „totalitären Regimes" unter den Bundeskanzlern Dr. Dollfuß und Dr. Schuschnigg.

Am 30. Jänner 1933 wurde Adolf Hitler deutscher Reichskanzler. Die Anhänger Hitlers in Österreich wollten mit Gewalt an die Macht. Im Jahre 1934 erreichten die nationalsozialistischen Gewaltakte in Österreich einen traurigen Höhepunkt. Dazu kam die Verschärfung der Krise zwischen der Regierung Dollfuß und der sozialdemokratischen Opposition. Am 9. Februar 1934 rief der christlich-soziale Arbeiterführer Leopold Kunschak die Sozialdemokraten und Christlich-Sozialen in einem Appell zum gemeinsamen Kampf gegen die Entartung des deutschen Geistes im Nationalsozialismus auf. Er rief zur Versöhnung auf, „ehe Volk und Land an Gräbern stehen und weinen". Alle Befriedungsversuche blieben ohne Erfolg. Sozialdemokraten und Christlich-Soziale fanden nicht mehr zueinander. Am 12. Februar 1934 kam es zur Erhebung des Republikanischen Schutzbundes. Die Kämpfe mit dem Bundesheer und der Heimwehr endeten am 15. Februar 1934. Schon am 12. Februar wurde die Sozialdemokratische Partei aufgelöst. Die Kämpfe forderten hunderte Tote. Am 25. Juli 1934 wurde der christlich-soziale Bundeskanzler Dr. Engelbert Dollfuß von Nationalsozialisten ermordet. Am 12. März 1938 besetzten Truppen der Deutschen Wehrmacht Österreich. Es folgten sieben Jahre Verfolgung und Terror.

Die Katholische Kirche hatte mit dem Untergang des Habsburger-Staates ihr Fundament verloren. Heimatlos schloß sie sich der Christlich-Sozialen Partei an. Im Mai 1922 wurde der Theologieprofessor Prälat Dr. Ignaz Seipel Bundeskanzler. Er blieb es bis April 1924. 1926 bis 1929 war Dr. Seipel erneut Bundeskanzler.

Polarisierungen

Die Gegensätze zwischen der Christlich-Sozialen Partei und den Sozialdemokraten verschärften sich. Die von der Christlich-Sozialen Partei geführte Regierung stand unter dem Einfluß des faschistischen Italien unter Benito Mussolini. Der übertriebene politische Katholizismus in der Ersten Republik wurde von den Sozialdemokraten abgelehnt. Erst am 30. November 1933 forderten die Bischöfe den Rückzug der Priester aus der Politik – viel zu spät, wie man weiß.

Ausschlaggebend waren kulturpolitische Meinungsverschiedenheiten, die sich vor allem an der Reform der Ehegesetzgebung entzündeten. Die Sozialdemokraten forderten die Einführung der Zivilehe, die Bischöfe sprachen sich vehement dagegen aus und brachten einen entsprechenden Gesetzesentwurf zu Fall. Das zweite kulturpolitische Streitthema waren die Schul- und Erziehungsfragen, wobei es den Sozialdemokraten im wesentlichen um die Abschaffung jedes staatlichen Zwanges zur konfessionellen Erziehung ging. Der Streit wurde nicht mit feinen Klingen ausgetragen. Die Sozialdemokraten wetterten gegen die „politisierenden Pfaffen", und die Bischöfe polemisierten gegen die Politik des großen Schulreformers Otto Glöckel, der in Wien ganz neue Wege ging. In einem Hirtenbrief warfen die Bischöfe einmal mehr Sozialismus und Bolschewismus in einen Topf. Die politische Kultur in diesen Jahren war auf einem Tiefpunkt angelangt.

Begonnen hat diese Tragödie bereits im Jahre 1927, nach dem Sturm einer aufgebrachten Menschenmenge auf den Justizpalast. Ursache war der Freispruch von drei Frontkämpfern, die zwei Mitglieder des Republikanischen Schutzbundes in Schattendorf, Burgenland, aus dem Hinterhalt erschossen hatten. Der Justizpalast – damals Symbol der Klassenjustiz – wurde erstürmt und in Flammen gesetzt. Der Feuerwehr blieb der Weg versperrt. Auf Befehl des Wiener Polizeipräsidenten Schober marschieren rund 600 Polizisten mit Karabinern und scharfer Munition auf und eröffneten das Feuer auf die unbewaffnete Menge. 89 Tote und über hundert Verletzte waren die Folge.

Die Sozialdemokraten erlitten durch die Vorkommnisse eine schwere Niederlage. Die Christlich-Sozialen unter dem Bundeskanzler Dr. Ignaz Seipel bauten ihre Machtposition aus. Dr. Seipel wurde von den einen als „Retter des Vaterlandes" gepriesen, von den anderen als „Prälat ohne Milde" bezeichnet, weil er am Schluß einer Rede im Parlament (25. Juli 1927) die folgende „Bitte" an die Abgeordneten richtete: „... verlangen Sie nichts vom Parlament und von der Regierung, das den Opfern und den Schuldigen an den Unglückstagen gegenüber milde scheint ... fest sollen wir sein". Die Folge war eine massive Austrittsbewegung aus der Katholischen Kirche. 1925 verließen 10.000, 1926 12.826 und im Jahre 1927 28.000 Frauen und Männer die Katholische Kirche.

Der Sozialwissenschafter Dr. Gerhart Sieberbauer stellt in einer ausgezeichneten Arbeit zum Thema „Österreichs Katholiken und die Arbeiterfrage" fest:

„Die offiziellen kirchlichen Organe unternahmen nicht den leisesten Versuch, die Bekehrbarkeit der Sozialdemokratie auf eine realistische Probe zu stellen. Alle mühsam angebahnten Kontakte zwischen Katholizismus und Sozialdemokratie verfielen früher oder später dem kirchlichen Bann. Alle Fäden, die zwischen den beiden gegnerischen Lagern hin und her liefen, wurden mit inquisitorischer Unerbittlichkeit zerrissen. Man trug der Realität der Sozialdemokratie, deren Aufstieg und Machtentfaltung nicht mehr rückgängig zu machen waren, taktisch auf völlig falsche Weise Rechnung. Statt die Gegensätze zu mildern, stellte man sie in aller Schroffheit heraus. Eine weltanschauliche Neutralisierung des Sozialismus, ein Versuch, seine ideologischen Radikalismen zu mildern, wäre die einzige Chance gewesen, um die Religion mit Erfolg in die Arbeitermassen hineintragen zu können. Statt dessen riß man durch die Verstrickung von kirchlichem und parteipolitischem Handeln die Kluft immer mehr auf. Die Kirche verrannte sich in einen hoffnungslosen Kampf, bei dem sie nichts zu gewinnen, aber viel zu verlieren hatte. Durch diesen aussichtslosen Kampf wurde der Gegendruck nur verstärkt und die Kirchenfeindlichkeit geschürt. Man lizitierte die Leidenschaften gegenseitig derartig in die Höhe, daß schließlich nur noch die gewaltsame Ausschaltung der Sozialdemokraten die Kirche aus der Sackgasse, in die sie der politische Katholizismus hineinmanövriert hatte, befreien konnte. Das autoritäre Regime war daher auch eine – wenn auch ungewollte – Reaktion auf diese fehlgeleitete kirchliche Politik."

Die Wende nach 1945

Erst die Verfolgung der Angehörigen beider Gruppen durch die Nationalsozialisten führte bald nach Kriegsende zu Gesprächen; die Kirche hatte gelernt. Das beweist unter anderem eine Anordnung des Kardinal-Erzbischofs Dr. Innitzer vom September 1945. Es heißt darin:

„Priester sollen keine öffentlichen Ämter bekleiden, sich nicht in politische Angelegenheiten einmischen, keinerlei Empfehlungen für weltliche Stellen geben und sich in den Predigten auf das Religiöse und Karitative beschränken".

Diese Linie setzte sich im „Mariazeller Manifest", beschlossen im Rahmen einer Studientagung im Mai 1952, in der Forderung nach Abkehr von Staatskirchenfunktionen fort, und sie ist noch heute prinzipiell gültig. Die Studientagung in Mariazell, an der Priester und Laien aus ganz Österreich teilnahmen, hat als Ergebnis ihrer Beratungen eine Definition einer „freien Kirche in einer freien Gesellschaft" veröffentlicht. In der Erklärung heißt es unter anderem:

„Keine Rückkehr zum Staatskirchentum vergangener Jahrhunderte, keine Rückkehr zum Bündnis von Thron und Altar, keine Rückkehr zum Protektorat einer Partei über die Kirche".

Diese Signale wurden gehört und allgemein begrüßt. Die Versöhnung zwischen Kirche und Sozialdemokratie begann sich abzuzeichnen. Im Oktober 1956 folgte der Sozial-Hirtenbrief der österreichischen Bischöfe. Er dokumentierte „die Bemühungen des gemäßigten Sozialismus um eine sozialere Gesellschaftsordnung".

Das Konkordat

Offen war noch die Konkordatsfrage. Darüber verhandelten, im Auftrag der Sozialdemokratischen Partei, der Gewerkschafter Franz Olah und der SPÖ-Vorsitzende Dr. Bruno Pittermann mit Vertretern der ÖVP.

Diese Frage war schwierig zu lösen, weil das Konkordat am 5. Jänner 1933 – ohne Mitwirken der Sozialdemokraten – zwischen dem damaligen Bundeskanzler Dr. Dollfuß und dem Heiligen Stuhl in Rom unterzeichnet wurde. Wesentliche Teile des Konkordats zwischen Österreich und dem Heiligen Stuhl wurden in der „Dollfuß-Verfassung vom 1. Mai 1934" als Verfassungsbestimmungen verankert. Dadurch erhielt die Kirche einen bedeutenden Einfluß, vor allem auf das Schul- und Erziehungswesen. Aber auch diese Hürden wurden genommen. 1959 und 1960 wurden mit dem Heiligen Stuhl und der Republik Österreich die offenen Fragen geklärt und die Verträge vom Nationalrat am 12. Juli 1960 beschlossen.

Kirche und Gewerkschaft

Die Funktionäre des im April 1945 gegründeten überparteilichen Gewerkschaftsbundes und die der Katholischen Kirche fanden rascher zu einem Konsens als die Kirchenvertreter mit den Funktionären der Sozialdemokratie. Die seit der Gründung des ÖGB im Präsidium vertretenen christlichen Gewerkschafter halfen entscheidend mit, das auch noch nach 1945 bestehende Mißtrauen der sozialdemokratischen Gewerkschafter gegenüber kirchlichen Organen abzubauen. Nach und nach wurde auch von den sozialdemokratischen Gremien die parteipolitische Neutralität der Kirche anerkannt. Bald kam es zu Gesprächen zwischen Vertretern des ÖGB und der Katholischen Kirche. 1959 nahm Kardinal Dr. Franz König, als höchster Repräsentant der Katholischen Kirche Österreichs, an einem Bundeskongreß des ÖGB als Ehrengast teil. Die Anwesenheit des Kardinals, der von den Delegierten überaus freundlich begrüßt wurde, führte ohne Zweifel zu einer positiven Wende zwischen Kirche und Gewerkschaften. In einer Rede vor christlichen Gewerkschaftern sprach Kardinal Dr. König von einem wichtigen Brückenschlag zwischen Kirche und Gewerkschaften.

Am Abend vor dem 6. Bundeskongreß, der am 25. September 1967 seine Beratungen aufnahm, gab der Kardinal im Erzbischöflichen Palais einen Empfang für die Mitglieder des ÖGB-Bundesvorstandes, an dem Vertreter aller im ÖGB vertretenen politischen Gruppen teilnahmen. Bei dieser Gelegenheit erklärte der Kardinal, wie sehr er die Arbeit aller Gewerkschaften für die Besserstellung der arbeitenden Menschen schätze. Die Gewerkschaftsbewegung, sagte er, sei heute ein Machtfaktor in unserem Land, trage Verantwortung mit und nehme diese Verantwortung auch sehr ernst.

Am 27. Februar 1973 besuchte Kardinal Dr. Franz König das Hauptbüro des ÖGB in der Hohenstaufengasse und sprach zu den Mitgliedern des Bundesvorstandes. „Die gemeinsame Basis ist der Mensch" war der Titel seines Vortrages, der mit großem Beifall aufgenommen wurde. Vergessen waren die unseligen Kulturkämpfe in den Jahren der Ersten Republik.

Ein gutes Zeichen

Die guten Beziehungen zwischen Katholischer Kirche und Gewerkschaften sind bis heute aufrecht. Am 15. Dezember 1997 kam es zur Gründung des Vereines „Mauthausen – aktiv", der von der Katholischen Kirche und vom ÖGB getragen wird. Die wichtigsten Ziele dieses ersten gemeinsamen Vereines von ÖGB und Katholischer Kirche sind: Kampf gegen Faschismus, Rassismus und Antisemitismus, sowie der Erhaltung der KZ-Gedenkstätten Mauthausen und der Nebenlager. „Kirche und Gewerkschaft wissen sich einig in dem Bemühen, zur Wahrung von Freiheit und Menschenrechten und zur demokratischen Weiterentwicklung Österreichs beizutragen und gegen alle Formen von Faschismus und Rassismus aufzutreten", heißt es in der Gründungsschrift des Vereines. Im Namen der Bischofskonferenz unterzeichnete Bischof Maximilian Aichern die Urkunde, und Präsident Fritz Verzetnitsch unterschrieb für den Österreichischen Gewerkschaftsbund.

Zu erwähnen ist auch die aktive Mitarbeit von Vertretern der Kirche im Dokumentationsarchiv des Österreichischen Widerstandes. Seit dessen Gründung im Jahre 1963 stellt die Kirche Vertreter im Vorstand dieser wichtigen Einrichtung.

Die Rolle der Jugendverbände

Auch die demokratisch aufgebauten Jugendorganisationen entschlossen sich sehr bald zu einem gemeinsamen Vorgehen in zentralen Fragen. So widmeten sich die Jugendorganisationen, vor allem die Gewerkschaftsjugend und die Katholische Arbeiterjugend (KAJ), Anfang der fünfziger Jahre der Bekämpfung der Jugendarbeitslosigkeit und den Fragen der Berufsausbildung. Die starken Geburtenjahrgänge von 1939, 1940 und 1941 verließen als Vierzehnjährige die Pflichtschulen in den Jahren 1953, 1954 und 1955. In der Zeit vor der Herrschaft des Nationalsozialismus gab es rund 90.000 Geburten pro Jahr. 1939 waren es über 140.000. Es zeigte sich, daß es unter den gegebenen Umständen unmöglich sein werde, alle Schulabgänger als Lehrlinge oder als jugendliche Hilfsarbeiter unterzubringen. KAJ und ÖGJ vor allem verlangten daher außerordentliche Maßnahmen, um eine größere Jugendarbeitslosigkeit zu verhindern. Konkret verlangten die Jugendorganisationen ein Jugendeinstellungsgesetz und ein modernes Berufsausbildungsgesetz, das die Lehrlingsbestimmungen der Gewerbeordnung ersetzen sollte. 1953 beschloß der Nationalrat entsprechende Maßnahmen. Jeder Betrieb mit mehr als zehn Beschäftigten wurde verpflichtet, einen Jugendlichen einzustellen. Das Gesetz wirkte sich sehr positiv aus und wurde nach Besserung der Lage auf dem Arbeitsmarkt im Jahre 1959 außer Kraft gesetzt. Josef Steurer, damals für die KAJ verantwortlich, war ein kongenialer Verbündeter der Gewerkschaftsjugend.

Der Bundesjugendring

Die erfolgreiche Zusammenarbeit der großen Jugendorganisationen führte im Dezember 1953 zur Gründung des Bundesjugendringes. In der Gründungsversammlung wurde Leo Prüller zum Vorsitzenden und der Verfasser dieses Beitrages zum stellvertretenden Vorsitzenden gewählt. Es wurde und wird allgemein anerkannt, daß die Vertreter der – wie es damals hieß: großen – Jugendorganisationen, d. h. der Katholischen Jugend und der Gewerkschaftsjugend, bei den Verhandlungen, die zur Gründung des Österreichischen Bundesjugendringes führten, eine entscheidende Rolle spielten. Das einheitliche Vorgehen dieser Jugendorganisationen führte später zur parlamentarischen Beschlußfassung eines „Bundesjugendplanes". Ein eigener Budgetposten sicherte den Jugendorganisationen und Kinderverbänden jährlich eine angemessene staatliche finanzielle Unterstützung. Die in den monatelangen Gesprächen, die der Gründung des Bundesjugendringes vorangingen, geschlossenen Freundschaften sind bis heute aufrecht. Der Dialog hat sich bewährt.

Zeitzeugen

Was können Zeitzeugen heute noch tun? Zeitzeugen müssen mahnen und erinnern. Sie müssen zur Wachsamkeit gegen die Feinde der demokratischen Ordnung aufrufen und alles tun, um unsere demokratische Republik zu erhalten. Dazu gehören offene Gespräche und der Abbau von Vorurteilen. Der Dialog ist auch in der Zukunft wichtig.

Land

Zwischen Volkskultur und Globalisierung

Josef Riegler

Mit brennendem Herzen für das Land

Dezember 1960, Bildungshaus Puchberg bei Wels: Als Erstsemestriger erlebe ich zum ersten Mal die „Agrarpolitische Studienwoche" der Katholischen Hochschuljugend. Zwei der Referenten bleiben mir auf ganz unterschiedliche Art in besonderer Erinnerung. Der eine ist Landwirtschaftsminister Eduard Hartmann, der andere Leo Prüller.

Das für mich Unverwechselbare an Leo Prüller: Seine unaufdringliche, aber auffallend tiefsinnige und warmherzige Art. Sie prägte sich in mir tief ein. Dieses Bild hat mich seither begleitet. Jedesmal, wenn ich Leo Prüller begegnet bin bzw. von ihm gehört oder gelesen habe, kamen neue „Farbstriche" dazu.

Die bescheidene Art steht irgendwie im Kontrast zum Feuer des steten Engagements für das, was mit dem Begriff christlich-bäuerlich geprägte Kultur und Gesellschaft umschrieben werden kann.

„Sein" Bildunghaus St. Hippolyt in St. Pölten wurde über Jahrzehnte zum Kristallisationspunkt, zur festen Basis für sein Tun und Wirken.

Vielfältig ist die Saat, die er gesät hat: Kurse und Bildungswochen, Vorträge, Artikel und Bücher, unermüdliches Engagement für die Erwachsenenbildung in Organisationen auf nationaler und internationaler Ebene; Engagement für die Familie, ihre stets neue Sinngebung in einer sich radikal verändernden Gesellschaft.

Tausendfach ist seine Saat aufgegangen: in den Herzen und Hirnen vieler Menschen, die ihm persönlich oder über seine Schriften begegnet sind. Menschen, die das beständig brennende Feuer in Leo Prüller gespürt haben und die sich von diesem Funken anstecken ließen.

In den 50 Jahren des aktiven Wirkens von Leo Prüller ist in unserer Gesellschaft kein Stein auf dem anderen geblieben: Stand am Beginn noch die Agrargesellschaft, befinden wir uns heute nach vielen Veränderungsschüben im „globalen Dorf" mit seiner Faszination und seinen Bedrohungen.

Die Balance zwischen Egoismus und Solidarität muß neu gesucht werden. In seinen zentralen und zeitlos gültigen, aber für die jeweilige Zeit neu zu interpretierenden Botschaften hat das Christentum an dieser Zeitenwende eine unersetzbare Aufgabe und hohe Verantwortung

Leo Prüller hat diese Verantwortung gelebt und lebt sie auch heute. Unaufdringlich, bescheiden, mit innerer Glaubwürdigkeit und brennendem Herzen.

Sixtus Lanner

Das Dorf im Spannungsfeld von Tradition und Innovation

Zu Beginn der Industrialisierung und noch am Ende des letzten Jahrhunderts lebten 80 Prozent der Bevölkerung im ländlichen Raum und arbeiteten überwiegend in der Landwirtschaft. Die wenigen Städte waren bescheidene Klein- und Mittelstädte. Mobilität und Bewegungsfreiheit waren gering. Die Menschen lebten weitgehend abgeschlossen – regional und sozial gebunden. Das Land besaß ein hohes Gewicht in Politik und Wirtschaft. Der land- und forstwirtschaftliche Ertrag bestimmte den Wohlstand einer Region. Landbesitz galt als Inbegriff von Reichtum und Macht. Je mehr Gesinde, je mehr Knechte und Mägde, um so höher das Ansehen. Das brachte oft auch Spannungen zwischen arm und reich in den Dörfern. Manche Großbauern sahen auf die Kleinbauern herab, die sie zur Ernte- und Anbauzeit auch als Taglöhner beschäftigten. Wer heute unsere Ein-Mann- und Eine-Frau-Betriebe betrachtet, kann sich die damalige soziale Situation und die einst voll bewohnten Bauernhäuser nur schwer vorstellen.

Mit der Industrialisierung wurden die Gewichte neu verteilt. Nicht mehr die Fruchtbarkeit des Bodens, sondern Rohstoffvorkommen und Transportwege wurden zu den entscheidenden Standortbedingungen. Während die Arbeit auf den Höfen naturgegeben über das Land verteilt und verstreut ist, verlangt die Industrie nach Konzentration und Zusammenballung. In dieser Zeit entstanden die industriellen Ballungsgebiete. Hand in Hand mit dieser Entwicklung gab es eine enorme Wanderung vom Land in die Städte. Das Land wurde vielfach als Lieferant billiger Arbeitskräfte für eine aufstrebende Industrie gesehen. Mit der Umverteilung der wirtschaftlichen Gewichte und der Bevölkerungsanteile verlagerte sich auch die politische Macht. Politische Entscheidungen fielen mehr und mehr in den zentralen Orten. Das Ergebnis war eine wachsende Fremdsteuerung und Fremdbestimmung des ländlichen Raumes. Es entstanden strukturelle, wirtschaftliche und kulturelle Ungleichgewichte.

Die Zeit nach dem 2. Weltkrieg markiert einen weiteren Wendepunkt im Verhältnis von Stadt und Land. Motoren und Maschinen ersetzten menschliche und tierische Arbeitskraft. Immer weniger Menschen fanden in den traditionsreichen Bereichen von Landwirtschaft oder Gewerbe ihr Auskommen, immer mehr mußten in das nächste Zentrum pendeln und Arbeit suchen. Die Pendler brachten eine fremde Welt ins Dorf. Bodenständiges wurde durch

„Einheitsarchitektur" ersetzt, Brauchtum und traditionelle Dorfkultur bühnenwirksam vermarktet. Mit einer Mischung von Stadt-Land-Kultur wollte man zeigen, daß man „wer ist" und „mit der Zeit geht". Alten Bauernhäusern wurden die „Augen ausgestochen" und „Schau"-Fenster eingesetzt. Eloxaltüren traten an die Stelle traditioneller Holztore. Mancher erfolgreiche Kunststoff-Vertreter verstand es, ganze Häuserzeilen mit einer Scheinarchitektur zu verkleiden. Das Fernsehen verstärkte diesen Trend.

Vom Mangel zum Überfluß

Durch Jahrtausende war das Verhältnis zwischen Mensch und Natur vom Mangel geprägt. Nahrung war vorwiegend ein knappes Gut. Der technische Strukturwandel in der Lebensmittelproduktion hat mit dem Problem der Überproduktion zu einer grundsätzlich neuen Lage geführt: Erstmals in der Geschichte der Menschheit verliert die Erzeugung von Nahrung ihre existentielle Bedeutung. Der reich gedeckte Tisch wird zur selbstverständlichen Nebensache. Für das Selbstwertgefühl der Menschen im Dorf und im ländlichen Raum hat dies tiefgreifende Folgen.

An der Schwelle eines neuen Jahrtausends stehen wir erneut vor einer Herausforderung, die das Verhältnis von Stadt und Land verändern kann. Über Jahrhunderte hat in unserer „aufgeklärten" Welt nur gegolten, was zählbar, meßbar, berechenbar war. Man war stolz darauf, daß nur Fakten zählen; nur solches Denken entsprach dem technisch-mathematischen Bewußtsein. In einem solchen Denken hatten Überlieferung, Tradition oder Erfahrungswissen keinen besonderen Stellenwert. Man wollte Wachstum an die Stelle von Gewachsenem setzen. Heute wird uns allmählich wieder bewußt, daß auch Erfahrungen und nicht-meßbare Einsichten und Einstellungen ihre Bedeutung haben. Wir lernen das am besten im Umgang mit der Natur. Die Natur entzieht sich vielfach unseren Berechnungen, sie läßt sich nicht mit unseren gewohnten mechanischen Denkkategorien einfangen. Das Wesentliche, das einem Ort seinen unverwechselbaren Charakter gibt und über die Bindung an die Heimat entscheidet, ist nicht meßbar. Straßen und andere Infrastruktureinrichtungen werden zwar gebraucht, aber niemand liebt sein Land wegen dieser technischen Gegebenheiten, sondern wegen seiner Atmosphäre, wegen seines kulturellen Erbes und nicht zuletzt wegen seiner Landschaft. Dorf und Heimat werden neu entdeckt, um in einer kalten, rationalen Welt den Haushalt der Gefühle wieder auszugleichen. „Je mehr Technologie, desto größer das Kontaktbedürfnis", meint dazu John Naisbitt in „Megatrends 2000".[1]

Eigenständige Entwicklung

Zukunftsforscher gehen davon aus, daß die Probleme der städtischen Industriegesellschaft nur im Zusammenwirken mit dem ländlichen Raum gelöst werden können. Die Menschen auf dem Lande erkennen immer deutlicher, daß die Chance des ländlichen Raumes, ein alternativer Lebensraum zu bleiben bzw. wieder zu werden, nicht nur von seiner Tragfähigkeit im ökonomischen Bereich abhängt, sondern auch von der Bewahrung sozial und kulturell eigenständiger Lebensformen.

Wenn von der Eigenständigkeit die Rede ist, ist diese Eigenständigkeit des ländlichen Raumes nicht beziehungslos zur Stadt zu verstehen. Wir brauchen die städtischen Zentren, auch die Großstädte. Aber die Stadt muß sich gleichfalls der Wechselbeziehungen zum Land bewußt werden. Stadt und Land sind Partner. Die Stadt lebt ökologisch vom Land und das Land lebt ökonomisch von der Stadt. „Wenn das Land nicht mehr atmet, wird auch die Stadt ersticken", erklärte treffend der frühere französische Ministerpräsident Edgar Faure.

So wie in der Vergangenheit gibt es auch heute Strömungen, unsere Dörfer und ländlichen Gebiete nur als Ergänzungs- und Ausgleichsraum zu sehen. Ich widerspreche diesem „Denken in Reservaten" ganz entschieden. Natürlich bietet der ländliche Raum auch Ausgleich und Erholung. Zweitwohnsitze, Wochenend- und Alterswohnsitze und der „Bauernhof als Künstleratelier" gehören heute zum alltäglichen Erscheinungsbild auf dem Lande. Damit wird das Dorf aber zum Ruheraum und nicht zu einem aktiven Lebensraum. Wer den ländlichen Raum so einseitig definiert, der will nicht „aufs Land", der will nur „weg von der Stadt"; der ist nicht reif für die Natur, sondern höchstens „reif für die Insel". Er übersieht, daß der ländliche Raum trotz zahlreicher Verflechtungen mit der Stadt in erster Linie „Kontrastraum" bleibt, also ein andersartiges und eigenständiges Phänomen, das nur in diesem Anderssein seine vielfältigen Funktionen auch für die Stadt erfüllen kann. Leo Prüller hat auf diese Zusammenhänge bereits Ende der 50er Jahre hingewiesen.[2]

Das Dorf – ein Lebensraum

„Die ländliche Familie und das Dorf stehen für Kontinuität, Stabilität und Naturnähe – Werte, die besonderen Schutz verdienen", unterstreicht Paul Kennedy in seinen Perspektiven für das 21. Jahrhundert.[3]

Das Dorf ist mehr als eine Siedlungseinheit, das Dorf ist eine Lebensform. In den vergangenen Jahrzehnten hat das Dorf wichtige identitätsstiftende und kulturbildende Einrichtungen verloren: Pfarren wurden aufgelöst, Dorfschulen zugesperrt, ehemals selbständige und selbstbewußte Kleingemeinden zu Großgemeinden zusammengelegt, etc. Das Dorf wurde destabilisiert. Schließlich wurde der ländliche Raum als vermeintlich unerschöpfliche Flächenreserve und Abfalldeponie der Industriegesellschaft mißbraucht. Was immer in den Ballungsgebieten keinen Platz (mehr) findet oder politisch nicht (mehr) durchsetzbar ist, wird in den ländlichen Bereich verlagert. Man muß allerdings zugeben, daß an diesem Natur- und Flächenverzehr nicht nur die Städter beteiligt sind. Durch all diese Prozesse haben Selbstbewußtsein und Eigenständigkeit der Landbevölkerung gelitten. Die Menschen glauben vielfach nicht mehr an die Möglichkeit ihr Schicksal aktiv in die Hand nehmen zu können. Sie resignieren, und das ist die wirkliche Gefahr für das Dorf und für den ländlichen Raum.

Es wäre aber falsch, den ländlichen Raum generell als eine benachteiligte Region zu bezeichnen. Der ländliche Raum hat viele Gesichter. Es gibt Gebiete mit guten Struktur- und Entwicklungschancen und Regionen mit schwierigen Lebensbedingungen, in manchen Fällen sogar mit einer ausgesprochenen Notlage. Grundsätzlich haben wir es mit zwei Entwicklungen zu tun:
- Einmal mit der Entleerung des ländlichen Raumes, verbunden mit einem zunehmenden Funktionsverlust.
- Zum anderen mit einer Urbanisierung mit negativen Auswirkungen auf das Siedlungsgebiet oder im kulturellen Bereich. Ausdruck dieser Entwicklung ist ein zunehmender Gesichtsverlust und eine fast perfekte Fremdbestimmung.[4]

„Eine der großen Gefahren für unsere Dörfer ist die Unterwürfigkeit unter den Fremdenverkehr, besonders in den Alpen", meint dazu der österreichische Soziologe Prof. Leopold Rosenmayr. In manchen Stadt-Umland-Gebieten ist es nicht viel besser. Eine protzige und dennoch armselige Bau-„Kultur", die man schon am aufwendigen Gartenzaun ablesen kann. Ein undefinierbarer Siedlungsbrei, der wie ein Krebsgeschwür in der Landschaft wuchert ohne Mittelpunkt und Mitte. Für das Gemeinschaftsleben bleibt kaum Zeit: hektisches Treiben an den Wochenenden, Schlafstätte an den Arbeitstagen.

Anders stellt sich das Problem in jenen Gebieten, die von einem Funktionsverlust bedroht sind. Eine leistungsfähige und moderne Infrastruktur ist die unerläßliche Voraussetzung für eine aktive Entwicklung. Nur ein Gebiet, das die sanitären, verkehrstechnischen und medizinischen Mindesterfordernisse besitzt, kann auch seine Funktion als Erholungs- und Lebensraum erfüllen. Welche Gefahr eine schleichende Unterversorgung des ländlichen Raumes und des Dorfes bringen kann, hat der schwedische Nobelpreisträger Gunnar Myrdal aufgezeigt. Myrdal spricht von einer „negativen Spirale", die schließlich zum Zusammenbruch ländlicher Sozialsysteme führen kann.[5]

Dorferneuerung beginnt im Kopf

Einige verantwortungsbewußte und sensible Menschen haben die Gefahren schon früh erkannt. Leo Prüller zählte zu ihnen. Spät, manchmal zu spät, setzte der Versuch ein, zu retten, was an unseren Dörfern noch zu retten war. Dorferneuerung, Dorfverschönerung, hieß die Parole. „Rettet unsere Dörfer" war 1973 das Motto einer Aktion der Arbeitsgemeinschaft Ländlicher Raum, die vor allem der Bewußtseinsbildung diente.[6] Mit „Ortsbild – eine gesellschaftspolitische Aufgabe" wurden 1974 erste inhaltliche Akzente gesetzt. Die Steiermark zählte mit der Aktion „Ortsidee" zu den Vorreitern der Dorferneuerung. Am konsequentesten wurde die Dorferneuerung in Niederösterreich umgesetzt. Heute ist die Dorferneuerung fester Bestandteil der Politik in allen Bundesländern.

Der Begriff „Dorferneuerung" ist in der allgemeinen Fortschrittseuphorie der frühen 70er Jahre entstanden und kommt aus Deutschland. Erneuerung wurde vielfach als Überwindung bzw. Beseitigung des Alten, Rückständigen verstanden. Heute hat sich auch in den Begriffen ein Wandel vollzogen. Man spricht zunehmend von Dorf-*Entwicklung*. Andere wiederum ersetzen den Ausdruck Dorf durch den Begriff *Ort*. Sie wollen damit signalisieren, daß nicht nur Dörfer, sondern auch Märkte und kleinere Städte eine gründliche Aufwertung brauchen. Wieder andere sprechen von einer Stadt- und Ortsentwicklung, um den unmittelbaren Zusammenhang zwischen Stadt und Land deutlich zu machen.

Jede Siedlung – ob Dorf oder Stadt – ist Abbild der Lebens- und Wirtschaftsformen ihrer Menschen. Vieles, was wir heute in unseren Gemeinschaften erleben, spiegelt sich im Dorfbild wieder. Dorferneuerung muß daher bei diesen Ursachen ansetzen. Wenn wir die Dörfer „erneuern" wollen, müssen wir zuerst nach den kulturellen und materiellen Grundlagen des ländlichen Raumes fragen. Und zwar sowohl aus seinen eigenen Wurzeln heraus als auch aus den Beziehungen zu den Städten. Dann müssen wir – in einem zweiten Schritt – nach den Zukunftsperspektiven fragen: Worin liegen die Chancen für die Erneuerung des ländlichen Raumes von innen? Ich wage die Behauptung: von außen wird diese Erneuerung nicht zu erwarten sein. Denn alle Fehlentwicklungen der letzten Jahrzehnte lassen sich auf einen einfachen Nenner bringen: Auf die nicht oder falsch bewältigte Herausforderung der städtisch-industriell geprägten Konsumgesellschaft. Dorferneuerung muß also im Kopf beginnen. Nur wenn die Dorfbewohner sich des Eigenwertes ihrer Heimat bewußt werden, wenn sie an ihre Zukunft glauben, werden auch jene Kräfte frei, die notwendig sind, damit Dorfentwicklungsprogramme erfolgreich in die Tat umgesetzt werden können.

Die Kräfte bündeln

Das Dorf ist ein Teil des ländlichen Raumes. Die Frage nach der Zukunft des Dorfes ist daher unmittelbar mit der Zukunft des ländlichen Raumes verknüpft. Über Jahrhunderte war eine Politik für die Landwirtschaft gleichbedeutend mit einer Politik für den ländlichen Raum. Das hat sich geändert. Nach wie vor spielt die Landwirtschaft eine zentrale Rolle, weil sie das Land bewirtschaftet und damit die Landschaft prägt. Wenn die Landwirtschaft verschwindet, geht nicht nur Wirtschaftskraft verloren, sondern es steht auch ein bedeutendes Stück unserer Kultur auf dem Spiel. „Die Landwirtschaft ist ein tragendes Element der nationalen Identität, sie ist ein nationales Anliegen. Die Landwirtschaft zu opfern hieße, Frankreich selbst zu opfern", meint dazu der französische Nobelpreisträger für Ökonomie, Maurice Allais.[7]

Aber die Landwirtschaft ist kein isolierter Bereich, sondern Teil der Gesamtwirtschaft. Und der ländliche Raum war und ist mehr als Land- und Forstwirtschaft. Ein erfolgversprechendes Programm zur Entwicklung des ländlichen Raumes muß die Kräfte bündeln und alle Berufs- und Bevölkerungsgruppen umfassen. Dieser ganzheitliche Ansatz unterscheidet sich deutlich von einer sektoralen Vorgangsweise vergangener Jahre.

> „Hinter dem Begriff vom ländlichen Raum steckt mehr als nur eine Ortsbestimmung. Es handelt sich um ein wirtschaftliches und soziales Grundmodell, um einen wesentlichen Bestandteil unseres europäischen Gesellschaftssystems, dessen Eigenständigkeit wir auch in Zukunft erhalten wollen".[8]

Leben mit zwei Berufen

Die Strukturprobleme des ländlichen Raumes haben mehrere Wurzeln. Zum einen ist es der Niedergang der Landwirtschaft, zum anderen sind es vor allem Schwierigkeiten, die mit der Ungunst der Lage zusammenhängen. Ausdruck dieser Entwicklung ist die Zunahme des bäuerlichen Nebenerwerbs. Nebenerwerb bedeutet, weiterhin in der Landwirtschaft tätig zu sein, aber nicht nur von der Landwirtschaft leben zu müssen. Der überwiegende Teil des Einkommens stammt aus einem außerlandwirtschaftlichen Erwerb. In Österreich sind zwei von drei Bauern auf einen Nebenerwerb angewiesen. In Deutschland ist jeder zweite Bauer in einem anderen Beruf tätig. In den Niederlanden, in Frankreich oder Großbritannien spielt der Nebenerwerb eine geringere Rolle. Aber auch dort zeigt sich neuerlich eine deutliche Zunahme dieser Betriebsform.

Der Nebenerwerb gehört seit jeher zum gewohnten Bild der Landwirtschaft. Typische Hausnamen wie Schneiderbauer, Schmidbauer, Schusterbauer oder Weberbauer erinnern an die Ausübung von Doppelberufen. Auch viele

Gastwirte waren Bauern. Das Transportwesen war bis zur Erfindung der Eisenbahn über Jahrhunderte ein landwirtschaftlicher Nebenerwerb. Mühlen in Bauernhand brachten zusätzlichen Verdienst. Ebenso die Waldarbeit und die Holzverarbeitung. Zur Pfarrstelle gehörten meist einige Felder. Nicht ohne Grund spricht man vom Pfarr-Hof. Am stabilsten waren jene Formen, wo Landwirtschaft und Nebenerwerb einander ergänzten wie bei den Wirten oder Fuhrleuten.

Die sogenannten „Mondschein"- oder Wochenendbauern sind dagegen eine Erscheinung unserer Zeit. Ausgelöst durch den technischen Fortschritt setzte ein rasanter Strukturwandel ein. Immer mehr Bauern sahen sich gezwungen, ein zweites Standbein zu suchen. Für viele war es der Tourismus. Andere setzten auf Direktvermarktung oder Veredelung. Ein Großteil aber war gezwungen, in der näheren oder weiteren Umgebung nach Alternativen Ausschau zu halten. Pendeln wurde zur notwendigen Konsequenz. Wichtige Arbeiten auf dem Hof konnten nun nur noch abends oder am Wochenende erledigt werden. Für die Familie ergab und ergibt sich eine völlig neue Situation. Meist ist es die Frau, und oft sind es auch die Kinder, die bei wichtigen Arbeiten einspringen müssen.

Wenn in einer Diskussion mit Bauern der Nebenerwerb zur Sprache kommt, gibt es meist heftige Auseinandersetzungen. Viele Vollerwerbsbetriebe, die ausschließlich auf das Einkommen aus der Landwirtschaft angewiesen sind, sehen in den Nebenerwerbsbauern lästige Konkurrenten, denen man zuviel Beachtung schenkt. Daß Nebenerwerbslandwirte einen unentbehrlichen Beitrag zur Sicherung der Siedlungsfunktion im ländlichen Raum leisten, wird entweder nicht erkannt oder verschwiegen. Daran sollten auch kritische Berufskollegen denken. Man stelle sich vor, es gäbe nur einige „effiziente Großbetriebe" und sonst nichts als „weites Land". Wer würde ein leistungsfähiges Wegenetz unterhalten? Wie stünde es um Schulen und Kindergärten? Wie sähe die ärztliche Versorgung aus? Wie könnten Dorfkaufleute bestehen? Dafür ist eine Mindestbesiedlung Voraussetzung. Die Nebenerwerbslandwirte sind dabei wichtige Partner.[9]

Tendenziell wird der Nebenerwerb zunehmen. Die letzte Welthandelsrunde hat deutlich gezeigt, daß die Landwirtschaft den Zug zur Liberalisierung nicht aufhalten kann. Weitere Liberalisierungsschritte werden folgen. Auch die Osterweiterung steht vor der Tür, zwar nicht von heute auf morgen, aber sie wird kommen. Es wäre leichtfertig, die Leistungskraft der Landwirtschaft in diesen Ländern zu unterschätzen. Berücksichtigt man zudem die Entwicklung in der Gentechnologie, deutet alles auf mehr Wettbewerb hin. Nebenerwerb ist kein einfacher Weg. Wer sich aber *rechtzeitig* darauf einstellt, hat die Chance, auch als „Pendler zwischen zwei Welten" Glück und Erfüllung zu finden.

Perspektive der Hoffnung

Analysen über den ländlichen Raum werden meist mit einer langen Liste von Problemen eingeleitet: schlecht erschlossen, wenig Arbeitsplätze, unzureichende medizinische Versorgung, mangelnde Ausbildungsmöglichkeiten usw. Ich halte diesen Ansatz für falsch. Wer überall nur Probleme sieht, wird keinen Blick für die Chancen haben. Der ländliche Raum braucht eine Perspektive der Hoffnung! Wenn wir wollen, daß sich junge, aktive Menschen für diesen Raum entscheiden, müssen wir mehr als bisher die positiven Seiten und die Chancen des ländlichen Raumes herausstellen: Der ländliche Raum ist ein interessanter Wohnstandort. Der unmittelbare Bezug zur Natur und die überschaubaren Strukturen verleihen diesem Raum eine besondere Qualität. Als Erholungs- und Freizeitraum genießt er eine zunehmende Wertschätzung. Der ländliche Raum präsentiert kulturelle Vielfalt, die in der Vielfalt der Landschaften wurzelt. Er ist Standort der Land- und Forstwirtschaft sowie wichtiger Bereiche von Handel, Gewerbe und Industrie.

In Verbindung mit den modernen Möglichkeiten der Telekommunikation bietet der ländliche Raum die Möglichkeit, die besonderen Qualitäten von Natur und Umwelt in idealer Weise mit attraktiven Beschäftigungsmöglichkeiten zu kombinieren. Möglicherweise zum ersten Mal seit der industriellen Revolution hat der ländliche Raum eine gleichwertige Chance gegenüber den Verdichtungsräumen, vom technologischen Wandel zu profitieren.

Die Nutzung der Informations- und Kommunikationstechnologie kann den ländlichen Raum zu einer neuen Blüte führen und gleichzeitig die Lebensqualität in den Ballungszentren verbessern. Nicht der Mensch soll wandern, sondern Zahlen, Daten, Bild und Ton werden elektronisch auf die Reise geschickt. Damit entsteht Spielraum für mehr individuelle Arbeitsgestaltung und Zeitautonomie. Und die Städte hätten dank einer verbesserten Arbeits(auf)teilung weniger unter Verkehrs- und Umweltproblemen zu leiden. Vor allem aber wird es möglich sein, daß die geistige Elite des ländlichen Raumes mehr als bisher in ihrer Heimat Arbeit findet und damit Führungskraft und politischer Einfluß auf das Land zurückkehren.[10]

Natürlich hat dieser Weg nicht nur Vorteile. Sicher muß man die Bedenken jener ernst nehmen, die negative Auswirkungen auf die Struktur des Dorfes und des ländlichen Raumes befürchten. Man sollte sich aber auch selbstkritisch fragen, welche soziologischen Änderungen in unserem Dorf und in unserer Heimat vor sich gehen, wenn wir die Entwicklung treiben lassen.

So wie die Dampfmaschine, der Elektromotor und das Auto unser Leben veränderten, beschert uns die neue Technologie der Telekommunikation Veränderungen, deren Auswirkungen auf unsere Arbeitswelt und auf das Dorf wir nur erahnen können. Es ist unsere Aufgabe, eine sinnvolle Kombination von alt und neu zu suchen, um die positiven Seiten der ländlichen Struktur mit den modernen Möglichkeiten der Technik zu kombinieren.

Dorf im Umbruch

Zurück zum Einleitungskapitel. Noch in der ersten Phase nach dem Zweiten Weltkrieg war je nach Gegend – die „alte Agrargesellschaft" in jeder Hinsicht, auch kulturell bestimmend. Mit dem rasanten Vordringen der Industrialisierung und Technisierung änderte sich dieser Zustand jedoch schlagartig; die heute 60- bis 70-jährigen und die noch Älteren sind somit die letzten Zeitzeugen einer versinkenden Epoche.

Mit Anerkennung ist festzustellen, daß der Bauernstand und mit ihm die gesamte Landbevölkerung Großartiges geleistet haben. Der gute Geist der Zusammenarbeit, der das Jahrzehnt der Besatzung und auch noch lange Strecken nach dem Staatsvertrag vom Mai 1955 bestimmte, war dafür ebenso maßgeblich wie die Vorreiterrolle von sensiblen Politikerpersönlichkeiten. Landeshauptleute wie Heinrich Gleißner, Eduard Wallnöfer und Josef Krainer haben um den Wert des Landes gewußt und entsprechend gehandelt, gleiches gilt für die Bundeskanzler Leopold Figl und Julius Raab. Der Baumeister Raab hat im Herbst 1957 bei einem Delegiertentag tausenden Burschen und Mädchen auf dem Domplatz in Salzburg einen wichtigen Auftrag erteilt: „Der Bau des neuen Dorfes ist Eure geschichtliche Aufgabe!" Eduard Hartmann punktete mit der Devise „Agrarpolitik geht alle an".

Bedeutsame Grundlagen für diesen Blick über den Zaun wurden in Schulungs- und Bildungshäusern, in den Höheren Bundeslehranstalten und in den Universitäten geschaffen. Das hohe Bildungsniveau wiederum führte zu einem enormen Imagegewinn für die bäuerlichen und ländlichen Menschen und zu einem besonderen Phänomen. Als die Bauern seinerzeit noch die Mehrheit des Volkes bildeten, waren sie oft dem Spott, wenn nicht gar der Verachtung ausgesetzt. Als gebildete und geistig mobile Minderheit besitzen sie nun hohes Ansehen.

Zu den Persönlichkeiten, die maßgeblich zu neuen Perspektiven und Gegebenheiten beigetragen haben, zählt auch Leo Prüller. Auf 93 Seiten lieferte er in dem Band „Dorf im Umbruch" (1958) nicht nur eine messerscharfe Analyse des ökonomischen Wandels, er beschäftigte sich auch mit der Spannung Stadt – Land, dem Wert der vielseitigen, bäuerlichen und nachhaltigen Lebensweise, dem Weltbild des ländlichen Menschen, den Vor- und Nachteilen des Pendlerwesens und den großen Trends, einschließlich der Landflucht. Wörtlich:

„Die Umwandlung des ländlichen Lebens ist eine totale.
Vom bäuerlichen Dorf zum Dorf aller Berufe
Vom geschlossenen Weltbild zum Wirkungsbereich aller geistigen Strömungen
Vom Dorf der Hand- und Gespannarbeit zum Dorf der Technik
Vom Dorf der Tradition zum Dorf der Selbstentscheidung des Menschen."[11]

Aufbruch zum ländlichen Raum – Aufbruch nach Europa

Es ist im Nachhinein betrachtet eine logische Konsequenz, daß Anfang der 70er Jahre die Öffnung des Bauernbundes auf den ländlichen Raum hin hochaktuell wurde. Daß meine Ideen und Überlegungen beim großen Bundesbauerntag 1971 in Graz auf fruchtbaren Boden gefallen sind und ein breites Echo auslösten, erleichterte die weitere Arbeit sehr – auch im Hinblick auf mehrere Publikationen, die durch das Aufzeigen der Leitlinien bei verschiedenen Berufsgruppen und Gesellschaftsschichten ein Umdenken auslösten.

Eingespannt in das Tempo der Schnellebigkeit sollte man bedenken, daß in diesem Jahrhundert auch noch der Beitritt in die Gemeinschaft der 15 EU-Staaten, und damit in die größte Wirtschaftsgemeinschaft der Welt, gelungen ist. Wieder gab und gibt es gewaltige Einschnitte und Umstellungen. Die Währungsreform mit der Einführung des EURO steht vor der Tür. Die „Agenda 2000" wird heiß diskutiert, die Osterweiterung mit ihren Chancen und Risiken bewegt die Gemüter. Das Dorf, irgendwo zwischen Bodensee und Neusiedlersee, zwischen Böhmerwald und Karawanken, steht dann in enger Beziehung zu agrarischen Einheiten und Siedlungsformen irgendwo zwischen Estland und der Grenze Slowenien – Kroatien.

Schon lange vollzieht sich daneben die „Globalisierung" mit allen ihren Erscheinungsformen der Produktion, des Handels, der grenzenlos gewordenen Kommunikation. Die Wirtschaftskrise der asiatischen „Tigerstaaten" betrifft speziell die hochentwickelten Industrieländer und den Weltwährungsfonds, exportorientierte Unternehmen sind in einer angespannten Lage, die sich – auch bei uns – bis ins letzte Dorf auswirkt bzw. auswirken kann. Dazu kommt die Informationslawine, die uns mittels Fernsehen, Hörfunk, Printmedien, Massenproduktion an Büchern und dem sprunghaft sich ausdehnenden Internet in das weltweite Geschehen einbindet, aber auch überrollt, überfordert und oftmals uninformiert zurückläßt.

Erstmals in der Geschichte sind ältere Menschen gezwungen, von den jüngeren zu lernen, es zählt nicht mehr die Erfahrung, sondern jene hohe Mobilität, die der jeweils augenblicklichen Anforderung, gekoppelt mit Fremdsprachenkenntnissen und Auslandserfahrung, gerecht wird. Moderne Apparaturen wie Computer und andere EDV-Systeme veralten in kürzester Frist, die ständige Überholung des Vorsprungs ist vorprogrammiert.

Das Dorf im Spannungsfeld von Tradition und Innovation steht somit an der Schwelle zum 3. Jahrtausend vor einer neuerlichen Herausforderung und einer großen Chance. Der ländliche Raum und mit ihm die bäuerliche Welt muß in der Konkurrenz mit Städten und Ballungszentren bestehen. Die Vision vom „global village", vom Weltdorf, in dem wir täglich zumindest virtuell spazieren gehen, ist längst Realität. Zu bewundern sind alle Landsleute, die auf dem Weg von der alten Agrargesellschaft über das Dorf im Umbruch den Aufbruch in den ländlichen Raum und von Europa bis in die Welt der Globalisierung geschafft haben. Die Qualität der Bildung, wie sie Leo Prüller geübt hat, war dafür eine ideale Basis.

Anmerkungen:

[1] John Naisbitt / Patricia Aburdene, Megatrends 2000. 10 Perspektiven für einen Weg ins nächste Jahrtausend, Düsseldorf 1990.
[2] Vgl. Leo Prüller, Dorf im Umbruch. Das Dorf im Wandlungsprozeß. Ursachen – Erscheinungsformen – Auswirkungen, Wien 1958.
[3] Paul Kennedy, In Vorbereitung auf das 21. Jahrhundert, Frankfurt 1993.
[4] Vgl. Sixtus Lanner, Leben, aber wie – Analysen, Tendenzen, Perspektiven zur Entwicklung des ländlichen Raumes, Graz 1971.
[5] Gunnar Myrdal, Objektivität in der Sozialforschung, Frankfurt/M. 1971.
[6] Vgl. „Rettet unsere Dörfer!", Kronenzeitung, 24.10.1973.
[7] Maurice Allais, Die Landwirtschaft zu opfern hieße also, Frankreich selbst zu opfern, Frankfurter Allgemeine Zeitung, 5. Jänner 1993.
[8] Franz Fischler, Rede zur Eröffnung des LEADER-Symposiums, Brüssel, 10. November 1997.
[9] Vgl. Sixtus Lanner, Der Stolz der Bauern. Die Entwicklung des ländlichen Raumes. Gefahren und Chancen, Wien 1996.
[10] Vgl. Sixtus Lanner (Hg.), Die Welt im Dorf – Telematik im ländlichen Raum, Wien 1990.
[11] Prüller, Dorf im Umbruch, 9.

Gunter M. Prüller-Jagenteufel

Soziale Gerechtigkeit für Bauern
Die Probleme des ländlichen Raumes im Spiegel der katholischen Sozialverkündigung

Soziale Gerechtigkeit – das Wort läßt an rauchende Schlote, dröhnende Maschinenhallen und Heere von unterbezahlten Industriearbeitern denken. Aber der Ruf nach sozialer Gerechtigkeit ist nur scheinbar ein moderner und schon gar nicht auf die Arbeiterfrage beschränkt. Zumindest der Sache nach findet er sich durch alle Zeiten und Stände, auch im Bereich der Landwirtschaft. Auf die Spitze getrieben zeigt sich der Kampf der Bauern um soziale Gerechtigkeit wohl in den Bauernkriegen, die vor vierhundert Jahren auch in Leo Prüllers Heimat, dem Mostviertel, wüteten. In seinen historischen Forschungen dazu treffen mehrere Grundanliegen Leo Prüllers zusammen: seine Suche nach den Wurzeln in der Geschichte, sein Engagement für soziale Verbesserungen für Bauern und nicht zuletzt die Frage nach der gesellschaftlichen Rolle der Kirche. Eine Frucht seiner Überlegungen legte Leo Prüller vor nunmehr zehn Jahren in seinem Beitrag „Katholische Sozialehre und Landwirtschaft"[1] vor, worin er sich vor allem der Frage widmete, was die von katholischer Seite immer wieder eingemahnte „Sozialgebundenheit des Eigentums", d. h. seine „Gemeinwohlbestimmung" für die Landwirtschaft bedeutet.

Wie sich dieses grundlegende Prinzip der katholischen Sozialverkündigung in das handlichere Kleingeld von Kriterien und aktuellen Handlungsrichtlinien einwechseln läßt, das ist eine Frage, die angesichts sich wandelnder gesellschaftlicher Wirklichkeit jede Generation neu zu beantworten hat. Dabei baut sie jeweils auf dem auf, was ihre Vorläufer erdacht, erarbeitet und erstritten haben. Im folgenden Beitrag möchte ich der Frage nachgehen, was angesichts von globalen wirtschaftlichen und ökologischen Zusammenhängen die katholische Kirche zur Gemeinwohlorientierung und gelebten Solidarität in der und für die Landwirtschaft zu sagen weiß.

Probleme einer globalisierten Landwirtschaft

In einer Analyse der „globalisierten Landwirtschaft" ist vor allem darauf zu achten, daß die Länder der sogenannten Dritten Welt, die ja besonders im Bereich der Landwirtschaft mit den Industrieländern vernetzt sind, entsprechend berücksichtigt werden. Wenn daher im folgenden einige Grundprobleme der österreichischen Bauern und der Landwirtschaft der Dritten Welt skizziert werden, so muß man sich dieser Vernetzung beider Bereiche über den globalen Markt bewußt sein.

Probleme im österreichischen Kontext

Das Gesicht der bäuerlichen Welt Europas hat sich in den letzten siebzig Jahren nicht nur aus landwirtschaftstechnischer, sondern auch aus sozialer und wirtschaftlicher Perspektive radikal verändert. In den dreißiger Jahren, Leo Prüllers Kindheit, waren noch 37% der Österreicher im Bereich der Land- und Forstwirtschaft beschäftigt, 15% des BIP wurden in diesem Bereich erwirtschaftet[2]. Heute liegt der Anteil der in der Landwirtschaft Beschäftigten unter 7%, der Anteil am BIP bei 2%[3].

Mit dieser sinkenden wirtschaftlichen Bedeutung der Landwirtschaft geht eine deutlich erhöhte Armutsgefährdung der bäuerlichen Bevölkerung und der ländlichen Gebiete einher. So gelten 20,5% der aktiven Bauern und 28,6% der bäuerlichen Pensionisten als armutsgefährdet. Zum Vergleich: Unter den Berufstätigen folgt der Gruppe der Bauern die der Hilfsarbeiter mit 15,5%, unter den Pensionisten die der kleinen und mittleren Selbständigen mit 16,1%[4]. Ähnlich stellt sich die Situation im Hinblick auf die Regionen dar: 1993 lag die Anzahl der Haushalte, deren gewichtetes Pro-Kopf-Einkommen geringer als 6.200 Schilling war, in Agrargemeinden bei 15%, in Kleinstädten bei 9% und in Großstädten bei 8,5%[5].

Dieser Entwicklung scheinen Sozialwissenschafter und -politiker eher ratlos gegenüber zu stehen. Im Gegensatz zu den Bereichen Arbeitslosigkeit, prekäre Arbeitsverhältnisse, Frauenarmut etc., wo zumindest Optionen überlegt und diskutiert werden, werden für Land und Landwirtschaft aus den vorhandenen Analysen kaum Veränderungsvorschläge entwickelt[6]. Damit steht Österreich im europäischen Kontext allerdings nicht allein. Angesichts ständig sinkender (Weltmarkt-)Preise für Güter des primären Sektors stellt sich für einen großen Teil der Bauern die Existenzfrage. Kaum ein landwirtschaftlicher Produzent Europas kann heute noch kostendeckend wirtschaften. Aus politischen Überlegungen haben so gut wie alle Industriestaaten in irgendeiner Weise Transferleistungen für die Landwirtschaft zur Verfügung gestellt, um die Betriebe gegen die schwankenden Weltmarktpreise abzusichern. Aber auch diese Zahlungen sollen durch die GATT-Verträge langfristig abgebaut werden. An Auswegen bieten sich zwei Möglichkeiten: Zum einen wäre das die Produktion von hochpreisigen Qualitätsgütern, die einen kostendeckenden Betrieb erlauben, aber für die auch nur eine geringere Nachfrage besteht. Dieser Markt ist also bald gesättigt. Als Alternative bietet sich die Erhöhung der Produktionsmenge pro Betrieb an. Das bedeutet jedoch eine Dynamik der Agrarstruktur hin zu Großbetrieben mit industrieller Landwirtschaft, was nicht nur ökologische Probleme nach sich zieht, sondern auch eine Erhöhung der Gesamtproduktion, die sich wiederum negativ auf die Preisentwicklung auswirkt. Angesichts der bereits vorhandenen Überproduktion in den Industriestaaten und der Zahlungsunfähigkeit jener Länder, die diese Überschüsse brauchen würden, erscheint also auch dieser Weg langfristig nicht besonders vielversprechend.

Probleme in der Dritten Welt

Wer ist nun aber „schuld" an den niedrigen Preisen? Oft ist zu hören, „die" Dritte Welt produziere viel billiger als die Industrieländer und deshalb müßten auch hierzulande die Kosten gesenkt werden. Die Frage ist aber: Wer produziert tatsächlich so billig? Und weiter: Ist dieser Niedrigpreis wünschenswert? Es mag auf den ersten Blick überraschen, wenn festgestellt wird, daß die Bauern und Landarbeiter in der Dritten Welt, denen man landläufig die Schuld am Preisverfall gibt, nicht die „Täter", sondern vielmehr ebenso Opfer der niedrigen Weltmarktpreise sind wie die Bauern in Europa. Schließlich entsprechen dem niedrigen Preis am Markt niedrige Löhne bzw. Einnahmen. Und so stehen die Bauern und Landarbeiter im „Süden" wie im „Norden" unter immensem Druck. Das in den Ländern der Dritten Welt umso mehr, als die Staaten, die im Aufbau von Industrie begriffen sind, jedes Interesse haben, die Preise für Nahrungsmittel niedrig zu halten, um die Löhne nicht erhöhen zu müssen. Das war (und ist zum Teil noch) auch in Europa und in den USA der Fall; allerdings wurden (und werden) die Preise hier staatlich gestützt, was jedoch den Dritte-Welt-Staaten aufgrund ihrer Verschuldung (und der liberalen Wirtschaftsweise, die Weltbank und Internationaler Währungsfonds verlangen) nicht mehr möglich ist.

Der Weltmarkt und seine Preisgestaltung wird allerdings primär durch die Verbraucher beherrscht, d. h. durch die Erste Welt, die mit ihrer Kaufkraft die Landwirtschaftsproduktion der Dritten Welt diktiert. Das umso mehr, je höher die Staaten der Dritten Welt gegenüber den Industrieländern verschuldet sind. Für Kreditrückzahlungen, vor allem aber für den Zinsendienst müssen Devisen erwirtschaftet werden, was mangels leistungsfähiger Industrie durch den Export landwirtschaftlicher Güter zu geschehen hat. Die notwendigerweise hohe Produktion wiederum führt bei den sogenannten „Cash-Crops" zu immer weiterem Preisverfall. Schon seit den achtziger Jahren müssen die Länder des Südens selbst Lebensmittel importieren, und das bei sinkenden Exporteinnahmen. Langfristig stehen sie also vor dem Problem, sowohl Industrieprodukte als auch steigende Nahrungsmittelimporte durch Erlöse aus stagnierenden Agrarexporten finanzieren zu müssen, wobei sich die Preisschere zwischen landwirtschaftlichen und Industrieprodukten immer weiter öffnet[7].

Anfragen an die globale Agrarpolitik

Angesichts dieser sehr kurzen (und dadurch sicher auch verkürzten, aber trotzdem nicht unbedingt falschen) Darstellung erhebt sich die Frage, wer denn nun von den (zu) niedrigen Agrarpreisen profitiert. Daß Lebensmittel erschwinglich sind, ist durchaus im Interesse der Allgemeinheit. Aber wenn weder die Bauern der Ersten noch die der Dritten Welt kostendeckend produzieren können, dann zeigt sich eine Fehlentwicklung. Der Grund dafür ist vor allem darin zu sehen, daß Großgrundbesitzer und Nahrungsmittelkonzerne durch Niedriglöhne in Drittweltländern die Weltmarktpreise drücken, was ihnen wiederum nur aufgrund eines Überangebotes an Arbeitskräften in diesen Ländern möglich ist. Zudem versuchen die Staaten, die dringend Devisen benötigen, sinkende Preise durch erhöhte Produktion zu kompensieren, was in einen Teufelskreis führt, der nicht nur ökonomische, sondern auch ökologische Probleme nach sich zieht.

Wenn man nun, um „erschwingliche Nahrung für alle" zu garantieren, auf den freien Markt setzt, und die GATT-Verträge weisen eindeutig in diese Richtung, so sind damit nicht alle Probleme gelöst, vielmehr tauchen neue auf. Denn das Theorem der komparativen Kostenvorteile, das für die liberale Marktwirtschaft zentral ist, geht von einer (zu) einfachen Überlegung aus: Demnach ist es am besten, wenn nicht alle das produzieren, was sie brauchen, sondern das, was sie am günstigsten herstellen können. Die auf diese Weise billigeren Waren werden über den Markt ausgetauscht, sodaß die Güter letztlich für alle Beteiligten billiger werden. Diese These gilt allerdings nur unter der Bedingung der freien Mobilität der zu handelnden Waren und Dienstleistungen und unter der Annahme, daß der Markt selbst die Herstellungsbedingungen nicht verändert. Beides ist jedoch nicht so einfach der Fall. Erstens bedeutet Mobilität stets den Transport von Gütern und Menschen – beides hat ökologische und soziale Folgen, die ihrerseits nicht über den Markt geregelt werden können. Zweitens führt eine liberalisierte Marktdynamik zu Kapitalkumulationen und Monopolisierungen, die langfristig dazu führen (können), daß nicht die günstigsten Anbieter, sondern die kapitalstärksten den Markt beherrschen, sodaß von einem „freien" Markt keine Rede mehr sein kann[8].

Die Kirche hat gegen diese Entwicklungen des öfteren mahnend ihre Stimme erhoben, sowohl gesamtkirchlich als auch – deutlicher – die Ortskirchen in den Ländern der Dritten Welt. Dabei hat die katholische Sozialverkündigung durchaus nichts gegen Leistung und Markt an sich, das sei vorausgeschickt, aber sie sieht beides als Instrumente eingeordnet in den Zusammenhang des (weltweiten) Gemeinwohls, das auch künftige Generationen umfaßt. Was dieses soziale Denken der Kirche in den heutigen Diskurs um Agrarpolitik einbringen kann, soll im folgenden betrachtet werden.

Landwirtschaft im Spiegel der katholischen Soziallehre

Auf den ersten Blick fallen die Themen Landwirtschaft und Bauerntum in der katholischen Sozialethik durch Abwesenheit auf. Die jüngste Auflage des „Lexikons für Theologie und Kirche" behandelt „Landwirtschaft" auf gerade einer Spalte und kennt „Bauer" nur als Eigennamen, während über „Arbeit" sieben und „Arbeiter" dreieinhalb Spalten zur Verfügung stehen. In anderen theologischen Standardwerken verhält es sich ähnlich[9]. Auf den zweiten Blick überrascht diese Tatsache gar nicht, denn Kenner der kirchlichen Sozialverkündigung wissen, daß sie sich im Kontext der Arbeiterfrage entwickelt und daher stets die Arbeit(er) als zentrales Anliegen betrachtet hat. Schließlich waren es ja auch die Arbeiter, die die Kirche „zurückgewinnen" wollte. Trotzdem lohnt sich ein dritter Blick, der zeigt, daß Probleme der Landwirtschaft in der katholischen Sozialverkündigung durchaus nicht unbehandelt bleiben, ja vor allem im Zusammenhang mit den Problemen der Dritten Welt einen zentralen Stellenwert einnehmen. Bei allen oben aufgewiesenen Zusammenhängen möchte ich im folgenden doch die Probleme in den Industrieländern und in der Dritten Welt getrennt betrachten – nicht, weil sie nichts miteinander zu tun haben, sondern weil sie auf je verschiedene Weise von den Auswirkungen der globalisierten Landwirtschaft betroffen sind.

Erste Ansätze bei Leo XIII. und Pius XI.

Bereits die erste Sozialenzyklika, „Rerum novarum" (1891), behandelt unter anderem auch ein bäuerliches Problem, wenn auch nur indirekt. Im Zusammenhang der Frage nach dem Privateigentum an Produktionsmitteln zieht Leo XIII. für seine allgemeinen Überlegungen das Beispiel bäuerlichen Grundbesitzes heran: Das Privateigentum stehe nicht dem Gemeinwohl entgegen, betont er, denn auch ein Eigentum an Grund und Boden diene letztlich der Allgemeinheit, weil die Früchte der Erde allen zugute kämen. Außerdem mache sich der Bauer durch seine Arbeit nicht nur die Früchte der Erde rechtmäßig zu eigen, sondern auch diese selbst, da er sie ja durch seine Arbeitsleistung kultiviert habe. „Es entspricht also durchaus der Gerechtigkeit, daß dieser Teil sein eigen sei und sein Recht darauf unverletzlich bleibe" (RN 7). Die Worte werden im folgenden noch schärfer, wenn Leo XIII. betont, dem Bauern seine Scholle streitig zu machen, hieße ebensoviel, wie „einen Raub ausführen an dem, was durch die Arbeit erworben ist". Denn, so der Papst weiter, die Frucht der Arbeit gehöre „als rechtmäßiges Eigentum demjenigen, der die Arbeit vollzogen hat" (RN 8). Zwar richtet sich die Spitze dieser Aussagen gegen sozialistische Verstaatlichungstendenzen und Leo XIII. fordert keineswegs eine allgemeine Bodenreform, doch muß es auch erlaubt sein, die Argumente des Papstes etwas gegen den Strich zu bürsten. Schließlich behalten sie ihre

Gültigkeit nicht nur in eine Richtung. Und wenn es stimmt, daß die Frucht der Arbeit rechtmäßig dem Arbeitenden gebührt, so steht denen, die das Land urbar machen, dieses auch in gewisser Weise als Eigentum zu. Damit soll nicht gegen Pacht- und Arbeitsverträge im Bereich der Landwirtschaft geredet werden. Eine solche Einrichtung ist zur Organisation arbeitsteiliger Einheiten stets sinnvoll und notwendig, aber es zeigt sich eine prinzipielle Grenze, die die Päpste ab der Mitte unseres Jahrhunderts wieder aufgreifen: das Gemeinwohl. Wo Großgrundbesitz dem Gemeinwohl nicht mehr dient, sondern vielmehr schadet, wo Kleinbauern und Landarbeiter in ausbeuterische Verträge gezwungen werden, die der Gerechtigkeit Hohn sprechen, und wo Land zu Spekulationszwecken brach liegen bleibt, obwohl Landlose es bearbeiten könnten und wollten, da wendet sich diese alte Bekräftigung des Rechts auf Eigentum direkt gegen die Latifundienbesitzer und fordert eine Bodenreform geradezu heraus.

Dieser Gedanke, aus „Rerum novarum" nur indirekt zu erheben, wird spätestens mit „Quadragesimo anno" (1931) konkret. So widmet sich Pius XI. unter anderem dem „Riesenheer des Landproletariats, auf die unterste Stufe der Lebenshaltung herabgedrückt und jeder Hoffnung bar, jemals ‚ein Stückchen Erdboden' sein eigen zu nennen" (QA 59). Darüber hinaus gilt seine Aufmerksamkeit auch den Bauern. Sie werden zwar undifferenziert zum „Mittelstand" gerechnet (QA 37), doch betont Pius XI. auch die Notwendigkeit und die positiven Leistungen von landwirtschaftlichen Genossenschaften in der Verbesserung der Lebens- und Arbeitsbedingungen der bäuerlichen Bevölkerung. Folgerichtig geht es ihm auch nicht nur um Lohngerechtigkeit, sondern ebenso um Preisgerechtigkeit – eingedenk der Tatsache, daß gerade Bauern – in gewisser Weise „Arbeiter" und „Unternehmer" zugleich – im allgemeinen keineswegs zu den „Kapitalisten" gehören. So fordert Pius XI. das „richtige Verhältnis der Preise" (QA 75) von Agrar- und Industrieprodukten – eine Forderung, die wohl auch heute nicht der Aktualität entbehrt.

Die Probleme der Landwirtschaft in Europa

Behandeln diesen beiden Klassiker unter den Sozialenzykliken die Landwirtschaftsproblematik nur am Rande und implizit – Bauern und Landarbeiter sind sozusagen „mitgemeint" – bringt Pius XII.[10] eine deutliche Horizonterweiterung: Er „entdeckt" die soziale Frage des Bauernstandes in Europa[11]. So zeigt er z. B. die Ambivalenz der zunehmenden Industrialisierung und des entsprechenden Wirtschaftssystems für die bäuerliche Produktionsweise und Kultur auf: Die Dynamik der liberalen Marktwirtschaft auf Preisminimierung hin setze die Bauern einem ungeheuren Druck aus. Dazu komme das Fehlen von sozialer Absicherung, was für viele zu einem „Dahinsiechen in einer elenden und den gefährlichsten Spannungen ausgesetzten Existenz" führe. Zudem verkomme das Land durch zunehmende Urbanisierung sozial und kulturell zum bloßen „Anhängsel der Stadt" und verliere seine kulturtragende Bedeutung (UG 2439-41). Dagegen stellt der Papst das Ideal der familienbetrieblich arbeitenden „Pfleger der Scholle" (UG 2418). Zur Lösung der sozialen Probleme des Bauernstandes nach dem Zweiten Weltkrieg setzt Pius XII. auf Selbsthilfe der Bauern, vor allem in genossenschaftlicher Organisation, aber auch auf staatliche Maßnahmen: Sozialgesetzgebung analog zu den Arbeitern (Kranken- und Altersversicherung) und Agrarpolitik, die darum bemüht ist, die Preisschere zwischen Agrar- und Industrieprodukten wieder zu schließen (UG 5635-60).

Es sind das im Grunde jene Forderungen, die seither immer wieder von päpstlicher Seite erhoben werden. Hatte Pius XII. allerdings nur in Einzeläußerungen auf die Landproblematik verwiesen, so behandelt Johannes XXIII. in seiner Enzyklika „Mater et magistra" (1961) diese erstmals umfassend und systematisch (MM 133-156). Sein primäres Anliegen ist die Forderung nach einer Sozialpolitik, die die Gleichstellung der Bauern mit anderen Berufsgruppen zum Ziel hat (Sozialversicherung und soziale Sicherheit). Zum anderen fordert er aber auch eine Agrarpolitik, die der bäuerlichen Bevölkerung einen gerechten Anteil am Sozialprodukt sichert: Aus Gründen des Gemeinwohls brauche es erschwingliche Kredite für Bauern, die Bereitstellung ausreichender Infrastruktur auf dem Lande, die strukturelle Förderung familiärer Betriebsstrukturen und nicht zuletzt eine Preispolitik, die sowohl erschwingliche Nahrungsmittel für die Bevölkerung als auch ausreichendes Einkommen für die Bauern garantiere. Bei alledem seien auch staatliche Maßnahmen gefordert, die allerdings die Selbstorganisation der Landwirte nur subsidiär unterstützen sollten. Das Ziel ist für Johannes XXIII. jedenfalls, den Landwirten einen gerechten Anteil am Gemeinwohl zu sichern, d. h. zunächst fairen Lohn für die geleistete Arbeit an Nahrungsmittelproduktion und Kultivierung des Landes, was sowohl einen fairen Preis für die Agrarprodukte als auch eventuelle Transferleistungen beinhaltet, aber auch einen gerechten Anteil am Gesamtwohlstand eines Staates durch infrastrukturelle Maßnahmen auf dem Land, z. B. Gesundheits-, Bildungs-, Verkehrs- und Kultureinrichtungen.

Auf dieser Basis der katholischen Sozialverkündigung widmeten sich im Jahr 1989 die deutschen Bischöfe der „Lage der Landwirtschaft"[12] und auch im Sozialhirtenbrief der österreichischen Bischöfe von 1990 fehlt das Kapitel „Landwirtschaft" nicht[13]. Die in beiden Dokumenten erhobenen Forderungen sind die an sich schon lange bekannten und trotzdem noch aktuellen: Eine rein liberal agierende Marktwirtschaft sei für die Landwirtschaft nicht ausreichend, da die Landwirtschaft zum einen der Sicherung von Grundbedürfnissen und damit allgemeiner Grundrechte diene, die nicht über den Markt verhandelbar seien (Stichwort: erschwingliche Nahrungsmittel), zum anderen in ihrer landschaftspflegerischen und damit kulturellen Bedeutung über die bloße Nahrungsmittelproduktion weit hinausgehe (Stichwort: Kulturlandschaft). Daher bedürfe es einer Agrarpolitik, die nicht nur Produktionssteigerung, sondern vor allem das Gemeinwohl und damit auch das Wohl der Bauern im Blick hat. Das Gemeinwohl in diesem Sinne dürfe nicht bloß ökonomisch, sondern muß auch ökologisch, politisch, sozial und kulturell definiert werden. Daher bestehe Bedarf nach einer Marktordnung, die nicht nur dem Interesse der Konsumenten nach billigen Nahrungsmitteln, sondern auch dem Interesse der Produzenten nach fairen Preisen und dem Interesse der Allgemeinheit (und damit auch der Konsumenten) nach gesunden Nahrungsmitteln, gesicherter Versorgung mit Basisgütern und nachhaltiger Bewirtschaftung der natürlichen Ressourcen Rechnung trage. Darüber hinaus mahnen die Bischöfe neuerlich die soziale und strukturelle Förderung des ländlichen Raumes ein. Zur Solidarität mit den Bauern werden dabei ausdrücklich alle Bürger und Bürgerinnen des Landes aufgerufen – nicht zuletzt auch durch entsprechendes Konsumverhalten.

Die Landproblematik in der Dritten Welt

Die Kirche verkennt in ihrer Sozialverkündigung keineswegs, daß sich die Problemlagen in verschiedenen Regionen unterschiedlich darstellen. Dabei geht sie seit Johannes XXIII. und besonders seit Paul VI. explizit auf die Probleme der Dritten Welt ein. In diesen Ländern steht man vor der Tatsache, daß die koloniale Vergangenheit zu riesigem Latifundienbesitz in den Händen weniger Familien geführt hat, der bis heute besteht[14]. Dieser Großgrundbesitz weist im allgemeinen eine sehr geringe Produktivität auf, weil die beschäftigten Arbeitskräfte kaum Kosten verursachen und daher eine Modernisierung nicht rentabel erscheint. Nicht wesentlich anders verhält es sich mit verpachteten Flächen. Auf den Philippinen z. B. ist die Halbpacht üblich, wodurch den Pächtern kaum genug zum Leben bleibt, geschweige denn Möglichkeit und Anreiz zu Investitionen geboten wird. Die Grundeigentümer wiederum schöpfen den Gewinn eher ab, als ihn in den Betrieb zu investieren.

Ein weiteres Problem stellen die riesigen Monokulturen dar, die hauptsächlich im Besitz von multinationalen Nahrungsmittelproduzenten stehen oder zumindest vertraglich mit solchen verbunden sind. Die Konzerne kaufen oder pachten große Flächen von Kleinbauern und beuten sie ohne Rücksicht auf die Bodenökologie innerhalb weniger Jahre aus. Die Zahl der in den Plantagen beschäftigten Arbeitskräfte liegt meist unter 10% der zuvor dort ansässigen Bauern. Den nunmehr Arbeitslosen bleibt nur der Weg in die Großstadt, wo sich der Traum von der neuen Existenz, die man mit dem gewonnenen Kapital aufbauen will, oft als Luftschloß erweist. So sind die Auswirkungen auf mehreren Ebenen problematisch: Auf dem sozialen Sektor wächst das

Heer der „urban poor", ökologisch werden wesentliche landwirtschaftliche Nutzflächen durch Monokulturen, die nur mit exzessivem Einsatz von Chemikalien zu betreiben sind, langfristig schwer geschädigt, und ökonomisch fließt die landwirtschaftliche Produktion in den Export, ohne dadurch einen langfristigen volkswirtschaftlichen Fortschritt zu erzielen, weil der Gewinn nicht im Land investiert wird.

Einen, wenn nicht gar den Schlüssel zur Lösung dieser Problematik sieht die katholische Soziallehre in einer sinnvoll durchgeführten Landreform. Denn erst die Beseitigung der monopolartigen (Land-)Wirtschaftsstrukturen und die zugleich erhöhte Produktivität des Landes machen Modernisierungen und einen gesunden Wettbewerb im Wirtschaftsbetrieb möglich[15]. Doch für das katholische Sozialdenken sind nicht nur ökonomische Faktoren ausschlaggebend, wird das Gemeinwohl doch als multidimensionale Größe verstanden. So ist es ein Bündel von Argumenten, die das Eintreten der Kirche für Bodenreformen begründen – und das propagiert nicht nur die Theologie der Befreiung, sondern durchaus die Gesamtkirche.

Ausgehend von der allgemeinen Bestimmung der Güter widmet sich bereits das Zweite Vatikanum dieser Frage und betont, daß zugunsten des Gemeinwohls auch Enteignung von Großgrundbesitz gerechtfertigt sein kann, wobei es natürlich nicht bei der bloßen Übergabe des Bodens belassen werden darf, sondern für entsprechende Ausbildung der Landbevölkerung und die Organisation von landwirtschaftlichen Genossenschaften gesorgt werden soll (Gaudium et spes 71). Denselben Gedanken legt auch Paul VI. vor, wenn er in seiner Enzyklika „Populorum progressio" zur Landreform Stellung nimmt. Bekräftigt durch das Kirchenväterzitat „Die Erde ist für alle da, nicht nur für die Reichen"[16] und mit Verweis auf GS 71 betont er:

> „Das Gemeinwohl verlangt deshalb manchmal eine Enteignung von Grundbesitz, wenn dieser aufgrund seiner Größe, seiner geringen oder überhaupt nicht erfolgten Nutzung, wegen des Elends, das die Bevölkerung durch ihn erfährt, wegen eines beträchtlichen Schadens, den die Interessen des Landes erleiden, dem Gemeinwohl hemmend im Wege steht." (PP 24)

Dabei macht Paul VI. klar, daß gerade eine Bodenreform begleitende Maßnahmen braucht, soll sie ihr Ziel nicht verfehlen. Es bedarf einer Umstrukturierung des gesamten wirtschaftlichen, sozialen und politischen Bereichs, um eine gerechte Partizipation aller an den Gütern des Landes zu erreichen – erst dann kann man wirklich von „Gemeinwohl" sprechen.

Daß diese Position nicht nur eine romantische, aber museale Träumerei aus den „68er-Phase" ist, sondern eine durchaus auch noch dreißig Jahre später aktuelle Lehre der Kirche, zeigt sich in den Enzykliken „Sollicitudo rei socialis" (1989) – Johannes Paul II. geht hier sogar so weit, eine grundlegende

Reform des internationalen Wirtschaftssystems zugunsten der armen Länder zu fordern – und „Centesimus annus" (1991) (SRS 43; CA 43), sowie im jüngsten Dokument des Päpstlichen Rates „Justitia et Pax"[17] zur Landreform (1997). Die mittlerweile zum Allgemeingut der katholischen Sozialverkündigung gehörende „vorrangige Option für die Armen" wird darin auf die Situation der Landbevölkerung der Dritten Welt konkretisiert.

Einleitend wird die einseitige Orientierung der Wirtschaftspolitik auf Industrialisierung kritisiert, die durch Exportorientierung, Auslandsverschuldung und einseitige Steuerpolitik die Kleinbauern in den Ruin treibt (6-12). Mehrere Gründe sind dafür ausschlaggebend: Mängel im Rechtssystem, die es den Kleinbauern unmöglich machen, ihr Eigentumsrecht abzusichern; ein Kreditmarkt, der den fördert, der kurzfristig größere Gewinne erzielt, dabei aber die langfristigen Wirtschaftsziele aus den Augen verliert; die Konzentration von Forschung und Bildung auf industrielle Landwirtschaft, sowie fehlende Infrastruktur (13-17). Die dadurch entstehenden Verzerrungen auf dem Bodenmarkt begünstigen eine Kumulation von landwirtschaftlichen Flächen und führen zugleich zu einem Rückgang der Agrarproduktion (18). Die sozialen Folgen sind Verarmung, Urbanisierung, Mangelernährung und daraus resultierende Krankheiten, zuletzt auch politische Destabilisierung; die negativen ökologischen Konsequenzen (Bodenermüdung und sinkende Erträge, Naturkatastrophen) sind heute ebenfalls allgemein bekannt (19-21). Dementsprechend nennt das Dokument die gegenwärtige Konzentration an Grundeigentum „skandalös" (27) und beruft sich auf die alte Lehre von der Sozialpflichtigkeit des Eigentums, das in extremen Notlagen auch das Recht dazu gibt, sich das Nötige anzueignen – und zwar auch an Grund und Boden (32-33). So verteidigt „Justitia et Pax" die (gewaltfreie) Landnahme durch Landlose in Ländern der Dritten Welt und verurteilt aufs schärfste die nicht minder illegale und häufig gewaltsame Landaneignung durch Großgrundbesitzer als „besonders schwerwiegend und niederträchtig, weil sie die Schwächsten und künftige Generationen trifft" (33).

Eine Umverteilung des Grundbesitzes erachtet „Justitia et pax" zwar als notwendig, aber keineswegs als hinreichend. So fordert der päpstliche Rat einmal mehr rechtliche, politische und ökonomische Begleitmaßnahmen, die die Förderung der bäuerlichen Klein- und Familienbetriebe zum Ziel haben (45-55). Eine solche umfassende Agrarreform dürfte sich dabei durchaus nicht als Hemmnis, sondern als förderndes Instrument einer umfassenden Entwicklung erweisen. Maßnahmen zugunsten des weiteren Ausbaus der Infrastruktur und eines landwirtschaftlich orientierten Kreditwesens, von Bildungs- und Gesundheitseinrichtungen sowie technische Verbesserungen im landwirtschaftlichen Betrieb stehen dabei sowohl in der Eigenverantwortung genossenschaftlich organisierter Landbevölkerung als auch der staatlichen Verwaltung und der internationalen Organisationen. Alle Beteiligten sind aufgefordert, mit ihren jeweiligen Mitteln das Gesamtziel zu verfolgen: die „Wiederherstellung der sozialen Gerechtigkeit" über eine „Verteilung des Grundbesitzes, die von dem Geist der Solidarität in den sozialen Beziehungen geprägt ist" (61).

Prinzipien der katholischen Sozialverkündigung in der Landwirtschaft

Alle diese Aussagen der katholischen Sozialverkündigung sind Ausfaltungen einiger grundlegender Prinzipien, die auf einer christlichen Anthropologie, d. h. letztlich auf der Personwürde und den damit einhergehenden unveräußerlichen Rechten jedes Menschen beruhen[18]. Abschließend möchte ich daher einige Kriterien darlegen, die für den Norden ebenso gelten wie für den Süden und die globale Landwirtschaft, für Aktivitäten bäuerlicher Interessengemeinschaften ebenso wie für staatliche Agrarpolitik.

Das Gemeinwohl als Ausgangsbasis weiterer Überlegungen

Das erste Prinzip katholischen Sozialdenkens ist das Gemeinwohl, wobei dieses durchaus nicht mit dem Bruttosozialprodukt gleichgesetzt werden darf. Wie bereits deutlich wurde, sind für das Gemeinwohl neben der Ökonomie auch die Bereiche des Sozialen, der Ökologie, der Kultur und der Politik wesentlich. Daher ist die Bedeutung der Landwirtschaft nicht bloß von ihrem Beitrag für das BSP zu bestimmen, es geht vielmehr um das umfassende Wohl der Gesamtheit und aller einzelnen. Von Gemeinwohl kann daher nur dann die Rede sein, wenn auch Verhältnisse herrschen, die eine sozial gerechte Partizipation am Wohlstand einer Gesellschaft erlauben[19] – künftige Generationen miteingeschlossen. Aus dieser ganzheitlichen Perspektive kann Agrarpolitik auch nicht vom freien Markt allein bestimmt werden, obwohl natürlich dem Markt eine unverzichtbare Regelungs- und Verteilungsfunktion zukommt. Aus der Eigenart landwirtschaftlicher Produkte ergibt sich jedoch die Notwendigkeit, eine Marktstruktur zu schaffen, die allen die ausreichende Versorgung mit Basisgütern garantiert. Denn den liberalen Marktgesetzen entsprechend richtet sich die Produktion nach der Nachfrage, und Nachfrage wird durch Kaufkraft ausgedrückt. Somit wird von den Produzenten in der Dritten Welt, der höheren Kaufkraft der ersten Welt entsprechend, der Nachfrage nach Genußmitteln und Luxusgütern eher entsprochen als der nach Grundnahrungsmitteln für die arme einheimische Bevölkerung, die nicht über die entsprechende Kaufkraft verfügt. Not allein – und mag sie noch so groß sein – schafft noch keine marktrelevante Nachfrage. Wenn aber das unveräußerliche Menschenrecht auf Leben Vorrang vor allen wirtschaftlichen Gütern genießt, dann darf erst dann, wenn diese Basis gesichert ist, frei über Überschüsse verfügt werden[20].

Das bedeutet, daß der Markt selbst einer sozialen Ordnung bedarf – eine soziale Marktwirtschaft eben, mit Betonung auf dem Wort sozial. Über politische Maßnahmen muß dabei sichergestellt werden, daß die Landwirtschaft ökologisch verträglich und nachhaltig wirtschaften kann, ja es muß im Hinblick auf die kommenden Generationen sogar eine allgemeine Dynamik in diese Richtung gefördert werden. Dazu gehört die Berücksichtigung nicht nur der Produktion, sondern auch der Kulturaufgabe der Landwirtschaft. Ob das Ziel – gesunde Nahrungsmittel und gesunde, gepflegte Umwelt für alle – allein über die Produktpreise erreicht werden kann, oder ob es zusätzlicher Transferzahlungen von der öffentlichen Hand für die landschaftspflegerische Leistung der Bauern bedarf, das müssen Agro-Ökonomen klären. Die theologische Ethik kann nur einen Beitrag zur Zielbestimmung leisten. Eine negative Abgrenzung ist allerdings möglich: Ökologische Auflagen sind nicht zuletzt aus volksgesundheitlichen Überlegungen sinnvoll und notwendig, und dürfen nicht – wie in den letzten Auseinandersetzungen mit den USA um gentechnisch veränderte Lebensmittel – pauschal als „Handelshemmnisse" verurteilt werden.

Das Prinzip der sozialen Gerechtigkeit

Auf dieser Basis der Gemeinwohl-Bestimmung der Landwirtschaft lassen sich einige Kriterien zur sozialen Gerechtigkeit für Bauern anführen. Dabei soll nicht mehr auf die Frage der Landreform eingegangen werden, weil die Position der kirchlichen Sozialverkündigung hier ohnehin eindeutig ist. Die Bedeutung der Sozialpflichtigkeit des Eigentums reicht allerdings weit darüber hinaus: Wenn das bäuerliche Eigentum an Grund und Boden mit einer „sozialen Hypothek" belastet ist, so bedeutet das auch für Landwirte die Verpflichtung, entsprechend den Bedürfnissen des Gemeinwohls zu wirtschaften, und zwar:
– sozial: jene Produkte zu produzieren, die wirklich gebraucht werden, nicht nur in ausreichender Menge, sondern auch in entsprechender Qualität, vor allem im Hinblick auf gesundheitliche Verträglichkeit;
– ökologisch: den Boden so zu bewirtschaften, daß er auch künftigen Generationen noch als Basis für ihre Ernährung dienen kann;
– kulturell: die Kulturlandschaft zu erhalten und zu pflegen, vor allem auch in den landwirtschaftlichen Ungunstlagen (z. B. Bergbauern) als Erholungsraum und Naturschutzgebiet.

Ein weiteres wesentliches Kriterium der sozialen Gerechtigkeit ist das des gerechten Arbeitslohnes. In Analogie auf die Bauern angewandt bedeutet das Preisgerechtigkeit für die Produkte, aber auch angemessene Entlohnung für die Wahrnehmung ihrer Kulturaufgabe. Um das zu erreichen, muß langfristig darauf hingearbeitet werden, daß auch unter Weltmarktbedingungen eine kostendeckende Produktion erfolgen kann. Das hieße unter anderem, Exporte nicht unter den Produktionskosten zuzulassen, wobei bezüglich dieser Gestehungskosten tatsächlich Kostenwahrheit herrschen müßte (d. h. Einrechnung aller ökologischen Belastungen nicht nur durch die Herstellung sondern vor allem auch durch den Transport). Dabei ist natürlich vordringlich auf gerechte Löhne für die Landarbeiter in der Dritten Welt zu drängen, denn erst das systematische und kontinentweite Vorenthalten des gerechten Lohnes ermöglicht den Konzernen das Unterbieten der Preise auf dem Weltmarkt. Das Fernziel sollte also nicht darin bestehen, die Preise der Drittweltländer zu unterbieten, sondern zu reellen Produktpreisen für alle Beteiligten zu kommen.

Das Prinzip der Subsidiarität

Neben diesen Zielprinzipien legt die kirchliche Sozialverkündigung auch Prinzipien für die praktische Durchführung vor, das Subsidiaritätsprinzip und Solidaritätsprinzip. Das Subsidiaritätsprinzip bedeutet in aller Kürze, daß größere soziale Einheiten nur dort eingreifen sollen, wo kleinere die Aufgaben nicht hinreichend bewältigen können. Im Bereich der Landwirtschaft würde das bedeuten, kleinere Betriebseinheiten zu fördern, da sich die optimale Betriebsgröße nicht nur aus betriebswirtschaftlichen, sondern aus umfassenden Gemeinwohlüberlegungen ergeben muß. Welche Betriebsgröße, d. h. unter anderem auch welches Zahlenverhältnis von menschlichen Arbeitskräften zu Maschinen, ist für eine ökologisch verträgliche Landwirtschaft anzustreben? Welche Betriebsgrößen und -zahlen sichern ein gewachsenes Sozialgefüge auf dem Land und „bäuerliche Kultur"? Welche Bedingungen lassen die Übernahme eines Hofes auch noch für die nächste Generation erstrebenswert erscheinen? Des weiteren folgt aus dem Subsidiaritätsprinzip, daß agrarpolitische Maßnahmen zum Ziel haben sollten, eine möglichst breite Selbstversorgung der Staaten an Nahrungsmitteln zu garantieren – ein Anspruch, der sich vor allem angesichts der negativen ökologischen Auwirkungen von allzu langen Transportwegen sowie der sozialen Folgen des Anbaus von Nahrung allein zu Exportzwecken erhebt.

Das Prinzip der Solidarität

Das mit Sicherheit bekannteste Sozialprinzip ist das der Solidarität[21]. Im landwirtschaftlichen Bereich bedeutet das mehreres. Zum einen sicher die Solidarität der Bauern untereinander, Zusammenschlüsse zu landwirtschaftlichen Genossenschaften, die sowohl Kooperation (z. B. Maschinenringe, Kühl- und Lagerhäuser, etc.) als auch Interessenvertretung organisieren. Es bedeutet aber des weiteren auch die Solidarität der Gesamtgesellschaft mit den Globalisierungsverlieren – unter anderem auch den Bauern bei uns wie auch den Bauern, Pächtern und Landarbeitern in der Dritten Welt. Diese Solidarität ist jeweils von den Bessergestellten gegenüber den Schlechtergestellten gefordert. So muß sich z. B. die Allgemeinheit die Frage stellen, wie sie das Überleben von Bauern in Ungunstlagen (z. B. Bergbauern), die mit günstig gelegenen landwirtschaftlichen Betrieben nicht konkurrieren können, aber doch einen wesentlichen Beitrag zum Gemeinwohl leisten (z. B. Kulturlandschaft Berg), sichern kann. Hier sind sicher besonders die Kammern und andere Interessenvertretungen der Landwirte gefordert, um eine destruktive Konkurrenz der Bauern untereinander zu verhindern. Ein Beispiel dafür mag sein, daß in Österreich die Milchwirtschaft vor allem in den Bergregionen angesiedelt ist und die Flachlandbauern auf ihre Milchproduktion verzichtet haben – ein agrarpolitisch geförderter Akt der Solidarität.

Solidarität mit den Bauern in der ersten wie in der Dritten Welt kann bei alledem nicht staatlichen und überstaatlichen Strukturen allein zugemutet werden. Es ist durchaus auch die Solidarität derer gefordert, die letztlich den Markt (mit–)bestimmen, d. h. der Konsumenten. Faire Preise durch fairen Handel zu sichern, wäre eine Solidarmaßnahme, die in Ansätzen bereits realisiert werden kann. Daß eine solche Entwicklung alle etwas kostet, ist klar. Solidarität ist nicht umsonst (im doppelten Sinn des Wortes), auf lange Sicht profitieren alle davon. Dazu und darüber hinaus bedarf es aber der Bewußtseinsbildung über die öffentliche Meinung, die wiederum über Solidarnetzwerke und Medien zu erreichen ist. Hier beginnt die Herausforderung an alle: zur Solidarität, d. h. zum Einsatz für soziale Gerechtigkeit für Bauern in unseren Breiten wie in der Dritten Welt, zum Einsatz für ein weltweites Gemeinwohl, das über Kontinente und Generationen hinweg die Einheit der Menschheit im Auge hat.

Ein Gedanke zum Schluß: Zum Wert bäuerlicher Lebensart und Spiritualität

Die Aufrechterhaltung einer bäuerlichen Struktur der Landwirtschaft ist unter heutigen Bedingungen nicht einfach. Unsere Wirtschaftsdynamik fördert die Kumulierung von Flächen und großindustrielle Landwirtschaft. Dabei wäre es für die Gesamtgesellschaft ausgesprochen wertvoll, wenn die bäuerliche Kultur nicht verloren ginge. Dazu bedarf es allerdings einiger Anstrengung. Denn es ist heute schwierig geworden, jemanden zu finden, der einen Hof bewirtschaften will: Die Kinder von Bauern wollen nicht übernehmen; Hoferben finden, wenn überhaupt, nur mit Mühe eine Ehefrau; die Urbanisierung nimmt weiter zu[22]. Die Gründe liegen auf der Hand. Das Leben als Bauer oder Bäuerin, das sich nach dem Rhythmus der Natur, insbesondere des Viehs, zu richten hat, das weder Wochenenden noch Urlaube kennt und oft auch noch mit wirtschaftlichen Problemen zu kämpfen hat, liegt quer zu dem, was allgemein als Lebensqualität gilt: gesichertes Einkommen, geregelte Arbeitszeit in einer 40-Stunden-Woche, fünf Wochen Urlaub etc. Allerdings stellt sich die Frage, ob dieses Leben nicht auch besondere Qualitäten hat, die zwar nicht in Geldeswert gemessen werden können, aber gerade angesichts von Streßbelastung und Burn-out-Syndrom so vieler neu zu bedenken wären. Die fehlende Trennung von Arbeit und Freizeit im bäuerlichen (Familien-)Betrieb hat auch ihre positive Seite: Arbeit kann auch unterbrochen werden, man steht nicht (immer) unter dem Druck der Uhr, Arbeit und Freizeit gehen ineinander über, es bleibt fast immer Zeit für den „Plausch" zwischendurch und nicht zuletzt ist die Familie auch als Arbeitsgemeinschaft erfahrbar. Auf diese Weise bleibt eine gewisse Menschlichkeit der Arbeit und die menschliche Einheit des Lebens gewahrt[23].

Auch die Nähe zur Natur, zu ihren Unwägbarkeiten, aber auch zu ihrer Freigiebigkeit, hat – bei entsprechendem Bewußtsein, das ich „bäuerliche Spiritualität" nennen möchte – ihre unersetzlich positive Seite. Natürlich ist das Ausgeliefert-Sein an die Naturgewalten stets ambivalent. Aber es kann recht verstanden auch den Blick für das öffnen, was Geschenk und Gnade ist – jenseits berechenbarer Tauschbeziehungen, in denen nur nach Leistung und Gegenleistung verrechnet wird. Eine solches Bewußtsein ist rar geworden und wäre doch – vor allem in Freundschaften, Ehe und Familie – notwendiger denn je.

Auf dieser Ebene könnte auch neues Bewußtsein für das entstehen, was die Aufgabe der Menschen in dieser Welt ist: Die Natur nicht auszubeuten, sondern ihr Pfleger, Hüter und Bebauer zu sein (Gen 2,15). Ein solches Bewußtsein in einer Welt aufrechtzuerhalten, in der vor allem Leistung und (schneller) Gewinn zählen, könnte einer der Verdienste des Bauerntums sein. Um das zu ermöglichen, ist es aber die Aufgabe aller, sich für Rahmenbedingungen einzusetzen, die den bäuerlichen Lebensbereich schützen. Dabei dürfen sich aber auch die Bauern nicht darauf beschränken, ihre Betriebe durch öffentliche Mittel zu Heimatmuseen umwandeln zu lassen; auch sie müssen offen sein für Neues, Bauern nicht von gestern, sondern von heute, offen für das Morgen, in Solidarität mit kommenden Generationen und in Verantwortung für die Welt von übermorgen. Auf diese Weise, wenn alle das Ihre dazu beitragen, könnte aus gegenseitiger Solidarität ein übergreifendes Gemeinwohl wachsen, an dem alle, Bauern wie Nichtbauern, die Länder der Ersten wie der Dritten Welt, teilhaben.

Anmerkungen:

[1] Leo Prüller, Katholische Soziallehre und Landwirtschaft, in: Gesellschaft und Politik 24(1988) Heft 4, 17-20.
[2] Ernst Hanisch, Der lange Schatten des Staates. Österreichische Gesellschaftsgeschichte im 20. Jahrhundert, Wien 1994 (= Österreichische Geschichte 1890-1990), 92-101.
[3] Die Zahlen beziehen sich auf das Jahr 1993. Vgl. Fischer Weltalmanach 1996, Frankfurt/M. 1995, 507.
[4] Nur die Arbeitslosen sind in höherem Ausmaß von Armut betroffen, hier sind es ca. 52%. Alle genannten Zahlen beziehen sich auf das Jahr 1989. Vgl. Stefan Wallner, Verarmungsrisiken im Wohlfahrtsstaat. Situationsanalyse und Problemkatalog zur sozialen Lage in Österreich, Wien 1995, 27.
[5] Vgl. ebd., 36.
[6] So z. B. bei Hans Steiner / Walter Wolf, Armutsgefährdung in Österreich, in: WISO 17(1994) 121-146, bes. 140-144.
[7] Vgl. Klaus Seitz / Michael Windfuhr, Landwirtschaft und Welthandelsordnung. Handbuch zu den Agrarverhandlungen der Uruguay-Runde im GATT, Hamburg 1989 (= Texte zum kirchlichen Entwicklungsdienst 45), 33-38.
[8] Vgl. ebd., 110-114.
[9] Noch drastischer in der „klassischen" zweiten Auflage des „Lexikons für Theologie und Kirche", wo ein Stichwort „Landwirtschaft" überhaupt fehlt und für „Bauer" und „Bauernvereine" gerade eineinhalb Spalten zur Verfügung stehen, während der Problemkreis Arbeit und Arbeiterbewegung mit 19 Spalten vertreten ist. Nicht anders stellt sich das Verhältnis in der evangelischen „Theologischen Realenzyklopädie" dar. In der 1981/82 publizierten 30-bändigen Reihe „Christlicher Glaube in moderner Gesellschaft" kommen „Bauer" oder „Landwirtschaft" nicht einmal im Schlagwortverzeichnis vor, während der „Arbeit" ein Beitrag von 35 Seiten gewidmet ist.
[10] Pius XII. hat keine Sozialenzyklika verfaßt, aber eine Fülle von Briefen und Ansprachen zu sozialen Problemen. Sie finden sich gesammelt in: Arthur-Fridolin Utz / Joseph-Fulko Groner (Hgg.), Aufbau und Entfaltung des gesellschaftlichen Lebens. Soziale Summe Pius XII. 3 Bde, Fribourg 1954-1961. Im Text zitiert als UG mit laufender Nummer.
[11] Vgl. Gunter Prüller-Jagenteufel, Solidarität – eine Option für die Opfer. Geschichtliche Entwicklung und aktuelle Bedeutung einer christlichen Tugend anhand der katholischen Sozialdokumente, Frankfurt/M. 1998 (= Forum interdisziplinäre Ethik 20), 432.
[12] Wort der deutschen Bischöfe zur Lage der Landwirtschaft (25.9.1989) (= Sekretariat der Deutschen Bischofskonferenz (Hg.), Die deutschen Bischöfe 44), 5-14.
[13] Vgl. Sozialhirtenbrief der katholischen Bischöfe Österreichs (15.5.1990), 41-47.
[14] So besitzen in Lateinamerika 7% der Bevölkerung 94% des kultivierbaren Landes. (Vgl. Horst Goldstein, Kleines Lexikon zur Theologie der Befreiung, Düsseldorf 1991, 126).
[15] Hier läßt sich darauf hinweisen, daß die sogenannten Tigerstaaten Südostasiens ihren wirtschaftlichen Aufschwung mit einer Bodenreform begonnen haben.
[16] Ambrosius, De Nabuthe 12,53 (Patrologia latina Bd. 14, 747).
[17] Päpstlicher Rat „Justitia et Pax", Für eine bessere Landverteilung. Die Herausforderung der Agrarreform (23.11.1997) (= Sekretariat der Deutschen Bischofskonferenz (Hg.), Arbeitshilfen 140).
[18] Zur Einführung empfiehlt sich: Franz Furger, Christliche Sozialethik. Grundlagen und Zielsetzung, Stuttgart 1991, hier bes. 129-157.
[19] Diesen Zusammenhang betont auch Quadragesimo anno Nr. 57. Oswald v. Nell-Breuning nennt aus diesem Grund Gemeinwohl und soziale Gerechtigkeit schlicht „zwei Namen für

ein und dieselbe Sache" (Oswald v. Nell-Breuning, Gerechtigkeit und Freiheit. Grundzüge katholischer Soziallehre, München 21985, 361).

[20] Vgl. dazu auch: Päpstlicher Rat „Cor unum", Der Hunger in der Welt. Eine Herausforderung für alle: solidarische Entwicklung (4.10.1996) (= Sekretariat der deutschen Bischofskonferenz (Hg.), Verlautbarungen des Apostolischen Stuhls 128), 47.

[21] Zur Bedeutung der Solidarität in der katholischen Sozialverkündigung vgl. Prüller-Jagenteufel, Solidarität – eine Option für die Opfer.

[22] Bereits Pius XII. erkennt in der Landflucht ein klares Anzeichen mangelnder sozialer Gerechtigkeit (UG 2442-2443).

[23] Zur ökonomischen und ökologischen Sinnhaftigkeit und Notwendigkeit des bäuerlichen Familienbetriebes vgl. Prüller, Katholische Soziallehre und Landwirtschaft, 20.

Hans Weber

Das Leben auf dem Land als globale Zukunftsfrage
Katholische Landorganisationen in Anwaltschaft für den ländlichen Raum

Christsein heißt Verantwortung

Es gibt seit 2000 Jahren die Vision von einem neuen Himmel und einer neuen Erde, in denen Gerechtigkeit wohnt. Demgegenüber wurde das Wort Globalisierung erst in unseren Tagen erfunden. Leider haben wir Christen die österliche Botschaft vielfach verraten und sind für Kriege und soziale Ungerechtigkeit mitverantwortlich.

Wer heute von der Menschheit auf der Einen Erde spricht, muß die Solidargemeinschaft wollen und Verantwortung übernehmen. So waren und sind Zukunftserwartungen für den ländlichen Raum für katholische Landorganisationen zwar zunächst mit einem religiösen Anspruch verbunden, doch Frieden, Gerechtigkeit und Bewahrung der Schöpfung gehören ebenso dazu und erfordern Kraft zum Leben. Daran knüpft u. a. die Katholische Soziallehre als geistige Grundlage dieser Bewegungen an. Als Vorstandsmitglied und Präsident der International Catholic Rural Association (ICRA), des weltweiten Zusammenschlusses katholischer Landorganisationen, war Leo Prüller einer der führenden Interpreten der Katholischen Soziallehre und gehört in eine Reihe mit dem unvergessenen Kardinal Josef Höffner, der in seiner Zeit der bedeutendste Sozialwissenschaftler der katholischen Kirche war.

Strukturwandel auf dem Land

Während man auf Welternährungstagen vom Recht auf Nahrung für alle Menschen spricht, zeigt eine nüchterne Bestandsaufnahme den rapiden Rückgang der bäuerlichen Existenzen, während andererseits weltweit immer noch rund 800 Millionen Menschen chronisch unterernährt sind. Als Folge der EU-Agrarpolitik werden die landwirtschaftlichen Betriebe immer größer, was viele als das „Ei des Kolumbus" ansehen, ohne die Folgen für die Betriebsleiter, ihre Familien und deren regionales Umfeld genügend zu beachten. Preisverfall, Überproduktion, Einkommensausgleich und Subventionen sind gängige

Begriffe, denen ein weiterer hinzugefügt werden muß, nämlich die Identitätskrise vieler Bauern. Ein großer Teil ihres Einkommens ist nicht mehr von der eigenen Tüchtigkeit abhängig, sondern von politischen Entscheidungen in der EU.

Vor allem an wirtschaftsschwachen Standorten sind durch das Höfesterben der letzten Jahre zahlreiche Arbeitsplätze verlorengegangen. Hinzu kommt, daß selbst in vielen existenzfähigen Betrieben die junge Generation nicht mehr bereit ist, die Hofnachfolge anzutreten. Das Wort von einer „dramatischen Abstimmung mit den Füßen" scheint angesichts dessen nicht übertrieben zu sein. Gleichzeitig ist eine Endsolidarisierung der Landwirte zu verzeichnen, die durch das Prinzip „Wachsen oder Weichen" hervorgerufen wurde.

Die Chance für periphere ländliche Räume, eine gesunde Infrastruktur aufrechtzuerhalten, wird ständig geringer; und doch ist das die Grundvoraussetzung für eine positive wirtschaftliche Entwicklung. Obwohl berufliche und kirchliche Verbände auf dem Lande sich für eine Änderung dieser mißlichen Lage einsetzten, konnten sie den Trend bislang nicht umkehren. So haben beispielsweise Landwirte, deren Hof nicht mehr existenzfähig ist, in ihrem Umfeld oft keine Arbeitsplatzalternativen. Der Verteilungskampf innerhalb Europas um Marktanteile und EU-Fördermittel dürfte sich mit der Osterweiterung deutlich verschärfen, und die Lage der Landwirte in Ost und West wird noch kritischer werden.

In vielen Ländern der Erde ist die Lage der Menschen auf dem Lande noch schlimmer. So lebt z. B. rund die Hälfte der brasilianischen Bevölkerung am Rande des Existenzminimums, während das Land in Händen weniger Großgrundbesitzer ist, die relativ wenig Arbeitskräfte benötigen. Also nimmt die Abwanderung in die Städte dramatische Formen an; dort wachsen die Slums besorgniserregend. Brasilien steht stellvertretend für viele andere Länder, wo die wahren Einwohnerzahlen der Großstädte nur noch grob zu schätzen sind – Mega-Agglomerationen sind entstanden, die ständig wachsen. So geht man beispielsweise in Mexiko-Stadt von rund 17 Millionen Einwohnern aus, wobei viele glauben, daß die wirkliche Einwohnerzahl noch weit darüber liegt. Ähnlich ist es in Kalkutta, wo man rund 11 Millionen Einwohner schätzt, während Kenner unter Berücksichtigung des Umfeldes noch eine weit höhere Zahl annehmen.

Nahrungsmittelhilfe zu leisten, indem man Agrarprodukte aus Überschußbeständen in unterentwickelte Länder transportiert und zu Dumpingpreisen verkauft, bringt für beide Seiten keine Lösung. Allenfalls ist sie ein akzeptabler Weg bei akuten Notsituationen in Folge von Katastrophen. Ansonsten erschweren oder verhindern solche Maßnahmen den Aufbau einer Nahrungsmittel-Selbstversorgung in den betroffenen Ländern, was dem Prinzip der Hilfe zur Selbsthilfe widerspricht und echte partnerschaftliche Zusammenarbeit nicht aufkommen läßt.

Aufgrund der agrarischen Verhältnisse in vielen Ländern der Erde scheint diese Entwicklung nicht aufhaltbar. Immer neue Wellen von Landlosen, die sich früher selbst aus der Landwirtschaft ernähren konnten, drängt es in die Städte. Gemessen daran sind die europäischen Verhältnisse noch sehr geordnet, obwohl auch dort die Sorge um die Zukunft der ländlichen Räume wächst.

Der ländliche Raum als Wirtschafts- und Wohnstandort

Freiheit und Gerechtigkeit sind kein Naturzustand. Eine Gesellschaftsordnung, in der soziale und ökologische Faktoren als Ergebnis kultureller und politischer Leistungen hoch angesetzt sind, muß immer wieder neu erarbeitet und verteidigt werden. Dabei bleiben beispielsweise wirtschaftlich gesunde, lebensfähige ländliche Räume ein erstrebenswertes Ziel.

Die z. Zt. an vornehmlich ökonomischen Kriterien ausgerichtete europäische Marktwirtschaft führt dazu, daß sich der Strukturwandel in der Landwirtschaft weiter verschärft und immer größere Betriebe das Geschehen bestimmen. Eine soziale und ökologische Marktordnung, die diesen Namen verdient, könnte langfristig zu gerechteren Lösungen führen. Sie ist zwar angedacht, aber ob sie sich politisch durchsetzen kann, ist fraglich. Dabei hat sie ein Vorbild in der Sozialen Marktwirtschaft im Deutschland der Nachkriegszeit, deren geistiger Vater Alfred Müller-Armack wirtschaftliche mit sittlichen Zielen verbunden hat. Danach sind die Aufgaben der Zeit nur zu lösen, wenn sie freiheitlich, marktwirtschaftlich, ökologisch und ethisch gelöst werden. Der Markt selbst kennt keine Moral. Erst in einer politisch gewollten Markt*ordnung* lassen sich solche Kriterien berücksichtigen. Die Frage, wieviel Moral eine Marktordnung braucht, ist eine ständige Herausforderung an alle, die für die Leitlinien verantwortlich sind.

Obwohl die EU durch Förderprogramme benachteiligten Gebieten hilft, sind die Sorgen dort nicht geringer geworden. Nach der Osterweiterung dürften die Probleme weiter wachsen, denn das Wohlstandsgefälle innerhalb dieser neuen EU ist erheblich. Die Strukturunterschiede in der Landwirtschaft sind vor allem im Blick auf die neuen Mitglieder kaum zu überbrücken. Wenn die vorhandenen Mittel neu aufzuteilen sind, gelten entsprechend andere Kriterien. Manches bisher förderungswürdige Gebiet kann nicht mehr in gleichem Maße berücksichtigt werden. So wird sich z. B. die Lage der deutschen Landwirtschaft weiter verschärfen. Aber auch die Bauern in einem Land wie Polen, das vornehmlich kleinbäuerliche Strukturen aufweist, haben eine Strukturveränderung zu verkraften, die zahlreiche kleine Existenzen kosten wird. Verglichen mit Deutschland ist dort in den Dörfern der außerlandwirtschaftliche Erwerbsbereich kaum entwickelt, so daß es für die ausscheidenden Bauern sehr schlecht um mögliche Alternativen bestellt ist.

Das Leben auf dem Land, in Literatur und Musik gerne als idyllisch dargestellt, ist demnach alles andere als romantisch. Wie die Entwicklung weitergeht, hängt auch vom Ausgang des Interessenkonfliktes mit den Ballungsräumen zusammen. Der ländliche Raum ist nämlich kein Restraum der Städte für Mülldeponien, Wasserversorgung oder zum Durchqueren von Schnellbahnen auf Transitstrecken ohne Zusteigemöglichkeit. Die Zukunft der ländlichen Regionen hängt jedenfalls vom Arbeitsplatzangebot, von der Wohnqualität, einer ausreichenden Infrastruktur und einer gepflegten Kulturlandschaft ab, was nur durch eine interkommunale Zusammenarbeit zu sichern ist. In stadtfernen Gebieten ist dies besonders schwierig. Lebenswichtig ist daher eine mittelständische Wirtschaft, die in Industrie, Handel und Dienstleistungsgewerbe investiert und damit ausreichend wohnortnahe Arbeitsplätze zur Verfügung stellen kann. Die Politik muß dafür geeignete Rahmenbedingungen schaffen.

Förderlich sind weiters neue Kommunikationssysteme, die mehr dezentrale Betriebsstrukturen ermöglichen, so daß der Standortvorteil der Städte zu einem großen Teil ausgeglichen werden kann. Dazu tragen auch geeignete staatliche Maßnahmen zur Förderung des öffentlichen Personennahverkehrs, des Fremdenverkehrs und der Ausbildungsmöglichkeiten für Fachkräfte der Wirtschaft bei. Der Berufsberatung kommt die Aufgabe zu, junge Menschen im ländlichen Raum frühzeitig für Berufssparten zu interessieren, die dort besonders zukunftsfähig sind, und sie in entsprechende Ausbildungsgänge zu vermitteln. Dies ist um so eher möglich, je mehr es gelingt, das Sozialprestige dieser Berufsgruppen zu heben.

Ein lebensfähiger ländlicher Raum bietet die besten Voraussetzungen für die Gründung selbständiger Existenzen, für die es seitens der Banken geeignete Finanzierungsprogramme geben sollte, die durch staatliche Förderung zu ergänzen sind. Grundlage für alles ist eine qualifizierte Beratung. Die Kommunen sind gefordert, nicht nur Wohnbauland, sondern für Neuansiedlungen und die Vergrößerung einheimischer Unternehmen ausreichend Gewerbeflächen zur Verfügung zu stellen.

Um im Wettbewerb mit den Ballungsgebieten zu bestehen, muß der ländliche Raum darüber hinaus die Voraussetzungen für eine vergleichbare Lebensqualität bieten. Dazu gehören in zumutbarer Entfernung Kindergärten, Schulen, soziale Einrichtungen, Stätten der Begegnung, Gesundheitsdienste, leistungsfähige Verwaltungen, Sportstätten, Versorgungs- und Entsorgungsanlagen. Gerade auf dem Lande hat die Kirche neben der Pastoral im engeren Sinn auch im sozialen und kulturellen Bereich eine wichtige Aufgabe zu erfüllen, indem sie sich selbst engagiert und eine der treibenden Kräfte ist. Eine erhebliche Bedeutung im Sinne des Gemeinwohls kommt auch den Vereinen zu. Zentrale Aufgabe für alle ist eine zeitgemäße und wirkungsvolle Jugendarbeit.

Menschenwürdige Konzepte für die Zukunft der bäuerlichen Landwirtschaft

Eine flächendeckende Landbewirtschaftung ist für die Gesamtgesellschaft unverzichtbar. Darum muß die Landwirtschaft in die Lage versetzt werden, bei zurückhaltendem Einsatz von Dünge- und Pflanzenschutzmitteln die Ernährung zu sichern, die natürlichen Lebensgrundlagen zu bewahren, nachwachsende Rohstoffe für die Industrie zu erzeugen und in der Solidarität mit den folgenden Generationen zukunftsfähige Höfe mit gesunden und intakten Böden weiterzugeben. Dies ist nach Auffassung der in der ICRA vereinten Organisationen nur in bäuerlichen Familienbetrieben garantiert, wo man in Generationen denkt, die Leitung des Betriebes in familiärer Hand ist, die Arbeitsleistung hauptsächlich von der Familie erbracht und das Kapital von ihr erwirtschaftet wird.

Die Arbeit in der Landwirtschaft muß sich, mehr als in anderen Wirtschaftsbereichen, an der Ehrfurcht vor der Schöpfung orientieren. Unter den derzeitigen Marktbedingungen können die meisten Bauern dies nicht im notwendigen Maße leisten. Sie sind erst dann in der Lage, stärker unter Berücksichtigung sozialer und ökologischer Kriterien zu wirtschaften, wenn die Politik dafür den notwendigen Rahmen schafft. Darum ist eine grundlegende Änderung der derzeitigen EU-Agrarpolitik erforderlich. Bereits 1991 hat die EU-Kommission ein Grundsatzpapier veröffentlicht, das u. a. von folgender Grundannahme ausgeht: Nur, wenn eine ausreichend große Zahl von Landwirten zum Bleiben bewogen werden kann, lassen sich Umwelt und Kulturlandschaft erhalten und eine aktive Politik zur Entwicklung der ländlichen Räume verwirklichen. Angesichts der absehbaren Entwicklung in Europa darf man bezweifeln, ob dies zu erreichen ist, wenn man die derzeitige Agrarpolitik beibehält. Über die Richtungsänderung hinaus wäre auch ein größeres europäisches Selbstbewußtsein bei künftigen Verhandlungen im Zusammenhang mit neuen Welthandelsabkommen erforderlich, um beispielsweise eine Marktwirtschaft zu verteidigen, in der soziale und ökologische Kriterien mehr als nur Makulatur sind.

Aus kirchlicher Sicht wäre eine solche Entwicklung zu begrüßen. Darum wird auch die ICRA, ausgehend von christlichen Grundwerten, darauf drängen, daß eine künftige Agrarpolitik den verantwortlichen Umgang mit der

Schöpfung und mehr soziale Gerechtigkeit entsprechend den Kriterien der Katholischen Soziallehre im Blick hat. Damit verbunden ist die Ablehnung einer Agrarpolitik, deren Konsequenz der totale Verdrängungswettbewerb ist. Das Miteinander von Voll-, Zu- und Nebenerwerbsbetrieben muß auch künftig möglich sein. Ein solcher Ansatz beinhaltet neben der Sicherung der bäuerlichen Landwirtschaft weitere wichtige Ziele wie die
- breite Eigentumsstreuung,
- Sicherung von Arbeitsplätzen,
- Erhaltung überschaubarer Strukturen und des dörflichen Lebensraumes,
- Sicherung und Erhaltung einer vielgestaltigen Kulturlandschaft,
- Sicherung der natürlichen Lebensgrundlagen.

Agrarpolitik, Agrarwissenschaft und landwirtschaftliche Beratung hatten bisher vornehmlich die Produktion von Nahrungsmitteln im Blick, was für das Selbstverständnis der Bauern prägend war. Inzwischen rücken diese anderen Ziele mehr in den Vordergrund. Die ICRA greift dies aktiv auf, denn für sie gibt es zur Sicherung der natürlichen Lebensgrundlagen keine Alternative, genauso wie sie die notwendige Pflege der Kulturlandschaft durch die Landwirtschaft bejaht. Diese landwirtschaftlichen Leistungen zum Nutzen aller, sind entsprechend zu entgelten. Landwirte müssen aufgrund ihres Sachverstandes und ihrer Erfahrungen stärker als bisher in regionalen und überregionalen Gremien vertreten sein, die sich mit dem Umwelt- und Naturschutz beschäftigen und entsprechende Maßnahmen planen und durchführen.

Der Existenzkampf in der Landwirtschaft läßt die Stimmung in besonders betroffenen bäuerlichen Familien auf den Tiefpunkt sinken. Die junge Generation wendet sich ab, weil sie für die Höfe keine Zukunftsperspektiven sieht. Ohne Kurskorrektur in der Agrarpolitik wächst die Gefahr, daß sich eine agrarindustrielle Produktion entwickelt, die sich nur auf günstige Standorte konzentriert.

Die Landwirtschaft ist ein unverzichtbarer und unersetzlicher Bestandteil des ländlichen Raumes. Aufgrund der bereits genannten Leistungen geht ihre Bedeutung weit über den meßbaren Anteil am Bruttosozialprodukt hinaus. Obwohl weitere Arbeitsplätze in den vor- und nachgelagerten Bereichen von ihr abhängig sind, reichen diese Arbeitsplätze im ländlichen Raum längst nicht mehr aus, auch wenn im Umweltschutz, in der Landschaftspflege und durch die Privatisierung kommunaler Dienstleistungen auch neue landwirtschaftsnahe Arbeitsplätze entstehen. Darum müssen sich Struktur-, Wirtschafts- und Agrarpolitik für die ländlichen Räume sinnvoll ergänzen. Es stellt sich die Frage, ob es angesichts dieser Zusammenhänge geboten ist, die Landwirtschaftsministerien nach entsprechender Ausweitung ihrer Aufgaben zu Ministerien für den ländlichen Raum umzubenennen.

Kult – Tradition – Kultur im ländlichen Raum

Im Begriff Kultur entfalten sich Ausdrucksformen und Strömungen der jeweiligen Zeit. Die geistigen Linien und die Werthaftigkeit einer Gesellschaft sind genauso erfaßt wie gelegentlich auch ihre Verworrenheit.

Ursprünglich hatte der Kulturbegriff einen bäuerlichen Hintergrund im Sinne von Agrikultur: das Land bebauen, kultivieren. Heute definiert eher die gehobene Bildungsschicht, was unter Kultur zu verstehen ist. Kulturförderung, die davon ausgeht, ist verfehlt. Es darf nicht nur um Opernhäuser, Museen oder Goetheinstitute gehen, denn Kultur ist weit mehr als „rein Geistiges". Es ist eine hohe Aufgabe, wertvolle Kulturdenkmäler zu schützen und die Heiligtümer eines Volkes zu ehren, doch was ist ein Prachtbau der Vergangenheit gegen eine über ungleich längere Zeit gewachsene Gemeinschaft von Pflanzen und Tieren, die als bedrohtes wertvolles Biotop mindestens genauso schützenswert ist, denn hier handelt es sich um einen Teil unserer eigenen Lebensgrundlage. Darauf weist der Bonner Geobotaniker, Professor Wolfgang Schumacher, immer wieder hin und ist sich im Klaren darüber, daß es für das öffentliche Bewußtsein noch ein weiter Weg der Erkenntnis ist, bis eine unersetzliche Lebensgemeinschaft von Pflanzen und Tieren den gleichen Stellenwert hat wie beispielsweise der Kölner Dom.

Kultur umfaßt die Lebensäußerungen einer Zivilisation insgesamt mit all ihren Werthaltungen, Richtungen und Interessen, die auch unter dem Aspekt der Machtverteilung zu sehen sind. Es zeichnet die demokratische Verfaßtheit eines Volkes aus, wenn es dem möglicherweise überzogenen Zentralismus in Kirche und Staat sein Nein entgegensetzt und den Alleinvertretungsanspruch von Parteien und Verbänden nicht anerkennt. Weder Ideologen noch Geschäftemacher dürfen die aktuellen Lebensformen und die künftigen Wege der Menschen bestimmen. Es geht nicht um ein Entweder-Oder, sondern um ein Sowohl als Auch. Ziel muß ein Interessenausgleich sein, den das Land mit guten Beispielen positiv einleiten kann. Es gilt, die Schönheit der ländlichen Räume neu zu entdecken. Sprachlich leitet sich Schönheit von Schauen ab, was eng mit Bewunderung, Bildung und Religion in Zusammenhang zu bringen ist. In diesem umfassenden Sinn heißt dann Kultur „sich um das Gute bemühen".

Hintergrund unserer Kulturkrise ist ein Materialismus, dessen neuer Götze „Konsum" heißt. „Genuß ohne Reue" lautet dementsprechend die Werbebotschaft, während für eine so beeinflußte Massengesellschaft Traumschiffe produziert werden. Für verantwortungsbewußte Christen lauten angesichts dessen die Fragen: Was heißt Verantwortung, was bedeutet Besitz, und welche Werte und Traditionen können wir für die kommenden Generationen erhalten? Inwieweit kann die ländliche Kultur über das Schauen und Staunen hinaus zur Sinnfindung beitragen und Lebensangst und Hoffnungslosigkeit überwinden helfen?

In der Vergangenheit wurde die Dorfkultur wesentlich von Kirche und Schule getragen. Es hilft wenig, darüber zu klagen, daß es Bürgermeister, Pfarrer und Lehrer vielerorts nicht mehr gibt. Es genügt auch nicht, neue kulturtragende Instanzen auszumachen. Gefragt ist die gezielte Förderung der kreativen Kräfte, an denen es in den Dörfern nicht mangelt. Begabtenförderung darf nicht an den Finanzen scheitern, genausowenig wie man die Förderung von Verantwortlichen und Talenten dem Zufall überlassen darf. Kulturkonsumenten lassen Stereoanlagen und Videofilme auf sich einwirken oder langweilen sich an der Theke. Demgegenüber liegen in der vielfältigen Beschäftigung der eigenen Kräfte mit aktiver Kulturpflege enorme Entfaltungsmöglichkeiten der eigenen Persönlichkeit. Dazu sollte ein breitgefächertes Bildungsangebot zur Verfügung stehen. Landvolkshochschulen, freie Träger und die Volkshochschulen der Kommunen sind hier besonders gefordert. Kulturarbeit solcher Art erfordert die gleichen Anstrengungen wie etwa die Verschönerung des Dorfbildes, wenn sie erfolgreich sein soll. Fachleute, die oft nur darauf warten, angesprochen zu werden, können wertvolle Hilfe leisten.

Angesichts mancher verfahrenen Situation unserer Zeit müssen Denkgewohnheiten und Lebenseinstellungen geändert und neu „kultiviert" werden. „Mehr sein statt mehr haben", lautet langfristig die Devise. Dann lassen sich gestaltende kreative Kräfte und Sensibilität für das Schöne nachhaltig wecken und gefährliche Irrwege korrigieren. Wohlstand für alle wurde nämlich noch vor einiger Zeit von den Parteien propagiert. Das Ergebnis heißt: „Was haben wir davon, was bietest du mir?" So wurden viele gute Ansätze verschüttet, was dazu führte, daß sich inzwischen eine Wohlstandskriminalität gebildet hat, die gepaart ist mit Neid und Brutalität. Das Mehr an Freizeit wurde nicht in ausreichendem Maße als Chance für die kulturelle Entfaltung gesehen. Gefragt ist eine Bewegung, die aus dieser geistigen Knechtschaft hinausführt und mithilft, mit Freunden und guten Nachbarn aus einem reichen Leben zu schöpfen und seinen Dienst einzubringen.

Wähle das Leben

Die Menschheit ist in Gefahr, den Ast abzusägen, auf dem sie sitzt. Umwelt- und Naturzerstörung haben ein erschreckendes Maß angenommen. Alle sind dafür verantwortlich, also muß jeder Bürger zur Wende beitragen. Es muß Millionen Umweltschützer geben, die allgemeine Zusammenhänge sehen und zur Erhaltung unserer Lebensgrundlagen aktiv beitragen. Damit wählen sie statt eines langsamen Sterbens das Leben.

Die Menschheit hat nur Zukunft, wenn die Schöpfung Zukunft hat. Diese Wahrheit gilt weder nur für ein fernes Land noch für Menschen anderswo, sondern für uns selbst. Wir sind aufgerufen, durch unseren Einsatz den Lebensraum in Europa zu schützen. Statt eines wissenschaftlichen und technischen Kalküls ist für diese Sicherung die sittliche Verantwortung der Bürger die beste Voraussetzung. Es gibt Hoffnung, wenn heute immer mehr Menschen erkennen, daß Naturschätze und der lebensnotwendige Vorrat an gesunder Luft und einwandfreiem Wasser nicht unbegrenzt verfügbar sind. Es fehlt aber bei vielen noch das entsprechende Verhalten. Neue Maßstäbe erfordern jedoch verändertes Denken und Handeln. Es zu lernen ist dann umso leichter, wenn Erziehung, Jugend- und Erwachsenenbildung, kirchliche Verkündigung, verbandliche und staatliche Öffentlichkeitsarbeit ihren Beitrag dazu stärker als bisher leisten.

Jenseits von allem, was Menschen sich von der Natur erwarten, hat sie ihren Eigenwert. Sieht man sie allein unter dem Aspekt des materialistischen Kosten-Nutzen-Rechnens, kommt dies einer Verachtung der Schöpfung gleich. Tiere und Pflanzen dürfen nicht allein nach ihrer Nutzbarkeit für den Menschen beurteilt werden. So haben über lange Zeit gewachsene Lebensgemeinschaften ihre eigene Existenzberechtigung, die man nicht leichtfertig übergehen darf. An ihrem Beispiel läßt sich deutlich machen, daß sich alles in der Natur in Lebenskreisläufen abspielt, womit auch feststeht, daß der pflegliche Umgang damit für uns Menschen von existentieller Bedeutung ist.

Dafür gibt es konkrete Beispiele, die jeden betreffen: Bereits in der Bibel nimmt der Baum einen besonderen Rang ein, wenn etwa vom Baum der Erkenntnis oder vom unfruchtbaren Feigenbaum gesprochen wird. Der Baum des Lebens ist auch in unseren Tagen ein häufig verwendetes Symbol. Im Verlauf der deutschen Geschichte hat der Baum eine ähnliche Bedeutung erlangt, und wenn von der Majestät des Waldes die Rede ist oder seiner heilsamen Natur, dann spürt sie der aufmerksame Wanderer zuerst. Josef Sudbrack sagt uns klar, worum es geht:

> „Bäume zeigen dem Menschen, wer er ist; sie treffen ihn in seiner Existenz. Sie stellen ihm das Verwurzeltsein, das Wachsen und Blühen, das Fruchtbringen und Welken seines Lebens vor Augen."

Stirbt der Wald, stirbt auf Dauer auch der Mensch. Es reicht nicht, anderen die Schuld dafür zuzuweisen, etwa den Politikern oder der Industrie; vielmehr ist jeder in die Pflicht genommen, dort, wo er verantwortlich ist, seinen Beitrag zu leisten.

Ein anderes Beispiel: Die Abfallbeseitigung ist für die Kommunen eine schwierige Aufgabe. Wachsende Mülldeponien bringen erhebliche Folgeprobleme für die Umwelt. Wird der Müll verbrannt, sind weitere Metall- und Abgasbelastungen in der Luft zu erwarten, die ohnehin schon genug Schadstoffe enthält. Glücklicherweise gibt es weniger wilde Müllkippen als früher. Anscheinend hat eine nachhaltige Bewußtseinsbildung stattgefunden, so daß es nicht mehr als Kavaliersdelikt gilt, den Müll einfach in der Natur abzuladen. Der beste Müll ist allerdings der, der gar nicht erst entsteht. Und mancher Abfall in Haushalt und Betrieb kann als wertvoller Rohstoff wiederverwertet werden. Wenn man darüber hinaus biologische Abfälle kompostiert, schließt sich in idealer Weise ein natürliches Kreislaufsystem. Ein Weiteres: Je weniger Müll transportiert werden muß, desto weniger Spezialfahrzeuge belasten ihrerseits die Umwelt. So ist bereits heute Beachtliches erreichbar, vorausgesetzt es gelingt, möglichst viele zum Mitmachen zu motivieren. Familie, Schule, Jugend- und Erwachsenenbildung können hierzu entscheidend beitragen.

In den städtischen und ländlichen Haushalten läßt sich insgesamt noch vieles verbessern. Vom bewußten Lebensmitteleinkauf, im Idealfall direkt beim Erzeuger, über den sparsamen Umgang mit Haushaltschemikalien bis zur Verwendung FCKW-freier Spraymittel bietet sich eine ganze Palette von Direktmaßnahmen an, die in jedem Haushalt möglich sind. Und im eigenen Garten läßt sich am besten unter Beweis stellen, ob der Ruf nach biologischem Anbau mehr ist als nur populistisches Gerede.

Verantwortung statt Egoismus

Die Arbeit der ICRA wie in ihren Teilorganisationen vor Ort steht ganz im Zeichen des Ehrenamtes. Unter dem Motto „Das Ehrenamt – Zukunftsbild einer Verantwortungsgesellschaft" setzten sich die Delegierten in den vergangenen Jahren intensiv mit der konkreten Verbindung von Anspruch und Wirklichkeit auseinander. Gegenüber einer Landwirtschaft, die dringend nach Perspektiven sucht, ist es die Aufgabe der ICRA, statt zu klagen zunächst eine nüchterne Bestandsaufnahme zu erstellen, aus der sich praktisches Handeln zur Verbesserung der Situation ableiten läßt. Ehrenamtliche sind in diesem Bemühen in einer Schlüsselposition. Angesichts dessen ist es schade, daß in den letzten Jahren das politische Ehrenamt deutlich an Ansehen eingebüßt hat. Dabei war einmal der Auftrag, ein Ehrenamt zu übernehmen, gleichbedeutend mit der „Ehre, ein besonderes Amt bekleiden zu dürfen". Der Ehrenamtliche genoß das Vertrauen seiner Wähler, die ihm zutrauten, ihre Interessen zum Wohle der Gemeinschaft und damit auch zum eigenen Wohl durchzusetzen. Nutzenstrebigkeit ist nicht gleichbedeutend mit Egoismus. Wo sich Eigenwohl und Gemeinwohl treffen ist es legitim, beides zu wollen. Leider wird es dennoch immer schwerer, Persönlichkeiten zu finden, die bereit sind, ein Ehrenamt zu übernehmen.

Für die ICRA behält ein funktionierendes Ehrenamt im demokratischen Staat seinen hohen Stellenwert. Darum kommt es zugunsten unserer gemeinsamen Zukunft darauf an, die Ehre des politischen Ehrenamtes zurückzugewinnen. Fehlentwicklungen und falsche Leitbilder sind zu kennzeichnen und zu bekämpfen. Zwar sind die Parteien keine Glücksbringer für das Heil der Menschen, doch haben sie eine hohe Verantwortung im Dienst am Allgemeinwohl. So ist es fatal, politische Spitzen eher nach rhetorischen Fähigkeiten und dem Unterhaltungswert der Kandidaten zu besetzen als nach ihren charakterlichen Eigenschaften und ihrer beruflichen Tüchtigkeit. Verläßlichkeit, Glaubwürdigkeit und Bürgernähe sind durch nichts zu ersetzen.

In der politischen Arena, über deren Sinn und Inhalte man neu nachdenken müßte, sind immer wieder Kompromisse zu schließen. Pragmatische Entscheidungen, die von vielen getragen werden, haben schon oft weitergeholfen, solange durch sie Grabenkämpfe zugunsten einer guten Sache verhindert wurden. Dies ist aber nicht gleichbedeutend mit „Klüngel" oder Vorteilnahme der politisch Einflußreichen, die etwa ihren Informationsvorsprung bei der Vergabe von Aufträgen mißbrauchen. Der Erfolg rechtfertigt noch lange nicht jedes Mittel. Es gilt, wachsam zu sein und den Anfängen zu wehren, denn die Grenzen zwischen Bakschisch, Schutzgeld und Korruption sind fließend. Von Übel sind auch Ämteranhäufungen politischer Mandatsträger, denen unter dem Aspekt der Unvereinbarkeit von Amt und Mandat der Kampf anzusagen ist.

Im Sinne einer geistigen Erneuerung in Politik und Gesellschaft müssen sich diejenigen engagieren, die guten Willens sind, in Kirche, Berufs- und Interessenverband genauso wie in der Gewerkschaft oder der Jugendorganisation. Sie alle haben sich zu fragen, wie es im öffentlichen Leben um Ethik oder Nächstenliebe bestellt ist. Eine internationale Landvolkorganisation wie die ICRA muß diese Diskussion in die Welt hineintragen, denn sie ist weltweit zu führen.

Handlungsfelder der ICRA als Nichtregierungsorganisation

Wenn man die große Welt verkleinert in ein Dorf hineinspiegelt, das 1000 Einwohner hat, dann gäbe es dort 60 Nordamerikaner, 80 Lateinamerikaner, 86 Afrikaner, 210 Europäer und 564 Asiaten. 700 Einwohner sind Farbige, 300 Weiße, oder: 301 sind Christen, 500 haben nicht genug zu essen, 600 leben in Elendshütten, 700 können nicht lesen und schreiben, 60 Einwohner, in der Mehrheit Christen, verfügen über die Hälfte des gesamten Einkommens.

Es ist unschwer zu erkennen, welche Aufgabenfelder es angesichts dessen für die ICRA gibt. Stichworte wie Menschenrechte, Massenarmut, Grundbedürfnisse, Umwelt- und Naturschutz, Teilhabe vieler an politischen Entscheidungen und andere mehr kennzeichnen die Ansatzpunkte einer Arbeit, die in echter Solidarität und Partnerschaft zu leisten ist – für die ICRA vornehmlich in den ländlichen Räumen unseres blauen Planeten, der Heimat für alle ist und den zu hüten uns Gott aufgetragen hat.

In Flüeli-Ranft in der Schweiz wurden 1995 von den ICRA-Delegierten folgende Thesen verabschiedet, die beschreiben, was heute Auftrag der ICRA ist. Inhaltlich dürfen sie als das Vermächtnis angesehen werden, das neben anderen führenden ICRA-Persönlichkeiten Leo Prüller den Nachfolgern hinterlassen hat. Wir dokumentieren diese Thesen hier im Wortlaut:

Auf Gott hören
Für die Menschen dasein
In der Schöpfung verantwortlich leben

Thesen der Delegierten des internationalen Treffens der ICRA in Flüeli/ Ranft

1. Der herrschende Produktions-, Wirtschafts- und Lebensstil der modernen Zivilisation ist korrekturbedürftig. Die natürlichen Lebensgrundlagen sind gefährdet.
   In einer begrenzten Welt kann es kein unbegrenztes Wachstum geben.
   Ohne Begrenzung keine Zukunft. Dies bedeutet für die einen die Begrenzung des Konsums, für die anderen des Energieverbrauchs und wiederum für andere die Begrenzung des Bevölkerungszuwachses.
   Die Schöpfung zu bewahren ist Auftrag und Verpflichtung. Jede Generation hat ein Recht auf die Chance der nachhaltigen Entwicklung. Und jede Generation muß sie schöpferisch nutzen und verantworten.
2. Bereits die Landwirtschaft steht weltweit vor großen Herausforderungen.
   Sie ist zu einem Seismographen einer Entwicklung geworden, die korrigiert werden muß. Es fehlt die Balance zwischen Ökologie und Ökonomie.
   Viele Probleme dieser Zeit werden zuerst in der Land- und Forstwirtschaft als naturnächstem Wirtschaftsbereich sichtbar.
   Umweltgerechte Landwirtschaft ist ein System, das die nachhaltige, standortangepaßte Bewirtschaftung umsetzt. Es basiert auf dem umfassenden Schutz von Boden, Wasser und Luft. Die Tierhaltung ist flächengebunden und artgerecht. Eine umweltgerechte Landwirtschaft arbeitet im Kreislauf der Natur.
   Brot für alle Menschen – d. h. Bewahrung der Schöpfung.
   Dies ist auch eine Aufforderung, die Vielfalt landwirtschaftlicher Kulturpflanzen zu erhalten. Die Gefahr des Verlustes genetischer Ressourcen bei

landwirtschaftlichen Kulturpflanzen als wichtigem Teil der biologischen Vielfalt ist sehr groß. Schon heute sind nicht nur einzelne Arten, sondern ganze Ökosysteme gefährdet, die für unsere künftigen Lebensbedingungen außerordentlich wichtig sind. Der Beitrag der Land- und Forstwirtschaft muß gekennzeichnet sein durch die Erhaltung einer hohen Bodenfruchtbarkeit, das Wirtschaften in geschlossenen Kreisläufen, die Pflege der Kulturlandschaft, ertragreiche Ernten ohne Raubbau, Produktion nachwachsender Rohstoffe.

3. Information – Diskussion – Aktion.

Dieser Dreischritt ist immer wieder notwendig, um zu überzeugen, z. B. die nichtbäuerliche Bevölkerung von unseren Überzeugungen. Denn sie, die nichtbäuerliche Bevölkerung, ist weit entfernt von der Nahrungsmittelproduktion. Die ländlichen Bereiche und die Probleme der Bauern sind in den Medien nicht präsent; wir müssen Verbündete suchen, miteinander ins Gespräch kommen. Begegnung von Dorf und Stadt. Und wir müssen überzeugend kämpfen für die Stärkung des Eigentums, die Profilierung der Bäuerlichkeit und uns präsentieren als Gemeinschaft in christlicher Verwurzelung.

Dazu gehört die Stärkung der kleinen Lebenskreise. Dazu gehört das Forum. Dazu gehört die Aktionsmöglichkeit für die jungen Menschen, die so auch Orientierung finden können.

„Wir lernen die Menschen nicht kennen, wenn sie zu uns kommen. Wir müssen zu ihnen gehen, um zu erfahren, wie es mit ihnen steht." (Goethe)

4. Nachdenken – Vordenken.

Gottes Wille ist die solidarische Begegnung der Völker. Dafür müssen wir Zeugnis geben. Eine Besinnung auf die christliche Botschaft könnte den Mangel an Vertrauen, die Zukunftsangst und den individuellen und kollektiven Egoismus überwinden.

Bruder Klaus von der Flüe und seine Frau Dorothee sind uns Stärkung und Orientierung. Durch sie hat eine europäische Region Frieden gefunden. Europa braucht diesen Frieden. Mit diesem Europa verbinden sich große Hoffnungen. Dabei sollte sich Europa auf sein Menschenbild besinnen, auf sein christliches Menschenbild und auf die geschichtsmächtige bäuerliche Lebensform. Sie hat sich in allen großen Herausforderungen behauptet. Hier liegt eine Hoffnung für die Zukunft.

Erhard Busek

Heimat und Identität
Österreich in Europa

Sehnsucht nach der Heimat

Heimat ist zunächst einmal ein Gefühl, eine Sehnsucht der Menschen. Heimat – das ist das Sicherheit verbürgende Gefühl, sich auszukennen, im buchstäblichen und metaphorischen Sinn, vertraut zu sein mit den Sitten und den Lebensstilen, den Symbolen und Verständigungszeichen, zu wissen, daß man mit vielen anderen in einer gemeinsamen Welt lebt, daß man die „Klänge der Heimat" wiedererkennt und sich an den Nuancen der Sprache orientieren kann. In der Heimat lebt man in vertrauten Räumen, die Identität geben, mit Bauten, die – weil man ihre Bedeutung kennt, die über ihre Funktion hinausgeht – zu einem sprechen, mit geliebten Speisen, die man immer schon gerne gegessen hat. Heimat geben aber vor allem Menschen. Menschen, mit denen wir Gefühle, Erfahrungen, Alltagshandlungen, das Leben teilen. Wenn wir das Gefühl des Gemeinsamen und Vertrauten im Leben verlieren, versteinern und erkalten wir. Die Einsamkeit läßt uns verstummen. Wir brauchen etwas, vieles sogar, das wir teilen können. Wir brauchen es fast so sehr wie die Atemluft. Erst das, was wir mit den anderen teilen, macht Heimat.

Heimat ist aber auch ein Gut, ein Wert. Am Schicksal der Flüchtlinge wird klar, daß Heimat nicht nur ein sentimentaler Begriff ist, der angeblich nichts mit Politik zu tun hat, sondern daß Heimat auch etwas Handfestes ist, ein Gut und auch ein Recht. Massenhafte Heimatverluste durch ethnische Säuberungen und regionale Kriege sind im Europa von heute wieder zu einer erschreckenden und beschämenden Wirklichkeit geworden. Die Heimatsuche und die Heimatfindung werden zu einem vielschichtigen friedenspolitischen, ökonomischen und menschlichen Problem.

Aus diesem leidvollen Prozeß wird klar: Heimat muß gewährt werden. Heimat geben können aber nur jene, die sie auch für sich selber suchen und sie dann mit anderen zu teilen vermögen.

Wer um die Unverwechselbarkeit, Einzigartigkeit, Besonderheit der eigenen Heimat weiß, wird nicht nur mehr für sie sorgen, er wird auch die Heimaten der anderen und die Besonderheit der anderen Traditionen mehr achten und nicht ängstlich, sondern neugierig und höflich auf Fremdes reagieren. Er hat einen Sinn für die „Klänge der Heimat" anderer Menschen.

Heimat ist nicht zuletzt die Voraussetzung für demokratische Mitbestimmung, für aktive Mitgestaltung und politisches Engagement der Menschen in ihrem Lebensumfeld, in der Gesellschaft und auf allen staatlichen Ebenen. Nur dort, wo ich das Gefühl der Zugehörigkeit habe, werde ich mich auch einmischen, Anteil nehmen, mitreden und aktiv mitbestimmen wollen. Es stellt sich heraus, daß der Begriff Heimat, so wie wir ihn verstehen und neu begründen wollen, ein sehr demokratischer Begriff ist, der auf die Mitarbeit, Mitbestimmung und Mitgestaltung der Menschen in allen Lebensbereichen hinzielt. „Wo Bindung ist, ist Verantwortung."

Heimat: Dialogische Gemeinschaft und geteilte Verantwortung

Wir sind mit vielen Fasern an unsere Heimat Österreich gebunden. Auch wenn uns vieles an den Geschichten und den Biographien, die uns geprägt haben, bewußt ist, die meisten dieser Fasern sind doch verborgen, jenseits des wachen Bewußtseins. Aber wenn diese Fasern zerreißen oder zerrissen werden, dann erleben wir dies als einen schmerzhaften Eingriff in unser Innerstes. Die Fasern reichen über das Bewußtsein der Erwachsenen hinaus ins Kindliche, in die Spazierwelt aus Kindertagen, ins kaum artikulierte, nur noch bildhafte Gedächtnis. Dieses Gedächtnis ist aber mehr als die bloße Erinnerung an die verlockenden Gerüche unserer Kindheit, ist mehr als die Erinnerung an die Bedingung der eigenen Existenz. „Der Mensch ist bedingt", schreibt Vilém Flusser, „bedingt, weil seine Bewegung von den natürlichen und kulturellen Dingen in seiner Umgebung in spezifische Bahnen gelenkt wird." Wir schauen nach in unseren ungeschriebenen Tagebüchern, wir suchen die Vergangenheit, um die Gegenwart zu finden. Die Erinnerung ist das Holz, aus dem unsere Identität geschnitzt ist. Wenn wir uns erinnern können, wissen wir, woher wir kommen und wer wir sind. Denn Identität heißt Bei-sich-selbst-Sein. Wir sind bei uns selbst, wenn wir uns als innere und bedingte Wesen in unserer Innerlichkeit entdecken. Für mich gilt der Satz aus dem „Golem" von Gustav Meyrink: „Wissen und Erinnerung sind dasselbe". Sind wir Erinnernde, dann sind wir Wissende. Heimat haben bedeutet also mehr, als im geistigen Fotoalbum Nostalgien zu pflegen. Heimat heißt, daß wir uns die Erinnerung vergegenwärtigen, weil erst aus der individuellen Identität, aus der Art und Weise, wie ein Mensch mit sich zu Rande kommt, in Auseinandersetzung auch mit dem, was ihn von außen bedingt, eine kulturelle und soziale Identität entstehen kann. Das Selbst ist in dialogische Gemeinschaften eingebettet. Und es ist diese soziale Seite der Identität des Menschen, die die Fäden der Gemeinschaft spannt, die „dialogischen Fäden der Verantwortung und des Entstehens für den anderen" (Vilém Flusser).

Bindung wächst also aus dem wichtigen, aber vielfach auch mißverstandenen Bedürfnis nach der Verwurzelung der menschlichen Seele. Die Philosophin Simone Weil hat noch vor dem Ausbruch des Zweiten Weltkriegs in dunkler Vorahnung die Verwurzelung so beschrieben: „Ein menschliches Wesen hat eine Wurzel durch seine wirkliche aktive und natürliche Teilhabe an einer Gemeinschaft, die gewisse Schätze der Vergangenheit und gewisse Ahnungen der Zukunft lebendig hält."

Wenn wir die großen Herausforderungen und Probleme der Gegenwart tatsächlich lösen und uns nicht auf rhetorische Übungen beschränken wollen, müssen wir uns darauf besinnen, was die Gemeinschaften unserer Gesellschaft lebendig macht und zusammenhält. Wir müssen uns wieder darauf verständigen, wer wir sind, um zu wissen, was wir wollen. Mir ist vor geraumer Zeit klar geworden, daß die Frage nach der Lebensfähigkeit der demokratischen Institutionen, die Frage nach der sozialen Gerechtigkeit im modernen Wohlfahrtsstaat, die Frage nach der kulturellen Identität längst zu Fragen der gemeinschaftlich geteilten Werte geworden sind. Solidarität ist ein knappes Gut. Es eignet sich daher nicht zur Verstaatlichung. Daß der Wohlfahrtsstaat in seiner jetzigen Form an seine finanziellen Grenzen stößt, liegt daran, daß er zunehmend die Ressourcen der gesellschaftlichen Solidarität und das Bewußtsein der Werte untergräbt. Alles deutet darauf hin, daß wir die Fragen nach dem zukünftigen Zusammenleben der Menschen nur dann beantworten können, wenn sich die Menschen ihrer Verantwortung für das Gemeinwohl wieder bewußt werden. Dabei müssen wir nicht allein auf die Mittel der Sozialbürokratie setzten, sondern mindestens genauso dringend auf die Erfahrungen, Fähigkeiten und den guten Willen der Menschen. Die Menschen sind heute selbstbewußter und emanzipierter geworden, ihre „sozialen Leidenschaften" finden aber kaum noch zeitgemäße Orte, wo sie sich entfalten können. Wir müssen daher darüber nachdenken, wie individuelles Selbstbewußtsein und Gemeinsinn zusammengehen, welches Maß an gemeinschaftlicher Wertbindung in einer individualisierten Gesellschaft notwendig ist, damit die freiheitsverbürgenden Institutionen unserer Demokratie am Leben erhalten werden können.

Diese Fragen rücken aber nicht in weite Ferne, wie es auf den ersten Blick scheinen könnte, sondern haben ihren konkreten Sitz im Leben. Viele politische Vorhaben der Gegenwart scheitern, weil sie den Ort des Politischen, ohne daß wir es gemerkt haben, verfehlen. Wenn wir daher Heimat sagen, geht es mir um nichts anderes als um das demokratische Prinzip der geteilten Verantwortung für die Kultur der Gemeinschaften unseres Lebens. Es geht also um eine neue Ethik der Gemeinschaftlichkeit, die sicherstellt, daß alle Menschen, Frauen und Männer, Kinder und Angehörige der älteren Generation, diejenigen, die sich einer kulturellen Minderheit zugeordnet fühlen, und jene, die zu uns gekommen sind, um hier zu arbeiten, daß alle, die in unserem Land leben, hier ein Zuhause, eine Heimat finden können. Denn die wohlfundierte Heimatliebe ist die Basis eines Sicherheitsgefühls, das der Staat nicht allein herstellen kann. Die Heimat in den Gemeinschaften ist es, auf die man vertrauen kann, wenn es einmal nicht so gut geht; eine Heimat, in der man ohne Angst leben kann; eine Heimat, auf die man stolz sein kann.

So gesehen, ist Heimat etwas unendlich Schönes, etwas Beruhigendes und etwas Aufregendes. Schön ist es, irgendwo zu Hause zu sein. Beruhigend ist es, zu wissen, woher man kommt, und aufregend ist es, mit dieser Heimat verbunden zu sein und aus dieser Verbundenheit heraus die Verantwortung zu spüren, etwas dazu zu tun, daß dieser Ort Zukunft hat, daß er so bleibt, wie er ist, besser: daß die Heimat eigentlich noch viel besser wird.

Für eine Repolitisierung von Heimat

Wir müssen mit unserer Heimat sorgsam umgehen, unsere Wurzeln erhalten, wir müssen das pflegen, was Heimat für uns ausmacht, und es weiterentwickeln! Heimat ist kein nostalgisch-kitschiger Heimatfilm mit Sennerin und Wilderer, keine Spielwiese für folkloristisches Gehabe. Es wäre billig und fahrlässig, sich auf die Scheinformen der traditionellen Volkskultur zu stürzen, die zu touristischen Zwecken das Klischee des jodelnden und dodelnden Österreichs züchten. Es geht nicht um Heimatdümmeleien, und erst recht nicht um Heimattümeleien. Wir schreiben Heimat nicht in Frakturschrift und graben auch nicht in Archiven nach vergangenen Mythen und Symbolen. Jenseits von äußeren Symbolen und trügerischer Wärme müssen wir uns vielmehr der Schwierigkeit bewußt sein, „Worte aus ihren festen und falschen Verbindungen zu lösen" (Hugo von Hofmannsthal). Trotz der subjektiven Bezüge ist Heimat ein politischer Begriff, weil es in seinem Gehalt um das Zusammenleben der Menschen geht. Wir nehmen die Mahnung Simone Weils, die vieles der Totalitarismustheorie von Hannah Arendt vorwegnimmt, sehr ernst, wenn sie schreibt: „Die Entwurzelung ist bei weitem die gefährlichste Krankheit der menschlichen Gesellschaft, weil sie sich selbst vervielfältigt. Einmal wirklich entwurzelte Menschen haben kaum mehr als zwei Möglichkeiten, wie sie sich hinfort betragen sollen: entweder sie verfallen einer seelischen Trägheit, die fast dem Tode gleichkommt, ... oder sie stürzen sich in eine hemmungslose Aktivität, die immer bestrebt ist, und häufig mit den Methoden äußerster Gewaltanwendung, auch diejenigen zu entwurzeln, die es noch nicht oder erst teilweise sind."

Die Repolitisierung von Heimat zählt daher zu den wichtigen Aufgaben der Politik, die einen Sitz im Leben hat. Weil sich Politik daran zu orientieren hat, was dem einzelnen Menschen und den Gemeinschaften ein Zuhause sichern kann. Heimat vermittelt uns Identität und Geborgenheit. Im tiefsten Sinn des Begriffs geht es um das demokratische, freie und friedliche Zusammenleben der Menschen, das sich an einer gemeinsamen Kultur, gemeinsamen Werten und gemeinsamen Zielen orientieren muß. Es geht um einen sozialen, übergreifenden Wertzusammenhang, der einerseits durch einen neue Form der Solidarität den destruktiven Tendenzen des sich weit aufsplitternden Egoismus entgegenwirkt, ohne andererseits aber dem notwendigen Pluralismus in einer liberalen Gesellschaft zuwiderzulaufen. Es geht um das klassische Problem des Ethos politischer Gemeinschaften, wie sich die Menschen darauf verständigen, was sie der Gemeinschaft geben können, und nicht, welcher Eigennutz aus der Gemeinschaft erzielbar ist. Es geht um die immer wieder neu zu formulierende Frage, welche Werte unsere Gesellschaft zusammenhalten, wie sich eine politische Gemeinschaft normativ integriert und wie politische Legitimation zustandekommt.

Auf der Suche nach einem europäischen Wir-Gefühl

Die Welt hat sich in den letzten Jahren verändert wie schon lange nicht mehr. Abgesehen vom Streß der Kartographen, die immer wieder neue Landkarten produzieren müssen, ist für alle Probleme, die die Welt bewegen – vom Umweltschutz über weltweite Wirtschaftsverflechtungen und Wanderungsbewegungen bis zu den Fragen der regionalen und globalen Friedenssicherung – das nationalstaatliche Denken und Handeln nicht mehr ausreichend. Durch den Zusammenbruch des Kommunismus und die Emanzipation Ost-Mitteleuropas sind „im Glanz des Triumphes auch die Grundsätze westlicher Politik zu einem Scherbenhaufen zerschellt" (Ulrich Beck). Nicht nur das internationale Staatengefüge wurde mit dem Jahr 1989 aus der Verankerung gehoben, sondern auch die Demokratien westlichen Zuschnitts sind heftiger als erwartet durcheinandergerüttelt worden. In diesem Sinn ist das Jahr 1989 nicht nur für den Osten, sondern ebenso spürbar für den Westen ein Datum, das eine tiefgehende Zäsur in der europäischen Nachkriegsgeschichte markiert. Dies wiederum ist die Voraussetzung dafür, daß in fast allen Politikfeldern ein neues Koordinationssystem gefunden, die Weichen neu gestellt werden müssen. Auch die politische Ordnung in Europa hat sich für uns Österreicherinnen und Österreicher seit 1989 völlig verändert.

Einerseits haben sich die Mitgliedstaaten der Europäischen Union in Maastricht dazu entschlossen, nicht allein einen wirtschaftlichen „Binnenmarkt" zu kreieren, sondern auch eine gemeinsame politische „Europäische Union" zu bilden. Seit 1. Jänner 1995 sind wir selber Teil dieser Entwicklung.

Noch nie in der Geschichte hat es eine solche Entwicklung gegeben, daß Staaten, Völker und Menschen freiwillig aufeinander zugehen, um sich eine gemeinsame größere Existenz auf einem Kontinent zu bauen, in dem man ohnehin in der Geschichte immer aufeinander angewiesen war. Wie die der meisten europäischen Staaten, war Österreichs eigene Biographie nur in den seltenen Fällen wirklich selbst bestimmt. Durch seine geopolitische Lage und durch seine historischen Verknüpfungen war Österreich immer in vielen Abhängigkeiten. Friedrich Heer hat es einmal überspitzt formuliert: „Es gibt kein historisch-politisches Gebilde in Europa, das so sehr außengesteuert ist wie Österreich." Mit unserem Beitritt zur Europäischen Union haben wir erstmals die große Chance selbst ergriffen, unser Schicksal in die Hand zu nehmen, und haben unseren Platz in Europa selber bestimmt. Und zwar in diesem Europa, das nicht dominiert ist durch Machtblöcke oder Dynastien, sondern durch die Ordnung des Rechts und der Freiheit.

Andererseits sind aber in der näheren geographischen Umgebung Österreichs an die 21 neue Staaten entstanden. Viele davon sind in ihrer inneren Sicherheit von neuen Despoten und alten fanatischen Ideen beherrscht. Einer der vielen Gründe für die allgemeine Ratlosigkeit und Hysterie mag tatsächlich darin liegen, daß bis vor kurzem die Zugehörigkeit zum Osten oder zum Westen eine Klammer politischer Integration und gesellschaftlicher Identität bilden konnte. Nun taucht die Frage auf, was denn die große Identifikationslinie des Eisernen Vorhangs ersetzen und wie ein neues kosmopolitisches Wir-Gefühl entstehen könnte. Können wir solche Identifikationen schaffen, ohne gleich neue Feindbilder aufzubauen? Darin liegt die Gefahr von Samuel Huntingtons „clash of civilizations", daß damit das Substrat neuer Schwarz-Weiß-Bilder geliefert wird.

Die Zeit ist vorbei, da „Westen" in Europa mehr war als eine geographische Kategorie und „Ost" als Synonym für alles Nicht-Westliche und Kommunistische herhalten mußte. Die Geographie hat ihre Dimensionen zurückerobert, und sie hat dort ein Vakuum ausgelöst, wo die Politik es sich jahrzehntelang gemütlich gemacht hat. Die Bipolarität war so dominant gewesen, daß nicht nur die Schwächen der westlichen Demokratie, sondern auch die Unterschiedlichkeiten der nationalen Charaktere und Interessen verborgen blieben. Im Bewußtsein der Menschen und der Politiker muß sich nun endlich festsetzen, daß der „Westen" nicht mehr existiert; auch der sogenannte „Ostblock" gehört vergangenen Realitäten an. Manchem fällt es offensichtlich schwer, sich davon zu verabschieden.

Ein Hauptproblem des Verhältnisses der Europäischen Union zum postkommunistischen Europa bestand und besteht in der Frage nach dem europäischen Selbstverständnis. Die Europäische Union „kann nicht allein durch einfache Ausdehnung ihrer eigenen Verträge und Vereinbarungen der postkommunistischen Welt gerecht werden", schreibt Ralf Dahrendorf. Beides – das Zerbrechen der alten Grundsätze wie die Neuformulierung des europäischen Selbstverständnisses – findet noch hinter den Fassaden von Kontinuität und Stabilität statt. Europa kann in Zukunft aber nur mehr gemeinsam weiterentwickelt werden. Europa ist gemeinsame Sache aller Europäer geworden.

Österreich als Brücke Europas

Neue Räume werden erschlossen. Gewohntes wird zurückgelassen. Grenzen werden überwunden, aber auch neue errichtet. Österreich ist von allen diesen Entwicklungen sehr stark betroffen, um nicht zu sagen: mittendrin.

„Österreich war ein europäisches Gebilde par excellence, das nicht nur die Hoffnungen und Tragödien dieses Kontinents mittrug und mitgestaltete, sondern auch auf seltsame Art und Weise Modell für ein Europa war, das sich nicht finden konnte", schreibt der Wiener Philosph Konrad Paul Liessmann. Und mit Blick auf das Millennium im Jahr 1996 fügt er hinzu: „Wenn überhaupt, dann gälte es also, das tausendjährige Österreich aus einer europäischen Perspektive zu betrachten."

Im fünfzigsten Jahr des Bestehens der Zweiten Republik wurde Österreich Mitglied der Europäischen Union. Unbeschadet der von der Bevölkerung durch einen beeindruckenden Volksentscheid gewollten und von allen wesentlichen politischen Kräften des Landes getragenen Mitgliedschaft Österreichs in der Europäischen Union (die den ökonomischen und politischen Zustand der Beinahe-Grenzenlosigkeit verspricht) ist Österreich bestrebt, einen ebenso „grenzenlosen" Zugang zu seinen östlichen Nachbarn zu finden.

Österreich ist jenes Land innerhalb der Europäischen Union, das die meisten Grenzen mit Nicht-EU-Staaten hat. Österreich würde es daher am stärksten zu spüren bekommen, wenn sich durch die Integration Europas die Differenzen zu Ost- und Mitteleuropa verstärken würden. Deshalb ist zu wünschen, daß diese Union eine Gestalt annimmt, in deren Rahmen Österreich mehr sein kann als schon wieder „das Land an der Grenze", also eine baldige Erweiterung der EU.

Die Beschreibung unserer Heimat kann nur erfolgreich sein, wenn sie die multikulturellen Wurzeln unserer Herkunft berücksichtigt. Österreich hat, bedingt durch seine Geschichte, das „Anderssein-als-die-anderen" in seine eigene Identität inkorporiert. Wir sind eine Nation nicht durch Abgrenzung und Ausschluß geworden, sondern in ständiger Auseinandersetzung mit verschiedenartigen Völkern. Allzu gerne vergessen wir diese Zusammenhänge; dann gleitet die eigene Identität in Skurrilität und Eigenbrötelei ab. Gerade in der Europäischen Union wird sich die österreichische Identität nur bestätigen und festigen, wenn sie in Beziehung zum Andersartigen tritt und sich in offener Kommunikation behauptet und bewährt. Für uns heißt das nicht mehr und nicht weniger als vergessene Beziehungen herstellen, abgebrochene Gemeinsamkeiten suchen, den bunten Charakter unserer österreichischen Seele freilegen und sich entwickeln lassen.

Österreich hat aufgrund seiner eigenen Biographie Erfahrungswerte gesammelt, die in Europa in solcher Art bis jetzt nicht vorkommen. Noch einmal Konrad Paul Liessmann: „Das Neue Europa, das in vielem mit Fragen konfrontiert sein wird, die in der Vergangenheit in dieser Dimension nur das alte Österreich beschäftigt hatten, wäre gut beraten, sich dessen Behandlung solcher Probleme zu vergegenwärtigen." Vielleicht könnte von diesem Punkt aus eine Erinnerung mobilisiert werden, die auch Ost-Mitteleuropa jene europäischen Perspektiven zurückgibt, die es einst geprägt haben.

Nationalstaat ohne Grenzen – grenzenlose Heimat?

Grenzenlos heißt nicht, daß alle Grenzen abgeschafft werden. Ohne Grenzen keine Kulturen. Die Grenzen nach außen, wiewohl aber auch eine Grenze nach innen, müssen überprüft werden, inwiefern sie den Anforderungen des ausgehenden 20. Jahrhunderts standhalten.

Ein „grenzenloses" Österreich als Mitglied einer grenzenlosen Europäischen Union ist in gewisser Hinsicht auch ein Traum. Ein Traum, der von einer Zeit kündet, die davon lebt, daß nationale Grenzen und Vorurteile im menschlichen Zusammenleben keine Rolle mehr spielen. Ein Traum davon, daß Österreichs einmalige Erfahrungen mit Grenzen in diesem besonderen Teil Europas reaktiviert werden und zur Findung Europas beitragen. Österreich muß tausend Jahre, nachdem sein Name zum erstenmal urkundenmäßig erwähnt wurde, sein Verhältnis zu Europa neu definieren. Als „Geisteskontinent", wie Friedrich Heer Österreich einmal bezeichnet hat, hat Österreich gute Chancen, denn „Europa wird ein Produkt eures Geistes sein, des Wollens eures Geistes und nicht ein Produkt eures Seins, denn es gibt kein europäisches Sein." Zu diesem deutlichen, aber harten Schluß kam Julien Benda im Paris der Vorkriegszeit.

Auf die Ebene der Weltgesellschaft übertragen, die heute schon Wirklichkeit ist und sich in Zukunft noch stärker und dichter entwickeln wird, heißt das, daß der Nationalstaat, wie er sich im Laufe der Neuzeit bis heute herausgebildet hat, immer mehr in Frage gestellt wird. Ob die gewohnte Kondition zwischen der Heimat und einem damit gemeinten Nationalstaat auseinanderdriftet oder nicht, wird die Zukunft zeigen. Der Nationalstaat, wie wir ihn heute kennen, wird jedenfalls eine neue Qualität annehmen müssen, oder er wird in seiner Bedeutung ausgehöhlt werden. Das Gewaltmonopol des Nationalstaats nach innen und außen wird immer mehr in Zweifel gezogen.

Unsere Welt ist längst eine Kommunikationsgemeinschaft geworden, und damit wird sie zunehmend auch zu einer moralischen Schicksalsgemeinschaft. Wenn wir täglich am Fernsehschirm die Bilder von Bosnien, Algerien oder Ruanda sehen, dann rufen wir in unserer Ohnmacht nach einer übergeordneten Instanz, nach einer rechtlichen Gewalt, die diesem fürchterlichen Treiben ein Ende setzt. Das moralische Bewußtsein eines mitdenkenden Zeitgenossen läßt sich nicht mehr damit abspeisen, daß man sich gemäß dem Völkerrecht in die inneren Angelegenheiten eines souveränen Staates nicht einmischen dürfe, sondern es ist ihm unerträglich, daß dem Unrecht und der Barbarei nicht Einhalt geboten wird.

Ebenso wird man auf internationaler Ebene in den nächsten Jahren immer eingehender die Frage diskutieren, ob nicht die Menschenrechte eindeutigen Vorrang vor dem Völkerrecht haben sollten und ob zur Durchsetzung der Menschenrechte nicht ein Gewaltmonopol auf Weltebene geschaffen werden sollte, das dem verletzten Menschenrecht mit effektiver Macht zum Durchbruch verhilft, auch unter Mißachtung der Souveränität von Staaten. Johann Baptist Metz hat Aufsehen erregt, als er die Frage ausgerufen hat: „Gibt es indes nicht zweierlei Menschenrechte in der Weltpolitik?" Die Entwicklung hin zu solchen regionalen und kontinentalen Gewaltmonopolen, die mit einem Souveränitätsverzicht der Nationalstaaten verbunden sind, ist sichtbar im Gange – und diese Entwicklung ist wohl auch der einzige Weg, um größere und übergreifende Sicherheitszonen zu schaffen, die sich auch als Werte-Gemeinschaft und Rechts-Gemeinschaften verstehen.

Heimat: Identitätsgewinn in und für Europa

Zugehörigkeit und Mitgestaltung

Mit der Frage der Mitsprache und Mitgestaltung ist ganz wesentlich auch die Frage der heimatlichen Geborgenheit, der geistigen Orientierung und der moralischen Bindung an eine bestimmte Lebenswelt verbunden. Diese heimatliche Geborgenheit ist eben – worauf ich eingangs hingewiesen habe – nicht nur ein subjektives Bedürfnis des einzelnen Menschen oder gar eine atavistische Sentimentalität. Sie ist ebenso eine notwendige Bestandsgarantie für die Gesellschaft, denn ohne diese geistige Zuordnung, emotionale Hinwendung und moralische Bindung ihrer Mitglieder kann auch eine Gesellschaft nicht bestehen.

Wo man ohnehin nichts mitzureden hat oder glaubt, nichts mitreden zu können, dort verliert man das Interesse und „kennt sich bald nicht mehr aus".

Man verliert die Übersicht und die Orientierung und damit bald auch den letzten Rest von Engagement, moralischer Bindung und sozialem Verantwortungsgefühl. Damit verliert man also insgesamt den entscheidenden Orientierungspunkt des gesellschaftlichen Denkens und Handelns, jenen räumlichen und menschlichen Bezugsrahmen, der eigentlich das ist, was man „Heimat" nennt, was uns das Gefühl der Geborgenheit und der Identität gibt.

Das Wort „Heimat" mag ein altmodisches Wort sein und auch ein mißverständliches Wort, weil es oftmals mißbraucht und zur Legitimierung großer Schandtaten verwendet wurde. Aber was damit gemeint ist – so, wie ich es beschrieben habe –, ist ein legitimer Lebensanspruch jedes Menschen, und ist eine Voraussetzung jeder funktionierenden Gesellschaft.

Zu Hause sein

Wie eng oder wie weit jeder für sich diesen Kreis zieht, in wie vielen konzentrischen Kreisen sich jemand beheimatet fühlt – das steht auf einem anderen Blatt. Glücklich der Mensch, der viele solcher „Heimaten" kennt, der in vielen solcher Bezugsrahmen lebt und zu Hause ist. Aber unglücklich der Mensch, dem alles fremd geworden ist, der sich nirgendwo zu Hause fühlt, sondern überall im Exil. In allen Veränderungen des gesellschaftlichen und staatlichen Zusammenlebens, die auf uns zukommen und die wir bewußt mitgestalten wollen, müssen wir danach trachten, einen solchen lebendigen, erlebbaren und lebbaren Bezugsrahmen aufzubauen, in dem Zugehörigkeit, selbstverständliche Einbindung und Geborgenheit möglich sind.

Blättern wir nach bei Vilém Flusser. Er schreibt: „Wir sind wohnende Tiere (sei es in Nestern, Höhlen, Zelten, Häusern, übereinandergeschichteten Würfeln, Wohnwagen oder unter Brücken). Dennoch ohne einen gewöhnlichen Ort könnten wir nichts erfahren." Laut Flusser häufen sich die Anzeichen für ein neues Unbehaustsein. Wahrscheinlich, weil „unsere Häuser der Aufgabe nicht gerecht werden, Geräusch zu Erfahrungen zu prozessieren." „Haus" ist für Vilém Flusser im topologischen Denken das soziale Gehäuse, in dem die zwischenmenschliche Kommunikation stattfindet, ein schöpferisches Gebilde des Knoten der zwischenmenschlichen Kommunikation. „Wahrscheinlich haben wir die Häuser umzubauen... Das heile Haus mit Dach, Mauer, Fenster und Tür gibt es nur noch in Märchenbüchern." Bei Vilém Flusser hat diese Diagnose nichts mit Nostalgie zu tun. Die Dialektik der Verwurzelung ist ihm als Emigrant bewußt. „Nach Verlassen der Heimat ergreift das analysierte Heimatgefühl die Gedärme des Sich-selbst-Analysierenden, als ob es sie umstülpen wollte." Aus der Ferne erkennt man aber nicht etwa nur, „daß jede Heimat den in ihr Verstrickten auf ihre Art blendet und daß in diesem Sinn alle Heimaten gleichwertig sind, sondern vor allem auch, daß erst nach der Überwindung dieser Verstrickung ein freies Urteil, Entscheiden und Handeln zugänglich werden." Die Sehnsucht nach Behausung einerseits und die Emanzipation von vorgegebenen Strukturen andererseits sind keine Gegensätze. Vielmehr kommt im Leben der Zeitpunkt, zu dem bisher Gewohntes neu erkämpft werden muß, weil man es sonst nicht wiedererkennen würde. Dach, Mauer, Fenster und Tür sind in der Gegenwart nicht mehr „operationell", weil „materielle und immaterielle Kabel unser Haus wie einen Emmentaler durchlöchert haben", und das erklärt, warum wir beginnen, uns unbehaust zu fühlen. Trotz notwendiger Überwindung aller Verstrickungen müssen wir – da wir nicht mehr gut zu den Zelten und den Höhlen zurückkehren können – „wohl oder übel neuartige Häuser entwerfen". Häuser von uns, in denen wir leben und Zuhause sein können.

Einen Ort haben

So wie jeder Mensch grundsätzliches Recht auf Leben und Freiheit hat, so hat jeder Mensch auch ein Anrecht darauf, in einer Gemeinschaft zu leben, der er sich zugehörig fühlt – in einer Gemeinschaft, die ihn nicht befremdet und entfremdet, sondern die ihn beheimatet und ihm Werte, Geborgenheit Sicherheit und Selbstgewißheit vermittelt. Mein Verständnis von Politik ist es, den Menschen Ängste zu nehmen. Angst hat von ihrem Wesen her mit Unsicherheit und Unüberschaubarkeit einer Gefahr zu tun. Angst ist ein schlechter Ratgeber. Wir müssen daher den gesicherten und überschaubaren Ort in der Politik schaffen, der dieses Bedürfnis nach Geborgenheit und Sicherheit erfüllt.

Die Demokratie, hat Aristoteles einmal gesagt, reicht soweit wie die Stimme ihres Herolds. Die Heimat ist daher der Ort der demokratischen Politik der Bürgernähe, der Politik mit Sitz im Leben. Die Politik der Heimat wird gleichermaßen zur Politik auf dem Marktplatz des Dorfes und der Stadt. Und der demokratische Politiker muß sich – um die Verdrossenheit an ihm zu überwinden – an dem Ort des Zusammenlebens der Menschen wieder sehen lassen, um den Willen der Menschen zu verstehen. Gefragt ist eine Politik, die ihren Sitz im Leben hat. Heimat bedeutet, daß die Vernunft am besten dort aufgehoben ist, wo die Menschen zusammenkommen, um miteinander zu reden. Die europäische Gesellschaft kann nicht überleben, wenn nicht die Menschen in den konkreten Gemeinschaften und den gesellschaftlichen Institutionen ihre Aufmerksamkeit sowie ihre Kraft und ihre Mittel gemeinsamen Vorhaben widmen.

Der Politik fällt dabei die Aufgabe zu, diese Orte der Begegnung, des Gesprächs, der Kommunikation zu ermöglichen. Kultur besteht aus Traditionen, alten und neuen Denkmälern, Trachten, Liedern, Erzählungen und Geschichten, aus dem, was die Menschen essen und trinken. Die österreichische Kulturlandschaft, das „Klöster- und Schlösserreich", unsere Bauten aus Vergangenheit und Moderne, sie alle sind die sichtbaren Zeugen unserer Identität.

Zukunft kann unser Österreich also nur haben, wenn wir dafür Sorge tragen, daß diese Vielfalt, dieser Reichtum, diese kulturelle Stärke unserer Heimat auch erhalten und gesichert werden. Das ist ein politisches Programm, das ist eine politische Verpflichtung, das ist unser gemeinsamer politischer Auftrag. Das wird eine entscheidende Frage unserer Zukunft sein.

In die Tiefe blicken

Unsere Politik muß also darauf gerichtet sein, daß die Österreicher stolz sein können auf ihr Land, daß es Ansehen und Hochschätzung bei seinen europäischen Nachbarn und in der ganzen Welt genießt. Wir dürfen Heimat nicht als Enge verstehen, sondern als Tiefe. Gerade, wenn wir Österreicher in die Tiefe unsrer Geschichte blicken, erkennen wir an uns selbst, daß wir immer große Begabung dafür hatten, das Fremde zunächst nicht zu fürchten, sondern aufzunehmen und hier bei uns zu beheimaten. Wir sind wer – und mit diesem stolzen Selbstbewußtsein können wir Österreicher überall unseren Reisepaß herzeigen. Ob wir wer sind und daß wir wer sind, das hängt allein von uns ab.

Unser Bekenntnis zur Heimat erfordert neben dem partikularen Bekenntnis zu den Ländern und Regionen gleichzeitig aber auch ein universales Bekenntnis zu Europa. Österreich als Staat ist selbst ein Beispiel dafür, wie sich die Vielfalt in der staatlichen Einheit trifft und zum neuen Ganzen wird. Österreich wiederum ist einer der tragenden und verbindenden Teile des größeren Europas. Unsere eigene Identität geht dabei nicht an Europa verloren. Im Gegenteil: Europa selbst gewinnt seine eigene Identität – auch durch Österreich. Ein Europa ohne Österreich und ein Österreich ohne Europa sind undenkbare Vorstellungen, die weder für Österreich noch für Europa Sinn ergeben.

Zitierte Literatur:

Vilém Flusser, Von der Freiheit des Migranten. Einsprüche gegen den Nationalismus, Düsseldorf 1994.
Gustav Meyrink, Der Golem, Leipzig ^{4}1916.
Simone Weil, Die Entgrenzung. Ein Vermächtnis, München 1956.
Samuel Huntington, Der Kampf der Kulturen. Die Neugestaltung der Weltpolitik im 21. Jahrhundert, München ^{3}1997.

Manfred Wohlfahrt

Regionalisierung
Subjektwerdung zwischen Heimatmuseum und Zukunftswerkstatt

„Dies zwingt zur Aufgabe des Hochmuts, die Probleme der Erde in ‚planetarischen Perspektiven' erfassen und lösen zu wollen. Anstelle ‚allumfassende' Lösungen anzustreben, ist es nötig, vorerst einmal die Augen bescheiden niederzuschlagen und als Fragwürdigwerdende den Blick aufs Zunächstliegende, auf das Erdreich zu werfen, auf dem wir stehen."
Aus der „Hebenshausener Erklärung" von Sigmar Groeneveld, Lee Hoinacki, Ivan Illich and Friends, 1990.

In der Geschichte unseres Landes wird sich keine Epoche finden lassen, in der das Bedürfnis nach Selbstvergewisserung hinsichtlich eigener Identität so ausgeprägt in Erscheinung getreten ist wie jetzt. Dem entspricht der esoterisch punzierte Heilsindividualismus der einzelnen postmodernen Mitteleuropäerin ebenso wie das Bedürfnis der Bewohner eines – sagen wir – Mostviertler Dorfes, allenfalls seit geraumer Zeit Bestandteil einer auf dem Schreibtisch von Politikern und Beamten konstruierten Großgemeinde, dessen mehr oder weniger gut begründbares 800-Jahr-Jubiläum der ersten urkundlichen Erwähnung zu begehen und dafür auch beträchtliche Mittel einzusetzen. Mag es im einen Fall Drang zur Selbstverwirklichung sein, der sich paradoxerweise genau jener fernöstlichen Denksysteme bedient, die, die Geschichtlichkeit des Einzelwesens in Frage stellend, die Auflösung des „Ich" intendieren, so ist es im Falle des Mostviertler Dorfs genau die Betonung der eigenen – kollektiven – Geschichtlichkeit, die Individualität und Identität sichern soll. In beiden Fällen ist es der Wille zu Selbstbehauptung und der Wunsch nach Dauer und Überleben in einer als unsicher empfundenen Welt.

Mit der schwierigen Modernität alleingelassen

Kultur im ländlichen Raum und ihr regionalspezifisches Profil standen bei uns noch nie so sehr in Diskussion wie in den letzten beiden Dezennien, als sie sich als ein topographisch eindeutig zuzuordnendes Element endgültig aufzulösen begann. Das Ausmaß an Veränderung der wirtschaftlichen und damit auch sozialen Gegebenheiten auf dem Land, das in der Geschichte seinesgleichen sucht, hat für viele Menschen auf dem Land Verunsicherung hinsichtlich ihrer Selbstzuordnung und auch ihres bis dahin unhinterfragten Wertegefüges mit sich gebracht. Während die einen im Verlassen ihres bisherigen Lebensraumes eilig das Kleid ihres Milieus und ihrer Traditionen abstreiften, um voller Fortschrittsoptimismus einen neuen Lebensentwurf im Zeichen von städtisch geprägter „Modernität" zu wagen, blieben andere, oft voller Zweifel, teils aus Heimatliebe, teils aus Mangel an Alternativen, im angestammten Umkreis. Hier nun haben sie ihre Entscheidung unter schwieriger werdenden Umständen – auch vor sich selbst – zu verteidigen und allenfalls vor der nachrückenden Generation zu rechtfertigen.

Hilfe von Institutionen, die noch in der vorhergehenden Generation als Mutterschoß aller Orientierungshilfen galten, sind kaum zu erwarten. Die Kirche ist entweder mit sich selbst und ihrer Strukturkrise zu sehr beschäftigt, um wenigstens eine Hand frei zu haben für Menschen, die sie grundsätzlich gerne ergreifen würden, oder ihre Antworten werden als zu abgenützt, zu wenig spirituell, zu wenig anwendbar oder zu wenig zeitgemäß empfunden. Die mannigfaltigen Kommunikations- und Informationsmittel haben es ermöglicht, daß religiöser Eklektizismus mittlerweile längst auch den ländlichen Raum erfaßt hat, und zwar in einem Ausmaß, das sich manche, vertrauend auf die Autorität der Kirche und auf die Stabilität ländlicher Traditionen, noch vor einem Jahrzehnt kaum vorstellen konnten.

Die Zusatz- oder Ersatzreligion „Partei", gleich welcher der beiden traditionellen Lager, einst mit größter Selbstverständlichkeit als Krücke auf dem Weg durchs Leben gebraucht, vielfach auch als Heimat und Sicherheit gebende Wärmestube angesehen, kann derzeit auch keine Antworten und Hilfestellungen geben, die der sich ausbreitenden Resignation, dem Identitätszweifel und der Zukunftsangst entgegenwirken könnten. So kann es nicht verwundern, daß viele (vorübergehend?) jene politische Kraft stärken, die alle Frustrationen zu bündeln scheint und auch lautstark zum Ausdruck bringt. Differenzierende Kritik hingegen scheint zu schwierig angesichts der komplexen Problemlage aus Arbeitsplatzangst und Bedrohung unserer Kulturlandschaft, aus religiös-weltanschaulichem Heimatverlust, jedes für sich ein Anschlag auf individuelle und kollektive Identität und einander in der Gesamtheit noch verstärkend.

Der Wunsch nach Zugehörigkeit und die verkaufte Geschichte

Der Wunsch nach Zugehörigkeitserfahrung, mehr oder weniger deutlich artikuliert, ist vor dem Hintergrund zerfallender Ordnungen und eines maßlos gewordenen Individualismus als Pendelausschlag nur allzu verständlich. Zugehörigkeitserfahrung ist für Individuen ebenso wie für soziale Gruppen Vorbedingung für Lebensfähigkeit. So gesehen, läßt sich das Phänomen des europaweit auftretenden Regionalismus gut erklären.

„Es sind Bewegungen der Vergegenwärtigung und Verlebendigung regionaler Herkunftsgruppen in der Absicht der Kompensation eines durch die zivilisatorische Wandlungsdynamik bedingten kulturellen Vertrautheitsschwundes. Der Regionalismus ist insoferne kein Traditionalismus, sondern ein Modernismus."[1]

Wenn die gegenwärtige Realität aber nicht ausreicht, um Zugehörigkeitserfahrung zu vermitteln, was liegt näher, als sich die Sicherheit und Vertrautheit gebenden Verhältnisse der Vergangenheit in die Gegenwart zu holen? Die Einrichtung von Bauernmuseen, die Herausgabe von Heimatbüchern, die Befassung mit Familiengeschichte und die Feier von Jubiläen mit Organisation von Ausstellungen zur Ortsgeschichte weisen in großer Anzahl und Dichte darauf hin, daß Geschichte Konjunktur hat.

Manche merken allerdings auch kritisch an, daß all dies ein Hinweis auf Musealisierungstendenzen sei, die als sicherer Beweis dafür zu gelten haben, daß sich das Ausgestellte, ins Museum Verbrachte, von der Ortsgeschichte Behandelte im Absterben befinde oder eben schon tot sei, daß diese Hinwendung zum Historischen nichts anderes bedeute, als die Kuriosa vergehender oder vergangener Lebenswelten zur Erbauung der Nachwelt zu erhalten. Dem ist wohl nicht zur Gänze zu widersprechen. Was sind alte, ansonsten dem Verfall preisgegebene Bauernhäuser, von betuchten Städtern mit großem Aufwand und viel Liebe fürs Detail in den „ursprünglichen" Zustand versetzt, anderes als historische Fassaden mit einem für die Lebensbedürfnisse des gegenwärtigen Besitzers adaptierten Innenleben? Handelt es sich dabei nicht oft um eine Art Privatmuseum, in dem der Eigentümer nicht nur die Gegenstände des täglichen Bedarfs vergangener Zeiten, sondern auch sich selbst mit seiner Liebe zu den eigenen vermeintlichen Wurzeln präsentiert und in dem er sich, nicht zuletzt, ein vor der Verworrenheit und Instabilität der außerhäuslichen Verhältnisse schützendes Refugium schafft, dessen historisches Ambiente Stabilität und in sich ruhende Geschichtlichkeit assoziieren läßt? So verständlich das Bedürfnis ist, so sehr läßt es auch an Flucht denken.

Werden nicht manche Jubiläen so gefeiert, manche Heimatbücher nicht so geschrieben, als wäre Geschichte ein abgeschlossener Block, mit dem die Gegenwart und die heute lebenden Menschen absolut nichts zu tun hätten? Wird nicht manches Jubiläum darüber hinaus überhaupt nur auf „merchandising"-Effekte angelegt und die Sinngebung des mehr oder weniger historisch begründbaren Akts unverhohlen mit der Vermarktbarkeit seines musealisierenden Charakters begründet? So verständlich auch dieses Bedürfnis aus wirtschaftlichen Erwägungen ist, läßt sich „Geschichte" wirklich ohne jeden

Schaden für das Bewußtsein historisch begründbarer Gemeinschaftlichkeit feilbieten? Wohl nur dann, wenn sie, musealisiert und anekdotenhaft portioniert, also nicht mehr ernstzunehmen, den Marktanforderungen der Tourismusindustrie entspricht. „Geschichte verkauft sich derzeit gut", hört man aus der Branche. Daß Geschichte mit Identität, hier gemeint als regionale und lokale Identität, zu tun hat, müßte wohl mitbedacht werden, und es drängt sich die Frage auf, ob man denn noch im Besitz der eigenen Geschichte sei, nachdem man sie „gut verkauft" hat.

Selbst-bewußte Traditionen und eine Spache für heute

Die Frage nach Lebenskraft und Selbstbewußtsein einer Region verlangt nach politischen Antworten, die ihrerseits historischer Fundierung bedürfen.

Im Falle einschneidender Lebensumbrüche muß sich der Einzelne fragen, ob und wie sich allenfalls seine Identität verändert und welche Faktoren, die von der umgebenden Gesellschaft und von ihm selbst ausgehen, das beeinflussen. Ebenso stehen die durch örtliche, regionale oder berufsständische Kriterien definierten sozialen Gruppen vor einer Reihe von Fragen, wenn Umorientierung verlangt ist. Wenn die angesprochene Zugehörigkeitserfahrung nicht verloren gehen soll, reicht bewußtloses Nachvollziehen von außen auferlegter neuer Standards ebensowenig wie gleichfalls bewußtloser Nostalgietrip. Das eine macht Einzelne wie ganze Gesellschaften zu fremdgesteuerten Marktobjekten, das andere macht sie in ihrer Vergangenheitssucht gegenwartsunfähig. Während im einen Falle Gemeinschaftsfähigkeit von Geschichtslosigkeit oder –verlust bedroht wird, so ist es im anderen Falle das Mißverständnis von Geschichte, die durch ihre Musealisierung (allenfalls aus vordergründigen ökonomischen Motiven) für die Gegenwart untauglich gemacht wird.

Gelingende Regionalisierung baut auf der Stärkung von Selbstbewußtsein auf und setzt auch voraus, daß Scheinidentitäten aufgegeben werden, die als traditionalistische Konstrukte lediglich für Folklore brauchbar sind. Traditionen haben sich begleitend zu wirtschaftlichen wie gesellschaftlichen Formationen gebildet und sind in der Regel aus diesen Zusammenhängen begreifbar – wenn diese sich ändern, nehmen kulturelle, gemeinschaftsprägende Traditionen in der Regel in regionalen Museumsvitrinen Platz. Soll man es bedauern? Dann müßte man primär wohl die auslösenden sozioökonomischen Veränderungen bedauern. Sinnvoller ist es wohl, nach den gemeinschaftsbildenden Faktoren der Gegenwart zu fragen, wobei die Antworten aus der Geschichte interessant, lehr- und aufschlußreich sind, bei ihrer Übertragbarkeit auf heutige Situationen jedoch klarerweise Vorsicht geboten ist. Neue wirtschaftliche Verhältnisse, von der Gesellschaft einer Region in den seltensten

Fällen selbst gewünscht oder gar verursacht, haben auch im ländlichen Raum über kurz oder lang soziologische Umstrukturierungen zur Folge, was in der Regel nicht ohne Auswirkungen auf die kulturelle Prägung einer Region bleibt. In solchem Umbruch ist der Blick auf neue Interessenslagen sozialer Gruppen, die sich allenfalls neu gebildet haben, obligatorisch, um Zugehörigkeiten wahrzunehmen und auf sie auch politisch eingehen zu können.

Gerade im ländlichen Raum, wo der Umbau der Gesellschaft am deutlichsten spürbar ist, ist auch die Sprachlosigkeit über Probleme im Zusammenhang mit Identitätsverlust am größten. So ist die Frage zu stellen, wo in unseren Regionen die Plattformen zu situieren sind und wie sie beschaffen sein sollen, um die Menschen der Region zu ermuntern, allenfalls auch zu befähigen, ihren wirtschaftlichen und kulturellen Bedürfnissen Sprache zu verleihen, um ihnen die Möglichkeit zu geben, zu selbstbewußten Subjekten in einem Europa der Regionen zu werden. Ein gegenwartsbezogenes Geschichtsverständnis, das gerade Regionalgeschichte und örtliche Traditionen nicht als letztlich unpassende Identitätsanleihe aus alten Zeiten mißversteht, kann einen wichtigen Beitrag zu dieser nötigen Sprachfähigkeit leisten. Traditions- und Geschichtsbewußtsein ist dabei kein Fluchtort vor der allzu schwierig gewordenen Moderne, sondern ein Schatz an Bildern und Deutungsmustern. Indem sie beleuchtet, abgelehnt und in manchem vielleicht in kreativer Weise neu übernommen werden, wird auch das Bild der Gegenwart neu gestaltet. Subjektwerdung im Europa der Regionen – und nicht der Heimatmuseen – muß Reden über die Vergangenheit mit dem Gespräch in der Gegenwart und der Frage nach der Zukunft verbinden, dann gelingt Regionalisierung, die als kulturelles Projekt ebenso nötig ist wie als wirtschaftliches, wenn dieses Europa ein Haus voller Leben sein soll.

Anmerkung:

[1] Hermann Lübbe, Die große und die kleine Welt. Regionalismus als europäische Bewegung; Vortrag am 17.9.1988 in Schloß Zeillern.

Hans Karner

Lebendige Geschichte – lebendiges Land:
Die Region Eisenwurzen

Am Tag vor der Volksabstimmung, bei der die österreichische Bevölkerung im Juni 1994 den Beitritt ihres Landes zur Europäischen Union befürwortete, fand im sogenannten Egererschlößl zu Weyer ein „Eisenwurzen-Symposion" statt. Universitätsprofessor Konrad Köstlin aus Tübingen betonte dabei in seinem Referat, Heimat sei dort, wo man Wurzeln schlägt und das Recht hat, daheim zu sein. Dr. Erhard Busek, damals österreichischer Vizekanzler, ging einen Schritt weiter und skizzierte Europa als ein „Dorf", in dem es Arme und Reiche, Kleine und Große, Bauern, Arbeiter, Gewerbe und Handel, Eigeninitiativen usw. gäbe. Wie bei jedem Dorf, sollte auch hier im Zentrum die Kirche stehen. So könnte dann, „träumte" damals Dr. Busek, Europa nicht ein gesichtsloses „Haus der vielen Wohnungen" (Gorbatschow) sein, sondern ein vitales Gemeinwesen, angetrieben von der „Zentrifugalkraft der Kreise".

Diese „Erneuerung von innen heraus", also das mutige Zugehen auf neue Herausforderungen im Wissen um die eigenen Quellen und verwurzelt in lebendigen Traditionen, ist das Leitbild vieler Bemühungen in der Region Eisenwurzen bzw. im 3-Märkte-Bezirk Scheibbs – Gresten – Purgstall. Diese Aktivitäten als ein Beispiel sinnvoller Regionalisierung kurz vorzustellen, wird hier deshalb in Angriff genommen, weil Leo Prüller im Hintergrund zahlreicher Ereignisse und Initiativen in dieser Region in den letzten Jahren gestanden hat. Damit wird sowohl ein Stück seines Lebenswerkes skizziert als auch eine beispielhaft aktive Region.

Das Engagement, das Leo Prüller hier seit seiner Pensionierung zeigt, erscheint dabei als genuine Fortführung seiner Bemühungen um das „Dorf im Umbruch"[1], dem er sich schon in den 50er Jahren verpflichtet wußte. Die „Arbeitsmethode" ist seit damals dieselbe geblieben: das in der Nachfolge von Josef Cardijn und Pater Laurenz Mock tausendfach erprobte Prinzip „sehen – urteilen – handeln".

700 Jahre Reinsberg

Eine Initialzündung für viele nachfolgende Aktivitäten war das 700jährige Jubiläum der Pfarre Reinsberg, das 1991 gefeiert wurde. Ein erstes Mal wurde hier versucht, Geschichte lebendig werden zu lassen. Eine heimatkundliche

Ausstellung in der alten Volksschule erzählte von vergangenem und gegenwärtigem bäuerlichem Leben, Handwerk und Glauben. Die beiden Brüder Johann und Leo Prüller hielten im mehr als 500 Seiten starken Heimatbuch „Reinsberg in der Geschichte"[2] nicht nur eine ausführliche Chronik der Gemeinde fest, sondern ermöglichten auch den Familien der einzelnen Bauernhäuser, die Geschichte ihrer Höfe zurückzuverfolgen. Große Geschichte wird ja nicht nur von den Mächtigen in Burgen und Kirchen gemacht, sondern setzt sich aus den unzähligen Geschichten der Menschen zusammen, aus dem „was sie erlebt, erduldet, erkämpft und erbetet haben"[3].

Besonders Leo Prüller war darum bemüht, die Erforschung der Geschichte auf einen wissenschaftlich gesicherten Boden zu stellen. Seine Arbeit in Bibliotheken und Archiven hat dabei unter anderem verschollen geglaubte Originalurkunden, wie die der Pfarrerhebung Reinsbergs, ans Licht gebracht und andere Schriftstücke heutigen Lesern neu zugänglich gemacht. Die Nachbargemeinde Gresten-Land verdankt so Leo Prüller die Übersetzung eines Regensburger Urbars, die nun an der Außenfassade der 1994 errichteten St. Wolfgang-Kapelle angebracht ist. Der Blick in die Geschichte wurde aber auch als Gelegenheit genutzt, manche Gräben der Vergangenheit neu zu überbrücken. So wurden z. B. zum 700-Jahr-Fest auch die Nachkommen der Reinsberger eingeladen, die im Zuge der Gegenreformation ihre Heimat verlassen mußten.

Burg und Bühne

Im Zuge des Reinsberger Jubiläums entstand die Idee, die gänzlich verfallene und im Wald versteckte Ruine der Gemeinde wiederzubeleben. Eine Gruppe von Idealisten, mit Karl Prüller (einem Neffen Leos) als unermüdlichem Motor, machte sich an die Arbeit. Heute ist die malerisch auf einem Hügel oberhalb des Ortes gelegene Burg wieder weithin sichtbar und Anziehungspunkt sowie Herberge für vielfältige Aktivitäten. Der Burghof und einige Räume werden für diverse Veranstaltungen genutzt, ein wiederaufgebautes Nebengebäude beherbergt bereits die zweite heimatgeschichtliche Ausstellung und die Exponate der Ferro-Arte, Werke zeitgenössischer Künstler, die mit Eisen als Werkmaterial arbeiten, zieren Burg und Umgebung.

Auch eine Bühne wurde auf der Burg eingerichtet, die 1996 mit dem von Leo Prüller verfaßten historischen Stück über Adelheid von Reinsberg, die Herrin des Erlauftales, eröffnet werden konnte. Das Leben dieser bemerkenswerten Frau aus dem 13. Jahrhundert, die als junge Witwe ihr Erbe gegen Fürsten und Bischöfe streitbar verteidigte und für Wohlstand unter ihren Untertanen sorgte, erstand damit an genau jenem Ort aufs Neue, den sie selbst bewohnt hatte. Die geübten Mitglieder der Heimatbühne Reinsberg, die seit mehr als 50 Jahren Lustiges wie Ernstes einer steigenden Zuschauerzahl darbieten, bewährten sich auch bei dieser Uraufführung in den Rollen ihrer Ahnen. Geschichte wurde hörbar, greifbar, nachvollziehbar.

Inspiriert durch diesen erfolgreichen Balanceakt der Reinsberger reifte schon wenige Monate später bei den Verantwortlichen des Heimatvereins Gresten-Land und der Heimatbühne Reinsberg der Gedanke, anläßlich des Gedenkjahres „1597 – Bauernaufstand im Kernland Österreich" wiederum ein Stück Geschichte auf die Bühne zu bringen. Diesmal wurden Laiendarsteller aus fünf Gemeinden im „NÖ-Regionaltheater Eisenwurzen" zusammengefaßt. Der junge lokale Autor Christoph Frühwirt wurde beauftragt und schrieb mit Leo Prüller als Berater „Auf der Schattseit' – Bauernanführer Matthias Gruber". Aufgeführt am Hof dieses historisch verbürgten Aufständischen in Gresten-Land (Gsöll) sowie am „Theaterbauernhof" Hochschlag, der schon seit Jahren Spielort der Heimatbühne ist, wurde dieses Projekt „Theater aus der Region für die Region" ein schöner Erfolg und ein neuerlicher Beweis dafür, daß Geschichte nicht langweilig sein muß und moderne Ausdrucksformen einen historischen Stoff sehr wohl erfassen und neu beleben können.

Parallel zum Theaterprojekt trugen die Ausstellung „Bauernleben in der niederösterreichischen Eisenwurzen" auf der Burgruine Reinsberg als geographischem und kulturellem Mittelpunkt des 3-Märkte-Bezirkes sowie die Vorträge zum Thema Bauernaufstand, die Leo Prüller in mehr als 15 Gemeinden der Umgebung hielt, zum inhaltlichen Schwerpunkt des Jahres 1997 bei.

Treffpunkt Eisenstraße

1998 steht das für die Gegend namengebende Eisen im Mittelpunkt. Die diesjährige Reinsberger Ausstellung „Zwei Eisen im Feuer – Bauern und Handelsherren", neuerlich betreut von Leo Prüller, zeigt Aufstieg und Niedergang des Eisenhandels. Da sich die Händler nicht rechtzeitig auf neue Bedingungen umstellen konnten oder wollten, zogen sie eine ganze Region in eine schwere Krise – jede Ähnlichkeit mit heutigen Herausforderungen ist zufällig und dennoch eine Mahnung.

Regionalentwicklung entlang der niederösterreichischen Eisenstraße umfaßt aber über Theater und Ausstellungen hinaus noch einiges mehr.[4] Neu angelegte alte Wanderwege, z. B. der Proviantweg, auf dem die Lebensmittel der Bauern der Eisenwurzen zum steirischen Erzberg gebracht wurden, führen heute zu Biobauern, die ihre Produkte gleich ab Hof verkaufen. Gastronomiebetriebe schlossen sich zusammen und setzen auf traditionsreiche einheimische Kost. Eine Fülle von Veranstaltungen bedient das Bedürfnis nach Treffpunkten für die zutiefst gesellige und gastfreundliche Bevölkerung ebenso wie die Notwendigkeit einer selbstbewußten Pflege überkommenen Brauchtums. Fremdenverkehrswerbung und Freude an der eigenen Lebensart und Geschichte greifen dabei gut ineinander.

Natürlich gehört zur Lebendigkeit der Region auch Diskussion und manchmal Meinungsverschiedenheiten, und auch die Skeptiker fehlen nicht. Die vielen Engagierten, deren Einsatz mit eigenem Profitstreben schon längst nicht mehr erklärt werden kann, ließen sich jedoch bislang nicht entmutigen. Es ist ihnen noch viel Kraft und Tatenlust und Einfallsreichtum – und immer mehr Erfolg zu gönnen.

Leo Prüller ist einer von ihnen. Er hat – um auf Professor Köstlin zurückzugreifen – das Recht, in mehreren Gemeinden daheim zu sein: Aufgrund seiner bisherigen Verdienste hat er „Heimatrecht" in allen Gemeinden des 3-Märkte-Bezirkes! Mit Erhard Busek kann man dieser Kleinregion die „Zentrifugalkraft des Kreises für das Dorf Europa" wünschen – und viele Europäer, die aus dem gleichen Holz geschnitzt sind, wie unser hochgeschätzter Jubilar es ist.

Anmerkungen:

[1] Vgl. Leo Prüller, Dorf im Umbruch. Das Dorf im Umwandlungsprozeß: Ursachen – Erscheinungsformen – Auswirkungen, Wien 1958.
[2] Reinsberg in der Geschichte. 700 Jahre Pfarre 1291-1991, Reinsberg 1991.
[3] Aus der persönlichen Widmung des Buches von Leo Prüller an seine Tochter Veronika.
[4] Informationen bei: Verein NÖ-Eisenstraße, Eisenstraße 17, A-3341 Ybbsitz, Tel.: +43/7443-86600-12, Fax: -22; e-mail: info@eisenstrasse.or.at; www.eisenstrasse.or.at.

Bildung

Lebensbegleitung und Anspruch

WILHELM FILLA

Der Erwachsenenbildner

Es gibt Bezeichnungen für Menschen, die man sich scheut zu verwenden, weil sie nach billigen Phrasen klingen. Dazu gehört das Wort „engagiert". Den Erwachsenenbildner Leo Prüller charakterisiert es jedoch treffend, wird es mit vielfältig und fundiert ergänzt.

Leo Prüller ist ein vielfältig tätiger katholischer Erwachsenenbildner, dem die Wahrnehmung seiner jeweiligen Aufgaben inneres Anliegen ist, dem er möglichst wirkungsvoll auf der Grundlage einer fundierten Weltanschauung, methodisch und inhaltlich gekonnt, zu entsprechen versucht. Das Besondere an Prüller ist dabei, daß er trotz der vielen Funktionen, die er bekleidet hat, nie in die Gefahr geriet, ein „Macher" zu werden. Er war immer ein Gestalter, der mit seinen Tätigkeiten in die Zukunft gerichtete Zielsetzungen verband. Daher nimmt es nicht wunder, daß er mit „seinem" Bildungshaus St. Hippolyt einen österreichweiten Ruf erwarb. Als maßgeblicher Exponent der Bildungsheime wurde er jedoch zu einer führenden Persönlichkeit der gesamten österreichischen Erwachsenenbildung. Dies vor allem deshalb, weil er stets ein Mann der Kooperation – auch über Grenzen hinweg – war und ist.

Seine vielfältigen, auch rein menschlichen Fähigkeiten prädestinierten Prüller zu einer jahrelangen Mitarbeit in der Konferenz der Erwachsenenbildung Österreichs (KEBÖ), in deren Leitungsausschuß er 1981/82 den Vorsitz führte. Lange Zeit vertrat er die „Bildungsheime" im mit dreißig Jahren inzwischen ältesten verbandsübergreifenden Kooperationsprojekt der österreichischen Erwachsenenbildung, dem „Fernsehpreis der österreichischen Volksbildung". Mehr als lange Ausführungen charakterisiert Prüller seine Begrüßungsrede bei der Überreichung der „Volksbildungspreise" im Jahr 1984. Er gab nicht einige unverbindliche freundliche Worte von sich, sondern formulierte zehn präzise Thesen zum Verhältnis von Erwachsenenbildung und Fernsehen.

Das wichtigste am Erwachsenenbildner Prüller ist jedoch, daß er unbeirrbar ist – und das macht ihn heute zu einer raren Erscheinung.

Karl Kalcsics

Von der Volksbildung zur Erwachsenenbildung – und weiter?

In der Schlußkonferenz zum Europäischen Jahr des lebensbegleitenden Lernens formulierte im Dezember 1996 die zuständige EU-Kommissarin Edith Cresson, daß die zukünftige Gesellschaft sich zu einer Wissensgesellschaft entwickle und Bildung eine Voraussetzung für den mündigen Bürger werde. Bildung und der sie unterstützende Prozeß des Lernens verhilft dem einzelnen, Kompetenzen zu erlangen, die ihn befähigen, die persönlichen, beruflichen und gesellschaftlichen Anforderungen zu erfüllen.

Mit dem EU-Jahr des lebenslangen Lernens – in Österreich sprach man vom lebensbegleitenden Lernen, um die Nähe zur lebenslänglichen Verschulung zu vermeiden – wurden zwei Strategien verfolgt.[1] Einerseits sollte durch das Lernen die Allgemeinbildung verstärkt werden, um zum Verstehen der Welt beizutragen und die für einen mündigen Bürger nötige Kreativität, Kritik- und Urteilsfähigkeit zu entwickeln. Andererseits sollten die fachlichen und persönlichen Fähigkeiten erlernt werden, die für die Erwerbstätigkeit erforderlich sind. Allgemeinbildung und berufliche Qualifizierung stehen dabei im Bezug zu den gesellschaftlichen Trends, sowie sozialen, politischen und wirtschaftlichen Herausforderungen. Dies galt auch in einer Zeit als man nicht von Erwachsenenbildung, sondern von Volksbildung sprach.

Volksbildnerische Zeit

Die Entwicklung der Volksbildung zur Erwachsenenbildung mit ihrem je eigenen Hintergrund läßt sich an einem Lehrgangstyp zeigen, der in den meisten Bildungsheimen nach 1945 eine tragende Rolle spielte. Aufbauend auf die Vorbilder Josef Steinberger in St. Martin bei Graz und Leopold Teufelsbauer in Hubertendorf verstanden sich die Bildungsheime als Stätten außerschulischer Jugend- und Erwachsenenbildung. Zum Wesen eines Volksbildungsheimes gehörte es, die Bildungsarbeit auf den ganzen Menschen und auf die Gesamtheit des Lebens auszurichten.

„Der Mensch soll zum Verständnis der vollen Wirklichkeit des Lebens, der tieferen Zusammenhänge aller Erscheinungen, der wahren Wertordnung und zu freier verantwortungsbewußter Entscheidung im persönlichen, beruflichen und sozialen Bereich hingeführt werden. Das Volksbildungsheim bietet aufgrund seines besonderen Charakters reiche Möglichkeiten für die Einheit von Darbieten, Erarbeiten und Erleben des Bildungsgutes. Aufgrund des meist mehrwöchigen Zusammenlebens ergibt sich die Gelegenheit zu vielseitiger Methodik von Vortrag bis zu allen Formen selbständiger Gruppenarbeit."

So ist es zu lesen im Statut der Arbeitsgemeinschaft der Volksbildungsheime Österreichs, die im Jahre 1954 gegründet wurde.[2]

Die sogenannten bäuerlichen Bildungskurse für Burschen und Mädchen waren das Herzstück dieser Bildungsheime, auch noch für das Katholische Bildungshaus St. Hippolyt, das im Jahre 1961 gegründet wurde und dessen Direktor von Anfang an Leo Prüller war. Über das Programm eines Bildungskurses berichtet der Gründer von Mariatrost, Josef Schneiber:

„Den Winter über haben wir fortlaufend Kurse und Tagungen für die Landbevölkerung; drei- bis zwölfwöchige Bildungskurse für Burschen und Mädchen, sowie kürzere Tagungen für Bauern und Bäuerinnen.
Bei den Kursen für die Jugend geht es vor allem um die religiöse Vertiefung und Charakterformung, um die Vorbereitung auf Ehe und Familie, um die Pflege des bäuerlichen Berufsethos, um Erziehung zur Verantwortung für das öffentliche Leben, um die Pflege einer zeitgemäßen Bauernkultur, der rechten Unterhaltung in Familie und Dorfgemeinschaft. Die wirtschaftlich-fachlichen Fragen werden nur in großem Überblick behandelt. Hauswirtschaftspraxis und Näharbeit bei den Mädchen, Basteln und handwerkliche Betätigung bei den Burschen, sowie teilweise Arbeit in der Wirtschaft haben vor allem den Zweck einer geistigen Entspannung, haben aber in ihrer Auswahl auch praktischen und bildnerischen Wert.
Führungen durch wirtschaftliche und kulturelle Einrichtungen sollen das Gehörte veranschaulichen, vertiefen und den Blick weiten.
Methodisch geht es natürlich nicht nur um Vorträge, sondern um ein Erarbeiten und die Hinführung zum richtigen Schauen, kritischen Urteilen und verantwortungsbewußten Handeln. Bei den Burschen hat die Übung im freien Vortrag einen breiten Raum, weil gerade bei der Schwerfälligkeit der Bauernburschen im Ausdruck es wichtig scheint, daß sie lernen, ihre Gedanken klar zu formulieren und auch vorzubringen. Bei den Mädchen ist es mehr das Erzählen; sie sollen wieder befähigt werden und sich daran gewöhnen, im Familienkreis eine Geschichte, ein Märchen lebendig zu erzählen. Einen entsprechenden Platz nimmt auch die Lied- und Musikpflege ein, sowie das Spiel, das Heim- und Gesellschaftsspiel, aber auch das Stegreif- und Laienspiel."[3]

Zum Wesen einer solchen Volksbildungsarbeit gehörte es, daß sie auf das in der Schule und später in der (bäuerlichen) beruflichen Ausbildung Erlernte aufbaute und in die Lebenstüchtigkeit für Familie, Dorf und Pfarre, Standes- und Berufsgemeinschaft hinüberführte. Die Bildung hatte einen Ort, wo sie sich bewähren konnte und auch ihren Sinn fand. Mit dem Begriff der Volksbildung verband sich „das Leitbild einer Gesellschaft, für die Erwachsenenbildung selbstverständliche Ergänzung zur allgemeinen und beruflichen Erstausbildung sowie lebenslange Hilfe und Gewohnheit war."[4] Volksbildung ermöglichte eine Identitätsbildung in Freiheit und Gebundenheit.

Im Laufe der gesellschaftlichen und wirtschaftlichen Veränderungen lösten sich die ständisch bestimmten Verortungen auf. Die nicht-bäuerlichen Bevölkerungsschichten gewannen auch im ländlichen Raum immer mehr an Bedeutung.

> „Die Bildungsheime sind in ihrer überwiegenden Zahl heute keine ländlichen und schon gar keine bäuerlichen Heime mehr, auch wenn die bäuerliche Bevölkerung für die meisten Heime eine wesentliche Zielgruppe bleibt."[5]

Bildungspolitische Implikationen

Der Deutsche Bildungsrat formulierte 1970:

> „Ständige Weiterbildung muß sich auf eine institutionelle und organisatorische Basis stützen können, die es ihr erlaubt, die Herausforderungen der wissenschaftlich-technischen, wirtschaftlichen, sozialen und kulturellen Veränderungen angemessen zu beantworten."[6]

In den seither vergangenen zwei Jahrzehnten hat sich das Angebot der Erwachsenenbildung wesentlich ausgeweitet und die Teilnahmezahlen sowie die Aufwendungen für die Erwachsenenbildung sind erheblich gestiegen. Erwachsenenbildung, in der das lebenslange Lernen unterstützt wird, wurde zur Wachstumsbranche. Die Vertiefung der Erwachsenenbildung liegt „im Interesse der demokratischen Gesellschaft, nützt den Qualifizierungsinteressen der Beschäftigten und der Arbeitgeber, dient der Verbesserung von Produkten und Dienstleistungen und erhöht die Lebensqualität der Einzelnen."[7] Außer der Verstärkung, daß Weiterbildung auch eine produktive Investition für die Wirtschaft und Gesellschaft ist, bleibt ihre Zielperspektive gleich. Die Kultusministerkonferenz formuliert weiters, daß in der Erwachsenenbildung jene Kenntnisse, Fähigkeiten und Fertigkeiten erworben werden sollen, die für die freie Entfaltung der Persönlichkeit und der Mitgestaltung der Gesellschaft erforderlich sind.[8]

In Ergänzung zur deutschen Sicht darf ein Blick auf Österreich geworfen werden, zumal es sich bei bildungspolitischen Vorhaben immer auch um Herausforderungen und Reaktionen auf Bildungsnotwendigkeiten handelt. Um die Zeit der Formulierung des Deutschen Bildungsrates fanden die österreichischen Institutionen der Erwachsenenbildung gemeinsam mit dem Unterrichtsministerium zusammen und formulierten für die österreichische Erwachsenenbildung die wichtigsten Entscheidungen der letzten 50 Jahre. Leo Prüller als Repräsentant der Arbeitsgemeinschaft der Bildungsheime Österreichs war aktiv mit dabei, als 1972 die österreichischen Erwachsenenbildungs-Institutionen die „Konferenz der Erwachsenenbildung Österreichs" (KEBÖ) als „unabhängiges Forum der Begegnung und der Zusammenarbeit" bei der 4. Tagung „Neue Wege der Zusammenarbeit" gründeten. In dieser Konferenz wurde auch das einzig wichtige legistische Werk zur Erwachsenenbildung diskutiert, das im März 1973 vom Nationalrat als „Bundesgesetz über die Förderung der Erwachsenenbildung und des Volksbüchereiwesens aus Bundesmitteln" beschlossen wurde. Durch dieses Gesetz können jene Institutionen der Erwachsenenbildung und deren Tätigkeiten unterstützt werden, die „die Aneignung von Kenntnissen und Fertigkeiten sowie der Fähigkeit und Bereitschaft zum verantwortungsbewußtem Urteilen und Handeln und die Entfaltung der persönlichen Anlagen zum Ziele haben."[9]

Auch hier wird die Leistung der Weiterbildung für den einzelnen betont, indem sie die persönlichen Anlagen entfaltet, aber gleichzeitig auch zu verantwortungsvollem Handeln führen soll. Bildung steuert auf die Befähigung zur Lebensgestaltung in persönlichen Bereichen und gemeinschaftlichen Lebensfeldern. Lernen als Unterstützung einer individualistischen Lebenshaltung wird abgelehnt.

Den Katholischen Bildungsinstitutionen ging es bei der Formulierung des Gesetzes um eine umfassende Bildung, in der somit auch die sittliche und religiöse Bildung als förderungswürdige Aufgabe neben politischer und beruflicher Weiterbildung sowie anderen Bildungsinhalten gesehen wird. Leo Prüller sprach sich für eine klare Definierung der religiösen Bildung aus und war ein Verfechter in der Katholischen Erwachsenenbildung, daß wohl religiöse Bildung, nicht aber „Veranstaltungen der Glaubensverkündigung im Rahmen des Kultus"[10] vom Staat gefördert werden.

In den letzten 25 Jahren hat sich seit der Verabschiedung des Förderungsgesetzes das Tätigkeitsfeld der Erwachsenenbildung über die anerkannten Institutionen hinaus ausgeweitet, sodaß die Struktur der Weiterbildung viel komplexer geworden ist. Am stärksten zugenommen hat die wirtschafts- und arbeitsplatzorientierte Weiterbildung in den Betrieben und Interessensvertretungen. Die ökologischen Bewegungen führten zur eigenen Umweltbildung. Fraueninitiativen verstehen sich heute als Einrichtungen der Frauenbildung. Friedens- und Entwicklungshilfegruppen bemühen sich um eine interkulturelle Bildung. Gleichzeitig beeinflussen private Bildungsunternehmer und kommerzielle Anbieter den „Bildungsmarkt" nachhaltig mit den Möglichkeiten, Sprachen zu lernen, EDV-Bildung zu bekommen, Führungswissen und Kommunikationsverhalten zu erlernen oder Beratung und Coaching anzubieten. Neben diesen Bildungsanbietern sind die medialen Lernmöglichkeiten, die durch die Informationstechnik immer stärker werden, nicht zu unterschätzen. Radio Ö1 versteht sich als „Bildungsinstitution". Auch das Lernfeld globalisiert sich, es überschreitet institutionelle und nationale Grenzen und versucht in derzeit (noch) eingeschränkten Gebieten, individuelle Bedürfnisse zu wecken und zu befriedigen. Systemisch gesehen ist die Komplexität der Erwachsenenbildung gestiegen und auch ihre Funktion zeigt sich pluriform. Eine solche komplexe Lernwelt scheint der Staat nicht mehr in den Griff zu bekommen. Es sind kaum ordnungspolitische Überlegungen vorhanden, um den Zielparagraphen des Förderungsgesetzes zu unterstützen, in dem die Entfaltung der Persönlichkeit mit gleichzeitigem verantwortungsbewußtem Urteilen und Handeln verknüpft wird. Weiterbildung steht in der Spannung „zwischen Grundrecht und Markt"[11].

Lernumfeld

Individuelles und gesellschaftliches Lernen geschieht in einem Umfeld, das die Lernmotivation und die Bildungsinhalte beeinflußt. Dieses Umfeld, in dem sich der soziale, technische, wirtschaftliche und politische Wandel vollzieht, wird für den gesamten europäischen Raum nicht als sehr rosig geschildet.

Wohl wachsen wir in eine Welt hinein, die mehr persönliche Freiheit (für alle?) bringt, mehr selbständig verfügbare Zeit und einen größer werdenden Gestaltungsraum, doch die Anforderungen, die sich aufgrund „einer dramatischen Umbruchs- und Herausforderungssituation"[12] ergeben, sind evident. Günther Dohmen beschreibt in seiner Studie über das lebenslange Lernen, die er im Auftrag des deutschen Bundesministeriums für Bildung und Wissenschaft 1996 erstellte, das für die Bildungsarbeit relevante Umfeld stichwortartig:
– Zerstörung unserer natürlichen Lebensgrundlagen Wasser, Boden, Luft, Klima, Nahrung und Überschreiten ökologischer Wachstumsgrenzen;
– Globaler Effizienzwettbewerb und Wegrationalisierung von menschlicher Arbeit;
– Gefährdung des bisherigen Lohnniveaus und Lebensstandards;
– Demografische Überalterung und Krise des Rentensystems;
– Schuldenkrise der öffentlichen Haushalte und Lähmung der politischen Gestaltungsmöglichkeiten;
– Grenzen der Finanzierbarkeit des sozialen Systems und des sozialen Friedens;
– Wirtschaftliche und mentale Überforderung durch permanenten Zustrom von „Wirtschaftsflüchtlingen";
– Zunehmende Verdrängung gemeinwesenbezogener Werteorientierung durch ökonomischen Egoismus;
– Wachsende Korruption, Gewalt, Kriminalität und

– Eindringen von Mafiastrukturen in Wirtschaft, Sport, Medien und Politik; vor allem aber eine
– stabilitätsgefährdende strukturelle Arbeitslosigkeit.

Diese schwierige Umbruchsituation verlangt, so Günther Dohmen, eine umfassende „Mobilisierung aller Kompetenzen und kreativen Problemlösungspotentiale in der gesamten Bevölkerung"[13]. Für die Bildungsarbeit heißt dies, zu fragen, welche Fähigkeiten und Qualifikationen die Menschen benötigen, um mit solchen manifesten Herausforderungen fertig zu werden und sich in der heutigen komplexen Lebenskultur zurecht zu finden. „Der Weg aus der Sackgasse könne nur über Bildung erfolgen", hieß es in einem Bericht vom ersten „Akademischen Wirtshaus" in Kapfenberg, bei dem der Strukturwandel das Thema war.[14]

Erwachsene lernen

Die zukünftige Erwachsenenbildung steht sowohl in ihrer Gestalt als auch in ihrem Selbstverständnis unter noch größerer Komplexität, als sie sich derzeit in einem schon jetzt für Außenstehende kaum faßbaren System zeigt. In der kommenden Lerngesellschaft will der potentielle Interessent das Erwachsenenbildungssystem nicht nur begreifen, sondern er will auch die alltäglichen verschiedenen Lernmöglichkeiten in organisierte Lernprozesse eingebunden sehen.

Wie kann der Erwachsene das Lernen als integralen Bestandteil der Lebensführung gestalten? Welche alltäglichen Anlässe führen zum Lernen, zur Bildung? Muß alles in Institutionen gelernt werden? Gibt es so etwas wie eine lernende Gesellschaft, in der die eigene Kompetenzentwicklung gefördert werden kann?

Viele Erwachsene pflegen noch das Vorurteil, daß für das Lernen die Schule und die Lehrperson zuständig sei. Sie sehen sich aufgrund ihrer eigenen Lernerfahrung als Objekte des Lernens, und als solche meinen sie, beim Erreichen eines gewissen Lebensstandards und der entsprechenden Lebensjahre, daß Lernen in seiner schulischen Form für ihre Lebensgestaltung nicht nötig sei.

Sind das die potentiellen Unterprivilegierten, die im Zeitalter der „sozialen Reflexivität"[15] nicht mehr mitkommen? „Früher wurde das Ich in lokalen Handlungskontexten und mit Bezug auf relativ klare Kriterien der Gruppenzugehörigkeit entwickelt. [Siehe die Bildungskurse in der Zeit der Volksbildung. – Anm.d.Verf.] ‚Ein Ich haben' hieß soviel wie: jemand von bestimmter Art ‚sein'. Heute dagegen heißt ‚ein Ich haben', daß man durch die eigenen Handlungen ‚herausfindet, wer man eigentlich ist'. Dieses reflexive Projekt der Ich-Werdung, das Emanzipation und zugleich schreckliche Ängste mit sich bringt, fügt sich in den Rahmen der für die Moderne kennzeichnenden Tendenz, schwächt diese aber auch."[16]

Anthony Giddens vertritt die Meinung, daß in einer enttraditionalisierenden Gesellschaft die Forderung, das Ich als ständigen Prozeß zu entfalten, dringlicher und nötiger ist als je zuvor. In einer Gesellschaft mit hochgradiger Reflexivität tritt an die Stelle der Lenkung durch Tradition tendenziell die Aneignung von Expertenwissen. „Entscheidungen müssen auf der Basis mehr oder weniger ununterbrochener Reflexionen über die Bedingungen des eigenen Handelns getroffen werden."[17]

Weder die Entwicklung der Gesellschaft noch die Lebensgestaltung des einzelnen wird durch überkommenes Lebenswissen gesteuert. Die reflexive Gesellschaft fördert eine Kultur, in der tragende Lebensgrundlagen erarbeitet und nicht einfach übernommen und weitergetragen werden. Hier fokusiert sich noch einmal der Grund, warum die Primärausbildung allein nicht ausreicht und sich das Lernen auf die gesamte Lebensspanne und damit schwerpunktmäßig in das Erwachsenenalter verlagert. Wie werden aber jene mit dieser reflexiven Gesellschaft fertig, die in der Primärausbildung und auch in der späteren Lebensgestaltung geringere Lebenschancen hatten?

Die Erwachsenenbildung, im engeren ihre Institutionen, fühlten sich für das organisierte Lernen nach der ersten Bildungsphase zuständig. Je nach Selbstverständnis und Auftrag entwickelten sie unterschiedliche Bildungsangebote und sprachen verschiedene Schichten der Gesellschaft an. Diese Zuordnungen haben sich aufgelöst. Das Lernen in der „reflexiven Gesellschaft" verlangt nach neuen Mustern und nach entsprechenden Institutionen, die genau wissen, welches Bildungsangebot sie warum welchen Menschen unter welchen Bedingungen anbieten.

In Zukunft wird die Entscheidung über die Anlässe zur Bildung sowie deren Gestaltung verstärkt in die Hände der Lernenden und der auf Kompetenzausweitung Bedachten gelegt werden. In diesem Umfeld werden sich die Funktionen der Erwachsenenbildungsinstitutionen erweitern, sie werden nicht reine Bildungsanbieter sein, sondern das eigene Programm mit dem selbstorganisierten Lernen integrieren.

Sowohl die Organisationen der Erwachsenenbildung als auch die Lerngestaltung des einzelnen lassen sich künftig unter dem Prinzip des selbstgesteuerten Lernens entwickeln.

Selbstgesteuertes Lernen

Die zukünftige Gestalt einer „Lern- oder Wissensgesellschaft" wird geprägt durch das ständig sich erweiternde Wissen und die durch den technischen, sozialen und kulturellen Wandel hervorgerufene Notwendigkeit zu lernen, mit den Herausforderungen in der Arbeitswelt und in der Gesellschaft fertig zu werden. „Das Leitbild für das lebenslange menschliche Lernen"[18] könnte das selbstgesteuerte Lernen sein.

In den 70er Jahren hat der Amerikaner Malcolm Knowles das selbstgesteuerte Lernen „als Prozeß, in dem die Individuen die Initiative ergreifen, eine Lernerfahrung planen, ihre eigenen Lernbedürfnisse diagnostizieren, Ressourcen organisieren und ihren Lernprozeß organisieren", definiert.[19]

Im Zeitalter der Individualisierung kommt es auf den einzelnen an, die Verantwortung für seine Lebensgestaltung zu übernehmen. Keine traditionsgebundenen Geschlechter- oder Funktionsrollen beschränken die Entwicklung. Im Gegenteil, heute kann man sich nicht mehr auf die überkommenen Lebensmuster verlassen. Es scheint so, daß jeder für sich alles „erobern" muß. Immer weniger klassische Berufe gibt es. Die neuen Berufsfelder sickern erst langsam in das Bewußtsein ein. Die jährlichen lehrstellensuchenden Schulabgänger orientieren sich überdurchschnittlich an den traditionellen Berufsfeldern, die neuen bleiben ihnen fremd, freilich auch zuwenig angeboten. Aber auch das Berufsfeld der Berufstätigen verändert sich aus sattsam bekannten Gründen.

Obwohl die spezifische Gestalt der Arbeitswelt das private Leben wesentlich beeinflußt, geht die Notwendigkeit der „Eroberung des Lebens" über das berufliche Leben weit hinaus. Die Wahl der Lebensform, der Entscheid, Lebenswissen an eigene Kinder weitergeben zu wollen, die Suche nach dem Lebensort, die Einbindung in das gesellschaftliche und kulturelle Umfeld, die Nutzung der Medienwelt und die Lebenssinnorientierung sind alles Optionen, die Entscheidungen nach sich ziehen. Die persönliche Entwicklung mit dem privaten Alltag und dem Berufsleben bringt „zahlreiche Lernchancen und Lernerfordernisse mit sich"[20]. Der Erwachsene wird ermuntert, sich in seinem Beruf, im Freizeitbereich, in grundlegenden Lebensfragen zu einem „Experten"[21] zu entwickeln.

So sucht man nach Lernformen, die möglichst nah an der jeweiligen Arbeits- und Lebenswelt anstoßen, denn die Umsetzung des Gelernten soll unmittelbar geschehen. Sowohl für die individuelle Lage des einzelnen als auch für das Lernprogramm des Erwachsenen bietet sich das selbstgesteuerte Lernen als mögliche Strategie an, „um angesichts der relativ offenen Situation subjektiv Sicherheit und Identität zu gewinnen"[22].

Das selbstgesteuerte Lernen, das sich auf ein Ziel hin orientiert, erlaubt mannigfache Zugänge zum Lernen. Man lernt allein oder in Teams, geht von den individuellen Lernbedürfnissen aus und sucht sich Informationsträger (Bücher, Kommunikationsmedien, Telelearning, etc.) oder Wissensvermittler wie Freunde und – je nach Lernprogramm – Experten aus den verschiedensten Lebensbereichen wie Einkauf und Verkauf, eigene oder fremde Berufswelt, Informationsstellen, Freizeit, Beratung, Hilfen und Heilung.

Die pädagogisch wichtigsten Gründe für das selbstbestimmte Lernen sind nach Malcolm Knowles:

- „die größere Effizienz eines aktiven gegenüber einem reaktiven Lernen,
- die Angewiesenheit der Gesellschaft auf mündige, die Verantwortung für eine humane Gestaltung ihrer Lebenswelt selbst übernehmende Bürger,
- das Nachhinken der planmäßig organisierten Bildungsveranstaltungen hinter der schnellen Veralterung des aktuellen Wissens,
- ein neues Verständnis des Lernens als anthropologischer Überlebenskompetenz, die sich auch unabhängig von äußeren Hilfen aus persönlicher Lebensaktivität entwickeln muß."[23]

Eine besondere Form des selbstgesteuerten Lernens ist das Konzept der „kooperativen Selbstqualifikation", die als effektivste Form der betrieblichen Aus- und Weiterbildung angesehen wird. Diese Lernform kommt zum Tragen bei Projekten und Planungssitzungen, in der Lernstatt und in Qualitätszirkeln u. a. m.

„Besonderes Merkmal der kooperativen Selbstqualifikation ist das partnerschaftliche Verhalten von Personen mit unterschiedlichen Fachkenntnissen und Berufserfahrungen, die an neuen Aufgabenstellungen gemeinsam in der Gruppe voneinander und miteinander lernen und sich gegenseitig helfen, die dabei bestehenden und entstehenden Konflikte zu bewältigen."[24]

Wissensunternehmen

Im beruflichen, näher innerbetrieblichen Bereich wird das Projekt des selbstgesteuerten Lernens eine noch größere Bedeutung erlangen. In einer Studie der DEKRA-Akademie über das lernende Unternehmen stehen nach Meinung der befragten Personalleiter und Geschäftsführer aktivierende und handlungsorientierte Lernformen im Vordergrund. „Am wichtigsten wird in Zukunft das Lernen von und mit Kunden sein, gefolgt von Coaching, Projektarbeit, Gruppenlernen und Learning by doing. Auch Telelearning und Multimedialernen wird in Zukunft sehr viel stärker eingesetzt werden als dies momentan der Fall ist."[25]

Die betrieblichen Qualifizierungsmaßnahmen zeigen einen Trend, der das traditionelle Aus- und Weiterbildungssystem vor neue Aufgaben stellt. Es beinhaltet nicht mehr die alleinige Wissens- und Qualifizierungsstätte, die auf die Berufswelt vorbereitet und die Beschäftigten begleitet. Der Zusammenhang von Lernen und Arbeiten zeigt sich in folgenden Entwicklungen, die den Trend bestimmen:

- „Maßnahmen zur Weiterbildung und Förderung von berufstätigen Menschen sind der am schnellsten wachsende Bildungsbereich in unserer Ge-

sellschaft, der weit über die Vorstellung von „Training" hinausgeht.
- Maßnahmen zur Weiterbildung und Förderung von Berufstätigen konzentrieren sich, nach Wichtigkeit geordnet, auf die Schulung von Führungskräften und Experten, die Leistungsoptimierung von Beschäftigten im Dienstleistungsbereich und die Grundausbildung ungelernter Arbeiter.
- Neue Lerntechnologien im Wirtschaftssektor sorgen dafür, daß die Schulung, die Kunden und Mitarbeiter erhalten, weitaus moderner ist als die Ausbildung, welche an Wirtschaftsfakultäten vermittelt wird.
- Weiterbildungs- und Förderungsmaßnahmen von Arbeitnehmern durch Firmen werfen ein Licht darauf, welche Umwälzungen auf andere Marktsegmente zukommen werden."[26]

Die sowohl fachlichen als auch persönlichen Bildungsanforderungen unterstützen das selbständige kompetenzentwickelnde Lernen der Betriebsangehörigen. Ein umfassendes Bildungsprogramm verbindet die Weiterentwicklung der fachlichen Qualifikation mit der Erkenntnis individueller und sozialer Fähigkeiten, die heute oft als Schlüsselqualifikationen bezeichnet werden und in der Trias von Fach-, Sozial- und Selbstkompetenz begründet liegen. Dabei geht es um die Fähigkeiten:
- mit wechselnden Situationen umzugehen;
- Bereitschaft und Fähigkeit zu selbstgesteuerten Lernprozessen;
- aus Zielen und Aufgabenstellungen selbständig Arbeitsschritte abzuleiten;
- Team- und Kommunikationsfähigkeit.[27]

Die individuelle Weiterbildung der Beschäftigten geschieht heutzutage immer mehr in Betrieben, die sich zu „Wissensunternehmen" entwickeln. Wesentliche Bausteine solcher Unternehmen sind zunächst Daten, die Robert Lucky als „ungeformten Lehm" des Informationszeitalters bezeichnet. Sinnvoll angeordnete Daten führen zu Informationen, die die Basis bilden für jenes Wissen, das zur Anwendung und zum produktiven Gebrauch von Informationen führt. Der Unternehmensberater Stan Davis und Jim Botkin, der Verfasser des Reports „No limits to learning" des Club of Rome, sehen nach dem Wissen als vierte Stufe die Weisheit, die man als „einsichtsvollen Gebrauch von Wissen"[28] verstehen kann.

Als Wissensunternehmen sind die Betriebe selbst innovativ und bieten immer mehr wissensgestützte Produkte an, die die Verbraucher und Kunden zu Lernenden machen. Die immer intelligenteren und benützerfreundlicheren Technologien sind Schrittmacher für das neue Lernen der Arbeitnehmer und Kunden.

Der Bereich der beruflichen Weiterbildung wächst am stärksten im gesamten Bildungssystem. In den Unternehmen nennt man dafür als Gründe, den raschen technologischen Wandel und die Notwendigkeit zur ständigen Weiterbildung der Mitarbeiter, um die Wettbewerbsfähigkeit zu erhalten. Die entsprechende Weiterbildung sollte sich nicht an den erlernten Berufen orientieren, sondern an der „Arbeitspersönlichkeit", in der Bildung und Qualifikation in Einklang gebracht werden können.

> „Auf dem überbetrieblichen und innerbetrieblichen Arbeitsmarkt sind nicht oder zumindest nicht primär Berufe gefragt, sondern Gebildete. Damit sind Menschen gemeint, die fachspezifische, soziale und personale Kenntnisse, Fähigkeiten und Fertigkeiten so erworben, erprobt und reflektiert haben, daß ihnen das je Allgemeine wie das Besondere ihrer Kenntnisse, Fertigkeiten und Fähigkeiten bewußt und gezielt zur Verfügung steht und daß sie in der Lage sind, durch Transformation des einen in das andere Problemlösungen zu bewältigen und hierzu eventuell auch gezielt neues Wissen zu adaptieren."[29]

Bildungskonturen

Die zukünftige Entwicklung der Erwachsenenbildung wird daran gemessen, ob es ihr gelingt, die Entfaltung jener Kompetenzen zu fördern, die jedefrau und jedermann benötigt für
– Lebensbewältigung im Alltag
– Leistungsbewährung im Beruf
– Überlebenssicherung auf dem Globus
– persönliche Sinnfindung
– kommunikative Zusammenarbeit
– partnerschaftliche Verantwortung
– Entwicklung einer sozialen Lebensqualität
– bürgerschaftliche Mitwirkung
– interkulturelle Verständigung.[30]

Nicht die Frage, wozu solle man ausgebildet werden, ist wichtig, sondern: „Was für eine Bildung wollen wir den jungen Menschen geben?" Dieser Überlegung stellte sich Hartmut von Hentig in seinem Essay „Bildung" und formulierte mögliche Maßstäbe, an denen sich Bildung bewährt. Sie sind für die Jugendbildung formuliert, gelten wohl auch darüber hinaus, wenn man das Konzept des lebenslangen Lernens ernst nimmt, das zur Entfaltung der Persönlichkeit beiträgt. Hentig nennt sechs Maßstäbe für gelungenes Lernen:

> „Abscheu und Abwehr von Unmenschlichkeit; die Wahrnehmung von Glück; die Fähigkeit und den Willen, sich zu verständigen; ein Bewußtsein von der Geschichtlichkeit der eigenen Existenz; Wachheit für letzte Fragen; und – ein doppeltes Kriterium – die Bereitschaft zu Selbstverantwortung und Verantwortung in der res publica."[31]

Diese Maßstäbe sind nicht zeitgebunden. Sie gelten Ende der 90er Jahre, aber auch für die Epoche der Volksbildung unter anderen gesellschaftlichen

Bedingungen. In der Zeit der Erwachsenen- und Weiterbildung haben solche Unterscheidungsmerkmale ebenso ihren Platz, weil sie das Wozu des Lernens beantworten helfen. Diese Perspektive verfolgt auch der UNESCO-Bericht zur Bildung für das 21. Jahrhundert. In seinen Empfehlungen ruht das Konzept des lebenslangen Lernens auf vier Säulen:

> „Lernen Wissen zu erwerben, setzt voraus, eine ausreichend breite Allgemeinbildung mit der Möglichkeit zu verbinden, eine kleinere Zahl an Disziplinen vertieft zu studieren. In gewisser Weise heißt das auch: Das Lernen lernen, um aus den Gelegenheiten, die ein lebenslanges Lernen bietet, seinen Nutzen zu ziehen.
> Lernen zu handeln, bezieht sich nicht nur auf berufliche Qualifikationen, sondern auch auf die Kompetenz, sich auf neue Situationen einzustellen und im Team zu arbeiten. Dieser Punkt umfaßt aber auch die praktische Anwendung des Gelernten im Rahmen der unterschiedlichsten Erfahrungen der Jugendlichen im sozialen und beruflichen Kontext. Dabei ist es unerheblich, ob diese Kenntnisse nun auf außerschulischem Wege, also im lokalen oder nationalen Umfeld, oder auf institutionalisierten Ausbildungsgängen erworben wurden, die Praxis und Theorie, Schule und Arbeit kombinieren.
> Für das Lernen, zusammen zu leben, ist es unerläßlich, Verständnis für andere zu entwickeln und gegenseitige, globale Abhängigkeiten zu erfassen, z. B. durch gemeinsame Projekte und Konfliktbewältigungsstrategien. Dabei sind so grundlegende Werte wie Pluralismus, wechselseitiges Verständnis und Frieden zu respektieren.
> Für das Leben lernen schließlich bedeutet, die eigene Persönlichkeit besser zu entfalten und mit zunehmender Autonomie, größerem Urteilsvermögen und wachsendem Verantwortungsbewußtsein handeln zu können. Um dies zu erreichen, darf die Erziehung keines der jedem Individuum innewohnenden Potentiale vernachlässigen: Erinnerungsvermögen, Urteilskraft, Sinn für Ästhetik, manuelle Fertigkeiten, kommunikative Fähigkeiten."[32]

Lebenslanges Lernen ist ohne Weiterbildung nicht denkbar, wobei der selbstgesteuerte Aspekt stärker zu berücksichtigen sein wird. Institutionen der Erwachsenenbildung, wie jene der Kirchen, haben einen unverwechselbaren Platz in einem auf die Person hin orientierten Bildungsprozeß.

Anmerkungen:

[1] Vgl. Europäische Kommission, Lehren und Lernen. Auf dem Weg zur kognitiven Gesellschaft, Brüssel 1995.
[2] Martin Stur, Kultur und Bildung im Dorf, Groß-Rußbach 1960, 110.
[3] Stur, Kultur, 112.
[4] Ingrid Lisop, Berufliche Weiterbildung, in: Werner Lenz (Hg.), Modernisierung der Erwachsenenbildung, Wien 1994, 137-149, 137.
[5] Leo Prüller, Arbeitsgemeinschaft der Bildungsheime Österreichs, in: Hans Altenhuber (Hg.), Situation und Trends der Erwachsenenbildung in Österreich, Wien 1975, 82-92, 83.

6 Zit. n. Lisop, Weiterbildung, 137.
7 Sekretariat der Ständigen Konferenz der Kultusminister der Länder in der Bundesrepublik Deutschland (Hg.), Dritte Empfehlung der Kultusministerkonferenz zur Weiterbildung, Bonn 1994, 4.
8 Vgl. ebd.
9 §1,Abs.2, zit. n. Hans Altenhuber (Hg.), Situation und Trends der Erwachsenenbildung in Österreich, Wien 1975, 244.
10 Förderungsgesetz, §2,Abs.2c.
11 Karin Derichs-Kunstmann u. a. (Hg.), Weiterbildung zwischen Grundrecht und Markt. Rahmenbedingungen und Perspektiven, Opladen 1997.
12 Günther Dohmen, Das lebenslange Lernen. Leitlinien einer modernen Bildungspolitik, Bonn 1996, 1.
13 Dohmen, Lernen, 2.
14 Vgl. Kleine Zeitung, 10.5.1997.
15 Anthony Giddens, Jenseits von Links und Rechts. Die Zukunft radikaler Demokratie, Frankfurt/M. 1997, 131.
16 Ebd., 300.
17 Ebd., 126.
18 Dohmen, Lernen, 48.
19 Karl Weber, Selbstgesteuertes Lernen. Ein Konzept macht Karriere, in: Grundlagen der Weiterbildung (GdWZ) 7(1996), 178-182, 178.
20 Gabi Reinmann-Rothmeier / Heinz Mandl, Lernen als Erwachsener, in: Grundlagen der Weiterbildung (GdWZ) 6(1995), 193-196, 193.
21 Ebd.
22 Weber, Lernen, 181.
23 Dohmen, Lernen, 49.
24 Clemens Heidack, Lernen der Zukunft. Kooperative Selbstqualifikation – die effektivste Form der Aus- und Weiterbildung im Betrieb, Würzburg 21993, 29.
25 Peter Littig, Ergebnisse einer Studie der DEKRA-Akademie zur Situation der Lernenden Unternehmen in Deutschland, in: Grundlagen der Weiterbildung (GdWZ) 8(1997), 101-104, 103.
26 Stan Davis / Jim Botkin, Wissen gegen Geld. Die Zukunft der Unternehmen in der Wissensrevolution, Frankfurt/M. 1995, 85f.
27 Vgl. Peter Härtel, Qualität und Qualifikation. Bildungsanforderungen in Wirtschaft und Industrie, in: Grundlagen der Weiterbildung (GdWZ) 6(1995), 99-102, 100.
28 Davis / Botkin, Wissen, 33.
29 Lisop, Weiterbildung, 142.
30 Vgl. Dohmen, Lernen, 43.
31 Hartmut von Hentig, Bildung. Ein Essay, München 1996, 75.
32 Deutsche UNESCO-Kommission (Hg.), Lernfähigkeit: Unser verborgener Reichtum, Neuwied 1997, 83.

KARL MITTLINGER

Braucht Bildung ein Haus?
Orte der Erwachsenenbildung im virtuellen Zeitalter

Mit diesem Beitrag versuche ich, einige Anmerkungen zu machen zur Arbeit in kirchlichen Bildungseinrichtungen mit besonderem Blick auf die Katholischen Bildungshäuser angesichts der Herausforderungen durch die neuen Medien in einer heiklen kirchlichen Situation. Diese ist u. a. geprägt von restaurativen Tendenzen und diesen entgegenlaufenden Erneuerungsversuchen, von Entinstitutionalisierung und außerkirchlichen religiösen Bewegungen, esoterisch-synkretistischer Gemengelage und zunehmender finanzieller Ressourcenknappheit. (In allen Bezügen ist immer nur die katholische Kirche gemeint).

Das neue Paradigma: Verantwortung statt Gehorsam

Auch ohne eingehendere Erörterung darf ein Konsens in allen großen gesellschaftlichen Gruppierungen vorausgesetzt werden: Ziel aller Bemühungen um eine reife Persönlichkeit ist der mündige, seine eigenen Entscheidungen selbst verantwortende Mensch, der aktiv seine Lebenswelt zum Wohle aller mitgestaltet, der Mitsorge trägt für Gegenwart und Zukunft, der nach Glück strebt und sich den großen Fragen und Herausforderungen des Lebens nicht verschließt. Durchgesetzt hat sich auch die Erkenntnis, dass dieser Prozess niemals abgeschlossen ist, und auch, dass nur Arbeit an sich selbst zielführend ist. Auf dem Boden der abendländischen Philosophie und der jüdisch-christlichen Religion wurde ein Menschenbild entwickelt, das vor allem die Beziehungsfähigkeit als Grundlage und Konstitutivum des Menschseins sieht: der Mensch wird erst in der Begegnung mit einem Du zum Ich.

Von einem Großteil der Menschen wird auch das Fragen nach dem Woher und Wohin über Geburt und Tod hinaus als legitim erachtet und der Glaube an das Eingebettetsein in eine größere Ordnung als sinnstiftend erfahren. Die Religionen verstehen sich als Ort und Hort dieser das Sinnenfällige überschreitenden Überzeugungen und der sich daraus ergebenden ethischen Weisungen zu einem glückenden Menschsein.

Diese generalisierenden Versuche einer Beschreibung des Menschseins liegen mehr oder weniger deutlich formuliert den meisten Konzepten der Bildungseinrichtungen zugrunde. Die Einrichtungen der Katholischen Erwachsenenbildung identifizieren sich mit diesen Zielvorstellungen, allerdings sind diese innerkirchlich nicht unumstritten. Gerade restaurative Tendenzen in der letzten Zeit, etwa der Versuch, mittels Weisung einen Suchprozess zu unterbinden (Frage der Frauenordination) oder auch in die Gegenwart hereinreichende Schreib- und Lehrverbote, die direkt oder indirekt auch die kirchlichen Bildungseinrichtungen betreffen, lassen die notwendige Freiheit des Diskurses über heiße Eisen in der Kirche vermissen. Bernhard Häring, der vor kurzem verstorbene Doyen der katholischen Moraltheologie, spricht in diesem Zusammenhang vom „gespaltenen Christen":

> „Das bis in die Mitte unseres Jahrhunderts hinein wirksame Modell der Kirchenleitung erstrebte nach langem Zögern in Staat und Gesellschaft einen bis zu einem gewissen Grad kritischen und unterscheidungsfähigen Christen. Im Innenraum der Kirche zielte alles dagegen bleibend auf den folgsamen, unkritisch gehorsamen ‚Untertan' ab. Alle Äußerungen des Papstes sollten absolut unkritischen Gehorsam und feste Zustimmung finden... Es gibt keinen Weg zurück zu einem Doppelparadigma – Verantwortungsethik im Raum der weltlichen Welt und Gehorsamsethik unkritischer Art im Raum der Kirche und ohne kirchliche Anerkennung würdevoller Gewissenhaftigkeit und totaler Ehrlichkeit"[1].

Einrichtungen der kirchlichen Erwachsenenbildung müssen, wollen sie glaubhaft sein, dieses neue Paradigma der Verantwortungsethik in ihre Grundsatzziele aufnehmen. Auch wenn sie sich damit vordergründig in ihrer Existenz gefährden. Nicht zufällig werden die Akademien und Bildungshäuser in Deutschland und Österreich in der letzten Zeit in Frage gestellt. Aus wirtschaftlichen Gründen, heißt es, weil sie viel kosten und die finanziellen Ressourcen der Kirche knapper werden. Allerdings drängt sich der Verdacht auf, dieser Grund könnte auch ein bloß vorgeschobener sein, betrachtet man die verschiedensten Projekte, die ungleich mehr Geld kosten, aber stärker im Zentrum des Interesses der Kirchenleitungen liegen als die unbequeme Bildungsarbeit, die ihrem Wesen gemäß immer ein gerüttelt Maß an Widerborstigkeit an den Tag legt. Wehe ihr, täte sie das nicht, sie wäre wirklich ersatzlos zu streichen.

In diesem Zusammenhang muß aber auch selbstkritisch gesagt werden, dass die kirchliche Erwachsenenbildung in der Vergangenheit sehr oft der Versuchung erlegen ist, allzu Beliebiges in ihr Programm genommen zu haben. Im Bestreben, den Bedürfnissen der Teilnehmerinnen und Teilnehmer gerecht zu werden, hat sie sich zum Supermarkt der Möglichkeiten ausgebaut und sich den Konsumwünschen angepasst. So haben sich zeitweise die in der Esoterikszene geltenden Leitsätze auch aus den Programmzeitungen herauslesen lassen: „Ein Angebot kommt dann gut an, wenn es ein Lebenswissen zum Inhalt hat, das möglichst alt, möglichst exotisch ist, und das von möglichst weit her kommt". Damit ist nicht die notwendige Beschäftigung mit den großen Religionen gemeint – der interreligiöse Dialog gehört zu den gegenwärtig wichtigsten Themen – sondern jener konsumistische Synkretismus, der alle Kulturen und Weltanschauungen schamlos kolonialisiert, ausplündert und häppchenweise auf den Markt wirft.

Kirchliche Bildungshäuser sind aufgefordert, jene sich abzeichnenden Konturen eines neuen Kirchenbildes sichtbar zu machen. Sie haben die Chance, jene Menschen zu sammeln, die ihre Nase in den Wind stecken und das Heraufziehen des Wetterumschwunges erahnen. Eine risikoreiche Aufgabe, denn die Sensiblen sind oft am Rande angesiedelt, und nicht alles, was sich als zukunftsweisend geriert, hat auch Bestand. Versuch und Irrtum als Methode ist angesagt. Vieles ist zu prüfen. Wesentlich dabei ist, dass die Verantwortlichen in den Häusern eine sie tragende Liebe zu dieser ständig zu reformierenden Kirche haben und vice versa die Kirchenleitungen diesen Wirrköpfen vertrauen. Sie verstehen sich auch als Widerstandsnester gegen jene Unterwanderung der Kirche durch sektenähnliche Werke, deren goldene Regel lautet: „Nicht fragen, nicht kritisieren, nicht diskutieren"[2]. Bildungshäuser sind offene Foren für Weiterbildung und Dialog, sie versuchen (noch – Garantien, dass nicht auch hier ‚rechte' Gefolgsleute bestellt werden, können leider nicht gegeben werden), ein Klima des Vertrauens zu schaffen, in dem sich Menschen mit ihren Fragen, ihren Zweifeln und Problemen akzeptiert fühlen und ermutigt werden, an sich zu arbeiten; sie halten die Türen ihrer Häuser offen und laden zur Auseinandersetzung ein; sie wollen aber auch Zentren einer weltzugewandten Spiritualität und Orte des Rückzuges auf Zeit sein, damit sie die leise Stimme Gottes wieder vernehmen, damit sie auftanken und Kraft schöpfen können. Bildungshäuser sind aber auch staatlich anerkannte Einrichtungen der Erwachsenenbildung mit qualifizierter pädagogischer Leitung, Mitträger der öffentlichen Bildungsbemühungen. Als solche tragen sie Mitverantwortung für den fairen Diskurs über strittige gesellschaftliche Fragen, bieten sich als Plattformen für interdisziplinäre Erörterungen an und ergreifen Partei für marginalisierte Gruppen ohne Stimme.

Ortlosigkeit in der Virtualität der neuen Medien

Allgegenwärtigsein ist wohl jene Eigenschaft Gottes, die sich Frau und Mann heute am leichtesten vorstellen können. Sind doch wir Menschen schon mittels Fernsehen, Mobiltelefon, Internet jederzeit erreichbar, unsere Augen überblicken die ganze Welt, wir surfen mühelos über Kontinente im Internet. Da chatten zwei Studentinnen über die Chatbox einer Popsängerin und werden auf nähere Lebensumstände neugierig, Chat um Chat ziehen sie die Kreise enger, bis sie draufkommen, dass sie im gleichen Raum sitzen und nur die Köpfe zueinander zu drehen brauchen. Keine erfundene Geschichte, eine der zwei Studentinnen war unsere Tochter.

Wir sind zwar potentiell jedes Menschen Zeitgenosse oder Zeitgenossin geworden, der Preis dafür ist die Beziehungslosigkeit: Telefon, Radio, Fernseher und Computer sind die Medien, die uns diese Gegenwärtigsetzungen ermöglichen, die sich dazu aber auch als unentbehrliche Begleiter in unseren Alltag schleichen und uns von ihnen abhängig machen. Der erste Blick von Reisenden in einer fremden Gegend gilt dem Display des Mobiltelefons, ob die Funkverbindung wohl gegeben ist. Der Horizont wird nach Sendemasten abgesucht, das Autoradio sucht sich mittlerweile selbst die gewünschten Programme und weiß sie auch während des Erfahrens fremder Gegenden sicher zu finden und festzuhalten. Das Radio ersetzt dem vereinzelten Menschen in seiner Wohnung jene menschliche Nähe wie einst das Klappern des Geschirrs der in der Küche arbeitenden Mutter dem einschlafenden Kind Geborgenheit schenkte, mit dem Unterschied allerdings, dass diese Nähe durch die Medien nur virtuell ist: das weinende Kind wurde durch die herbeieilenden Eltern oder Geschwister berührt, gestreichelt, ans Herz gedrückt, die durch die Medien vorgespiegelte Nähe – auch wenn die grotesk anmutenden Versuche mit sensomotorischen Apparaturen hier diesem Mangel abhelfen wollen – ersetzt nicht die sanfte Berührung des „du bist da, es ist alles gut".

Die Sehnsucht nach Nähe, nach dem ertast-, sicht-, hör- und auch riechbaren Menschen ist unausrottbar und unersetzlich. Wir sind auf Dauer ohne Gegenüber nicht lebensfähig, wir verkümmern und verenden. Wir brauchen auch, und das sei einfach behauptet, das Du, um uns selber verändern zu können, erst die ganzheitliche Reaktion gibt uns Aufschluss über unser Verhalten. In diesem Zusammenhang ist jene Episode in der Bibel für uns Menschen wesentlich, die vom Apostel Thomas erzählt wird. Dieser bezweifelt die Kunde von der Auferstehung und weigert sich, daran zu glauben, „... wenn ich meinen Finger nicht in die Male der Nägel und meine Hand nicht in seine Seite lege ..." (Joh 20, 25) Die Geschichte wird ein wenig moralisierend erzählt, sein Verhalten wird als Unglauben bezeichnet, und selig werden im Gegensatz dazu jene gepriesen, die solch handfeste Beweise nicht brauchen. Zu Unrecht, scheint mir, denn das Jesusereignis ist ja gerade jene göttliche Inkarnation, die uns aus der Virtualität ins konkret Erfahrbare führt: Gottesbegegnung ist uns in jeder menschlichen Begegnung möglich.

Es bedarf, und damit komme ich in einem Sturzflug zu den Bildungshäusern, jener Orte, in denen gerade im heraufziehenden Zeitalter der Herrschaft der neuen Medien von Angesicht zu Angesicht menschliche Nähe erfahren werden kann. Michael Ebertz fordert eine Umgewichtung von der Gemeindepastoral hin zu einer ‚Kommunikationspastoral', er meint damit den Aufbau neuer pastoraler Orte und Gelegenheitsstrukturen vor und neben den herkömmlichen Pfarren:

„Kommunikationspastoral steht für die Aufwertung und Rehabilitierung des interaktiven religiösen ‚Augenblicks' und das Ernstnehmen der Biographie und Lebenslage des Adressaten der Pastoralen Kommunikation"[3].

Aber: es gibt glücklicherweise keine einfachen Lösungen, der Graben auf der anderen Straßenseite ist auch zu beachten, Ebertz warnt vor der Versuchung, die Kirche – und damit Einrichtungen der Kirche – als ‚Gehäuse' zu betrachten, „... die man zur unbehelligten Pflege der eigenen religiösen Autozentrik nutzt"[4]

Bildungshäuser laufen so Gefahr, mit ihren Angeboten zu Bildern einer virtuellen Kirche beizutragen, die es nur in den Vorstellungen einiger Begeisterter gibt. Das Aufwachen am Montag nach so einem tollen Wochenende gleicht oft einem Kater nach der Überdosis einer Droge. Sich die Kirche nach eigenem Bild und Gleichnis zu schaffen, ist eine ebenso große Versuchung, wie dies Kirchenmännern zu überlassen, zurückgelehnt im Sessel in der Haltung: „Nun macht mal schön, wir werden dann kritisieren!" So wie die einen ihre Dosis Charismatik benötigen, brauchen andere ihre wöchentliche Giftspritze. Für beide Arten von Suchtverhalten sollten sich Bildungshäuser zu schade sein. Erwachsene Kirchlichkeit weiß um die Ungleichzeitigkeit des wandernden Gottesvolkes: Da preschen die einen auf feurigen Rappen mit schnaubenden Nüstern voran, die anderen bummeln selbstvergessen rückwärtsgewandt, den alten Zeiten nachtrauernd, hintennach. Mit sich ins Reine gekommene Träger der Dienstämter in der Kirche wissen um ihre fast unlösbare Aufgabe, die darin besteht, die Vorausgaloppierer zu gemächlicherem Trab zu überreden. Für die Nachbummler scheint es kein Rezept zu geben, sie berufen sich beharrlich auf den Grundsatz, dass eine Wandergruppe sich nach den Schwächsten zu richten habe und ihr Tempo obendrein auch das einzig richtige sei. In solchen Situationen wünscht sich mündige Avantgarde, dass die notwendigen Weisungen über die Richtgeschwindigkeit argumentiert werden. Denkverbote oder der Regress auf definitive ewige Wahrheit sollten nicht über etwaige Argumentationsnotstände hinweghelfen, die Glaubwürdigkeit geht dabei allzuleicht verloren.

tragt das evangelium
nicht so hoch
vor euch her
es wächst
mit der entfernung
vom herzen
die gefahr
es anderen
auf den kopf zu werfen

Vom Bildungsheim zum Bildungshaus

Das Wort Heim hat einen zunehmend pejorativen Beiklang bekommen. Erziehungs-, Alten-, StudentInnenheim: überall wird wenigstens unbewusst ein nicht ganz freiwilliger, längerer Aufenthalt mit beschränkter Handlungsfähigkeit insinuiert, geregelte Besuchszeiten, Hausordnung, strenge HeimleiterInnen werden assoziiert. Wohl aus diesen Gründen wird heute nur mehr selten von Bildungs*heimen* gesprochen. Dass im Vergleich zu den 50er und 60er Jahren die Aufenthaltsdauer in Bildungsheimen drastisch gesunken ist, dürfte der sachliche Grund sein: Die Zeit mehrwöchiger Kurse, in jenen Jahren der Normalfall, wurde mehr und mehr die Ausnahme. Die Gründe dafür sind vielfältig und können hier nur angedeutet werden: Viele Bildungsheime wurden als Bildungsstätten für den ländlichen Raum errichtet und hatten die bäuerliche Jugend als Zielgruppe. Die Gründung eigener ländlicher Fortbildungsinstitute hat den Bildungsheimen die Möglichkeit genommen, Berufs- und Allgemeinbildung in Langzeitkursen zu verbinden. Für allgemeinbildende Kurse sind Menschen in unseren Breiten generell – im Gegensatz zu den skandinavischen Ländern (Stichwort Heimvolkshochschulen) – nicht bereit, Teile ihres Urlaubs in einem Bildungshaus zu verbringen. Hier könnte nur der bezahlte „Bildungsurlaub" eine Abhilfe schaffen. In der gegenwärtigen Wirtschaftslage sind derartige Konzepte aber meist nicht das Papier wert, auf dem sie entwickelt werden.

Bildungshäuser verstehen sich als Gestalt gewordener Ausdruck eines bestimmten Menschen- und Weltbildes: Von der Schwelle des Hauses bis zur Cafeteria können die Ziele und Absichten eines Hauses verfolgt werden. Bildungshäuser stehen offen – auch im wörtlichen Sinn: Die Klingel, die Frage „wer da?", gibt es nur in Ausnahmefällen zu nachtschlafender Zeit für späte Ankömmlinge. Jeder Gast hat seinen Schlüssel und kommt und geht nach seinem Belieben. Üblicherweise sind Cafeteria (Bar, Clubraum) und Kapelle als die beiden Herzstücke eines kirchlichen Bildungshauses durchgehend geöffnet. Diese Kombination mag befremden, sie drückt aber Wesentliches aus: Die Kapelle als jener Ort der Stille, des Gebetes, des Gottesdienstes als Herzstück zu bezeichnen ist selbstverständlich. Die Cafeteria aber im selben Atemzug zu nennen, weist auf eine Besonderheit hin: Oft sind es nicht die Vorträge und Impulse einer Tagung oder eines Seminars, die für Menschen entscheidend sind, sondern die nachfolgenden Gespräche in der Bar, der Erfahrungsaustausch im kleinen Kreis und die Begegnung mit den Referentinnen und Referenten. Viele Bildungshäuser vertrauen im Clubraum auf ehrliche Bezahlung der Konsumation in Selbstbedienung: Auch dies ist ein Ernstnehmen der Menschen und ein Hinweis auf das Klima des Hauses. Ein guter Indikator ist auch, auf die Zahl und die Art der Formulierung von Hinweisen zu achten:

Was und wieviel wird in einem Haus in welchem Ton verboten? Welche Bilder hängen an den Wänden? Gibt es überhaupt Bilder? Strahlt ein Haus auch in dieser Hinsicht Offenheit und Kultur aus?

Bildungshäuser können sich ihre Teilnehmerinnen und Teilnehmer nicht aussuchen: Sie sind ohne Beschränkung zugänglich – natürlich gibt es für bestimmte Kurse auch Bedingungen, etwa wenn Kurse für ganz bestimmte Zielgruppen angeboten werden – und ziehen daher in besonderem Maße Menschen an, die in diesen Häusern oft die einzige Möglichkeit zu Sozialkontakten haben. Bisweilen entsteht dadurch der Eindruck, in einem Haus seien ‚immer die gleichen Leute' anzutreffen. Wer sich die Mühe macht, genauer zu schauen, wird zumeist eines Besseren belehrt werden. Diese ‚Dauergäste' können dann zum Problem werden, wenn sie ein Haus vereinnahmen. Mit ihnen gut umzugehen, verlangt oft eine Menge Fingerspitzengefühl – aber das ist ohnehin ein Kriterium bei der Bestellung von Mitarbeiterinnen und Mitarbeitern, der sensible Umgang mit Menschen ist es, der den ‚Geist eines Hauses' prägt, viel mehr als Hightech in der audiovisuellen Ausstattung oder sich ob der Überfülle biegende Buffettische.

Auch im Selbstverständnis der Leitung ist ein Wandel zu bemerken: waren es in der Vergangenheit begnadete Perönlichkeiten, Priester und Laien, die einem Haus einen ganz charakteristischen Stempel aufdrückten (Leo Prüller gehört zu diesen charismatischen Persönlichkeiten), so verstehen sich heute die überall vorhandenen Teams aus pädagogischen Mitarbeiterinnen und Mitarbeitern als Begleiterinnen und Begleiter, die sich eher im Hintergrund halten und darauf achten, dass Wege der Selbstfindung beschritten werden können. Die enorme Ausweitung der Angebote brachte es mit sich, dass eine große Zahl neben- und ehrenamtlicher Referentinnen und Referenten in den Häusern tätig sind. Deren Auswahl und der Kontakt mit ihnen gehört zu den wesentlichen Aufgaben der Leitung.

Programmplanung ist stark in den Vordergrund gerückt: bei den langdauernden Kursen wuchs das Programm gleichsam mit dem Kurs mit, die Pfarrer waren in die Werbung stark involviert und ‚schickten' die Menschen in die Kurse. Heute muß jedes Haus auf dem freien Markt unter vielen Mitbewerbern bestehen. Marketingmethoden, Öffentlichkeitsarbeit, public relations, Verkaufsförderung gehören zum alltäglichen Handwerkszeug. Und manch eine Programmzeitschrift bedürfte dringend eines face-liftings...

Zukunftsinvestition Bildung

Monokulturen bergen ein hohes ökologisches Risiko in sich. Das braucht nicht näher ausgeführt zu werden, besonders nicht im Beitrag in einer Festschrift für einen Agronomen und Volksbildner, dem meine herzlichen Glückwünsche gelten! Religiöse Monokulturen – der die Folgen oft nicht bedenkende Wunsch mancher Verantwortlicher für kirchliche Bildungsarbeit – sind ebenso gefährlich. Die einseitige Spezialisierung würde gerade das verhindern, was christliche Lebensgestaltung ausmacht: die Durchdringung des ganzen Lebens mit dem Sauerteig des Evangeliums. Einige Gedanken dazu:

Voraussetzung für kirchliche Bildungsarbeit ist die Überzeugung, dass Erkenntnisse der Wissenschaften und christlicher Glaube sich nicht in die Quere kommen können, dass jene Ängste unberechtigt sind, die von einer Inkompatibilität von Wissen und Glauben ausgehen. In der Vergangenheit hat sich gezeigt, dass solche Ängste immer dann vorhanden waren, wenn das Lehramt in fundamentalistischen Engführungen gefangen war. Zumeist lag es kirchlicherseits an einer unentwickelten Schöpfungstheologie oder an der Absolutsetzung bestimmter philosophischer Theoreme auf der anderen Seite. Tauchen irgendwo Widersprüche auf, wird Gott wieder einmal aus einem sicher erscheinenden Himmel verdrängt, so ist dies eine Herausforderung, die angstfrei angenommen werden kann: Es wird sich zumeist herausstellen, dass das bisherige Gottes- und Weltbild zu eng gefasst war, dass die Rezeption der neuen Erkenntnisse zu einem befreienden neuen Gottesbild führen kann.

Wissenschaft und Technik sind nicht gefeit vor jener Versuchung, die mit dem ‚Gotteskomplex' (Horst E. Richter) treffend umschrieben ist: sein zu wollen wie Gott. Dazu kommt noch die Tendenz, alles Denkbare auch auszuführen und die möglichen Folgen erst zu bedenken, wenn es zu spät ist. Der Zauberlehrling, die Büchse der Pandora, das Märchen vom Fischer und seiner Frau sind einige dieser warnenden Beispiele, die uns aus der Menschheitserfahrung dazu überliefert sind. Der Dialog mit Vertretern der Wissenschaften, das interdisziplinäre Gespräch gehören zu den unverzichtbaren Bestandteilen der Programme der Bildungshäuser; und die diesbezüglichen Angebote sollten mutig erweitert werden. Auch wenn es Minderheitenprogramme sind. Der volle Saal kann und darf nicht das einzige Kriterium sein!

Nur unerleuchtete Vereinfacher wagen es noch, auf alle Probleme und Schwierigkeiten im Leben mit der Aufforderung zum Gebet zu reagieren. Solche Ratschläge führen nicht selten in schlimme Katastrophen. Das ist ein ähnlich gefährlicher Ratschlag wie die Verordnung von homöopathischen Tropfen bei einer akuten Lungenentzündung – ohne auf die Problematik dieser alternativen Heilmethode eingehen oder das Gebet auf diese Stufe stellen zu wollen. Die Erkenntnisse der Humanwissenschaften sind ein unverzichtbarer Teil der Bildungsarbeit. Wenn in ihrem Leben beschädigte oder zerstörte Menschen den Weg in die Bildungshäuser finden, dürfen sie nicht mit Placebotropfen behandelt oder vertröstet werden, sie brauchen die Hilfe zuständiger Fachleute. In den Bildungshäusern versammeln sich in erster Linie Menschen, die sensibel auf Warnsignale reagieren und ihr Leben in neue Bahnen zu lenken versuchen – bevor der Karren ganz verfahren ist. Es ist diese Art prophylaktischer Arbeit mit Menschen, die da geschieht.

Ein weiterer Grundsatz wird in den Programmen der Bildungshäuser Platz greifen müssen: was andere Medien besser zu leisten vermögen, soll diesen auch überlassen werden. Fernsehen, Internet, CD-ROM usw. können Informationsvermittlung in ungleich kompetenterer Weise darbieten und sollten nicht durch handgestrickte Miniaturversionen konkurrenziert werden, abgesehen davon, dass solche Unterfangen ohnehin zum Scheitern verurteilt sind. Das Spezifikum der *Häuser* liegt im Angebot des intensiven Gespräches, das Zeit erfordert und sich nicht als Anhängsel an einen Vortrag oder als inszeniertes Zurschaustellen großer Stars versteht, wie dies in zunehmenden Maße in der Politik geschieht: Dieses Imponiergehabe ist damit nicht gemeint. Bildungshäuser sind durch ihre Ausstattung (Nächtigungsmöglichkeit, Verpflegung) in der Lage, längerdauernde, intensive Lernphasen in kleinen Gruppen zu initiieren und zu begleiten. Hier haben sie eine unersetzbare Funktion, auch im Zeitalter der virtuellen Medien. Um ein mögliches Missverständnis gleich auszuräumen: Die neuen Medien sind Partnerinnen und nicht feindliche Schwestern! Selbstverständlich werden sie genützt[5], und es wird noch intensiver Überlegungen bedürfen, wie eine fruchtbare Zusammenarbeit über diese ersten Anknüpfungspunkte hinaus aussehen kann.

Ein letzter Gedanke: In den Evangelien wird immer wieder erzählt, dass Menschen in der Begegnung mit Jesus ihr Leben von sich aus verändert haben. Sie selbst haben gesehen, was in ihren Lebensverhältnissen schräg, vermurkst, sündig war, in welchen krankmachenden Verstrickungen sie dahinvegetierten. In der Begegnung mit ihm haben sie die Kraft gefunden, ihrem Leben einen neuen Sinn zu geben. Mit dieser Neupositionierung, die in der Bibel Umkehr genannt wird, haben sie Heil – die gekappte Verbindung zu Gott wird wieder geknüpft – und oft auch Heilung – die unheilvolle Aufspaltung wird ganzheitlich aufgehoben – gefunden. Das kann als das eigentlich Wunderbare aus diesen Geschichten herausgelesen werden: Wer die Gnade hat, in Menschen Gott zu begegnen, findet die Kraft zur Veränderung seines Lebens. Der Dichter Albrecht Goes schrieb mir einmal als Widmung in ein Buch: „Ich will wecken, was sein könnte". Das ist es, was Bildungshäuser ausmacht und ihnen ihre Berechtigung gibt.

Anmerkungen:

[1] Bernhard Häring, Meine Hoffnung für die Kirche, Herder 1997, 111 ff.
[2] Thomas M. Hofer, Gottes rechte Kirche. Katholische Fundamentalisten auf dem Vormarsch, Wien 1998, 158.
[3] Michael Ebertz, Kirche im Gegenwind, Freiburg/Br. 1997, 142.
[4] Ebd. 82.
[5] Das Programm des Bildungshauses Mariatrost kann z. B. abgerufen werden unter: http://www.mariatrost.at.

ERIKA SCHUSTER

Von Gurus, Trainern und Begleiterinnen
oder: Was ist ein Erwachsenenbildner

Turbulenzen

Widersprüchliche Vorgänge lassen sich in den gesellschaftlichen Entwicklungen der letzten Jahre beobachten. Einerseits lösen sich bislang als modern angesehene wirtschaftliche und soziale Strukturen und Lebensformen, aber auch Einstellungen und Werthaltungen immer rasanter auf: wohlfahrtsstaatliche Errungenschaften, sozialpartnerschaftliche Abmachungen, Industriearbeit etc. Andererseits leben alte Traditionen wieder auf, feiern Partikularismus und Regionalismus gegenläufig zu wirtschaftlichen und politischen Konzentrationsbewegungen fröhliche Wiederkehr und treiben unselig hin bis zum Nationalismus, Rassismus und zur Fremdenfeindlichkeit. Die Ambivalenzen des Modernisierungsprozesses zeigen sich in verschiedenen krisenhaften Phänomenen. Die Gruppe der Verlierer in den zahlreichen Veränderungen wird täglich größer, die Gesellschaft scheint sich neuerlich in längst überholt geglaubte Klassen zu spalten. Weltweit werden Wirtschaftsfragen, globale Migrationsbewegungen, ökologische Mißstände, brutale Religions- und Bürgerkriege, die Verknappung der natürlichen Lebensressourcen und die wachsende soziale Ungerechtigkeit medial wirksam aufbereitet und öffentlich diskutiert. Dahinter liegen eher verdeckt verschiedene Entwicklungen, die ebenso dringlich nach Ernstnahme durch gebildete Menschen verlangen. Denn Individualisierungsprozesse haben die herkömmlichen Lebensläufe verändert. Alte Deutungsmuster für Welt und Leben reichen nicht mehr aus. Ungewöhnliche Lebensläufe, biographische Brüche, Identitätskrisen lösen die sogenannte Normalbiographie ab. Eine Vielfalt von Milieus und Lebensstilen erwächst aus den geänderten Lebenskonzepten.

Was noch vor wenigen Jahren als exotisch klassifiziert wurde, ist alltäglich geworden. Der deutsche Schriftsteller Hans Magnus Enzensberger, der über Jahrzehnte hinweg in seinen Essays gesellschaftliche Entwicklungen zu antizipieren wußte, beschrieb bereits 1989 unter dem Titel „Mittelmaß und Wahn" eine multikulturelle Gesellschaft, wie sie jetzt, etwa 10 Jahre später, immer mehr auch ins Bewußtsein aufmerksamer Zeitgenossen dringt.

„Es äußert sich am deutlichsten in der Provinz. Niederbayrische Marktflecken, Dörfer in der Eifel, Kleinstädte in Holstein bevölkern sich mit Figuren, von denen vor dreißig Jahren sich niemand etwas träumen ließ. Also golfspielende Metzger, aus Thailand importierte Ehefrauen, V-Männer mit Schrebergärten, türkische Mullahs, Apothekerinnen in Nicaragua-Kommitees, mercedesfahrende Landstreicher, Autonome in Biogärten, waffensammelnde Finanzbeamte, pfauenzüchtende Kleinbauern, militante Lesbierinnen, talmitische Eisverkäufer, Altphilologen im Warentermingeschäft, Söldner auf Heimaturlaub, extremistische Tierschützer, Kokaindealer mit Bräunungsstudios, Dominas mit Kunden aus dem höheren Management, Computer-Freaks, die zwischen kalifornischen Datenbanken und hessischen Naturschutzparks pendeln, Schreiner, die goldene Türen nach Saudi-Arabien liefern, Kunstfälscher, Karl-May-Forscher, Bodyguards, Jazzexperten, Sterbehelfer und Pornoproduzenten. An die Stelle der Eigenbrötler und Dorfidioten, der Käuze und der Sonderlinge ist der durchschnittliche Abweichler getreten, der unter Millionen seines Gleichen gar nicht mehr auffällt."[1]

Ein modernes Nomadentum begünstigt durch die modernen Technologien und Medien löst die Seßhaftigkeit vergangener Jahrhunderte ab. Die pluralen Lebensstile und die wachsende Mobilität haben die Milieus wie die bisherigen sozialen Stützsysteme aufgebrochen und werden sie – verständlicherweise – noch weiter aufbrechen. Familien, Berufsgemeinschaften, Vereine, Kirchen, Gewerkschaften, Parteien erweisen sich in ihrer traditionellen Struktur schier zwangsläufig als damit überfordert bzw. als untauglich. Die Menschen beginnen in dieser haltlosen Dynamik Sicherheiten zu suchen: bei rezeptähnlichen Heilsanweisungen, bei den Sekten, in der Esoterik, in autoritär geführten Gruppierungen.

In zunehmendem Maße wird daher auch von der Erwachsenenbildung erwartet, daß sie als beweglicher, aber verläßlicher Ort in dieser offenen umbrechenden Gesellschaft nicht nur Information und Orientierung bietet sowie Lernchancen eröffnet, sondern jene sozialen Netze zur Verfügung stellt, die dem einzelnen Begegnungen und Gespräche, ja sogar Heimat und Geborgenheit ermöglichen. Ein Ansinnen, das Sensibilität, Kompetenz und Qualität von den Mitarbeitern und Mitarbeiterinnen erfordert.

Welcher Persönlichkeiten, welcher Organisator/inn/en, welcher Pädagog/inn/en, welcher Frauen und Männer bedarf es also, um den Bildungsbedürfnissen der Menschen in den vorher skizzierten Zusammenhängen und auch den Bildungserfordernissen unserer Zeit in angemessener Weise gerecht zu werden? Theoretiker und Praktiker der Erwachsenenbildung beantworten die Frage im Zusammenhang mit ihrem jeweiligen Verständnis von Erwachsenenbildung und von Lernen bzw. in bezug auf die strukturellen Besonderheiten der Erwachsenenbildung; und sie tun es auf recht unterschiedliche Art und Weise.

Dabei differenzieren sich die Aufgabenfelder und die damit verbundenen verschiedenen Anforderungsprofile in der Erwachsenenbildung zusehends: Bildungsmanagement, Organisation, Administration, Sekretariat, Projektarbeit, Beratung, pädagogische Tätigkeit. Sie alle sind wichtig für das Gesamtsystem Erwachsenenbildung. In den weiterführenden Überlegungen geht es aber speziell um die Rolle der Pädagog/inn/en, sozusagen der klassischen Erwachsenenbildner/innen.

Weder Rattenfänger noch Guru oder Zampano

Schon vor 25 Jahren wurde in der Erwachsenenbildung davon gesprochen, daß die Autorität im Bildungsprozeß den erwachsenen Teilnehmer/inne/n einzuräumen sei.

> „Erwachsene müssen Gelegenheit haben, selbständig und kritisch die Inhalte, Formen und Einrichtungen ihrer Weiterbildung auszuwählen ... Es ist ihnen Gelegenheit zu geben über die Wahl von Methoden mitzuentscheiden ... Mündige Erwachsene nehmen an ihrer Weiterbildung in voller Eigenverantwortung teil und tragen auch das Risiko für das Gelingen des jeweiligen Bildungsprozesses."[2]

Mit dieser Beschreibung eines didaktischen Konzepts skizziert Franz Pöggeler zugleich die Rolle und den Standort des Erwachsenenbildners bzw. der Erwachsenenbildnerin. Ob im Management der Erwachsenenbildungsinstitution oder im pädagogischen Prozeß tätig, es geht um eine stützende Aufgabe, die mit einem Wegweiser zu vergleichen ist. Es können inhaltliche Richtungen und Lernwege durch den Erwachsenenbildner aufgezeigt werden, entscheiden müssen die Bildungswilligen selbst. Dem Selbstvollzug des Lernenden gilt hier die vorrangige Aufmerksamkeit im Lernprozeß.

Das Lehr- und Lernverhalten konnte mit diesen Postulaten nur mühsam Schritt halten. Zwar nahmen Beratungsmethoden, therapeutische Settings, Übungen aus dem Personalentwicklungsbereich, Körpertrainings ihren Weg in das Bildungsangebot, und emanzipatorische Lernziele und interaktive Methoden veränderten die einzelnen Bildungsvorgänge. In der Realität wurden aber weiterhin viele Bildungsaktivitäten im Vortragsstil durchgeführt, stand die Fachkompetenz der Lehrenden und das zu vermittelnde „Bildungsgut", der Inhalt, weiterhin an erster Stelle und dienten die intrapersonalen und interpersonalen Vorgänge nur der Sache. Dahinter verbarg sich auch eine sehr verschwommene, aber durchaus normative Vorstellung von einem verbindlichen Bildungskanon, zu dem Menschen hingeführt werden sollten. In diesen doch weithin traditionellen Lernsituationen wurden Lernende zu Objekten, Selbstbestimmung und Selbstverantwortung kamen zu kurz.

Ermöglichen – Hilfe zur Selbsthilfe

In den Diskussionen um die Professionalisierung der Erwachsenenbildung wurden aber immer stärker Bildungsmaßnahmen befürwortet, die unter Zurücknahme der Dominanz der Lehrenden die Selbsttätigkeit der Teilnehmer/innen förderten.

Jutta Cize, Leiterin eines Kooperationsmodells von Selbsthilfegruppen und Mitarbeiterin der Volkshochschule in Schweinfurt, präsentierte im Rahmen einer Fachtagung der Katholischen Bundesarbeitsgemeinschaft für Erwachsenenbildung in Deutschland ein Konzept der „Ermöglichungsdidaktik". Sie versteht darin Lernen vor allem als eine Chance, mit dem Leben zurechtzukommen, und als Mittel zum Zweck einer besseren Lebensbewältigung. Dieses Konzept geht davon aus, daß professionelle Erwachsenenbildner/innen Aneignungsprozesse arrangieren und begleiten, die den lernenden Erwachsenen Gelegenheit bieten, ihre vorhandenen fachlichen, methodischen und sozialen Kompetenzen (sog. Schlüsselqualifikationen) zu erweitern und zu entwickeln.

„Natürlich setzt dies unbedingt Selbstreflexion und Verantwortungsbewußtsein, ein interdisziplinäres Wissen und entwickeltes Relationsbewußtsein beim Pädagogen voraus. Mit Relationsbewußtsein ist die Fähigkeit gemeint, aus einem abstrahierten Wissensfundus – z. B. über Vielfalt und denkbare Wirkungen pädagogischen Handelns – jeweils neue und aufgabengerechte Konsequenzen ziehen zu können. Es muß klar sein, daß Lehren und Lernen nicht grundsätzlich voneinander getrennt werden können. Das heißt: Beim erwachsenenpädagogischen Personal muß eine kontinuierliche Fortbildungsbereitschaft bestehen."[3]

In solchen Lernkonzeptionen ist kein Platz für lehrende Selbstdarsteller/innen, sondern die besondere Qualität für die Erwachsenenbildner/innen sieht Cize in der Professionalisierung im *Modus des Zulassens.*

Begleiten

Erhard Meueler, Professor für Erwachsenenbildung an der Universität Mainz, konzentriert sich dagegen auf andere Ziele der Bildung, die er aus der Tradition der Aufklärung ableitet. Im Mittelpunkt seines Forschens und Lehrens steht die Subjektentwicklung. Ziel jeder Bildung von Erwachsenen sei es, Impulse zu geben, daß Menschen sich zu Subjekten ihres Lebens und Lernens entwickeln können. Er geht davon aus, daß Menschen selbstbestimmt und selbstverantwortlich denken, fühlen und handeln, was aber keine „Selbstvergessenheit" und „Selbstverwirklichung ohne Wirklichkeit" meint, durch die „die Welt zum Medium für die Bildung des Menschen degradiert" würde.[4]

Nicht der/die Lehrende bringt mit Zielvorgaben, methodischen Entscheidungen und Einsatz von Medien die Lerninhalte an die Lernenden, sondern Lehrende und Lernende begeben sich auf einen gemeinsamen Weg, beginnen einen Prozeß der Aneignung.

Damit verändert sich die Rolle des Lehrenden hin zum Begleiter, der mit den Lernenden ein Arbeitsbündnis eingeht. Das Wissen der Fachleute, ihre methodische Kenntnis und Erfahrung werden als Ressource und Potenz, auch als Spielkapital eingebracht und mit dem Wissen, den Erfahrungen, Wünschen und Erwartungen der Teilnehmer/innen durch eine gemeinsame Planung des Lernvorgangs vernetzt.

> „Kunst der Begleitung heißt nicht, daß Erwachsene mit sich und der lernenden Sache alleingelassen werden, damit sie auf geheimnisvoll potente und zugleich authentische Weise ohne fremde Hilfe den Gegenstand erarbeiten und der professionelle Arbeiter nur als denkbarer Nothelfer in Erscheinung treten muß. Er arbeitet mit, indem er zum Beispiel Lerngelegenheiten herstellt, indem er ganz bestimmte Probleme, Fragestellungen aus seiner Sicht als wissenswert und bildungsrelevant erklärt. Er stiftet zur Aneignung an, versucht die von allen mitgebrachten Fähigkeiten, Kräfte und Erfahrungen zu mobilisieren, selbst zu fragen und selbst nach Antworten zu suchen. Er ist Optimist."[5]

Lebendiges Lernen in Verbundenheit

Seit den 60er Jahren findet das Modell der Themenzentrierten Interaktion (TZI), das von Ruth C. Cohn entwickelt wurde, zunehmend in erwachsenenbildnerischen Konzepten Eingang. Diese Methode lebendigen Lernens verbindet die intensiven Lernerfahrungen psychotherapeutischer Arbeit mit sach- und ergebnisorientierten Bemühungen. Lernen wird auf drei Ebenen gleichzeitig unterstützt: auf der Sachebene, auf der zwischenmenschlichen Beziehungsebene der Lerngruppe und auf der individuellen Persönlichkeitsebene.

Der/die Leiter/in ist grundsätzlich ein Mitglied der Gruppe wie alle anderen, hat aber zusätzlich die Aufgabe, das Sachthema, die einzelnen Personen mit ihrer Betroffenheit, die Kommunikation zwischen den Gruppenmitgliedern und die Rahmenbedingungen des Lernvorgangs sensibel wahrzunehmen und sich gegebenenfalls dafür einzusetzen. So erhalten alle im Lernprozeß verbundenen Größen das gleiche Gewicht. Die Kunst der Erwachsenbildnerin bzw. des Erwachsenbildners besteht darin, innerlich in Beziehung zu allen Größen zu bleiben und auf die Balance zu achten.

Gerade dieses Modell bietet Gelegenheit, sich auf den Umgang mit Unsicherheit, auf einen immer weniger prognostizierbaren Wandel der Lebensumstände einzuüben, weil Selbstleitung und Eigenverantwortung in Verbundenheit mit anderen und mit der Sache trainiert werden.

In Bewegung

Besonders radikal betont der Erziehungswissenschaftler aus Hannover, Horst Siebert, die Hinwendung zum Subjekt. Er erteilt der normativen Postulatspädagogik, „der Zeigefingerpädagogik", wie er auch sagt, eine eindeutige Absage, entwickelt die Lebensweltorientierung – didaktische Schlüsselkategorie der 80er Jahre – weiter und landet mit dem Ausruf „Ende der Belehrung" beim erkenntnistheoretischen Konstruktivismus. Kernthese dieser Theorie ist:

> „Menschen sind autopoietische, selbstreferentielle, operational geschlossene *Systeme*. Menschliches Wahrnehmen und Erkennen sind keine Abbildungen der außersubjektiven Realität, sondern unsere Sinnesorgane und das Nervensystem wandeln äußere Impulse in Töne, Farben, Düfte, Sprache um und weisen diesen Wahrnehmungen eine Bedeutung zu. Unser Denkapparat spiegelt nicht – wie eine Photokamera – eine Welt wider, sondern konstruiert aufgrund biographischer Erfahrungen und sozialer Einflüsse eigene *strukturdeterminierte* Wirklichkeiten. Kriterium dieser Wirklichkeitskonstruktion ist ihre Viabilität und nicht ihre *Wahrheit*, die Konstrukte müssen brauchbar, passend, *lebensdienlich* sein."[6]

Vorrangstellungen und Führungsansprüche sind aufgrund dieser These nicht mehr legitimierbar. Die Wende von der normativen zur reflexiven Pädagogik entzieht der Erwachsenenbildung das Recht oder den Anspruch, verbindliche Antworten geben zu können; sie fordert aber dazu heraus, alle nur erdenklichen Anstrengungen zu unternehmen, um die selbständige Lern- und Denkfähigkeit, vor allem aber den Umgang mit komplexen Problemstellungen zu fördern.

Dieser Ansatz ist vorsichtig und skeptisch. Er geht davon aus, daß Irrtum möglich ist. Bildungsziel ist nicht mehr, sich selbst und die Welt zu durchschauen und zu verstehen, sondern sich seiner eigenen Konstrukte bewußt zu werden. Das verlangt von den Mitarbeiter/innen in der Erwachsenenbildung auch weiterhin Fachkompetenz sowie soziale und methodisch-didaktische Kompetenz, aber auch Fähigkeit zur Selbstrelativierung durch die Einsicht in die eigene Konstruktivität. Es geht nicht darum, andere Menschen zu belehren, sondern im Wissen um die eigenen Grenzen des Fremdverstehens bescheidener Partner bzw. bescheidene Partnerin im Lernprozeß zu sein.

Auf Abruf

Eine höchst reduzierte Rolle spielen die pädagogischen Mitarbeiter/innen, die Tutor/innen und die Kursleiter/innen in dem Projekt „Adult and Work" der größten finnischen Gewerkschaft, der „Workers Educational Association". In dem zweijährigen Fernstudienprojekt lernen Arbeitnehmer/innen Wandlungsprozesse der Gesellschaft und der beruflichen Arbeitswelt verstehen und bewältigen.

Ihre Tutor/innen, die sie auf ihrem Lernweg, vor allem aber in ihren gruppendynamischen Vorgängen und Kommunikationsprozessen unterstützen, kommen nur auf Einladung zu den Gruppen, sind aber auf sehr unkomplizierte Weise erreichbar. Die Kursleiter/innen sind verantwortlich für die Lernmaterialien, für die Übungsaufgaben und für die Beurteilung der Abschlußarbeiten. Auch sie lassen sich telefonisch oder brieflich einbinden, aber mit etwas mehr Aufwand als die Tutor/inn/en.

Dieses Konzept nimmt die Selbststeuerung von Lernprozessen konsequent ernst. Die Pädagog/inn/en treten als Impulsgeber/innen mit den schriftlichen Kursunterlagen, als Moderator/inn/en des Lernprozesses, als Begleiter/innen im Auswertungsvorgang auf. Über die Annahme ihrer Unterlagen, den Einsatz der Methoden, die Lernwege und die Präsenz des pädagogischen Personals entscheiden aber die Fernkursteilnehmer/innen. Durch die subsidiäre Rolle der Kursleitung wächst das Selbstbewußtsein der Lernenden und deren personale Kompetenz und Eigeninitiative, sich aktiv am gesellschaftlichen Leben zu beteiligen.[7]

Raum schaffen

Von der Selbstverantwortung und dem Selbstentfaltungspotential der Teilnehmer/innen geht auch das emanzipatorische Lernkonzept der sich selbst organisierenden Gruppe aus. Die initiative Erwachenenbildungsinstitution muß einen Raum zur Verfügung stellen, in dem sich die Prozesse der Selbstaktivität und der Selbststeuerung ereignen können.

> „Diesen Raum zu füllen ist Rahmenbedingung, Methode und zugleich Lerninhalt. Unterstützung und Sicherheit erhält die Gruppe und jede einzelne Person durch häufige gemeinsame Reflexionen des Gruppenprozesses, die den Gestaltungprozeß und die Wirkung der daran beteiligten Kräfte und Personen transparent machen. Die Entscheidung darüber, was und wie in diesem Kurs gearbeitet werden soll, fällt nicht im vornhinein am Schreibtisch der Referent/inn/en. Nicht was sie für wichtig halten, ist erstes Kriterium für die Planung der Kursinhalte, sondern was für die Teilnehmer/innen wichtig ist."[8]

Damit wandelt sich erneut die Rolle des Erwachsenenbildners bzw. der Erwachsenenbildnerin. Die „institutionelle" Kursleitung klärt die äußeren Rahmenbedingungen, wie Lernort, Arbeitszeit und Ressourcen, erarbeitet mit den Teilnehmer/inne/n thematische Schwerpunkte zur Motivation, skizziert den Lernanlaß und gibt die Erstinformationen, wie Lernen in dieser Lerngruppe organisiert werden kann. Im weiteren Verlauf steht sie als Prozeßbegleitung zur Verfügung, die immer wieder auch Transparenz über den Lernprozeß in der Gruppe schafft. Die vornehmliche Aufgabe der Begleiterin bzw. des Begleiters besteht dabei darin, Anregungen zu geben, das gemeinsame Lernen persönlich, inhaltlich und sozial zu reflektieren und auch darüber zu kommunizieren.

Herausfinden, was eines jeden Frage ist

Alle diese Lernkonzepte zeigen, wie vielfältig, herausfordernd und anspruchsvoll pädagogische Aufgaben in der Erwachsenenbildung sein können und wie sehr sich dieses Handeln subjekt-, situations- und kontextbezogen ereignen muß. Das heißt auch, daß die Qualifikationen von Mitarbeiter/inne/n in der Erwachsenenbildung immer wieder neu überdacht werden müssen. *Wer* oder *was* ein/e Erwachsenenbildner/in ist, läßt sich funktional, von der Rolle her, einigermaßen beschreiben. – Aber *wie* er /sie ist? *Wie* er/sie sein soll?

Die Antwort kann natürlich so beginnen: fachlich kompetent, pädagogisch, methodisch-didaktisch auf dem neuesten Stand der wissenschaftlichen Erkenntnisse, lernfähig, dialogisch, politisch, ... Und es lassen sich Begriffe wie personale, soziale und spirituelle Kompetenz zur Zusammenfassung des Gemeinten zu Hilfe rufen.

Vorstellbarer, sinnenfälliger als solche „Tugendkataloge" wirken jedoch Wortbilder und Metaphern aus der Literatur, die Inhalt, Raum, Medium und wichtiger Bezugspunkt meiner eigenen erwachsenenbildnerischen Tätigkeit ist und die ich nun auch hier heranziehen möchte.

„Der Mann mit den Bäumen"[9], Eleazar Bouffier, von Jean Giono legt mit Beharrlichkeit und Konsequenz Samen von Bäumen, um eine absterbende Gegend wieder zu beleben. Er weiß, daß menschliche Gemeinschaften und die Natur Rahmenbedingungen benötigen, die nur visionär mit einem langen Atem, in Geduld, auch in Einsamkeit, entwickelt werden können.

Der niederländische Schriftsteller Cees Nooteboom erzählt in seinem Reiseessay „Umweg nach Santiago"[10] von einem Menschen, der sich schauend, meditierend, suchend, offen für Begegnungen auf einem immer wieder sich überraschend wendenden Weg nach Santiago de Compostela befindet. Dieser *Pilger des Fehlenden*, dessen Existenz sich zwischen Ankommen und Abschiednehmen vollzieht, ahnt aber bereits bei seiner Ankunft, daß ihn die Sehnsucht nach etwas Letztgültigem, das noch aussteht und Zeit und Raum übersteigt, immer wieder neu hinaus auf die Straße zwingen wird.

Joseph, der Rom-Zigeuner im Roman „Der Herzog von Ägypten"[11] von Margriet de Moor, weiß sich bei seiner Frau Lucie, den Kindern und dem niederländischen Bauernhof auch dann verortet, wenn er den Sommer über durch die europäischen Länder zieht und das Unterwegssein und die Lebensgeschichten erinnernd und erzählend mit seinen Freunden teilt.

Was diese literarischen Verweise sollen? – Das Nachdenken über Grundhaltungen von Erwachsenenbildner/inne/n in unserer Zeit anregen, den Möglichkeitssinn herausfordern, vor Gebrauchsanweisungen bewahren, um der Menschen und um des eigenen Menschseins willen.

In Peter Handkes „Spiel vom Fragen" sind Menschen gemeinsam unterwegs, um ihre eigentlichen Lebensfragen kennenzulernen und sich ihnen zu stellen.

„Nicht um auf eine Frage eine Antwort zu bekommen, haben wir uns ja auf den Weg gemacht, sondern um in der Stille der Orakelstätte von ehedem herauszufinden, was eines jeden Frage ist."[12]

Ist es nicht eine der vorrangigsten und vornehmlichsten Aufgaben und Werthaltungen von Erwachsenenbildner/innen, das Fragen wachzuhalten, weiterzufragen und mit anderen im Fragen unterwegs zu sein?

Anmerkungen:

[1] Hans Magnus Enzensberger, Mittelmaß und Wahn, Frankfurt, Suhrkamp 1989, 264.
[2] Franz Pöggeler, Erwachsenenbildung. Einführung in die Andragogik, in: ders. (Hg.), Handbuch der Erwachsenenbildung. Bd. 1, Stuttgart 1974, 36.
[3] Jutta Cize, Lebenslanges Lernen – aber wie? Schweinfurter Modell: Gesundheitsbildung in Selbsthilfegruppen, in: Bernhard Nacke / Günther Dohmen (Hgg.), Lebenslanges Lernen. Erfahrungen und Anregungen aus Wissenschaft und Praxis, Bonn 1996, 71.
[4] Erhard Meueler, Die Türen des Käfigs. Wege zum Subjekt in der Erwachsenenbildung, Stuttgart 1993, 162.
[5] Ebd.
[6] Horst Siebert, Vom Ende der Belehrungen, in: BAKEB Informationen 3/1996, 17.
[7] Eeva Siirala, Projekterfahrungen aus Finnland zum kooperativen selbstgesteuerten Lernen, in: Nacke / Dohmen, Lebenslanges Lernen, 59ff.
[8] Angelika Behrenberg / Michael Faßnacht, Methodenelemente für das Arbeiten in und mit selbstorganisierenden Gruppen, in: Erwachsenenbildung 44(1998) 79.
[9] Jean Giono, Der Mann mit den Bäumen, Zürich 1992.
[10] Cees Nooteboom, Der Umweg nach Santiago, Frankfurt 1992.
[11] Margriet de Moor, Herzog von Ägypten, München 1997
[12] Peter Handke, Das Spiel vom Fragen oder die Reise zum sonoren Land, Frankfurt 1989, 135.

Franz Stauber

Reisen – eine Schule der Bildung

Reisen heißt leben

Es gibt wohl so viele Vorstellungen und Erwartungen vom Reisen, als es Reisende gibt. Und es waren in diesem Sinne sicher auch noch nie so viele Menschen auf der ganzen Welt unterwegs, wie heute im Zeitalter des Massentourismus. Entsprechend bunt ist demnach auch das Bild, daß sich uns heute vom Reisen darbietet. Konzentriert stellt sich dieses Bild im Überblick bei den großen Reisemessen dar. Ein Aspekt, der bei der Vielfalt der Angebote auch mehr oder weniger vorhanden ist, ist der der Bildung.

Beim Stichwort Bildung mag einem unwillkürlich der dänische Dichter Hans Christian Andersen (1805 – 1878) in den Sinn kommen, der einmal schrieb:

„Das Reiseleben ist mir die beste Schule der Bildung geworden. Gleich einem stärkenden Bad für den Geist, gleich dem Medea-Trunk, der immer wieder verjüngt, ist für mich das Reisen. Meine Erzieher sind das Leben und die Welt. Ich habe die Gabe aufzufassen, und darzustellen, aber ich muß meine Werkstatt haben, die Welt ... Reisen heißt leben!"[1]

Und Werner Bergengruen formulierte in „Badekur des Herzens" wohl etwas pointierter:

„Reisen ist nicht eine Sache des Bankguthabens oder der Stundengeschwindigkeit, sondern der Zugvogelbereitschaft unseres Herzens. Pilger und Landstreicher sind echtere Reisende als die Schrankkoffermitführer in Expreßzügen ... Denn das wissen wir ja, daß wir in Wirklichkeit einzig und allein reisen, um einen Hunger unseres Herzens zu stillen, dieses Herzens, das sich auftun und seiner unzerstörbaren Jugend aufs neue versichert sein möchte ... jede Reise aber, die dem Reisenden nicht eine Rückkehr zu sich selbst ist, wird vergebens getan."[2]

Manch einer erfährt erst auch in der Fremde, was Heimat ist. Solche Formulierungen, auch wenn sie zum Teil poetisch klingen, führen jedenfalls zu einem Bildungsbegriff, der vor jeder Engführung warnt, bzw. zu schützen vermag. Deutlicher und mit etwas anderer Akzentuierung spricht Jean Paul davon, daß für ihn „jede Reise das Spießbürgerliche und Kleinstädtische in unserer Brust in etwas Weltbürgerliches und Großstädtisches verwandelt."[3]

Reisen hat jedenfalls verschiedene Quellen, Anlässe und Absichten. Um dem zumindest annähernd gerecht zu werden und um den Reisen einen möglichst weiten und vielfältigen Bildungsbegriff zu unterlegen, sei es gewagt einen Blick in die Geschichte zu tun und zwar ganz weit zurück in das Alte Testament bis zu Abraham.

Die Meinung ist gewiß nicht abwegig, daß bei dieser großen Reise bereits die wichtigsten Elemente des Reisens sichtbar oder zumindest spürbar werden, die dann im Laufe der Geschichte in unterschiedlicher Weise zum Tragen gekommen sind. Dabei erheben die folgenden Überlegungen keineswegs Anspruch auf Vollständigkeit. Außerdem sind sie als sehr persönliche Gedanken zu verstehen und sollen darum lediglich Anstoß geben zum Weiterdenken.

Da ist es zuerst einmal der Ruf, der einen erreichen kann, den man irgendwie im Inneren hört oder spürt. Das kann z. B. einfach das Fernweh sein, ein Drang aus der Enge oder dem Trott des Alltags heraus zu müssen, Weite zu erleben und Neues. Ebenso kann es aber ein ganz konkretes Bedürfnis sein, ein bestimmtes Land, eine faszinierende Kultur kennen zu lernen oder einfach eine anziehende Landschaft. Es mag auch Abenteuerlust sein, die lockt. Der Ruf kann aber auch ein klar definierter Auftrag oder eine dienstliche Verpflichtung sein. Daran schließt sich nun das Aufbrechen in eine vielleicht bisher unbekannte Welt zu unbekannten Menschen. Dies kann wiederum verbunden sein mit einem Wagnis. Und es kann ebenso bedeuten, sich darauf einzulassen, bisheriges Wissen, Vorstellungen, Überzeugungen revidieren bzw. korrigieren zu müssen. Es gibt natürlich nicht selten das Bedürfnis bereits Bekanntes zu vertiefen und zu erweitern.

Kurze Reise durch die Geschichte des Reisens

Eine der ersten Formen dessen, was wir heute reisen nennen, waren die Pilgerfahrten oder Wallfahrten. Schon die Juden pflegten alljährlich zu Ostern, zu Pfingsten und zum Laubhüttenfest zum Tempel in Jerusalem zu pilgern, wovon die sogenannten Wallfahrtslieder innerhalb der Psalmen Zeugnis geben.

Aus der Kirchengeschichte des Eusebius wissen wir, daß schon Anfang des 3. Jahrhunderts einzelne christliche Gemeinden mit ihrem Bischof nach Jerusalem pilgerten, was sich dann nach Erlangen der Religionsfreiheit ausweitete. Eine der wohl bekanntesten Reisenden dieser Zeit war Aetheria – oder Egeria – eine vornehme Spanierin und Ordensfrau, die ihren daheimgebliebenen Mitschwestern in einem Reisetagebuch schilderte, was sie auf ihrer Pilgerreise erlebte. Jerusalem und später Rom waren die ersten Ziele, zu denen nach und nach Stätten von Heiligen – vornehmlich Märtyrern – kamen.

Eine völlig andere Art des Reisens waren die großen Entdeckungsreisen z. B. eines Christoph Kolumbus (1451-1506), der als Entdecker Amerikas gilt, oder eines Vasco da Gama, des portugiesischen Seefahrers, der den Seeweg nach Indien entdeckte. In diesem Zusammenhang muß selbstverständlich auch Marco Polo genannt werden, der berühmteste Asienreisende, der bereits im Mittelalter ausgedehnte Reisen unternahm, die uns heute, wenn man damalige Reisemöglichkeiten bedenkt, ungeheuerlich anmuten. Nachdem er 1298 von den Genuesen gefangen wurde, verfaßte er seine Reisebeschreibungen, die bis ins 18. Jahrhundert hinein die Grundlage für die Kenntnisse über weite Teile Asiens bildeten.

Im Anschluß daran muß man hinweisen auf die zahlreichen Reiseberichte, die im 17. Jahrhundert erschienen und das Lesepublikum in hohen Maße erfreuten. Die abenteuerlichen, oft Monate dauernden entbehrungsreichen Indienfahrten, die Suche nach neuen Wegstrecken und die Erforschung neuer Gebiete stießen auf reges Interesse. Einer dieser Berichte von Gereit de Veer schilderte die Überwinterung einer Schiffsmannschaft auf der Insel Semlja im Winter 1596/97.

Und das bekannteste Werk dieser Gattung war das „Journal oder die denkwürdige Beschreibung der Ostindienreise von Willem Insbrantz", das zurück geht auf eine Reise und einen anschließenden Aufenthalt in den indonesischen und chinesischen Gewässern in der Zeit um 1620. Bis 1800 sind nicht weniger als 70 Drucke von diesem Werk bekannt. Man darf wohl nicht zu unrecht annehmen, daß durch diese mit großer Begeisterung gelesenen Reisebeschreibungen auf die Leser doch auch eine gewisse Wirkung in Richtung Bildung ausgegangen ist, indem sie auch Kenntnisse von ihren bisher fremden Ländern und Kulturen erhielten und nicht nur das Verlangen nach Sensation befriedigt wurde.

Besonderen Ausdruck des Lebensstils einiger weniger waren später zur Zeit der ausklingenden Klassik, aber vor allem der Romantik die Bildungsreisen im weitesten Sinn. Bekannt sind unter anderem Lord Byron, Mary Montague und Mary MacCarthy.

Literarisch hervorgetreten sind natürlich Goethes italienische Reise aber auch Heinrich Heine mit seiner Reise nach Italien und Theodor Fontane mit den „Reisen durch die Mark Brandenburg", die noch immer oder wieder in den Buchhandlungen in Neuauflagen zu finden sind. Bei Goethe zeigt sich allerdings auch, daß seine Reiseaufzeichnungen keineswegs einfach als Führer durch Italiens Kunstlandschaft geeignet sind. Denn allzuvieles fehlt, und manches, dem allgemein keine besondere Bedeutung zukommt, hatte für ihn einen ganz großen Wert. Man denke nur an die Fassade des Minervatempels (heute eine Marienkirche) in Assisi, vor der er bewundernd saß, wobei alles andere für ihn nicht erwähnenswert war. Heinrich Heine hingegen suchte alle idealisierenden Italienreisen und auch das Sehnsuchtslied Mignons „Kennst du das Land, wo die Zitronen blühen?" mit nüchterner Prosa und ernüchternder Alltagserfahrung zu kontrastieren.

Mark Twain verweist uns bereits in seinen reisejournalistischen Schriften in für ihn kennzeichnender antiromantischer Satire darauf hin, wie oberflächlich auch damals schon Reisen sein konnten. In „Die Arglosen auf Reisen" (1869) wird die Pilgerschar amerikanischer Touristen an geschichtsträchtigen heiligen Stätten im Mittelmeerraum in ihrer Oberflächlichkeit bloßgestellt und mehr noch in ihrer Unbefangenheit zur Infragestellung des rückständigen Europas benutzt. Derselbe Mark Twain stellt an Hand von Huckleberry Finn uns das Reisen aber auch so dar, daß es einen Aspekt zeigt, der über das konkrete Erlebnis, über die konkreten Erfahrungen hinaus zu verweisen vermag. So findet Huck auf den abenteuerlichen Irrfahrten auf dem Fluß mit Jim, dem entlaufenen schwarzen Sklaven, schließlich vom konsequenten Außenseiter zur natürlichen Menschlichkeit, ohne daß er freilich die Spannung hätte je ganz auflösen können.[4]

Noch weiter geht Henry David Thoreau in seinen Reiseskizzen, in denen er das Realitätsbezogene des Reisens überhaupt zum Symbol für Transzendentes werden läßt.[5]

Dem gegenüber hatten die Reisen der Handwerksburschen bis in unsere Zeit herein einen sehr realitätsbezogenen Charakter. Ihr Sinn lag natürlich primär darin, in ihrem Handwerk sich möglichst umfassende Kenntnisse und Fertigkeiten anzueignen. Natürlich ging es ihnen nicht nur darum. Sicher waren damit auch andere Interessen in sehr verschiedener Stärke verbunden: Andere Menschen, Orte, Sitten und Gebräuche kennenzulernen, damit das Denken und Fühlen zu vertiefen, den Horizont zu erweitern und vielleicht auch Abenteuerlust zu befriedigen.

Dieser sehr kursorische Streifzug durch die Geschichte, der zweifellos sehr lückenhaft und wohl auch sehr zufällig und persönlich zu werten ist, möge aber vielleicht doch dazu dienen, aufzuzeigen, wie vielfältig die Intentionen und auch Ergebnisse des Reisens waren. Es scheint deswegen so wichtig, diese Vielfalt der Absichten, Arten, Schwerpunkte des Reisens sich vor Augen zu halten, weil wir es heute, so scheint es zumindest, mit all diesen verschiedenen Reisen, wie sie im Laufe der Geschichte vorhanden waren, nun in ganzer Spannbreite – auch der Intensität nach – zu tun haben.

Reisen bildet ?!

In diesem Sinne müssen wir wohl auch die Beziehung von Reisen und Bildung heute sehen, wobei die Bandbreite dessen, was sich heute darbietet – man braucht nur an die Angebote des Massentourismus zu denken – weit über bisher Dagewesenes hinausgeht, sowohl was die Ziele und Inhalte betrifft, wie auch die Masse der Reisenden, die heute mit Privatautos, Bussen, Flugzeugen und Schiffen unterwegs sind. Dabei ist es in den meisten Fällen auch kaum oder nur äußerst schwer möglich, eine Grenze zu ziehen, wo Reisen mit Bildung zu tun hat und wieviel und wo überhaupt kein Bezug mehr da ist, so dies überhaupt möglich ist.

Wenden wir uns nun jenen Bereichen zu, in denen Reisen und Bildung in einer engeren, und vor allem bewußten Beziehung stehen. Bleiben wir dabei zunächst bei den – nennen wir sie einfach – Individualreisen, also bei solchen Reisen, die nicht von Bildungseinrichtungen angeboten oder durchgeführt werden. Es kann sich dabei auch einfach um Urlaubsreisen handeln, deren eindeutiger Schwerpunkt auf der körperlichen und seelischen Erholung liegt. In diesen Fällen hängt es dann vom Einzelnen ab, ob ihm das bloße Liegen am Strand und ein wenig Plätschern im Meer – abendliche Unterhaltung selbstverständlich miteingeschlossen – genügt, oder ob er dazu die vorhandenen Möglichkeiten nützt, seine Kenntnisse und seinen geistigen Horizont zu erweitern – z. B. durch Kennenlernen von Kulturstätten und Kunstdenkmälern, und damit auch etwas für die Erweiterung und Vertiefung seiner persönlichen Bildung zu tun. Selbst wenn weder vom Reiseveranstalter oder von örtlichen Stellen Hilfen dafür angeboten werden, gibt es zur Unterstützung des eigenen Wollens und Tuns heute eine solche Fülle von Reise- und Kunstführern, die den unterschiedlichsten Ansprüchen gerecht werden, sodaß jeder das für ihn Geeignete finden kann und dies sowohl für die Vorbereitung wie Durchführung und Nacharbeit. Anregungen gibt es heute zur genüge, auch durch Fernsehsendungen, Videos und Artikel in diversen Zeitungen und Zeitschriften.

In variierter Form gilt dies auch für die Teilnahme an der Menge von Angeboten, sei es für Nah- oder Fernreisen, die es in unterschiedlicher Qualität gibt, von seriösen Reisen mit qualifizierten Reiseleitern und Führern an den entsprechenden Orten bis zu einer Art von Reisen, bei denen man verspricht, Europa in drei Tagen kennenzulernen, wobei man jede Nacht in einem anderen Hotel „wohnt", spät abends ankommt, früh morgens weiterfährt und kaum Zeit hat, den Koffer aus- und einzupacken. In letzteren Fällen wird es außerordentlich schwer, ihnen noch irgendeine Bildungsqualität zuzuordnen. Im Gegenteil, hier wird versucht, den Eindruck zu vermitteln, vieles zu sehen, ja kennenzulernen, und in Wahrheit ist es einfach Verführung zur Oberflächlichkeit, ja zu Scheinkenntnis und Scheinbildung, die letztlich auch zu völlig falschen Eindrücken führen kann.

Schließlich sei es gewagt, auch noch sogenannte „Funktionärs-Reisen" anzusprechen. Jeder, der aus Gründen des Berufs oder einer Funktion (deswegen Funktionärsreisen) mehr oder weniger oft, gewollt oder gezwungen, mit Flugzeug oder Zug zu Tagungen und Konferenzen unterwegs ist, steht oft unter ganz großem Zeitdruck. Um es überspitzt auszudrücken, ist es durchaus möglich, schon fünf mal im Berlin gewesen zu sein, aber außer Hotels oder Konferenzräumen von der Stadt kaum etwas gesehen zu haben. Es sei aber doch die Frage erlaubt, ob dies immer so sein muß, oder ob nicht doch das

Leben genau so gut – oder vielleicht sogar besser – weitergehen würde, wenn man sich manchmal doch die Zeit nähme, sich vorher oder nachher einen oder mehrere Tage freizuhalten, um eine Stadt etwas näher kennenzulernen. Vielleicht täte dies nicht nur der eigenen Bildung gut, sondern auch der Aufgabe und dem Beruf, die uns anscheinend unmöglich Zeit lassen, ja sogar daran hindern. Aus der Enge des Zwanges der Aufgaben von Zeit zu Zeit ganz bewußt herauszutreten, dient gewiß nicht nur der Bildung im Sinne intellektueller Bildung, sondern der Menschlichkeit und der Menschwerdung ganz allgemein.

Vielleicht dürfen doch auch noch Reisen erwähnt werden, die primär oder ausschließlich dem Erwandern von Landschaften dienen. Wer solche Wanderwochen je erlebt hat, weiß, wieviele echte Möglichkeiten im unmittelbaren Erleben der Landschaft mit ihrer Pflanzen- und Tierwelt, in der spontanen Begegnung mit Menschen und Kulturgütern gegeben sein können, die weit über den intellektuellen Bereich hinaus führen und in tiefere Schichten menschlicher Existenz wirken.

Bildungs-Reisen

Nun aber zu Bildungsreisen im engeren Sinn, veranstaltet und/oder durchgeführt von Bildungseinrichtungen. Die Angebote der Bildungseinrichtungen das Reiseangebot betreffend, werden natürlich weitgehend davon abhängen, welchen Stellenwert man Reiseveranstaltungen überhaupt gibt. Es besteht wohl kein Zweifel daran, daß Reiseangebote nicht nur das Bildungsangebot insgesamt erweitern können, sondern auch einzelne Veranstaltungen weiterführen, ergänzen, ja zu vertiefen vermögen. Es ist eben doch etwas ganz anderes, französische oder englische Kathedralen zu *erleben*, als sie von einem noch so guten Vortragenden auch mit ausgezeichnetem Bildmaterial dargestellt zu bekommen. Und dies gilt wohl für viele Bereiche. Umgekehrt kann es wiederum möglich sein, daß bei einer Reise Fragen auftauchen, die dann thematisch in eigenen Vorträgen oder Seminaren aufgegriffen und weiter verarbeitet werden können.

Wichtig ist selbstverständlich auch die Interessenslage des Personenkreises, der üblicherweise von der betreffenden Bildungseinrichtung angesprochen werden kann bzw. beworben wird. Dabei ist es durchaus möglich, mit dem Angebot von Reisen den Interessentenkreis zu erweitern oder bisher vorherrschende Interessen auszuweiten. Schließlich wird das Reiseangebot abhängen vom besonderen Charakter der Einrichtung, ihrer Ziel- und Schwerpunktsetzung.

Will man versuchen, aufzuzeigen oder zumindest anzusprechen, welche Kriterien für Reisen, veranstaltet von Bildungseinrichtungen, gelten sollen, wird man gewiß auch unterschiedliche Gewichtungen oder Rangordnungen feststellen können. Trotzdem sei versucht aufgrund von Erfahrungen aus drei Jahrzehnten Tätigkeit sowohl als Veranstalter wie als Reiseleiter, einige solche Kriterien anzusprechen.

Die jeweiligen Reiseangebote müssen klar beschrieben sein, so daß sich der potentielle Teilnehmer einstellen kann, sowohl auf die Zielsetzung, wie auch auf die Art der Durchführung. Nicht selten sind Bildungsreisen allzusehr überfrachtet mit Programmpunkten, sodaß manchmal die Teilnehmer am Abend schon nicht mehr wissen, was sie am Morgen gesehen haben. Da gilt wirklich: Weniger ist oft mehr. Freilich ist die Auswahl der Objekte entscheidend. Sie müssen jedenfalls von exemplarischer Bedeutung sein. Dann genügt es oft, einfach davon auszugehen und auf Ähnliches hinzuweisen.

Von großem Vorteil bzw. von bildnerischem Wert ist es zweifellos, jeweils vom Dargebotenen aus Querverbindungen herzustellen zu anderen Kulturbereichen, z. B. zu geschichtlichen Zusammenhängen, sozialen Grundlagen, zu Architektur, Dichtung und Musik. Die Reise soll sich möglichst als eine Ganzheit darbieten, die über- und durchschaubar ist.

Es ist wohl überflüssig zu erwähnen, daß Programm und Durchführung auch den Teilnehmerkreis zu berücksichtigen haben.

Dies bleibt allerdings alles graue Theorie, wenn nicht qualifizierte Reiseleiter zur Verfügung stehen. Vom Reiseleiter hängt es in hohen Maße ab, ob eine Reise gelingt, ob sie sowohl den Zielsetzungen des Veranstalters, wie den Erwartungen der Teilnehmer entspricht. Er bestimmt weithin die Bildungsqualität einer Reise. Nicht nur sein Wissen und seine Erfahrungen sind wichtig, nicht nur seine didaktischen Fähigkeiten, sondern auch seine menschlichen Qualitäten, sein gesamter Umgang mit Menschen. Er muß sich sowohl auf die jeweiligen Teilnehmer, wie auch auf unvorhergesehene Umstände einstellen können. Es gilt, das richtige Maß zu finden, sowohl im Ablauf des Gesamtprogrammes, wie in den Einzeldarstellungen. Auf keinen Fall darf Routine zu spüren sein. Die Teilnehmer sollten vielmehr das Gefühl haben, daß ihm die Reise selbst auch Freude macht, daß er selbst bei allen Kenntnissen ein Neugieriger geblieben ist. Einer, der auch wie sie immer wieder auf der Suche nach Neuem ist. Keine Frage, die gestellt wird, darf er als nicht wichtig abtun.

Wo es möglich scheint und sinnvoll ist, besonders dann, wenn persönliche Beziehungen zu einem Ort oder Ereignis gegeben sind, sollen auch Teilnehmer zu Wort kommen. Natürlich muß sich der Reiseleiter im Interesse aller Teilnehmer grundsätzlich an das Reiseprogramm halten und sich nicht von einzelnen Teilnehmern irritieren oder gar aus dem Konzept bringen lassen, andererseits soll er aber auch, wo es wirklich berechtigt ist, Beweglichkeit zeigen und nicht Sturheit. Eine offene Frage ist – und da kann man wirklich geteilter Meinung sein –, inwieweit örtliche Führer in Städten, Kirchen, Museen und dgl. engagiert werden sollen. Vielerorts geht es nicht anders, und es gab schon Zeiten, wo nicht autorisierte Personen überhaupt nicht führen durften. Aber wo es möglich ist, sollte man den betreffenden Führer kennen. Die Erfahrung zeigt, daß sie ungemein bereichernd wirken, aber auch durch ihre Routine und ihren völligen Unverstand dafür, was für diesen Teilnehmerkreis sinnvoll ist, oft auch durch die Länge und Eintönigkeit ihrer Ausführungen den ganzen Reiseverlauf negativ beeinflussen können.

Versucht man abschließend und zusammenfassend die Frage nach dem Bildungsertrag von Reisen zu stellen, so ist sicher der Erwerb bzw. die Erweiterung und Vertiefung von Wissen und Kenntnissen zu nennen. Darüber hinaus ist es das Aufbrechen aus Gewohntem und Vertrautem, mit dem Wagnis sich auf Neues, bisher Unbekanntes, vielleicht auch Überraschendes einzulassen.

Es gilt, Enge, Verfestigtes, mag sein auch Verkrustetes hinter sich zu lassen, um Offenheit, Weite und neue Horizonte zu gewinnen. Dies kann auch einschließen, bisher vorhandene Meinungen und Überzeugungen zu korrigieren. All das geschieht wohl eher, wenn man den gewohnten Alltag, die vertraute Umwelt verläßt und sich neuen Eindrücken in ungewohnter Welt unmittelbar und direkt stellt.

Wenn auch Reisen nicht immer und für jeden „Galoschen des Glückes" an den Füßen sind, die auch dem Geist Siebenmeilenstiefel zu verleihen scheinen, wie sie es für Hans Christian Andersen waren, so vermag doch Reisen befreiende, staunende und beglückend Gefühle zu vermitteln, ebenso wie Lebendigkeit des Geistes.

Jedenfalls – so meint zumindest Werner Bergengruen – kann man auf Reisen sein Leben deutlicher empfinden als im gewohnten Daseinskreise:

„Da du die Stoß- und Schalldämpfer der Gewohnheit daheim zurückließest, gewahrst du, daß dein Herz noch immer jeder Anrührung offen steht, und du lebst ein exemplarisches Leben ... ein Leben der Essenz. So lebst du in vier Reisewochen ein Jahr."[6]

Anmerkungen:

[1] Vgl. Hans Christian Andersen, Das Märchen meines Lebens. Eine Autobiographie, Odense o. J.
[2] Werner Bergengruen, Badekur des Herzens, Berlin 1956.
[3] Vgl. Propyläen Geschichte der Literatur. Bd. 4, Berlin 1984.
[4] Ebd.
[5] Ebd.
[6] Bergengruen, Badekur.

Kirche

... und sie
bewegt sich doch

Franz Zak

Ein Mann der Kirche

Ernst Wichert sagt einmal: „Wenig schönere Pflichten gibt es auf dieser Erde als zu danken und wenig reineren Gewinn eines Lebens als den, danken zu können und zu dürfen". Ich möchte nun versuchen, dieser schönen Pflicht, danken zu können und zu dürfen, anläßlich der Vollendung des 70. Lebensjahres des ersten Direktors unseres Bildungs- und Exerzitienhauses St. Hippolyt, Prof. Dipl. Ing. Leo Prüller, nachzukommen.

Als ich am 30.9.1961 das neu erbaute Hippolythaus in St. Pölten segnen und eröffnen durfte, war mir klar, daß es mit der Erbauung dieses Hauses allein nicht getan war, sondern daß es nun wesentlich davon abhing, ob eine geeignete und erfolgverheißende Leitung gefunden werden konnte. Heute darf ich mit großem Dank gestehen, daß ich gut beraten war, als mir für den Posten eines Direktors des Hippolythauses Leo Prüller vorgeschlagen wurde, der an der Seite und zusammen mit Rektor Schwanke garantierte, daß sich die Erwartungen erfüllen konnten, die ich an dieses Haus knüpfte.

In meiner Eröffnungspredigt habe ich darauf hingewiesen, daß es unsere Aufgabe sei, die Welt zu verchristlichen, nicht das Christentum zu verweltlichen. Darum, so sagte ich, soll in diesem Hause der Geist Gottes von den Herzen der Menschen, die hierher kommen, Besitz ergreifen, damit sie in der Kraft des Heiligen Geistes hinausziehen, die Welt zu heiligen und sie für Gott zu gewinnen. Dieser Grundintention fühlte sich, wie ich immer wieder feststellen konnte, Leo Prüller stets verpflichtet. Er scheute keine Mühe und Anstrengung, um der Fülle der Aufgaben, die sich stellten, in bester Weise gerecht zu werden. Ich glaube, heute sagen zu dürfen, daß sich Leo Prüller innerlich mit der Grundhaltung seines Bischofs, das Gesunde und Bewährte bewahren und für das gute Neue stets offen zu bleiben, solidarisieren konnte. Ich habe es auch immer geschätzt, wenn er nie leichtfertig, aber mutig seine Visionen einzubringen versuchte und manches wagte und erprobte, das sich später als wertvoll erwies.

In drei Jahrzehnten bewährter Zusammenarbeit konnte ich mich überzeugen, mit welch innerer Anteilnahme und Treue Leo Prüller seine Aufgabe als Direktor des Hippolythauses und darüber hinaus zu meistern versuchte. Ich möchte mit meinen schwachen Worten das Sprichwort Lügen strafen, daß „Dankbarkeit die Tugend der Nachwelt" sei. Nein, wie ich es schon bei seiner Verabschiedung als Direktor des Hippolythauses ausgesprochen habe, möchte ich heute nochmals herzlich namens der Diözese und in meinem eigenen Namen für sein vorbildliches Wirken in unserer Diözese danken und ein aufrichtiges „vergelt's Gott" sagen. Möge der Herr ihm vergelten, was er letztlich zu Seiner Ehre getan und gewirkt hat. Möge ihm die Dankbarkeit vieler Menschen unserer Diözese schönster Lohn sein. Ihm und seiner verehrten Familie wünsche ich noch viele schöne, gesunde und von innerer Freude erfüllte Jahre in seinem „Tusculum" in Kaisitzberg. Pax et Bonum!

ERNST WALDSTEIN

Kulissenwechsel
Vom Fels Petri zum wandernden Volk Gottes

Die Aufklärung hat mit ihren Folgen eine grundlegende Veränderung des gesellschaftlichen Gefüges in der noch europazentrierten Welt bewirkt und damit die überkommene, jahrhundertelang gültige Wertordnung in Frage gestellt. Die Katholische Kirche als ein Tragwerk dieser Wertordnung sah in der Folge ihre Aufgabe darin, im Rahmen der Verkündigung und der Interpretation des Evangeliums, aber auch in ihrer äußeren Erscheinungsform, die alte und nunmehr bedrohte Ordnung des innerweltlichen Bereichs zu verteidigen. Damit wurde das Bild von der Kirche als Fels Petri, der unverrückbar und unzerstörbar im Strom der Zeit standhält, für die Menschen *das* Bild von der Kirche schlechthin. Auch heute gibt es nicht wenige, die die Ausrichtung der Kirche auf die Ewigkeit mit dem Wunsch nach Unveränderlichkeit im Diesseits verbinden – vor allem wohl, weil ihnen das Herkömmliche als gesichert und alles Neue als dessen Infragestellung erscheint. Neues ist unbekannt und daher riskant.

Konturen des Umbruchs

Schon in der ersten Hälfte dieses Jahrhunderts begannen sich aber immer mehr Menschen in der Kirche zu fragen, ob Unveränderlichkeit *an sich* ein Wert sei, ob das Bild vom Fels Petri nicht einer Ergänzung bedarf, damit die Kirche auch in einer veränderten Welt ihrer Aufgabe nachkommen kann. Die Auseinandersetzung zwischen Modernismus und Antimodernismus markiert hier die ersten Schritte. Aber erst das Wort vom „Aggiornamento" und die Einberufung des II. Vatikanischen Konzils öffneten zuerst die Fenster und dann auch Türen und Tore. Die Kirche, die sich – im Zug der Aufklärung in die Defensive gedrängt – nun einer veränderten Welt öffnete, fand damit zu einem anderen, keineswegs neu erfundenen Kirchenbild, nämlich dem ebenfalls in der Bibel grundgelegten Bild vom „wandernden Volk Gottes".

Es ist dies nun ein ganz anderes Bild von der Kirche, als man es gewohnt war: Anstelle der hierarchisch geordneten Kirche mit ihrer von Gott selbst eingesetzten Leitung, der die Bischöfe und Priester nachgeordnet und die Laien weithin als Objekt der Seelsorge anvertraut sind, tritt nun das Bild von der durch Taufe und Firmung in die Familie Gottes aufgenommenen Christen in den Vordergrund, von denen nun einige durch das Sakrament der Priester- und Bischofsweihe zum besonderen Dienst am Volk Gottes herausgehoben werden. Ist das nun eine ganz andere Kirche als die, in der man selbst – samt Generationen von Vorfahren – aufgewachsen war? Oder sind das nur zwei verschiedene Perspektiven ein und derselben Kirche? Es ist ganz klar dieselbe Kirche, einmal „von oben" und einmal „von unten" gesehen. Es sind auch nicht zwei Wahrheiten, die einander widerstreiten, sondern zwei uns Menschen zugänglich gewordene, schon von der Bibel beschriebene Teile der einen, ganzen Wahrheit.

In der Zeit patriarchalischer Gesellschaftssysteme in einer seit Jahrhunderten christlich geprägten Welt war die Kirche der weltlichen Macht in enger Zusammenarbeit verbunden, ja es war zu einer Arbeitsteilung zwischen Hierarchie und weltlicher Macht, zwischen „Thron und Altar" gekommen, die einerseits der Kirche genug Handlungsspielraum bot und ihre Autorität in der Gesellschaft stützte und andererseits den Staat in seiner Machtausübung legitimierte und von einer Reihe von Aufgaben entlastete. So stand der Kirche in der Wahrung ihrer Ansprüche ebenso wie in der Sorge um Glaube und Moral der Menschen eine sehr wirksame Sozialkontrolle zur Verfügung. Das wirkte auch nach der Auflösung der patriarchalischen Gesellschaftsformen – manchmal nur mehr äußerlich – weiter, z. T. sogar bis in unsere Tage.

Die gesellschaftlichen Veränderungen und ein als Folge der Aufklärung wachsendes allgemeines Bildungsniveau hatten zur Folge, daß die Eigenständigkeit und die Eigenverantwortung der Menschen wuchsen – und damit auch die höhere Befähigung zur Mitverantwortung für einander und für das Gemeinwesen insgesamt. Freilich entwickelte sich bei so manchen Verantwortung Tragenden ein Widerstand dagegen, diese Entwicklung auch für die Kirche zu akzeptieren, da diese ja auf Transzendenz ausgerichtet sei und sich darum nicht den Entwicklungen in der Welt anzupassen habe. Damit gerieten die Kirchenbilder vom Fels Petri und vom wandernden Volk Gottes in einen Widerstreit und dieser ist auch heute noch nicht beigelegt: Das Schifflein Petri tanzt auf den Wellen, die dadurch erzeugt werden, und wir werden gelegentlich an die Stelle im Evangelium erinnert, wo die Jünger aus Angst, ihr Boot könnte untergehen, den Herrn wecken, der aber nur den Kopf schüttelt und sie „kleingläubig" nennt; freilich gebietet er auch dem Sturm, sich zu legen, damit die Jünger nicht überfordert werden ...

Sehr lange hat die Kirche ihre Verteidigungsposition gehalten und vor allem auf die Haltbarkeit – innerweltlicher – Bastionen gesetzt. Daß solche heute manchmal gar nicht mehr angegriffen werden, beweist das Wort von der Kirche, die auf Fragen antwortet, die keiner stellt. Das heißt aber nicht immer, daß solche Fragen irrelevant wären, sondern kann auch bedeuten, daß sie zu

Unrecht aus unserem Blickfeld verschwunden sind. Nun hat aber die Defensivhaltung einer großen Institution zur Folge, daß sie ihr Verteidigungsgelände übersichtlich halten muß. Das hatte bei der Kirche Einfluß auf die Schwerpunkte ihrer Verkündigung und auf die Wirkweise ihres Systems: Man hielt sich an das, was präziser, kontrastierender darstellbar und leichter zu regeln war. Wie ganz anders aber wurde es, als das Volk Gottes aus der Deckung heraus in ungeschützteres Gelände aufbrach!

Blicken wir zurück auf die letzten siebzig Jahre, die Anlaß dieser Festschrift sind, dann können wir feststellen, daß gerade in Österreich die Alarmglocken, die auf die geänderten Verhältnisse hinwiesen, sehr frühzeitig angeschlagen wurden. Vieles was am II. Vatikanum Allgemeingut der Kirche wurde, ist hier schon seit Jahrzehnten erprobt worden. So sind die großen Umbrüche unseres Jahrhunderts gar nicht so plötzlich über uns gekommen. Da aber seit der Gegenreformation eine sehr konsequente Entwicklung vor sich gegangen war (die Umsetzung des Tridentinischen Konzils war ja zu Beginn des I. Vatikanischen Konzils noch gar nicht abgeschlossen!), ist dies schon ein tiefgreifender Umbruch, der den letzten zwei bis drei Generationen zugemutet wurde.

Wenn wir versuchen, den Konturen dieses Umbruchs nachzuspüren, dann ist es hilfreich, das anhand eines Bildes vorzunehmen: Wir Christen sind alle unterwegs auf das eine Ziel, das Reich Gottes; aber der Wege dorthin gibt es viele, gewissermaßen eine Bandbreite der möglichen Wege. Gerät man an einen Rand des Bandes, läuft man Gefahr, auf einen Weg zu geraten, der nicht zum angestrebten Ziel führt, also ein christlich nicht vertretbarer Weg ist. Am anderen Rand des Bandes verhält es sich ebenso. Die Aufgabe des Christen ist es nun, auf dem Band zu bleiben und den Rändern nicht zu nahe zu kommen. Das ist freilich mühsam, weil es einer ständigen Positionskontrolle bedarf. So mancher will sich dieser Mühe allerdings entziehen und wandert knapp an dem einer oder anderen Rand entlang; weil aber nicht überall wirksame Geländer vorhanden sind, kann er auch mit einem kleinen Schritt vom rechten Weg abkommen.

Spannung als Orientierungshilfe

Wenn wir nun dieses zugegebenerweise sehr schematisch dargestellte Bild vom Christen unterwegs akzeptieren, dann erfahren wir auch, daß die Bandbreite des Weges durch Flaggenpaare wie bei einem Abfahrtslauf markiert ist, durch Begriffspaare, die einander als Paradoxien, also im Widerstreit stehende, an sich gleichwertige Sinngehalte gegenüber oder besser zueinander in einem Spannungsverhältnis stehen. Wenn man den einen Begriff gegen den anderen ausspielt, dann polarisiert man und verliert die Möglichkeit, die Spannung zwischen ihnen als Orientierungshilfe zu nützen.

Solche Begriffspaare können sein:
- Form und Inhalt
- Recht und Liebe
- Amt und Charisma
- Autorität und Freiheit
- Norm und Gewissen
- Bewahren und Voranschreiten
- Einheit und Vielfalt

Anhand dieser Paare wird klar, daß etwas schiefläuft, wenn wir uns dem einen Begriff zu sehr nähern und den anderen aus dem Auge verlieren. Es zeigt sich auch, daß in Zeiten der Defensive im Sinne einer „Wahrung der Übersichtlichkeit des Verteidigungsgeländes" die Tendenz besteht, sich stärker an den ersten dieser jeweils zwei Begriffe zu halten. In einer Zeit des Aufbruchs ergibt sich darum die Notwendigkeit, in Richtung auf den anderen Begriff hin zu korrigieren, freilich ohne ins andere Extrem zu kippen.

Es soll nun versucht werden, entlang dieser „Piste" von Begriffspaaren einige Aspekte des laufenden Umbruches darzustellen.

Form und Inhalt

Hier sind die Feiern der Liturgie ein gutes Beispiel. Die Einhaltung der Formen, der Rubriken, wurde so wichtig, daß dem mitfeiernden Volk zwar eine ästhetisch großartige Darbietung vorgeführt wurde, der Inhalt aber weniger begriffen wurde und damit auch die mystische Dimension litt. Ein erschreckendes Extrembeispiel hierfür hat mir mein zu Beginn des Jahrhunderts geweihter Volksschulkatechet geschildert. Vor der Priesterweihe mußten die Kandidaten wochenlang üben, mit den Wandlungsworten gemeinsam mit dem Konsekrator (damals waren diese Weihen die einzigen Formen von Konzelebration) auf die Sekunde gleichzeitig einzusetzen. Sollte nämlich einer aus Nervosität einen Augenblick zu früh einsetzen, müßten der Konsekrator und die übrigen Weihekandidaten vom Altar zurücktreten und er müßte die Heilige Messe allein zu Ende feiern, weil er ihnen uneinholbar voraus war! Woran mögen diese Weihekandidaten bei ihrem ersten Meßopfer gedacht haben?

Reformen geraten leider, wie wir wissen, immer wieder ins andere Extrem: Banalitäten, Beliebigkeiten in der äußeren Form, vordergründige Symbolik erschweren den Zugang zum Geheimnis der Liturgie und Formlosigkeit entsakralisiert sie. Eine gute Balance zwischen den in die Tiefe weisenden äußeren Zeichen, der Verständlichkeit des Handelns und der Emotionalisierung der Beteiligten macht gute Liturgie aus.

Recht und Liebe

Wir alle haben die Erfahrung gemacht, daß rücksichtslose Durchsetzung von Recht zu Ungerechtigkeit führt und die Liebe verletzt. Viele Menschen haben, oft freilich zu unrecht, den Eindruck, die Kirche als Institution verbiete alles, was Menschen Freude machen könne, sie treibe Kirchenbeiträge unter Androhung gerichtlicher Klagen ein, bestrafe aufmüpfige Theologen, statt mit ihnen zu reden, und Eheannullierungen kenne sie nur in Form von Gerichtsverfahren. Wir wissen allerdings auch, daß ungeordnete, mit Emotion überladene Liebe in Chaos und grober Ungerechtigkeit enden kann. Darum ist stets das Zusammenspiel der beiden Begriffe zu suchen. Die Spannung zwischen vergleichbar-objektiven Rechtsentscheidungen und der barmherzigen Beurteilung im Einzelfall ist in der Tat oft nicht auflösbar; darum sollte man vor der Fällung von Urteilen häufiger versuchen, Versöhnung und Umkehr zu erreichen.

Amt und Charisma

„Der Heilige Geist weht, wo *er* will". Das ist der Trost vieler, die mit Amtsträgern der Kirche Probleme haben. Auf der anderen Seite trifft man mitunter die Ansicht, die Amtsgnade verbriefe eine größere Nähe zum Heiligen Geist. Zur Zeit, als die Laien „die hörende Kirche" darstellten, ging so gut wie alles von den Amtsträgern aus. Die Verantwortung lag also auch voll bei ihnen; Ausnahmen bildeten höchstens die Eltern in ihrer eigenen Familie, der Haushaltsvorstand in der bäuerlichen oder gewerblichen Hausgemeinschaft und allenfalls die weltliche „Obrigkeit" in ihrem Bereich. Daraus wuchs das Gefühl, Amtsträger wären in besonderer Weise auch dort „zuständig", wo eigentlich der mündige Mensch seinen Weg allein finden können sollte. Wir treffen auch heute noch gelegentlich auf die Ansicht, Amtsträger hätten einen deutlich direkteren Zugang zur Wahrheit.

Die Theologie vom Volk Gottes geht demgegenüber viel mehr als früher davon aus, daß jeder Mensch mit einem Ensemble von Charismen ausgestattet ist, die ihm die Möglichkeiten bieten, an der eigenen Heiligung wie an der seiner Umgebung mitzuwirken. Freilich müssen die Charismen gesucht, entwickelt, geordnet und eingesetzt werden, wozu besonders Priester helfen sollen. Es gibt große Bereiche des gesellschaftlichen Lebens, die nur von den charismabegabten Laien erreicht werden können.

Freilich gibt es in der Reform auch hier Fehlentwicklungen, wenn etwa Laien ihre Charismen gar nicht an den Peripherien der Kirche einsetzen wollen, sondern in die Innenräume der Kirche drängen. So mancher Priester sieht sich trotz Priestermangel in einen „Konkurrenzkampf" mit Laien gedrängt, die seine Aufgaben anstelle ihrer eigenen übernehmen wollen. Der Weinberg

Gottes ist aber wahrlich groß genug; es müssen nicht alle gleich rechts und links vom Eingang arbeiten wollen!

Die Laienbewegungen in ihrer Vielfalt sind heute in weit größerem Ausmaß als früher bereit, ihre Charismen einzusetzen, und es ist und bleibt dem Priester eine schöne Aufgabe, diese Charismen aufzuspüren und zu koordinieren.

Autorität und Freiheit

Diese beiden Begriffe sind mit den zuletzt genannten eng verbunden, weil in unsrer Kirche Autorität vor allem als Amtsautorität verstanden wird. Diese Zuordnung ist vor allem eine Folge des früher niedrigeren Bildungsniveaus der Menschen, weshalb zumeist für diese entschieden werden mußte. Die zweifellos notwendige amtsbedingte Autorität hat oft und oft darunter zu leiden (gehabt), daß sich dahinter mißbräuchliche Ansprüche zur Machtausübung versteckt haben. Als Folge davon gibt es – nicht nur in der Kirche – eine deutliche Krise, die mitunter auch die rechtmäßig eingesetzte Autorität beeinträchtigt. Echte persönliche Autorität wird auch heute weithin anerkannt, während Amtsautorität immer mehr unter Legitimierungszwang gestellt ist. Unter diesem Druck steht oft auch das kirchliche Lehramt, so daß verbindliche Lehraussagen oft gar nicht ernstgenommen werden, weil sie nicht mit dem Stempel päpstlicher Unfehlbarkeit versehen sind. Viele Probleme für die Akzeptanz von Autorität haben ihren Grund darin, daß diese ohne hinreichende Begründung von Entscheidungen ausgeübt wird.

Freiheit gehört zwar zur vom Schöpfer gewollten Grundausstattung des Menschen, dem sogar die Möglichkeit eingeräumt wurde, sich definitiv von Gott abzuwenden. Im Lauf der Jahrhunderte wurde aber weithin die Auffassung vertreten, der gewöhnliche Mensch könne mit Freiheit nicht umgehen und man dürfe sie ihm nur in kleineren Rationen zuteilen. Das führte dazu, daß man zur Zeit der Französischen Revolution die Freiheit, zusammen mit Gleichheit und Brüderlichkeit, inhaltlich ausgehöhlt als Keulen gegen die Kirche schwingen konnte. Seither redet man beharrlich aneinander vorbei, wenn man von Freiheit spricht.

Norm und Gewissen

So wie man dem Durchschnittsmenschen den rechten Gebrauch von Freiheit nicht zutraute, so auch nicht den Umgang mit dem eigenen Gewissen. Man glaubte, ihm die Orientierung seines Gewissens an den gegebenen Normen nicht zumuten zu können. Und weil man ihm nicht einmal zutraute, von der allgemeingültigen Norm eine Verbindung zur eigenen konkreten Versündigung herzustellen, begann man im vorigen Jahrhundert mit der exzessiven Ausdeutung des Sündenkatalogs bis hin zu konkreten Zahlen und Maßeinheiten für jeden denkbaren Fall, ohne die individuelle Situation und den Grad persönlicher Schuld zu berücksichtigen. Wenn auch diese Kasuistik wieder aus dem Verkehr gezogen wurde, steht doch auch heute der Beichtvater vor der schwierigen Situation, richtig beurteilen und die rechten Hilfen geben zu sollen.

Die Krise des Bußsakramentes liegt nicht zum geringsten Teil darin, daß die gegebenen Normen nicht hinreichend begründet werden und daß noch immer viel zu wenig getan wird, um die Weckung und Bildung des Gewissens zu verbessern. Wenn Normen als klare, objektive Rahmenordnung erkannt werden und wenn das Gewissen der Menschen trainiert wird, hellhörig und wach zu reagieren, dann erst werden wir mit einer Renaissance des Bußsakramentes rechnen können.

Bewahren und Fortschreiten

Dieses Begriffspaar wird leider oft ganz pauschal als Alternative, als entweder – oder gesehen. Beim Österreichischen Katholikentag 1974 mit dem Motto „Versöhnung" befaßte sich eine der vier Arbeitstagungen mit „Konflikten in der Kirche". Eine Gruppe sollte sich mit dem Konflikt zwischen Konservativen und Progressiven befassen. Das Vorhaben mißlang, weil nur die konservative Seite erschienen war! Sie waren offenbar in erster Linie konservativ, während die Progressiven nach Sachthemen gesucht hatten, wo sie ihre Fortschrittlichkeit einbringen konnten.

Bewahrung und Fortschritt können bekanntlich leicht miteinander verbunden werden, wenn man sich die Frage stellt, was zu erhalten sei und wo man nach Neuem zu suchen habe. In der Kirche ist das schwieriger als im weltlichen Bereich, weil die Kirche mit ewigen Werten und zeitbedingtem Drumherum eine große Spannweite zu überblicken hat und weil über die ihr anvertrauten ewigen Werte nicht von ihr verfügt werden kann. Es geht deshalb insbesondere um die Unterscheidung, was wirklich ewiger Wert und was zeitbedingt und damit veränderbar ist. Wir hören heute viele Klagen darüber, daß die Kirche sich „dem Zeitgeist" anpasse; das zeigt, daß es Meinungsverschiedenheiten darüber gibt, was „ewig" und was „zeitbedingte liebgewordene Gewohnheit" ist.

„Aggiornamento" ist der Begriff, den Papst Johannes XXIII. zu diesem Thema geprägt hat und der wohl mit „den Tagesbedürfnissen entsprechend" zu übersetzen ist. Es ist richtig, daß Vorwärtsschreiten in noch ungesichertes Gelände nur von einem gefestigten Standort aus geraten erscheint. Deswegen wird es klug sein, wenn nicht „die Kirche" oder „Rom" den ersten Schritt ins Ungewisse tut – dazu schickt man Kundschafter voraus und erst, wenn die Tragfähigkeit des vorausliegenden Geländes gesichert ist, kann das Gros nachrücken. Wir sollten deshalb von unsren Kirchenspitzen nicht verlangen, immer vorauszugehen; wir sollten aber auch die Kundschafter nicht schlecht behandeln, wenn sie sich bei ihren Erkundungen im Morast die Stiefel schmutzig gemacht haben!

Einheit und Vielfalt

Mit allen vorgestellten Begriffspaaren ist auch dieses letzte eng verwoben und der größte Teil der aktuellen Probleme mit dem Umbruch in der Kirche liegt in diesem Spannungsfeld. Natürlich ist es einfacher, mit einer einheitlichen Kirchenfassade zurechtzukommen, als mit einer großen Vielfalt, die schwer zu überschauen und noch schwerer im Zaum zu halten ist. Man kann schon verstehen, wenn sich jemand in der Zentrale der Kirche darum sorgt, die Einheit in der Kirche angesichts der überbordenden Vielfalt sicherzustellen. Aber er sollte deswegen nicht verzweifeln, denn diese Aufgabe können Menschen allein ohnehin nicht leisten.

Eines müssen wir uns nämlich vor Augen halten: Gott ist ein Freund der Vielfalt! Allein die Buntheit seiner Schöpfung beweist uns das jeden Tag. Und er klont die Menschen nicht, sondern erschafft jeden als unverwechselbares Einzelexemplar – und doch sind sie alle, wirklich alle, als Ebenbilder Gottes geschaffen und damit zu einer Einheit verbunden, die zu bewahren kein Mensch von sich aus fähig sein kann.

Sozialprinzipien für die Kirche

Wenn wir anhand dieser Begriffspaare (es gibt noch andere) darstellen, daß jeder Mensch seinen Weg ins Reich Gottes finden kann, sofern er sich an den Randmarkierungen orientiert und immer neu positioniert – und das kann auch der sprichwörtliche Köhler tief im Wald –, dann meinen wir, daß sich auch die Kirche als Ganzes, daß auch die strukturierte Kirche sich immer neu in gleicher Weise orientieren und positionieren muß. Daß hier vieles ansteht und auch vieles, Gott sei Dank, längst in Bewegung ist, wissen wir. Aber ein Großorganismus wie die Kirche braucht da eben seine Zeit.

Ein Vorschlag, wie dieser Vorgang zu verbessern wäre, ist die Anwendung der Prinzipien der Katholischen Soziallehre nunmehr auch auf die Kirche selbst. Dieser Teil der Lehre der Kirche findet innerhalb wie außerhalb der Kirche, von ganz oben bis ganz unten, von ganz rechts bis ganz links die breiteste Anerkennung und ist sehr gut auch auf die Kirche selbst anwendbar.

Subsidiarität

Das *Subsidiaritätsprinzip* sagt, daß eine höhere Instanz nur solche Kompetenzen an sich ziehen soll, die darunterliegende nicht auszufüllen vermögen, was in der Umkehrung auch heißt, daß niederere Instanzen jene Kompetenzen beanspruchen sollen, denen sie entsprechen können. Die Katholische Kirche wird nun als extrem zentralistisch angesehen, was ihr auch angesichts der Tatsache, daß ihre Europazentriertheit zu Ende geht, große Schwierigkeiten bereitet. Es wird immer schwieriger, bei ihren Verlautbarungen einen Text hinauszugeben, der in allen Ländern und Kontinenten mit ihren großen Unterschieden in Denk- und Ausdrucksweise auch im selben Sinn aufgenommen wird, wie er in Rom ausgedacht wurde. Viele Probleme haben auch von Kontinent zu Kontinent, von Land zu Land verschiedene Ausprägungen, vieles ist nur in Teilbereichen aktuell.

Im Sinn des Subsidiaritätsprinzips wäre es darum wichtig, Kompetenzen an Bischofskonferenzen oder deren regionale bzw. kontinentale Zusammenschlüsse abzugeben, wo sie situationsgerechter und aktueller wahrgenommen werden können. Der für einen solchen Organismus wie die Weltkirche erstaunlich niedrige Personalstand der Kurie leistet zwar Unglaubliches, kann aber mit den von ihm an sich gezogenen Kompetenzen gar nicht mehr zurechtkommen.

Personalität

Das *Personalitätsprinzip* besagt, daß die Würde der einzelnen Person auch in der Gemeinschaft gewahrt sein muß und in der Entwicklung der Selbständigkeit, der Geistigkeit, der Freiheit und der Selbstverantwortung des Wahren und Guten zu unterstützen ist. Das stützt zunächst einmal die Notwendigkeit ab, den Laien in der Kirche zur Selbstverantwortung sowie zum Gebrauch seiner Geistigkeit und Freiheit hinzuführen. Dann führt es dazu, das Gewissen des Einzelnen ernster zu nehmen als bisher, es zu bilden und zu schärfen. Dazu ist es auch notwendig, die moralischen Normen besser als bisher zu erklären und zu begründen; denn Normen, die man nicht versteht, betäuben das Gewissen, statt es zu bilden.

Solidarität

Das *Solidaritätsprinzip* schließlich gilt anders als im politischen Jargon auch über die eigene Gruppe oder Klasse und über Randgruppen hinaus, in Richtung auf eine gemeinsame Verantwortung aller Getauften für die heute Lebenden, für die künftigen Generationen, für die gesamte Schöpfung. In diesem Sinn ist dann auch der Gebrauch demokratischer Prinzipien und Verfahrensweisen im Rahmen der Kirche gerechtfertigt, ja notwendig, weil dadurch Demokratie nicht zur schrankenlosen Herrschaft von Mehrheiten oder zur Durchsetzung von Egoismen, ja überhaupt nicht zur Herrschaft, sondern zum gemeinsamen, wertorientierten Dienst wird. Eine solche Solidarität überhöht somit die Prinzipien der Demokratie und veredelt sie in einem zutiefst christlichen Sinn.

Vertrauen ist besser

Wir stehen inmitten eines großen Umbruchs im Leben und Wirken der Katholischen Kirche vom fest gegründeten Felsen Petri mit seinen Bastionen zum nach rein menschlichen Maßstäben mehr oder weniger ungeschützt dahinpilgernden Volk Gottes, wo auf jeden einzelnen Erdenpilger mehr Verantwortung, mehr Entscheidungsfähigkeit und mehr Solidarität mit seinen Nächsten zukommt. Das macht vielen angst, und diese Angst ist ein schlechter Ratgeber. Aber warum haben wir Angst? Sicher ist erhöhte persönliche Verantwortung eine Last, und wenn man seine eigenen Schwächen kennt, dann wäre Angst verständlich, ja geboten, – wenn wir nicht wüßten, daß in unsrem auf den Wogen tanzenden Schifflein der Herr mitfährt, der uns versprochen hat, daß wir gut ankommen werden, wenn wir uns ihm anvertrauen, und der uns nie überfordern wird!

Hubert Feichtlbauer

Zerfall oder neue Zukunft?
Es rumort von „unten" in den Strukturen des Laienapostolats

Am Anfang standen ein paar Zeitungsartikel, unauffällige Einspalter: der 39jährige Innsbrucker Religionslehrer Thomas Plankensteiner und ein paar Freunde hätten angesichts der mit dem „Fall Groër" aufgebrochenen Problematik die Absicht, durch ein Volksbegehren zögerliche Amtsträger der Kirche zum Handeln zu zwingen. Das war Mitte April 1995, und kaum jemand nahm zunächst Notiz davon. Tiroler haben aber ihren Dickschädel, wenn man an ihrer Entschlossenheit zweifelt. Diesmal bekamen ihn nicht, wie knapp 200 Jahre zuvor, Bayern und Franzosen, sondern die Wiener zu spüren, die sich zunächst zu nichts mehr als ein paar gnädigen Empfehlungen an die Adresse der ungeduldigen Alpen-Rebellen entschließen konnten: So etwas gehöre gründlich überlegt, ließen katholische Zentralfunktionäre geweihten und ungeweihten Charakters verlauten, das könne man nicht in einer kleinen Diözese in Eigenregie starten. Dazu bedürfe es einer gründlich bedachten gesamtösterreichischen Strategie mit klaren Zielvorstellungen sowie geordneten Kompetenzen und einem Koordinierungskonzept.

Tatsache ist, daß um das Institut für Pastoraltheologie an der Katholisch-theologischen Fakultät der Universität Wien schon geraume Zeit hindurch Überlegungen über eine notwendige Kirchenreform angestellt worden waren und die Initiative in Innsbruck zu einem Zeitpunkt erfolgte, da diese noch nicht ausgereift waren. Es lag also nahe, zu einem nochmaligen Durchdenken und einer Vertagung der Initiative auf Herbst zu raten. Die Tiroler aber blieben dabei, daß das Faß jetzt endgültig übergelaufen und durch weiteres Nachdenken kein Gewinn, sondern nur vermehrter Verdruß zu ernten sei. Man wollte daher auch eigentlich keine Planungs- und Koordinierungshilfe, sondern einfach Unterstützung.

Jetzt war die Stunde der ernsten Mienen und der besorgten Aufrufe gekommen. Die Katholische Aktion Österreichs (KAÖ) wandte sich in einem Brief vom 22. April 1995 an die Volksbegehrer, bekundete darin die Bereitschaft zu laufenden Kontakten, fand sich aber nicht zu einem Beitritt zur Plattform „Wir sind Kirche" bereit und kritisierte die durch Reformvorhaben mit unterschiedlichen Adressaten überladene Forderungsliste. Auch sei der dem politischen Bereich entliehene Begriff „Volksbegehren" unglücklich gewählt. Die KAÖ nahm jedoch durchaus positiv zur Kenntnis, daß zu den Proponenten der „Plattform" auch Funktionäre und Funktionärinnen aus ihren eigenen Reihen gehörten, was kein Widerspruch sei: „Wir alle wollen schließlich das gleiche und sind nur über den Weg verschiedener Meinung ..." In einer offiziellen Erklärung des KAÖ-Präsidiums vom 15. Mai 1995 hieß es, man teile die Sorge der Volksbegehrer und anerkenne deren Bemühen um die Erarbeitung neuer Zukunftsperspektiven für die Kirche, bevorzuge selbst aber „eher Wege, die zu Gesprächen zwischen Bischöfen und Kirchenvolk" führen sollten. Es sei jedoch jedem Mitglied einer KA-Organisation freigestellt, zu unterschreiben.[1]

Die Arbeitsgemeinschaft katholischer Verbände (AKV) ließ am 5. Juni 1995 durch eine Erklärung ihres Präsidenten Johannes M. Martinek wissen, daß man „nicht durch Unterschriften die Kirche verändern kann" und „nicht in Schlagworte verpackte Ideale" die Gesellschaft reformierten, sondern nur „das in Glaube und Lehre begründete offensive Engagement jedes einzelnen Christen." Martineks Aufruf an die Gläubigen lautete: „Lassen wir uns nicht irre machen! Lassen wir uns nicht den Blick für die wesentlichen Aufgaben in unserer Gesellschaft verstellen!"

Damit waren die Hauptargumente alle auf dem Tisch, die in den Folgemonaten die öffentliche Debatte beherrschen sollten: Dialog mit den Bischöfen – ja, aber eher nicht auf dem Weg eines Volksbegehrens, das unpassend an ein Instrument der politischen Demokratie erinnere und die Polarisierung im Kirchenvolk födern statt mildern würde. Und: Reden wir doch vom „Wesentlichen" und nicht von organisatorischen „Randthemen"! Mit unübersehbarer Freude bemächtigten sich auch Österreichs Bischöfe dieser Argumente und rieten den Gläubigen von einer Unterzeichnung ab – ohne Ausnahme. Daß der Name der Plattform („Wir sind Kirche") von vielen als Anmaßung empfunden wurde und zur Kritik am gesamten Vorhaben beitrug, läßt sich schwer leugnen.

Die institutionelle Anleihe bei der Staatsverfassung war in der Tat nicht ganz unbedenklich, obwohl andererseits eine gewisse Parallele nicht zu übersehen war: Ein von einer Mindestzahl von Staatsbürgern unterschriebenes Volksbegehren muß vom Parlament behandelt werden, doch haben das letzte Wort die Volksvertreter, die die Initiative verwerfen oder unverändert oder mit Abänderungen beschließen können. Diese Analogie kann auch ein Begehren des Kirchenvolkes für sich in Anspruch nehmen: Die Entscheidungsbefugten der Kirche können alles ablehnen oder alles annehmen oder einiges verändert oder unverändert verwirklichen. Schließlich wurde den Bedenken auf relativ geniale Weise Rechnung getragen, indem man das ursprünglich bindestrichlos gedachte Unterfangen durch ein kurzes Strichlein in seiner Besonderheit erkennbar machte: Das Kirchenvolks-Begehren war geboren.

„Wir sind Kirche": 500.000 Unterschriften

Die Parole „Wir sind Kirche" hatte man in Anlehnung an das Motto „Wir sind das Volk" gewählt, das in den Schlußtagen des kommunistischen Regimes vor dem Mauerfall 1989 in Leipzig den DDR-Staatsfunktionären entgegengeschleudert wurde, die sich als Volksrepräsentanten ausgaben. Diese Erklärung machte die Sache nicht besser: Sollte die Leitung der römisch-katholischen Kirche mit einer Funktionärsdiktatur verglichen werden? Wie man bald erkennen sollte, kümmerte sich das Kirchenvolk um semantische Feinheiten nicht, verstand das Anliegen und unterstützte es in einem alle Erwartungen übertreffenden Ausmaß: Statt der angepeilten 100.000 wurden 507.425 Unterschriften abgegeben; nur 2271 davon erklärte der die Richtigkeit der Auszählungen beglaubigende Notar für ungültig. Dafür wurden 2776 nach dem offiziellen Schlußtermin (25. Juni 1995) zur Post gegebene Namenszüge nicht mehr anerkannt.

Etwas mehr als 490.000 davon (rund 97 Prozent) wurden von Katholiken, knappe drei Prozent von Nichtangehörigen der r.k. Kirche abgegeben. Von Gegnern des Kirchenvolks-Begehrens wurde immer wieder eingewendet, daß niemand Mehrfachunterschriften verhindert habe. Die „Plattform" hat daher intern die Unterschriftenlisten der Diözese Graz-Seckau überprüft und ist zu dem Schluß gekommen, daß der Anteil der Mehrfachunterzeichner dort bei 0,02 Prozent lag. Daß sämtliche 500.000 Unterschriften bei einem Notar lagern und dem Vorsitzenden der Bischofskonferenz für jede Unterschrift nur symbolisch ein Getreidekorn überreicht wurde, erklären die Veranstalter damit, daß sie von Anbeginn die Geheimhaltung der Unterschriften auf Bitten vor allem aus Kreisen kirchlicher Angestellter versprechen mußten, weil diese Disziplinarmaßnahmen befürchtet hätten.[2]

Wenn man bedenkt, daß alle Bischöfe Österreichs und die führenden Laienfunktionäre des Landes (große erste Ausnahme: Eduard Ploier, KA-Präsident der Diözese Linz, der sich von Anbeginn zur Unterzeichnung bekannte) von einer Unterschrift abgeraten hatten, kann der spektakuläre Erfolg des Unternehmens nicht angezweifelt werden. Da spielen einige Mehrfachunterschriften und die Schriftzüge von möglicherweise nicht einbekannten Nichtkatholiken keine ergebnisrelevante Rolle mehr. Auch haben Meinungserhebungen gleich nach Durchführung des Kirchenvolks-Begehrens[3] dasselbe bestätigt, was auch eine Umfrage der Tageszeitung „Die Presse" zu Beginn des Jahres 1998 erneut zutage gefördert hat: Alle Forderungen des Kirchenvolks-Begehrens werden von einer satten Mehrheit der österreichischen Bevölkerung geteilt.[4] Der Unterschied zwischen Katholiken und Nichtkatholiken ist dabei gering. Selbst bei den Nichtunterzeichnern des Begehrens gibt es für alle seine Ziele (also auch für die Priesteramtsweihe von Frauen) eine klare Mehrheit. Wer das ernsthaft bestreitet, klinkt sich aus der Wirklichkeit aus.

Für das in traditionellen Gruppierungen und Verbänden organisierte Laienapostolat in Österreich begann nun der schwierige Weg des Verkraftens der Tatsache, daß ein Schnellstart aus dem organisatorischen Nichts eine halbe Million Österreicherinnen und Österreicher zur öffentlichen Leistung einer Unterschrift für Ziele der Kirchenreform bewegen konnte, während man selbst die Stunde verschlafen hatte. Denn offenbar war der Konflikt, der rund um behauptete Verfehlungen des damaligen Wiener Erzbischofs, Kardinal Hans Hermann Groër, aufgebrochen war, ein hervorragender Katalysator für den Erneuerungsstau, der sich in der römisch-katholischen Kirche Österreichs angesammelt hatte. Und nicht nur hier, wie der Umstand beweist, daß seither in 32 Ländern ähnliche Kirchenvolks-Begehren in die Wege geleitet wurden.

Was das Kirchenvolk in so erstaunlichem Ausmaß angenommen hatte, konnten leitende Funktionäre der angestammten Laienorganisationen mindestens ebenso wenig verkraften wie die Bischöfe, die dafür in den Medien vergleichsweise ungerechtfertigt hart gescholten wurden. Der Widerstand aus den Kreisen der Laienprofis war manchmal stärker und zäher. Damit soll keine Abwertung ausgesprochen sein: Wer sich viele Jahre hindurch ehrenamtlich im Engagement für die Kirche und ihre angestammten Organisationen abgemüht und oft viel Frust geerntet hat und dann erlebt, wie ein paar Neuankömmlinge plötzlich auf eine Goldmine stoßen, hat wohl nicht nur aus Gründen der Sozialpsychologie Anspruch auf Zweifel und Unmut.

Historische Entwicklung des Laienapostolats

Um die Situation besser zu verstehen, muß man sich das Entstehen und die Organisation des herkömmlichen Laienapostolats in Österreich in Erinnerung rufen. Der Anfang einer katholischen Volksbewegung mit mehrheitlicher Laienbeteiligung liegt in unserem Land im 19. Jahrhundert und hat seine Ausprägungen und Verästelungen in zahlreichen Organisationen erfahren. Katholische Studentenverbindungen, Kolpingvereine, katholische Preßvereine als Trägerorganisationen katholisch orientierter Zeitungen und Zeitschriften, die Christlichsoziale Partei und christlichsoziale Gewerkschaften sind alle Äste vom selben Baum.

Der erste katholische Gesellenverein wurde zu Pfingsten 1852 vom späteren Wiener Erzbischof, Kardinal Anton Josef Gruscha, in Wien gegründet – 15 Jahre vor Gründung des Wiener Arbeiterbildungsvereins, der das Organisationswesen auf sozialdemokratischer Seite in die Wege leitete. Der erwähnte Wiener Gesellenverein der Kolpingbewegung war „das erste konstruktive Gefüge auf dem Gebiet der Arbeiterorganisation in Österreich", wie man bei Friedrich Funder nachlesen kann.[5]

An den Universitäten erstritten katholische Studenten in harten, oft handgreiflichen Auseinandersetzungen das Recht, führende akademische Funktionen zu erlangen und in der Wissenschaft gleichberechtigt mit den damals alles dominierenden liberalen Kräften mitzureden. 1864 wurde in Innsbruck die erste farbentragende katholische Studentenverbindung, die Bestand haben sollte, gegründet: die Akademische Verbindung Austria, und im selben Jahrzehnt kam es auch zum Zusammenschluß bestehender Schwesterverbindungen zum Cartellverband (CV). „Die Idee des österreichischen Farbstudententums stand somit am Anfang der eindrucksvollen katholischen Volksbewegung der Verbände und Vereine im deutschen Sprachraum," berichtet Gerhard Hartmann.[6] Diese Organisationen entwickelten sich zum Teil stürmisch vor und nach der Jahrhundertwende und spielten in der Ersten Republik in enger Anlehnung an die auf Bundesebene führend regierende Christlichsoziale Partei eine wichtige Rolle.

Nach dem Ende der nationalsozialistischen Herrschaft in Österreich, die alle diese Vereinigungen in den illegalen Untergrund gedrängt hatte, bestand ein erkennbares Bedürfnis nach Neubeginn. Österreichs Bischöfe trugen diesem durch demonstrative Bevorzugung der Katholischen Aktion Rechnung. Die KA verstand sich als Trägerorganisation des Laienapostolats schlechthin, wurde in personeller und finanzieller Abhängigkeit von der Hierarchie tätig und vertrat eine „ganzheitliche Sicht des Apostolats", also ohne strenge Scheidung zwischen geistlicher Sendung (Priester) und Weltdienst (Laien). In der Folgezeit entwickelte die KA bemerkenswerte und effiziente Initiativen auf zahlreichen Gebieten des gesellschaftlichen Lebens: in der Volksbildung, für Ehe und Familie, umfassenden Lebensschutz, Frieden in der Welt. Pflege der Sonntagskultur, Dialog mit den Juden, Kontakt mit Künstlern, Hilfe für Mittelosteuropa und die Dritte Welt sind weitere Aktivitäten, mit denen die Gliederungen (Männer-, Frauen- und Arbeitnehmerbewegung, Jugend, Jungschar, Hochschuljugend, Akademikerverband) und Werke der KA (Familienwerk, Bildungswerk u. a.) actio catholica betreiben.

Kein Wunder, daß eine solche Konkurrenz den angestammten katholischen Verbänden zunächst psychologisch schwer zu schaffen machte. Die arge Verstimmung, die sich alsbald entwickelte, hatte auch sehr handfeste Gründe: Die Bischöfe versuchten eine Zeitlang allen Ernstes, die alten Verbände zur Auflösung zu bewegen. Der Neubeitritt zum ehemaligen „Reichsbund" wurde dezidiert verboten. Kolping sollte seine Vermögenswerte an die Bischöfe herausgeben. Da hatte man freilich die Lebenskraft der schon mehr als ein halbes Jahrhundert alten Laienorganisationen unterschätzt. Sie lebten weiter, rekrutierten viele neue Mitglieder und behaupteten ihren Anspruch, wenn nicht actio catholica, dann eben actio catholicorum zu sein. In den frühen 50er Jahren kam es unter tatkräftiger Mithilfe des hinter den Fassaden die

Fäden ziehenden Bundeskanzlers Julius Raab zur Gründung der Arbeitsgemeinschaft katholischer Verbände (AKV), die sich heute als „Plattform für gemeinsame Arbeit in Kirche und Gesellschaft" versteht und drei große Wirkungsfelder in teilweiser „Konkurrenz" zur KA abdeckt: Berufsgruppen (Studenten- und Studentinnenverbindungen, Lehrervereinigungen aller Schultypen, Elternvereine, Kolpingwerk u. a.), Sonderbereiche (Medienakademie, Bauorden, Schriftsteller u. a.) sowie Freizeitorganisationen (vor allem die Turn- und Sportunion).

Die Katholische Aktion erreicht heute über alle ihre Gliederungen und Werke rund 500.000 Mitglieder, wie es KAÖ-Generalsekretärin Ruth Steiner angesichts der Schwierigkeit, gewisse Überschneidungen der Mitgliedschaften auszusortieren, formuliert. Die AKV, grundsätzlich vor dasselbe Zählproblem gestellt, beruft sich auf gut eine Million Mitglieder. Beide Organisationsgruppen haben es mittlerweile gelernt, miteinander auszukommen und im Wettstreit um die Verwirklichung ähnlicher Ziele mehr das Gemeinsame als das Trennende zu sehen, obwohl alte Rivalitäten gelegentlich immer wieder aufflammen. Sie boten im Mai 1997 dem Präsidenten der Katholischen Aktion der Steiermark, Fritz Csoklich, die Gelegenheit, in einer eindrucksvollen Festrede vor der CV-Verbindung Markomannia-Eppenstein in Graz für ein großes und endgültiges Händereichen zu plädieren: „Katholisch ist nicht eng, sondern weit; katholisch heißt nicht Rückzug auf sich selbst und einige Getreue, sondern Offensein, Dasein für jeden..."[7]

Starke Abwehrmechanismen bei den Etablierten

Das Auftreten der Kirchenvolks-Begehrer hat bald in beiden Lagern ähnliche Abwehrmechanismen erkennbar gemacht: Was bildeten sich die Neuankömmlinge auf dem Turnierplatz der katholischen Laienorganisationen eigentlich ein? Man wollte „beobachten" und „im Gespräch bleiben", aber in die eigenen Strukturen aufnehmen wollte man sie eigentlich nicht. Andererseits hatte die „Plattform", die sich als Trägerin des Kirchenvolks-Begehrens aus praktischen Gründen vereinsrechtlich konstituiert hatte, keine Absicht, sich vor Verwirklichung ihrer Forderungen wieder aus dem Staub zu machen. Sie sah sich als „Stimme des unorganisierten Kirchenvolks" und verordnete sich nach Statuten gewählte Organe: eine Vollversammlung, einen dreizehnköpfigen Vorstand mit Vertreter(inne)n aller Diözesen und für rasche Entscheidungen einen Exekutivausschuß mit Präsident, Stellvertreter(in), Schriftführer und Kassier; seit 1997 gibt es auch eine Geschäftsführerin. Plankensteiner vergleicht die „Plattform" mit Bürgerinitiativen, die im politischen Raum Institutionen der Verfassung spontan ergänzt hätten.[8]

Formell versteht sich die „Plattform" quasi als Hüterin des Kirchenvolks-Begehrens; würden alle Forderungen erfüllt, wäre die „Plattform" zumindest in ihrer heutigen Form überflüssig. Ob es dann zu überhaupt keiner Nachfolgeorganisation käme, will heute niemand noch mit absoluter Verbindlichkeit erklären, denn bis dahin dürfte es ja noch einige Zeit dauern, und niemand kann sagen, welche organisatorischen Erfordernisse sich dabei noch ergeben könnten. Tatsache aber ist, daß die „Plattform" in Treue zu ihrem Ursprungsauftrag zunächst einmal alle an sie herangetragenen Ansinnen, etwa eine Kirchenbeitragsreform oder eine bestimmte Bundespräsidentschaftskandidatur zu unterstützen, abgelehnt hat.

Zum Zeichen ihrer Bereitschaft aber, sich als Organisation in bestehende Grundmuster einzuordnen, griff sie 1996 postwendend eine Einladung des damaligen Präsidenten des Katholischen Laienrates Österreichs (KLRÖ) auf, um Mitgliedschaft anzusuchen. Der Laienrat war 1970 nicht zuletzt mit dem Ziel gegründet worden, als repräsentative Plattform aller Gemeinschaften des organisierten Laienapostolats Begegnung, Koordination und Kooperation zu ermöglichen und dadurch alte Konflikte wie den zwischen KA und AKV zu überbrücken. Er wurde in fünf Kurien organisiert, wobei die KA die erste und die AKV die zweite Kurie bildet. Die Kurie 3 wurde als Sammlung „apostolischer Gruppen" gegründet, zu denen Focolare, Neuland, Neokatechumenat, Charismatische Erneuerung, Legio Mariae, Pfadfinder(innen) und Opus Dei ebenso gehören wie der Familienverband, Actio 365 und viele andere. In einer vierten Kurie sind dann noch Diözesanvertreter(innen) und in einer fünften unorganisierte Einzelpersonen vereint.

Die Zugehörigkeit zu einzelnen Kurien folgt nicht immer strenger Theorie und beweist, daß organisches Wachstum nicht ganz logisch verläuft. Der in Kurie 3 beheimatete Katholische Familienverband oder der Katholische Buchhandel würden besser in die AKV-Kurie passen, der Verband katholischer Publizisten ist überhaupt nirgends dabei, „apostolisch" tätig sind letztlich die Mitglieder aller fünf Kurien, am kirchlichen Engagement der Turn- und Sportunion wird von vielen gezweifelt, die gewählten Einzelpersonen gehören oft auch Organisationen der ersten drei Kurien an, und bei vielen dieser Gruppen sind auch Priester und Ordensleute und keineswegs nur Laien Mitglieder. Trotzdem: Das gemeinsame Dach und das gemeinsame Fundament bekunden geschwisterliche Zielgemeinschaft. Es ist gut und richtig, daß es den Laienrat gibt, auch wenn er sich als ständiger offizieller Gesprächspartner der Bischöfe nie ähnlich profilieren konnte wie etwa seine Mitgliedsorganisationen KA und AKV.

Seit 1997 offiziell im Katholischen Laienrat

Dieser Laienrat tat sich mit der Aufnahme der „Plattform Wir sind Kirche" sehr schwer. Vorschnell hatte ein Präsident zu einem Aufnahmegesuch eingeladen. Mehrfach wurde die Entscheidung im Vorstand vertagt und schließlich an die Vollversammlung verwiesen, was höchst selten vorkommt. Dort wurde am 4. April 1997 lange und eingehend diskutiert, ob die Aufnahme nicht noch einmal verschoben werden sollte. Schließlich setzte sich doch das Argument durch, daß dieses Zeichen der Dialogbereitschaft ungeachtet einzelner umstrittener Zielsetzungen (die es auch bei anderen Mitgliedsorganisationen gibt) gesetzt werden müsse. Mit 27 Ja- und 14 Nein-Stimmen bei vier Stimmenthaltungen wurde die „Plattform" mit ihren rund 1200 Mitgliedern in die Kurie 3 aufgenommen und damit einem Auftrag entsprochen, der im Statut des KLRÖ (II, § 2) bei Aufzählung seiner Aufgaben eigentlich unmißverständlich enthalten war: „Förderung von Initiativen des nichtorganisierten Laienapostolats". Schon ein Jahr zuvor war „Plattform"-Vorsitzender Thomas Plankensteiner von der Vollversammlung als Einzelperson in den Laienrat und von der Kurie 5 auch als einer von zwei Vertretern in dessen Vorstand gewählt worden.

Damit freilich gehört nun auch die „Plattform" de facto zum „organisierten Laienapostolat". Daß sie angesichts der halben Million Unterschriften auch extra zum gesamtösterreichischen Delegiertentag im Oktober 1998 eingeladen wurde, hat die offizielle Anerkennung dieser Initiative durch die Kirchenleitung in Österreich endgültig besiegelt, und zwar im klaren Gegensatz zu einem Brief von Kardinal Joseph Ratzinger, dem Präfekten der vatikanischen Glaubenskongregation, der im Juni 1997 die Bischöfe Österreichs und Deutschlands aufgefordert hatte, solche Kirchenvolks-Begehren, „die zum Teil der kirchlichen Lehre widersprechen und in offenem Gegensatz zur kirchlichen Ordnung stehen", ja nicht zu fördern. Ein späterer Ratzinger-Brief hatte den „Bannstrahl" offenbar auf Drängen österreichischer Bischöfe zurückgezogen.

Demgegenüber hatte eine Initiative der KAÖ im Jänner 1998, als neue Aspekte des „Falles Groër" die Kirche in Österreich neuerlich in eine Krise stürzten, die große Mehrheit der Bischöfe davon überzeugt, daß nunmehr entschlossenes Handeln nötig war. Die Folge dieser Initiative „Gesprächsforum Kirchenzukunft", die zu einer freimütigen Aussprache zwischen einigen Bischöfen und Laien am 28. Jänner 1998 geführt hatte, war eine prinzipielle Solidarisierung zuerst des Ständigen Rates der Bischofskonferenz und in der Folge auch der übrigen Diözesanbischöfe mit Ausnahme von Kurt Krenn (St. Pölten) und Christian Werner (Militärdiözese) mit den Vorstellungen des „Gesprächsforums".

Damit aber war eine weitere Bresche in die Strukturen der traditionellen katholischen Laienorganisationen geschlagen, wie dies auch schon durch Initiativen wie das „Forum XXIII" in der Diözese St. Pölten geschehen war. Das Programm des „Gesprächsforums Kirchenzukunft" empfahl u. a. die Errichtung eines Beratergremiums katholischer Laien (unter dem unselig-anmaßenden, aber von Bischöfen selbst erfundenen Titel „Weisenrat"), der rasch auf aktuelle Situationen reagieren soll. Die Mitglieder, keine kirchlichen Funktionäre, sondern von der KAÖ gewählt, wären durch keinerlei Rückfragepflicht bei Organisationen behindert. AKV-Präsident Martinek kann sich nicht vorstellen, daß daraus etwas wird, „aber es werden wieder Grenzen sichtbar". Das stimmt. Die KAÖ ist durch mehrere Aktivitäten der neuen Führung unter dem Pastoraltheologen Christian Friesl de facto der „Plattform" nähergerückt, was eine interessante Tendenzverlagerung erkennen läßt: Die KAÖ, ursprünglich als verlängerter Arm der Bischöfe gegründet und von diesen personell und nicht zuletzt finanziell weiterhin abhängig, tendiert positions- und aktivitätsmäßig immer mehr in Richtung Handlungsautonomie. Die traditionellen katholischen Verbände, schon vor hundert und mehr Jahren bischofsunabhängig und handlungsautonom gegründet, bewegen sich durch die derzeitige AKV-Führung deutlich amtsnäher und unkritischer gegenüber Leitungsorganen der Kirche.

In Wahrheit gibt es freilich sowohl innerhalb der KA wie insbesondere in den Mitgliedsorganisationen der AKV sehr wohl unterschiedliche Meinungen, die keine Führungsspitze mehr repräsentativ vertreten kann. Das Kirchenvolks-Begehren hat diese tektonischen Verwerfungen und Brüche letztlich in allen fünf Kurien des Laienrates erkennbar gemacht. Was daraus noch wird, kann derzeit niemand mit Sicherheit sagen. Daß je das alte Gefüge bruchfest wieder hergestellt werden könnte, ist kaum anzunehmen. Kleingläubige werden darin Zeichen des Zerfalls, Hoffende aber Boten von Zukunft sehen.

Anmerkungen:

[1] Die zitierten Briefe und Beschlüsse sind im Archiv der KAÖ einzusehen.
[2] Mitteilungen Thomas Plankensteiners an der Verfasser.
[3] Vgl. Hubert Feichtlbauer, Der Aufstand der Lämmer, Wien 1995, 30ff.
[4] Vgl. „Die Presse" vom 2.2.1998.
[5] Vgl. Funder Friedrich, Vom Gestern ins Heute, Wien 1952, 339.
[6] Hartmann Gerhard, Der CV in Österreich, Graz-Wien-Köln 1994, 13.
[7] AKV Schriftenreihe „katholisch aktuell", 7/1997.
[8] S. o. Anm. 2.

Jakob Patsch

Ohne Begehren stirbt die Liebe
Das „Kirchenvolks-Begehren" –
ein vitales Hoffnungszeichen der Kirche

Vom 3. bis 25. Juni 1995 wurde in Österreich – weltweit bis dahin wohl einzigartig – ein „Kirchenvolks-Begehren" durchgeführt. Getragen von der Plattform „Wir sind Kirche", wurden auf ungewohnte Weise für bestimmte Anliegen in der Kirche Unterschriften gesammelt. Über eine halbe Million Menschen unterschrieben die Forderungen. Umfragen ergaben, daß große Teile auch der sogenannten praktizierenden Katholiken die Reformwünsche unterstützen. Wie ein Lauffeuer verbreitete sich inzwischen das „Kirchenvolks-Begehren", sodaß auch in anderen Ländern derartige Aktionen durchgeführt wurden. Die daraus entstandene internationale Bewegung setzt sich für eine Umsetzung dieser Anliegen ein.[1]

Stolpersteine

Was war die Motivation für dieses Unternehmen „Kirchenvolks-Begehren"? Programmatisch stand über den Forderungen der Satz:

> „Wir leiden darunter, daß der Zugang zur eigentlichen Botschaft Jesu Christi durch manche Gegebenheiten in der gegenwärtigen katholischen Kirche für viele Menschen erschwert wird."

Zu viele Stolpersteine im konkreten Erscheinungsbild der Kirche verstellen zahlreichen Menschen den Blick auf die eigentlich zentrale Botschaft des christlichen Glaubens und rufen nach Veränderung und Reform. Gewisse kirchliche Strukturen und eine rigorose Verkündigungspraxis werden dem Geist des Evangeliums nicht gerecht und versperren, erschweren oder verunmöglichen vielen Menschen den Glauben in der Kirche. Vor lauter selbstgemachten Problemen droht der Kern der christlichen Botschaft ins Hintertreffen zu geraten. Den Christinnen und Christen, aber erst recht den Menschen außerhalb der Kirche wird der Blick auf das eigentliche Geheimnis der Kirche geradezu verbaut, nämlich hinauszuweisen auf das Geheimnis Gottes, der in Jesus Christus das unverbrüchliche Ja zum Menschen gesprochen und sich auf immer mit der Menschheit verbunden hat.

Durch ihr derzeitiges Erscheinungsbild wird die Kirche in ihrer Glaubwürdigkeit schwer beeinträchtigt und in ihrem seelsorglichen Handeln nachhaltig belastet. Die gegenwärtige Krise sollte aber als Chance gesehen und für eine längst überfällige Reform genützt werden.

Das Unbehagen vieler katholischer Christinnen und Christen hat verschiedene Gründe: den Zentralismus der römischen Kirchenleitung, der sich auch zunehmend als große Belastung für die Ökumene herausstellt, problematische Bischofsernennungen, das kategorische Nein des Papstes zur Priesterweihe der Frau, die Unbeweglichkeit bei der Veränderung der Zulassungsbedingungen zum kirchlichen Weiheamt trotz enormen Priestermangels, die unbewegliche Haltung des kirchlichen Lehramtes in der Behandlung sexualethischer Fragen (von der Frage der Empfängnisverhütung bis zur Homosexualität), den generellen Ausschluß Wiederverheiratet-Geschiedener vom Kommunionempfang, um nur die wichtigsten zu nennen.

Im Fadenkreuz von Macht und Sexualität

Die Konflikte zeigen sich „im Fadenkreuz von Macht und Sexualität" (Peter Paul Kaspar). So waren die „Causa Groër" und die hilflose Reaktion der österreichischen Bischöfe darauf wohl nur der letzte Auslöser für ein schon längst spürbares Unbehagen. Ein obrigkeitlicher Leitungsstil, autoritäres Machtgebaren und das Pochen auf exklusiven Wahrheitsbesitz führen bei vielen dazu, daß ihnen Kirche als Heimat verlorengeht. Die Probleme werden nicht durch Dialog und Bemühen um Verständigung zu lösen versucht, sondern durch autoritäre und zentralistische Weisung. Der Wunsch nach Mitsprache und Mitentscheidung in wesentlichen Fragen wird kontinuierlich ignoriert. Statt auf Vertrauen, Selbstverantwortung und Mitsprache wird auf Ordnung, Gehorsam und Autorität gesetzt. Es gibt kaum einen Freiraum für die notwendige Auseinandersetzung. Pastorale Probleme werden entweder von den Amtsinhabern der Kirche nicht zur Kenntnis genommen, oder deren Diskussion wird schlichtweg blockiert. Kommunikation und Offenheit fehlen, Autorität wird überzogen, und es wird mit Sanktionen gedroht. Jeder Dissens (zu nicht-unfehlbaren Lehräußerungen) sollte unterbunden werden. Einheit wird gefordert, Vielfalt unterdrückt. Das freie Wort in der Kirche scheint bedroht, eine selbstgewählte Ghettoisierung breitet sich aus. Dies führt zu einer Kirchenverdrossenheit. Eine resignative Stimmung greift um sich. „Es nützt ja doch nichts!" SeelsorgerInnen und ReligionslehrerInnen haben vielfach das Gefühl, nur noch Schadensbegrenzung betreiben zu müssen. Viele resignieren, fühlen sich nicht ernstgenommen, glauben nicht mehr an die Reformbereitschaft der Kirche, schreiben Kirche und Kirchenleitung ab, wenden sich – nicht selten in enttäuschter Liebe – von ihrer Kirche ab, distanzieren sich und wandern aus.

„Fünf Wunden" der Kirche

Das „Kirchenvolks-Begehren" legt mit seinen Forderungen den Finger auf fünf Wunden, an denen die Kirche seit langem leidet. In ihnen bündeln sich die gegenwärtig drängenden innerkirchlichen Konflikte. Dementsprechend lauten die im „Kirchenvolks-Begehren" geforderten Anliegen: mehr Mitsprache und Mitentscheidung des Kirchenvolkes, nicht zuletzt bei Bischofsernennungen, volle Gleichberechtigung der Frauen, Änderung der Zulassungsbedingungen zu den kirchlichen Weiheämtern, positive Sicht der Sexualität und Anerkennung der verantworteten Gewissensentscheidung sowie mehr Verständnis und Versöhnungsbereitschaft für Menschen in schwierigen Situationen, etwa für Wiederverheiratet-Geschiedene. Lauter „heiße Eisen" in der Kirche. Nur nebenbei bemerkt: „Heiß werden aber diese Eisen, weil sie in der Kirche nicht im offenen Gespräch und im fairen Streit gekühlt werden."[2]

Die Themen und Anliegen des „Kirchenvolks-Begehrens" sind nicht neu und wurden auch nicht von dessen Betreibern erfunden. Sie weisen auf einen Problemstau hin und sind von pastoraler Dringlichkeit. Seit Jahrzehnten sind sie auf der Tagesordnung von Synoden, Diözesanforen, Kommissionen und Gremien. Sie wurden durch verschiedenste Aktionen und Petitionen unterstützt („Kölner Erklärung", „Tübinger Erklärung", „Luzerner Erklärung", Dialogpapier des Zentralkomitees der deutschen Katholiken usw.). Doch die Forderungen nach innerkirchlichen Reformen sind letztlich ins Leere gelaufen. So ist das „Kirchenvolks-Begehren" ein Versuch, auf anderen, bisher ungewohnten Wegen die ständig aufgeschobenen Reformen in Gang zu bringen. Das Kirchenrecht aus dem Jahre 1983 betont in Canon 212 mit Nachdruck das Recht „und bisweilen die Pflicht" der Gläubigen, ihre Meinung „in dem, was das Wohl der Kirche angeht", auch öffentlich kundzutun. Dieses Recht wurde im „Kirchenvolks-Begehren" in Anspruch genommen.

Christinnen und Christen artikulieren Wunsch nach Reform

Entscheidend ist, zwischen der Substanz unseres Glaubens und den strukturellen Fragen, die prinzipiell veränderlich sind und den Bedürfnissen der Menschen Rechnung tragen sollen, zu unterscheiden. Niemand hat die Absicht, die Glaubenslehre zu verändern, gar über sie durch Mehrheitsentscheidungen abzustimmen. Im „Kirchenvolks-Begehren" geht es um Bestimmungen des kirchlich gesetzten, also veränderlichen Rechts und um zeitbedingte Strukturen und Verhaltensweisen bzw. um ethische und pastorale Positionen, von denen Differenzierung und Weiterentwicklung gewünscht wird und in denen ein „legitimer Dissens" möglich sein muß. Nicht über Glaubensfragen soll abgestimmt werden – so lautet immer wieder ein Vorwurf –, sondern Christinnen und Christen artikulieren ihren Wunsch nach einer Veränderung der Kirche zu mehr Glaubwürdigkeit, Menschenfreundlichkeit und Rückbesinnung auf den Auftrag Jesu, den Wunsch nach einer Kirche, die ein Ort der Versöhnung und Befreiung ist und nicht ein Ort des naiven Gehorsams und der Infantilisierung. Hinter dem „Kirchenvolks-Begehren" steht der Wunsch nach einer Kirche in der Art Jesu, also mit menschlichem Antlitz, nach geschwisterlichem Miteinander und Füreinander. Es geht nicht um eine unkritische Anpassung an den Zeitgeist, sondern um ein Plädoyer für eine „offene Kirche in verantworteter Zeitgenossenschaft" (Walter Kasper) und um die Vision von einer „Kirche, die sich sehen lassen kann" (Hermann Stenger).

Die Kirche hat im Laufe ihrer zweitausendjährigen Geschichte viele Wandlungen durchgemacht und damit gezeigt, daß sie ein lebendiger Organismus ist. Auch und vielfach nur im Wandel kann Bleibendes bewahrt und die Kirche ihrer Aufgabe treu bleiben. Gilt nicht auch für die Kirche: Nur wer sich ändert, bleibt sich treu?

Einwände

Erwartungsgemäß wird das „Kirchenvolks-Begehren" von einer kleinen Minderheit scharf verurteilt und als „unkatholisch" abgelehnt. Man unterstellt den Betreibern und Unterschreibern einen „Teil-Unglauben" und hält die Therapie für die Krankheit.[3] Die Rede ist von Kirchenspaltung, Ungehorsam und Glaubensabfall. Dabei werden Kritik an kirchlichen Strukturen und das Verlangen nach Dialog mit der Aufkündigung des Glaubens verwechselt.

Außer gegen die Vorgangsweise wurden vor allem zwei Einwände artikuliert: dem „Kirchenvolks-Begehren" fehle jegliche spirituelle Tiefe, und die angesprochenen Themen seien zu binnenkirchlich. Diese Einwände sollten nicht zu schnell vom Tisch gewischt werden. So ist ohne weiteres zuzugeben, daß sich hinter der Kirchenkrise vielfach eine „Gotteskrise" (Johann Baptist Metz) verbirgt. Kirche muß sich verstehen als Aufstand gegen die Gottvergessenheit heutiger Menschen. Eine Erneuerung der Kirche muß der Mitte des Glaubens entspringen. Eine Kirche, die nicht in Gott verwurzelt ist, die nicht aus der Christusnachfolge lebt, kann nicht Volk Gottes sein. Doch dies wurde von den Betreibern des „Kirchenvolks-Begehrens" nie bestritten. Außerdem bleibt die Frage, ob die Forderungen nicht mehr mit Evangelium und Spiritualität zu tun haben, als ein oberflächlicher Blick vermuten läßt. Und: Meint die katholische Soziallehre mit „Strukturen der Sünde" nur den gesellschaftlichen Bereich? Warum sollte es nicht auch in der Kirche „Strukturen der Sünde" geben, die es zu beseitigen gilt? Muß nicht in der Kirche die Evangelisierung beginnen?

Der Hinweis, die Forderungen vernachlässigen andere wichtige Themen wie die Ökumene oder die großen sozialen, politischen, ökologischen und ethischen Herausforderungen unserer Zeit, sollte genauso ernstgenommen werden. Dennoch rechtfertigt der Verweis auf andere wichtige Anliegen nicht, die innerkirchlichen Reformwünsche auf sich beruhen zu lassen. Der Verweis auf eine übertriebene Selbstbeschäftigung mit den brennenden innerkirchlichen Fragen von der Struktur bis zur Disziplin und Verkündigung darf nicht zum Vorwand werden, diese nicht anzugehen. Es stimmt, die Kirche ist zu viel mit sich selbst beschäftigt. Doch das Plädoyer gegen den derzeitigen „Kirchennarzißmus" (Kurt Koch) darf nicht als Ablenkungsmanöver verstanden werden, etwa in dem Sinne, man solle sich nicht so sehr um kirchliche Strukturen kümmern, sich stattdessen mehr auf die Mitte der Kirche, auf Christus, besinnen und sich den sozialen Herausforderungen stellen. Gerade wenn man die Fixierung auf innerkirchliche Probleme überwinden will, darf man sie nicht auf die lange Bank schieben, sondern müssen die längst überfälligen Strukturreformen mutig in Angriff genommen und gelöst werden, damit Phantasie, Energie und Zeit wieder frei werden können für die eigentlichen Aufgaben der Kirche, für die wirklich großen Themen wie die Frage nach dem Sinn von Leben und Sterben, nach Gott und Jesus Christus oder für die großen Herausforderungen und Überlebensfragen der Menschheit: Frieden, soziale Gerechtigkeit und Bewahrung der Schöpfung. Nur wenn die innerkirchlichen Probleme und Strukturen mutig in Angriff genommen werden, werden Kräfte frei für das „Eigentliche". Weder die Gottesfrage noch das sozial-politische Engagement dürfen gegen die Kirchenreform ausgespielt werden.

Stichwort Glaubwürdigkeit

Im übrigen ist an die Kirchenleitung die Frage zu stellen, ob sie sich nicht selbst um die Wirkung und Glaubwürdigkeit ihrer eigenen Soziallehre bringt, wenn sie im kirchlichen Bereich nicht das praktiziert, was sie von der Gesellschaft fordert. Es werden nur dann sozialethische Weisungen bei Christen und Nichtchristen Beachtung finden, wenn die Kirche selbst für die Gesellschaft eine produktives Vorbild ist. Die Menschen werden hellhörig, wenn die Kirche an die „Welt" Forderungen stellt (Menschenrechte, Demokratisierung, Mitbeteiligung, Subsidiarität usw.), diese im eigenen Bereich aber nicht verwirklicht. Liegt nicht im Praxisdefizit der Kirche gegenüber dem eigenen (sozial-)ethischen Anspruch der Mangel an Überzeugungskraft und Glaubwürdigkeit der katholischen Soziallehre? Daß es für die Umsetzung der katholischen Soziallehre in Politik und Gesellschaft nötig wäre, sie für sich selbst zu verwirklichen, betonte auch der Nestor der katholischen Soziallehre, Oswald von Nell-Breuning:

> „Die Welt fragt, ob die Taten den Worten entsprechen. Und da liegt – Gott sei es geklagt – die Schwäche der katholischen Soziallehre."[4]

Ähnlich verhält es sich mit der Forderung nach Dialog. Die Kirche soll „zum Zeichen jener Brüderlichkeit (werden), die einen aufrichtigen Dialog ermöglicht und gedeihen läßt", so heißt es in der Pastoralkonstitution (GS 92) des II. Vatikanums. Doch für diesen Dialog sind in der Kirche kein Raum und keine Struktur gegeben. Es sind keine Dialogstrukturen vorhanden, „die auch ,von unten nach oben' funktionieren und ein Gegengewicht zur Einbahnkommunikation ,von oben nach unten' darstellen würden"[5]. Wird die Forderung nach verbindlicher Mitbeteiligung in der Kirche ignoriert bzw. folgen den Worten keine Taten, so verliert die Kirche ihre Zeichenhaftigkeit und wird unglaubwürdig. Auch wenn das Evangelium der Verfügungsgewalt der Kirche entzogen ist und die Kirche sich einer verbindlichen Tradition verpflichtet weiß, so bedarf die Kirche dialogischer und „demokratischer" Formen und Strukturen, damit die Kirche sich als Volk Gottes und als Gemeinschaft von Brüdern und Schwestern verwirklichen kann.

Auch wenn die Kirche besser ist als ihr Ruf, das derzeitige Erscheinungsbild schadet ihr, ja der gegenwärtige Zustand der Kirche schadet dem Glauben selbst! Ungezählten Menschen wird das „Glauben" in der Kirche gerade durch das Festhalten an bestimmten kirchlichen Strukturen und rigorosen moralischen Positionen erschwert oder sogar verunmöglicht. Die innerkirchlichen Verhältnisse sind eine Hauptursache für den schmerzlichen Schwund an Glaubensfreude. Der innerkirchliche Problemstau macht die Kirche handlungsunfähig und lähmt sie in ihrem Auftrag. Dies führt zu rapidem Bedeutungsverlust in gesellschaftlichen Fragen. Der Kirche droht das Absinken in die gesellschaftliche Bedeutungslosigkeit. Und nicht zuletzt: Ungelöste innerkirchliche Konflikte verstärken die Glaubenskrise.

„Körpersprache der Kirche"

Gerade wer eine dringend nötige Erneuerung des Glaubens und der Verkündigung des Evangeliums will, kann dies glaubwürdig nur unter Einschluß bestimmter Reformforderungen tun. Die Zukunft der Kirche entscheidet sich an der Glaubwürdigkeit einzelner Christinnen und Christen, aber auch an der der Kirche insgesamt. Dabei darf nicht vergessen werden, daß Haltungen, Handlungen und Strukturen so etwas wie die „Körpersprache der Kirche" (Thomas Plankensteiner) ausmachen und für das Zeugnis und die Glaubwürdigkeit nicht unbedeutend sind. Auch im Erscheinungsbild erzählt die Kirche von Gott. Mit den Worten von Hermann Stenger:

> „Kirchliche Strukturen predigen oft deutlicher als Worte! Deshalb brauchen wir gesunde Strukturen, von denen eine ,therapeutische', eine das Leben und den Glauben fördernde Wirkung ausgeht."[6]

Eine Kirche, deren Strukturen, Leitungsstil und Umgangsformen einschließlich Streitkultur als „botschaftsträchtige Symbole", als „‚Briefe Christi', lesbar für alle Menschen (vgl. 2 Kor 3,2f.)"[7] empfunden und erlebt werden könnten, würde neue Glaubwürdigkeit und Ausstrahlungskraft gewinnen.

Die Kirche wird dann Glaubwürdigkeit gewinnen, wenn sie auch in ihren Strukturen und Umgangsformen das lebt und praktiziert, was sie der „Welt" predigt und von anderen fordert. Auch im Erscheinungsbild, in ihren Strukturen und im Umgang miteinander sollte möglichst viel von der menschenfreundlichen, befreiend-erlösenden Botschaft Jesu Christi sichtbar und spürbar werden. Die Kirche soll ein durchscheinendes Symbol (Sakrament!) auf das Geheimnis Gott und auf die in Jesus Christus verkündete neue Wirklichkeit hin sein. Wird der Zugang zur Botschaft Jesu Christi verstellt, dann wandelt sich das Symbol zu einem „Diabol". Es wäre ein Mißverständnis, den Ruf nach Veränderung und Reform lediglich als Forderung zu deuten, Glaube und Kirche sollten modernisiert und dem Geschmack der Zeit angepaßt werden. Wohl aber muß die Kirche einladend sein auch für den kritischen Zeitgenossen, den das mündige Mitdenken und der Wille zur mitverantwortlichen Beteiligung auszeichnen. Eine Kirche von gestern kann Menschen von heute nicht nachgehen, sie begleiten und leiten auf dem Weg zum Reich Gottes. Die Kirche braucht eine große Unterscheidungsgabe, wo sie aufgrund ihres Auftrags Ärgernis geben muß und welche Ärgernisse sie eigentlich nicht geben dürfte.

„Nicht jedes Ärgernis, das die Kirche gibt, darf sich darauf berufen, daß sie eben Anstoß in dieser Welt erregen muß."[8]

Das Neue wächst

Das „Kirchenvolks-Begehren" ist getragen vom Bewußtsein, daß alle getauften Frauen und Männer das Volk Gottes bilden und vielen die Kirche bzw. die Glaubwürdigkeit ihrer Sendung nicht gleichgültig ist. „Wir sind Kirche" ist nicht ein Schlachtruf, sondern eine theologische Wahrheit. Mit einem neu erwachten Selbstbewußtsein bekundet das Volk Gottes seine Mitverantwortung, aber auch seine Zurechnungsfähigkeit.

> „Die Laien – in der Welt Erwachsene – sind nicht mehr bereit, sich in der Kirche wie unmündige Kinder behandeln zu lassen. Die Frauen sind zunehmend nicht mehr willens, sich mit der innerkirchlichen Geschlechterapartheid abzufinden."[9]

Oder anders ausgedrückt: „Das Kirchenvolk verteidigt seine Würde als Gottesvolk."[10]

Das „Kirchenvolks-Begehren" macht auf einen Mangel an partizipatorischen Strukturen aufmerksam und wird so zum „Ventil für vorenthaltene Mitsprache" (Leo Karrer). Es entwickelt eine Widerstands-Kultur und wird zum Zeichen für einen neuen Aufbruch.

„Die kirchliche Strategie der Vereinheitlichung der Zustimmung zu kirchlichen Lehraussagen mit Hilfe von Treueeiden und drohenden Sanktionen ist ein für allemal gescheitert. Unter anderem haben das die Kirchenvolksbegehren in verschiedenen Ländern der Welt überdeutlich gemacht. Der schlafende Gigant, den man einst den ‚dummen Laien' genannt hat, ist als ‚Volk Gottes' erwacht und rüttelt und schüttelt die noch Schlafenden wach. Das Neue ist, wenngleich bisweilen leidvoll, in vollem Erwachen. Mit voller Zuversicht dürfen wir sagen: Das alte Modell der Kirche ist am Auslaufen, Neues zeichnet sich klar ab."[11]

Das „Kirchenvolks-Begehren" steht für eine öffentliche und freimütige Meinungsbildung im Raum der Kirche und ist damit „ein hervorstechendes Zeichen der sich abzeichnenden Wende hin zu einer neuen Kirche"[12]. Krisen können – wie das „Kirchenvolks-Begehren" zeigt – Kreativität auslösen. Krise bedeutet nicht nur Zusammenbruch, sondern auch Umbruch und Aufbruch, heißt auch: Neues wächst.

Loyale Kritik – kritische Loyalität

Das „Kirchenvolks-Begehren" wurde von vielen als kräftiges Hoffnungs- und Lebenszeichen gesehen. Kaum beachtet wurde allerdings, daß es sich dabei um ein starkes Zeichen der Verbundenheit mit der Kirche – nicht zuletzt mit dem kirchlichen Amt! – handelt. Viele leiden an der Kirche, weil sie ihnen am Herzen liegt. Das „Kirchenvolks-Begehren" zeigt doch in aller Deutlichkeit, daß es noch viele Menschen gibt, denen Kirche nicht egal ist. Sie sind interessiert, haben die Kirchenleitung noch nicht aufgegeben. Kritik ist meistens auch ein Zeichen für Lebendigkeit, Bewegung und Vitalität. Außerdem ist es Kritik *in* der Kirche und Kritik an der institutionellen Seite der Kirche. Kritik von Menschen, denen die Kirche Heimat ist, die in ihr leben und oft auch arbeiten. Kritik aus der Sorge um die Zukunft der Kirche. Sollte die Kirchenleitung sich nicht darüber freuen? Die Kritik richtet sich ja nicht gegen das kirchliche Amt an sich, sondern gegen eine bestimmte Amtsführung. Nur nebenbei bemerkt: Wer eine Autorität überzieht – und sei es der Papst – schadet ihr. Muß aus dieser Sicht nicht das Papsttum vor denen „gerettet" werden, die es durch Überziehung zugrunde richten? Steht nicht die Autorität der Kirche, das Ansehen des kirchlichen Amtes auf dem Spiel, wenn es zur Karikatur verkommt? Ist das „Kirchenvolks-Begehren" nicht auch ein Zeichen einer unerschütterlichen kritischen Loyalität zur real-existierenden Kirche? Während Gleichgültigkeit und Resignation viele Menschen erfaßt und vielfach zum stillschweigenden Auszug aus der Kirche geführt haben und führen, findet im

„Kirchenvolks-Begehren" ein Ringen um die richtigen Antworten auf die Fragen und Herausforderungen der Gegenwart statt. Viele Christinnen und Christen sind sich ihrer Aufgabe bewußt, die Verantwortung für die Kirche nicht nur an die Kirchenleitung zu delegieren, sondern ihre Stimme zu erheben, wenn die Glaubwürdigkeit der Kirche auf dem Spiel steht. Das ignatianische „sentire cum ecclesia" bedeutet so viel wie Mitfühlen und Mitleben mit der Kirche. Das „Kirchenvolks-Begehren" – eine Form der verbindlichen, wenn auch kritischen Beziehung zur Kirche? Als „Christenmut" (Paul M. Zulehner) kann jener Widerstand gegen Resignation und Emigration, aber auch gegen schädliche Entwicklungen in der Kirche bezeichnet werden. Das „Kirchenvolks-Begehren" – ein Ausdruck dieses Christenmutes? Widerstand im Sinne einer offensiven Treue? Ist „Zivilcourage in der Kirche" (Walbert Bühlmann) nicht auch eine Tugend, eine Form der offensiven Treue? Ausdruck einer „Trotzdem-Liebe" (Reinhold Stecher) zur Kirche? Bernhard Häring sieht im Kirchenvolks-Begehren „sogar einen bedeutsamen Vertrauensvorschuß an die gesamte Kirchenführung"[13]. Gilt nicht auch für die Kirche: Ohne Begehren stirbt die Liebe?

Weil die Kirche immer reformbedürftig, eine „ecclesia semper reformanda", ist und bleibt, darum ist Kritik an ihr selbstverständlich legitim und manchmal sogar geboten. Sie kann zur heiligen Pflicht werden. Loyalität und Kritik schließen einander nicht aus, sondern können sich gegenseitig bedingen. Auch ein kritisches Verhältnis zur institutionellen Kirche kann noch einmal kirchlich sein. Solche Kritik gehört zum Selbstverständnis der Kirche und ist keine Abschwächung oder gar Infragestellung der Kirchlichkeit. Kritische Loyalität ist das Kennzeichen einer neuen Kirchlichkeit, die von großer Bedeutung für eine künftige Kirche sein wird. Eine solche Kirchlichkeit identifiziert die Kirche nicht mit dem Reich Gottes und verwechselt die Kirche nicht mit der Kirchenleitung. Sie gestattet den Hirten, die ihre Schafe wie Schafe behandeln, nicht, die Freude am Glauben und die Lust am Kirchesein zu zerstören. Kritische Loyalität ist eine Form der Treue zur Kirche, die spirituelle Heimat ist und von der Hoffnung lebt, daß der auferstandene Herr in ihrer Mitte ist.

Vom Ernstnehmen und vom Dialog

Der Wiener Weihbischof Helmut Krätzl resümierte am Ende der Unterschriftenaktion:

> „Das unerwartete Ergebnis des Volksbegehrens zeigte, wieviel Erneuerungswille in der Kirche noch da ist. Nimmt man diesen Aufschrei nicht ernst, wird sich bald nichts mehr rühren."[14]

Der Pastoraltheologe Norbert Mette kommentiert das „Kirchenvolks-Begehren" folgendermaßen: Für die Mehrzahl der unter 35jährigen sei die Kirche längst abgeschrieben.

„Wer darum die derzeitige Unruhe in der Kirche für lästig hält, sollte wissen: Es dürfte eine sehr unheimliche Ruhe werden, die schon bald in die Kirche einziehen könnte."[15]

Das „Kirchenvolks-Begehren" – eine not-wendige und not-wendende innerkirchliche Unruhe?

Vom Ernstnehmen und von Dialog ist von seiten der Kirchenleitung viel die Rede. Verbirgt sich hinter solchen Beteuerungen eine bloße Hinhalte- und Beschwichtigungstaktik? Wird das „Kirchenvolks-Begehren" wirklich ernstgenommen? Schließt Dialog auch die Bereitschaft zur Veränderung ein? Oder wird darunter ein unverbindlicher Austausch von Freundlichkeiten verstanden? Folgt nun als Antwort auf das „Kirchenvolks-Begehren" ein „Bischofs-Begehren" (Leo Karrer) an die Adresse der Kirchenleitung in Rom? „Brücken-Bauer" sind die Bischöfe erst dann, wenn sie nicht nur die Interessen der Weltkirche in ihren Ortskirchen vertreten, sondern auch die anstehenden pastoralen Probleme und Fragen der Ortskirche – ob gelegen oder ungelegen – gegenüber Rom vorbringen und darüber die offene Diskussion einfordern. Die Bischöfe üben ja nach dem II. Vatikanischen Konzil aus eigener apostolischer Vollmacht – und „nicht als Stellvertreter der Bischöfe von Rom" (LG 27) – ihr Hirtenamt aus und sind Lehrer des Glaubens. Verweigern sich die Bischöfe dieser Auseinandersetzung, dann sind sie zu einem guten Teil auch dafür verantwortlich, daß die leidigen innerkirchlichen Probleme die Seelsorge lähmen und viele Kräfte ablenken und vergeuden, die die Kirche für ihre eigentlichen Aufgaben bräuchte. Sollte sich die Kirchenführung dieser Auseinandersetzung verschließen, so würde sie viel an Autorität, Glaubwürdigkeit und Anziehungskraft verlieren.

Bischof Reinhold Stecher hat in seinem Brief zur vatikanischen Instruktion zur Mitarbeit der Laien auf den innerkirchlichen Problemstau aufmerksam gemacht. Er bemängelt das „pastorale und theologische Defizit" der (römischen) Kirchenleitung und daß menschliche Ordnungen und Traditionen oft höher bewertet werden als die Sorge um die Weisung Jesu und das Heil der Menschen. Letztlich muß es der Kirche darum gehen, dem Heil der Menschen zu dienen.

„Es heißt eben immer noch: ,Propter nos homines et propter nostram salutem descendit de coelis' und nicht ,propter nostram auctoritatem et propter stricte conservandas structuras ecclesiasticas descendit de coelis ...'"[16]

Werden andere Bischöfe diesem Beispiel an Zivilcourage folgen und offen sagen, was sie denken, was ein Großteil des Kirchenvolkes denkt, Fehler eingestehen und wenn die Botschaft des Evangeliums und das Heil der Menschen auf dem Spiel stehen, notfalls auch dem Papst „ins Angesicht widerstehen" (Gal 2,11)?

Wird nicht mit einer offenen Auseinandersetzung und echter Partizipation von seiten der Kirchenleitung reagiert, riskiert man weitere Resignation, innere Emigration und eine zunehmende Kirchenverdrossenheit. Oder engagierte Frauen und Männer gehen eigene pastorale und kirchliche Wege, ohne noch lange nach dem Kirchenrecht zu fragen und sich darum zu kümmern.

Reform für eine glaubwürdigere Kirche

Man kann mit großer Überzeugung davon ausgehen, daß die vielfältige Erneuerungsdynamik nicht aufgehalten werden kann. Die Vision einer geschwisterlichen Kirche, in der allen Christen die gleiche Würde zukommt und in der niemand diskriminiert wird, in der ein Klima des Vertrauens herrscht, in der Strukturen der Mitbestimmung und des Dialoges geschaffen werden, wird sich trotz aller Widerstände durchsetzen. Die gegenwärtigen innerkirchlichen Auseinandersetzungen können so – wenn auch schmerzliche – „Geburtswehen" für eine zukünftige Gestalt von Kirche sein. Vorausgesetzt, die Krise wird als Chance wahrgenommen. Das Wahrnehmen der Verantwortung für die Zukunft der Kirche ist nicht an die Kirchenleitungen delegierbar. In diesem Sinn müssen alle Christinnen und Christen ihr Christsein glaubwürdig leben und an der Verwirklichung einer geschwisterlichen Kirche arbeiten, diese immer besser zu leben versuchen. Nur eine Kirche, in der jede und jeder sich mitverantwortlich fühlen und ihre Charismen für den Aufbau der Kirche einbringen, kann lebendige Communio sein. Kommt es doch auch bei neuen Schläuchen entscheidend auf die Qualität des Weines an.

> „Es hat letztlich nur Sinn, von synodalen Formen der Mitverantwortung wie von neuen Schläuchen zu sprechen, wenn entscheidend nach der Güte des Weines gefragt wird."[17]

Allen Gliedern der Kirche ist es aufgetragen, den Geist nicht auszulöschen (vgl. 1 Thess 5,19), alle tragen gemeinsam die Verantwortung „für eine Kirche, die sich sehen lassen kann" (Hermann Stenger). Eine „Kirche von unten" und eine „Kirche von oben" müssen letztlich überwunden werden durch eine „Kirche von innen", die zugleich eine „Kirche nach außen" ist. Denn es besteht die Gefahr, daß das Pochen auf eine „Kirche von unten" das Pochen auf eine „Kirche von oben" verstärkt.

> „Die Positionen verfestigen sich wechselseitig. Es werden auf beiden Seiten Feindbilder produziert, die einen konstruktiven Veränderungsprozeß im Sinne der

‚ecclesia semper reformanda' behindern. Es besteht die Gefahr, daß das Fundament des Vertrauens brüchig wird und gegenseitiges Mißtrauen überhand nimmt."[18]

Eine „Kirche von innen", die zugleich ein „Kirche nach außen" ist, lebt aus der Kraft des Geistes und bereitet dem Kommen des Reiches Gottes den Weg. Sie weiß um ihre Sendung und ihren Auftrag, das erlösende Handeln Gottes widerzuspiegeln. „Kirche als Ort geistgewirkter Ebenbürtigkeit aller zum Glauben Erwählten"[19] anerkennt selbstverständlich die Autorität des Amtes.

„Sie ist jedoch mit der Erwartung verbunden, daß Macht und Einfluß in einer Weise ausgeübt werden, die der Überzeugung entspricht, daß der Geist Gottes auf dem ganzen priesterlichen und königlichen Geschlecht des wandernden Gottesvolkes ruht."[20]

Kirche darf sich nie als Zweck in sich selbst begreifen. Ihre Existenzberechtigung liegt allein darin, Gott und den Menschen zu dienen. Mit den Worten von Bischof Jacques Gaillot: „Eine Kirche, die nicht dient, dient zu nichts." Kirche ist „Weggemeinschaft zum Reich Gottes" (Medard Kehl). Es bleibt die Hoffnung, daß eine innerkirchliche Reform einer glaubwürdigeren Kirche dient. Eine Kirche, die zum Raum wird, wo Menschen die Gottesfrage stellen und wo Gott inmitten der widersprüchlichen Wirklichkeit ankommen darf. Eine mystische Kirche, die über sich hinausweisen kann in das Geheimnis Gottes hinein. Eine Kirche, die tief in Gott verwurzelt ist und durch diese Nähe Gottes ermächtigt ist zu einem geschwisterlichen Miteinander und zu einem dienenden Füreinander. Eine geschwisterliche Kirche, die sich in Kommunikation und Partizipation bewährt, und eine diakonisch-politische Kirche, die entschieden für das Leben der Menschen eintritt, für Frieden, soziale Gerechtigkeit und für die Bewahrung der Schöpfung. Nichts anderem als dieser Vision will das „Kirchenvolks-Begehren" dienen.

Anmerkungen:

[1] Literatur zum „Kirchenvolks-Begehren": Hubert Feichtlbauer, Der Aufstand der Lämmer. Zu den Fragen des Kirchenvolks, Wien 1995; Peter Paul Kaspar, Das Schweigen des Kardinals und das Begehren des Kirchenvolks, Thaur 1995; Thomas Plankensteiner, Gottes entlaufene Kinder. Zum theologischen Hintergrund des „Kirchenvolks-Begehrens", Thaur 1996; Plattform „Wir sind Kirche", Liebe-Eros-Sexualität. „Herdenbrief" und Begleittexte, Thaur 1996; Plattform „Wir sind Kirche", Macht Kirche. Wenn Schafe und Hirten Geschwister werden, Thaur 1998; Norbert Scholl, Frohbotschaft statt Drohbotschaft. Die biblischen Grundlagen des Kirchenvolks-Begehrens, Graz 1997; Paul M. Zulehner (Hg.), Kirchenvolks-Begehren. Kirche auf Reformkurs, Düsseldorf 1995; „Wir sind Kirche". Das Kirchenvolks-Begehren in der Diskussion, Freiburg/Br. 1995; „Lass' mein Volk ziehen ...". Kirchenvolks-Begehren als Hoffnungszeichen, Themenheft von Diakonia 28(1997), Heft 6.

[2] Leo Karrer, Schubkraft für die Laien. Der Langstreckenlauf der Laien, in: Ottmar Fuchs u. a., Das Neue wächst. Radikale Veränderungen in der Kirche, München 1995, 115-162, 133f.
[3] Vgl. Andreas Laun, Kirche Jesu oder Kirche der Basis? Zum Kirchenvolksbegehren, Köln 1996.
[4] Oswald v. Nell-Breuning, Wie sozial ist die Kirche? Leistung und Versagen der katholischen Soziallehre, Düsseldorf 1972, 92.
[5] Leo Karrer, Was ist los mit der Kirche? Das Kirchenvolks-Begehren im Horizont unterschiedlicher Kirchen-Erfahrungen, in: „Wir sind Kirche". Das Kirchenvolks-Begehren in der Diskussion, Freiburg/Br. 1995, 17-30, 22.
[6] Hermann Stenger, Für eine Kirche, die sich sehen lassen kann, Innsbruck 1995, 85.
[7] Hermann Stenger, Verwirklichung des Lebens aus der Kraft des Glaubens. Pastoralpsychologische und spirituelle Texte, Freiburg/Br. 1989, 122.
[8] Helmut Krätzl, Zeichen der Welt – Perspektiven für die Seelsorge, in: Lebendige Seelsorge 41(1990) 4-14, 7.
[9] Karrer, Was ist los mit der Kirche?, 20.
[10] Hermann Steinkamp, Kirchenvolks-Begehren? In der Volkskirche? In: „Wir sind Kirche". Das Kirchenvolks-Begehren in der Diskussion, Freiburg/Br. 1995, 227-230, 229.
[11] Bernhard Häring, Meine Hoffnung für die Kirche. Kritische Ermutigungen, Freiburg/Br. 1997, 113f.
[12] Ebd. 117.
[13] Bernhard Häring, Die Wende zeichnet sich ab, in: „Wir sind Kirche". Das Kirchenvolks-Begehren in der Diskussion, Freiburg/Br. 1995, 160-161, 161.
[14] Helmut Krätzl, Kirche im Zeitgespräch, Salzburg 1996, 31.
[15] Norbert Mette, Not-wendige innerkirchliche Unruhe, in: „Wir sind Kirche". Das Kirchenvolks-Begehren in der Diskussion, Freiburg/Br. 1995, 197-199, 199.
[16] Reinhold Stecher, Dem Heil dienen, in: HerKorr 52(1998) 31-34, 33. Übersetzung: „Für uns Menschen und unser Heil stieg er vom Himmel herab" und nicht „für unsere Autorität und zur strikten Bewahrung der kirchlichen Strukturen stieg er vom Himmel herab".
[17] Leo Karrer, Aufbruch der Christen. Das Ende der klerikalen Kirche, München 1989, 148.
[18] Hermann Stenger, Kompetenz und Identität. Ein pastoralanthropologischer Entwurf, in: ders. (Hg.), Eignung für die Berufe der Kirche. Klärung – Beratung – Begleitung, Freiburg/Br. 1989, 117.
[19] Ebd.
[20] Ebd. 117f.

CHRISTIAN FRIESL

KA semper reformanda oder „Wer braucht die Katholische Aktion?"

Das Begriffspaar „Krise" und „Reform" begleitet die Entwicklung der Katholischen Aktion (KA)[1] in den letzten zwanzig Jahren. Die beständigen Erneuerungsversuche sind in manchem gelungen, dann wieder steckengeblieben, in vielem noch offen. Der vorliegende Beitrag beschäftigt sich mit dieser offenen Zukunft der Katholischen Aktion, verzichtet dabei aber weithin auf die klassische interne Diskussion um KA-Spezifika wie „Ehrenamtlichkeit", „Oberleitung" durch die Bischöfe oder „Gliederungsstruktur". Statt dessen wird nach Grundsätzlichem gefragt: Wer braucht heute eine Organisation wie die KA? Wer braucht Laienengagement überhaupt? Wie hängen die Zukunft der Kirche und Rolle der Laien zusammen? Ausgegangen wird vom status quo: Ein gutes Stück der Identität der KA liegt in ihrer Charakteristik als gesellschaftlich präsente, kirchliche Laienorganisation. Gerade diese drei Aspekte (Gesellschaftsrelevanz, Kirchlichkeit, Laienengagement) sind für die Zukunftsträchtigkeit der Katholischen Aktion wesentlich.

Realutopie „soziale Gerechtigkeit":
Die Gesellschaft braucht die KA

Der soziale Wandel hat es mit sich gebracht, daß das Leben der Menschen zunehmend instabil wird: die großen Ideologien sind entzaubert, jahrhundertealte Milieus lösen sich auf, soziale wie familiäre Sicherheitsnetze werden brüchig. Im Zeitalter einer größer werdenden Unübersichtlichkeit sind immer mehr Menschen auf authentische und zukunftsweisende Lebenskonzepte angewiesen, die mit ihnen gemeinsam entwickelt werden. Die Gesellschaft braucht die KA, weil sie vor ihrem christlichen Hintergrund klare Positionen zu Fragen des gesellschaftlichen Zusammenlebens entwerfen und vertreten kann. In dieser Arbeit in und an der Gesellschaft geht es um brennende Fragen: Was bedeutet das Phänomen der neuen Armut für die gesellschaftliche Zukunft und für unser ganz konkretes Handeln als Kirche? Was denken wir aus christlicher Perspektive zum Thema Arbeit, deren Definition, Bewertung und Verteilung eine zentrale Frage des beginnenden 21. Jahrhunderts sein werden? Welche Strategien haben wir, die Lebenschancen Jugendlicher und junger Erwachsener zu fördern, einer Gruppe, die von der Problematik mangelnder Arbeit besonders betroffen ist?

Bei einer Tagung der Katholischen Aktion Österreichs zum Thema „Soziale Gerechtigkeit"[2] hat der bekannte Sozialethiker Johannes Schasching betont, daß sich „die Kirche als gesellschaftliche Kraft für soziale Gerechtigkeit in besonderer Weise verpflichtet weiß". Uns muß allerdings klar sein, daß wir mit dieser Option zu manchen modernen Auffassungen quer liegen. Kirchliches Querdenken wendet sich gegen die gängige Leistungs- und Machbarkeitsideologie und stellt ihr die Realutopie sozialer Gerechtigkeit gegenüber.

Schlüsselworte einer solchen gesellschaftspolitisch-diakonischen Arbeit sind „Leben" und „Freiheit", zwei Grunddimensionen, mit denen sich Jesu Handeln an und mit den Menschen umschreiben läßt. Die Menschen sind sein Anliegen, der einzelne Mensch und Gruppen von Menschen, vor allem jene, die zu wenig vom Leben haben. Ihnen will er Leben und Freiheit eröffnen und damit auch den Blick auf das anbrechende Reich Gottes öffnen. Im Traum Gottes, im Traum Jesu vom Menschen geht es um sinnvolles und geglücktes Leben, für den einzelnen wie für die Menschheit insgesamt. Für die gesellschaftspolitische Arbeit der Katholischen Aktion muß die Botschaft Jesu Konsequenzen haben:

– Als kirchliche Organisation, die (im Sinne einer politischen Diakonie) gesellschaftlich relevant sein will, wird die KA die Option für soziale Gerechtigkeit stärker wahrnehmen müssen. Der theologische wie der politische Hintergrund bedeuten für die Katholische Aktion sich dort zu engagieren, wo Lebens- und Freiheitschancen verkommen: materielle, berufliche, soziale, psychische.

– In der konkreten Arbeit bedeutet dies Modelle statt Appelle, nicht nur Stellungnahmen zu aktuellen Themen, sondern die Entwicklung konkreter, zukunftsfähiger Modelle des Zusammenlebens: durch die Realisierung entsprechender Projekte sowie durch Ideen und Beispiele sozialer Reformvorhaben, die den Menschen Mut machen können.

– Dazu müssen wir in Fragen der sozialen Gerechtigkeit kompetenter werden: Was wir in Zukunft brauchen, sind kreative und seriöse Wege aus der Dominanz der Konsumspirale und des sogenannten „Neoliberalismus" zu finden. Dazu wiederum haben wir neben unserem theologischen Wissen wirtschafts-, sozial- und gesellschaftspolitisches Know-how nötig. Die KAÖ hat als ersten Schritt 1998 eine entsprechende Denkwerkstatt von ExpertInnen eingerichtet.

– Zur Verwirklichung ihrer gesellschaftspolitischen Optionen braucht die KA Partner und Kooperationen: Das werden hoffentlich viele kirchliche Einrichtungen sein sowie z. B. PolitikerInnen oder Gewerkschaften. Auch internationale Kooperationen sind gefragt: Soziale Gerechtigkeit ist eine globale Verantwortung, der österreichische Kontext ist vermutlich schon zu kleinräumig gedacht.

Die neue Suche nach Sinn und Halt: Menschen brauchen die KA

Das Verhältnis der Menschen zur Religion ist gerade in Europa einem merkbaren Wandel unterworfen. Der Zauber des Religiösen gehört zu den Megatrends am Ende des Jahrtausends, wie Sozial- und Trendforscher in seltener Einigkeit diagnostizieren. Wenn TheologInnen der christlichen Religionen diese These kaum thematisieren, liegt das wohl auch daran, daß die Zunahme religiösen Bedarfs Hand in Hand geht mit der wachsenden Distanzierung vom Christentum.

Die Anhänger der neuen religiösen Moden orientieren sich nicht an dogmatischen oder religionswissenschaftlichen Erkenntnissen. Als „religiös" wird zunächst einmal alles bezeichnet, was den Rahmen des Alltäglichen nur ein wenig sprengt und zumindest im Ansatz den Hauch des Mystischen verbreitet. Es geht nicht um die Frage was wahr ist, sondern darum, was subjektiv hilft. Auf dieser „Suche nach Sinn und Halt" (Faith Popcorn) kommt psychologischen und therapeutischen Richtungen mit dem gewissen religiösen Pep große Bedeutung zu. Referate, Seminare und Bücher über „transpersonale Psychotherapie", psychologische Typologien, fernöstliche Meditationstechniken, Graphologie, Animismus und Astrologie „halten dem staunenden Ich einen Spiegel vor"[3]. Die neue Religiosität dreht sich vor allem um Emotionen, einer Dimension der Religiosität, die den europäischen Kopf- und Denk-ChristInnen über weite Strecken abhanden gekommen ist.

Auswahl ist im religiösen Markt ein wichtiges Kriterium. Jede/r kann die Intensität und Dauer seines „religiösen Engagements" selbst bestimmen und sich seinen „religiösen Cocktail" selbst mixen. Der deutsche Publizist André Lorenz dokumentiert in seinem Buch ein Sammelsurium vorreligiöser Praktiken, bei denen die Grenze zwischen Sinn und Unsinn schwer zu ziehen ist.

„So individualistisch, wie unsere Gesellschaft sich entwickelt hat, verläuft auch das Füllen des Orientierungsvakuums. Ganz typisch die Aussage eines Jugendlichen: ‚Ich hab' mir meine eigene Religion zusammengezimmert. Denn: Wenn du überall ‚n bißchen Wahrheit rausnimmst, dann hast du die absolute Wahrheit – nämlich deine Wahrheit.'"[4]

Das Resultat ist

„ein Patchwork aus Religiösem und Magischem, ein Glaubens-Supermarkt mit schnellen Wechseln und unzähligen Kombinationen ... Nicht mehr die Verwurzelung in der Kirche, die Weitergabe von Schriften und Ritualen von Generation zu Generation, ist Grundlage dieser ‚light'-Kultur, sondern gerade die Möglichkeit des bedürfnisorientierten Wechsels zwischen verschiedenen Formen ..."[5].

Unter dem Strich bedeutet dies: Religion ist Thema, und zwar nicht für Ewig-Gestrige, sondern für die jungen, modernen Menschen am Ende des Jahrtausends. Vielleicht gab es noch nie so viele Menschen, die sich freiwillig auf die Suche nach dem Religiösen machten. Klar ist aber auch: Die Elemente ihrer Sinnsuche sind nicht allein dem Fundus der christlichen Tradition entnommen. Dennoch: Die religiöse Selbsteinschätzung – auch wenn sie sehr individualistisch und privatistisch akzentuiert ist – verdient ernstgenommen zu werden.

· „Die Kirchen werden jenen Menschen, die sich selbst für religiös halten, nicht gerecht, wenn sie diese pauschal als säkularisiert und gottlos abqualifizieren."[6]

Die Anhänger der „neuen Religiosität" (die in Studien unter anderem als „Häretiker" oder „Neo-Religiöse" typologisiert werden)[7] sind Herausforderung für Kirche und KA. Auch wenn die synkretistische Suche nach Transzendenz von TheologInnen und Kirchenvertretern eher negativ bewertet wird, liegt in dieser Suche nach der religiösen Aura durchaus eine Chance. Möglicherweise leben wir gerade jetzt in einer Zeit, die pastoral durchaus als „Kairos" verstanden werden kann und in der sich viele aktiv und in großer Freiheit auch für den christlichen Glauben entscheiden können.

– Die subjektive Religiosität der Menschen „christlich-kirchlich" zu kultivieren, ist eine zentrale Aufgabe für die christlichen Kirchen. Dazu gehört auch die konstruktive Kritik an den verschiedenen Formen der „neuen Religiosität" bei gleichzeitiger Ernstnahme ihrer Anhänger. Seitens der kirchlichen Dienste und MitarbeiterInnen ist ein offener Umgang mit modernen Menschen und die Kompetenz nötig, sich auf die Spuren Gottes in ihrem Leben einzulassen: „Eine unmystagogisch entworfene Katechese, in der Menschen ‚auswendig', statt ‚par coeur' lernen, verurteilt sich selbst zum Mißerfolg."[8]

– In der Arbeit mit den „Häretikern" braucht es vor allem authentische BegleiterInnen. Gemeint sind Personen hautnah zum Anfassen, Menschen, die sich anfragen lassen können, die Kritik vertragen, die streitbar sind, an denen man sich reiben kann, die nachdenklich sind. Gefragt sind BegleiterInnen, die selber vielleicht nicht alles wissen und ab und zu stolpern, aber darüber reden können.[9] Sie sollen ihre eigene Suche nach Gott transparent machen, ihre Erfahrungen zur Verfügung stellen und selbst als Suchende erlebbar und glaubwürdig sein.

– Die Katholische Aktion und ihre Einrichtungen sind durchaus in der Lage, sich der Herausforderung der „neuen Religiosität" zu stellen. Die Chance der KA liegt in der Vielfalt ihrer Zugänge zur Botschaft Jesu und der Kreativität ihrer Methoden im Umgang mit den Menschen. Damit vermag gerade die KA moderne und mobile Menschen abseits der klassischen Wege der territorialen Pfarrseelsorge anzusprechen.

– Um diese Chance zu nützen, wird die KA stärker in ihre spirituelle Kompetenz investieren müssen, eine „neue Rede von Gott" ist gefordert. Wenn wir als KA Kirche sein wollen, werden uns die Menschen fragen, auf welche Weise wir christlich und kirchlich sind. Darauf müssen wir eine Antwort wissen. Möglicherweise liegt die Unverwechselbarkeit der KA-Spiritualität nicht darin, daß sie unverbindlich offen ist, sondern daß sie die Spuren Gottes verbindlich in jenen sucht, die zu wenig vom Leben haben.

Zeitgemäße Pastoral: Die Kirche braucht die KA

Das oben skizzierte Szenario der „neuen Religiosität" vermag die veränderte sozioreligiöse Lage der Menschen im Europa des ausgehenden zweiten Jahrtausends anzudeuten. Die (post-)modernen Kulturen in Europa sind von einem hohen Freiheitsanspruch gekennzeichnet. Der soziale Wandel und der damit im Zusammenhang stehende Bildungsschub haben bewirkt, daß Autonomie und Selbstverwirklichung im Zentrum persönlicher Lebenswünsche der Menschen stehen. Ein solches Selbstverständnis hat enorme Auswirkungen auf den Umgang mit Religion.

Wenn die Menschen ihre Nähe und Distanz zu Religion und Kirche immer häufiger selbst entscheiden, verursacht dies bei den Kirchen Verunsicherung, beinhaltet aber theologisch auch durchaus Positives. Das Heil muß nicht mehr „verordnet" werden, die Entscheidung für oder gegen den Glauben wird von vielen kompetent und in großer Freiheit wahrgenommen.

Die Herausforderungen der modernen Gesellschaft müssen von der Kirche nicht als Bedrohung angesehen, sondern können als Chance angenommen werden. Die pastorale Konsequenz bedeutet dreierlei: a) Die Lage und die Probleme der modernen Menschen hier in Europa (endlich) wahrzunehmen; b) sich mystagogisch auf die zentralen Botschaften des christlichen Glaubens zu besinnen und c) sie den Menschen des dritten Jahrtausends verständlich zu machen. Die große Kunst der Kirche im dritten Jahrtausend wird es sein, die frohe Botschaft des Evangeliums in eine freiheitsverliebte Gesellschaft einzubringen.

„Dazu ist es erforderlich, Abschied zu nehmen von einem selbstverliebten Ekklesiozentrismus und pastoralen Uniformismus zugunsten einer vom Evangelium inspirierten Vielfalt von Ausdrucks- und Sozialformen innerhalb der differenzierten Gesellschaft."[10]

Gefragt ist eine Kirche, die sich einmischt und deren Präsenz und Engagement in der Welt getragen wird „von einer liebenden Anwesenheit, einer tiefen solidarischen Liebe"[11]. Vom Evangelium her gibt es einen unabweisbaren Auftrag, für Stummgemachte und Ausgegrenzte einzutreten und Benachteiligte zu integrieren: Behinderte, Arbeitslose, AusländerInnen, jene, die mit den Standards und Rollenerwartungen unserer Leistungsgesellschaft nicht mithalten können oder wollen. Eine zeitgerechte Seelsorge kann also nur eine sein, die nahe bei den Menschen und ihren Anliegen arbeitet und überzeugt.

Kommt die Stunde der Laien?

Solche Seelsorge zu realisieren ist personalintensiv und eine Herausforderung, die nicht von der sogenannten Amtskirche und ihren Funktionären bewältigt werden kann. Gerade im Kontext der jüngsten Ereignisse in der österreichischen Kirche ist zu erkennen, daß viele aufgeklärte und gebildete Menschen des 20. Jahrhunderts mit einer autoritär stilisierten Kirche, die ihnen nur wenig Mündigkeit und Mitsprachemöglichkeiten einräumt, kaum etwas anfangen können.

Herausgefordert sind in dieser Situation vor allem die Laien: Gerade sie haben die Chance und Kompetenz, vor Ort mit jenen ins Gespräch zu kommen, die der Kirche kritisch gegenüberstehen: den Gebildeten, den jungen Generationen, den urbanen Menschen. Sie können dabei offen und authentisch von jenem Glauben Zeugnis geben, der moderne ChristInnen heute trägt (1 Petr 3,15). Mündige und gebildete Frauen, Männer und Jugendliche können somit in die Schlüsselpositionen der Glaubensvermittlung einrücken und zum „Sauerteig" werden.

Die Laien sind aber nicht als Platzhalter oder aufgrund des Priestermangels herausgefordert, sondern weil sie selbst zur Weitergabe des Glaubens berufen und gesandt sind.

> „Dadurch, daß die Laien Glieder des Volkes Gottes sind, haben sie das Recht und die Aufgabe, am Apostolat der Kirche mitzuwirken und ihn nach ihren jeweiligen Möglichkeiten zu vollziehen. Das erfordert keine spezielle Delegation oder Bevollmächtigung durch den Klerus, sondern leitet sich aus der Kirchenmitgliedschaft unmittelbar her."[12]

„Zu diesem Apostolat werden alle vom Herrn selbst durch Taufe und Firmung bestellt" (LG 33).

Anders – mit dem nachsynodalen Apostolischen Schreiben „Christifideles laici – Über die Berufung und Sendung der Laien in Kirche und Welt" (1988) – gesagt:

> „Neue kirchliche, gesellschaftliche, wirtschaftliche, politische und kulturelle Gegebenheiten rufen heute mit besonderer Intensität nach dem Engagement der Laien. Sich der Verantwortung zu entziehen, war schon immer verfehlt. Heute aber liegt darin eine noch größere Schuld. Niemandem ist es erlaubt, untätig zu bleiben." (CL 3)

In Zusammenhang mit der Rolle der Laien gehören allerdings mehrere theologische Ansätze und Fragen der Kirchenordnung dringend diskutiert und mittelfristig gelöst: Dazu gehört das Wesen des ordinierten Dienstes und die

Frage der Zulassungsbedingungen zum ordinierten Dienst ebenso wie der ekklesiologische Ort der pastoralen Dienste für Laien und die Frage der Gemeindeleitung. Um in diesen Fragen Lösungen zu erarbeiten braucht es viel Kommunikation und eine „Kultur des Dialogs". Wollen die Kirchen in Europa dem pastoralen Notstand angemessen begegnen, wird es wohl auch notwendig sein, die Kompetenz der regionalen und kontinentalen Bischofskonferenzen zu stärken und zeitlich befristete Modelle möglich zu machen.

Die Rezeption des Konzils kann wohl erst dann als gelungen bezeichnet werden, wenn die Rede von Kirche als dem „Volk Gottes" mehr ist als eine Worthülse und sich in einem neuen Kirchenbild und auch einer deutlichen Übernahme von Verantwortung der Laien für die Kirche erweist. Eine „Kirche der Laien" kann auch nur in diesem Verständnis realisiert werden: Als Gemeinschaft jener, die nicht zuerst Stände und Funktionen im Blick haben, sondern – gleich ob Amtsträger oder nicht – zuerst als Laien, als Christen und Christinnen in der Verantwortung für das Reich Gottes tätig sind.

Chancen und Herausforderungen für die Katholische Aktion

Das Engagement der Laien in Kirche und Gesellschaft zu fördern und zu koordinieren, ist Aufgabe und Herausforderung für die Katholische Aktion. Ob es gelingt, selbstbewußte und gebildete Frauen, Männer und Jugendliche zu animieren, „Sauerteig" der frohen Botschaft zu werden, daran wird sich die Zukunft der KA entscheiden. Die Chancen dafür stehen gut: Es könnte sein, daß sich in einer Art kreativen Symbiose von Tradition und Avantgarde gerade die Katholische Aktion als eine situationsgerechte Sozialform von Kirche realisiert und damit als „kirchliche Antwort" auf die Herausforderungen der Moderne anbietet. Für diese Perspektive sprechen eine Reihe von Argumenten:

– Die Katholische Aktion versteht sich als kirchliche Bewegung, die österreichweit (und hoffentlich zunehmend im internationalen Verbund) gemeinschaftlich und organisiert handelt. Gerade in einer Zeit in der die österreichische Kirche aufgrund diözesaner Teilinteressen nur schemenhaft sichtbar ist, vermag sich die Katholische Aktion als zeitgemäße kirchliche Organisation präsentieren: Durch die ansehnliche Zahl ihrer Mitglieder, durch ihre inhaltliche Effizienz, mit ihrem methodischen Know-How. Der „Dialog für Österreich" (1998), anfangs ein „ungeliebtes Kind" der österreichischen Kirche, wurde nicht zuletzt durch das Engagement der KA ein respektabler Erfolg.

– Eine Stärke und Chance der Katholischen Aktion liegt in ihrer Kirchlichkeit: „Nicht ‚für' die Kirche sollen Christinnen und Christen tätig sein sondern ‚als' Kirche."[13] Als kirchliche „Mitte" mit starkem ekklesiologischem Selbstbewußtsein ist die Katholische Aktion ein unverzichtbares Element der Kirche in Österreich. Sie ist vermutlich die einzige Bewegung, die sich

gleichermaßen für gesellschaftspolitische Arbeit, Seelsorge und Kirchenentwicklung verantwortlich weiß.
- Den Anspruch als „kirchliche Avantgarde" in der Welt von heute weiterzuentwickeln, ist eine Chance für die Katholische Aktion. Will Kirche nicht an der Realität vorbeireden und -handeln, braucht sie gerade in der hochdifferenzierten Welt von heute Menschen, die in den spezifischen Teilbereichen der Gesellschaft fachliche Kompetenz besitzen.[14] Innovative Ideen und kompetente MitarbeiterInnen zu fördern, ist daher eine wesentliche Investition in die Zukunft der Katholischen Aktion.
- Eine entscheidende Herausforderung für die Zukunft der KA wird sein, ein Verhältnis zur Kirchenleitung aufzubauen, das durch gegenseitige Akzeptanz und Vertrauen, durch kritische Loyalität bei weitgehender Autonomie der KA gekennzeichnet ist. Das könnte für beide Seiten ertragreich sein. Daß dieser Status auch stabilisierend wirkt, wurde nicht zuletzt in der Kirchenkrise des Jahres 1998 klar, als die KA eine vermittelnde Position zwischen beharrenden und fortschrittlichen Kräften einnahm und im Dialog mit ExpertInnen Wege aus der Krise aufzeigen konnte.

Konkrete Reformmaßnahmen

Am Ende dieses Beitrags bleibt die Frage nach der Umsetzung. Wollen wir einige der vielen Visionen realisieren, wird sich die KA bewegen müssen. Eine zentrale Herausforderung liegt darin, die eigene Identität neu zu entdecken und inner- wie außerkirchlich transparent zu machen: durch situationsgerechte und zielorientierte Arbeit, durch die Treffsicherheit ihrer Inhalte, durch entsprechende und erkennbare Reformmaßnahmen. Es ist an der Zeit, daß die KA wieder als spezifische kirchliche Laienorganisation erkennbar ist und nicht im weiten Spektrum kirchlicher Gruppen verschwindet.

- Es geht wesentlich darum, das (christliche) Selbstbewußtsein ihrer Mitglieder zu stärken: Auch wenn die Kirchen in einer tiefen Akzeptanzkrise stecken, haben christliche Botschaften und Inhalte großes Akzeptanzpotential. Es führt kein Weg daran vorbei:

  „Engagierte Christen sind die Vorreiter bei den Werte-Trends ... so besteht überhaupt kein Grund, in Resignation zu verfallen ... Es sollte allen Christen Mut machen, daß sie nicht einem Zeitgeist hinterherhecheln, sondern ihrer Zeit voraus sind."[15]

- Eine konsequente Analyse der Gesellschaft, ihrer Menschen mit ihren Freuden und Problemen bildet die Basis jeder gesellschaftspolitischen Arbeit. Dem folgt die Reflexion der eigenen Ziele, eine Evaluation der Themen, Inhalte und Methoden auf deren Situationsgerechtigkeit und Zielgerichtetheit. Dem Ergebnis dieses Projekts müssen die inhaltlichen, struktu-

rellen und personellen Konsequenzen entsprechen. Aufgabe der KA in den nächsten Jahren ist eine adäquate Verortung der KA zwischen professioneller Organisation und Bewegung.
- Aus dem Blickwinkel einer diakonischen Pastoral ist die Aufmerksamkeit für die differenzierte Lage der modernen Menschen in einer individualisierten und „leistungsgestreßten" Gesellschaft eine wesentliche Option. Gerade die in der jüngeren Zeit wieder virulent werdenden Probleme von Armut und Arbeitslosigkeit verlangen nach konsequenter diakonischer Arbeit.
- Neue Zielgruppen zu erschließen und ernst zu nehmen, ist eine weitere Herausforderung. Dazu gehören vor allem junge Erwachsene zwischen Zwanzig und Vierzig, eine Kern- und Problemgruppe bezogen auf die gesellschaftliche Lage und ihre Vorfindbarkeit in der Kirche.
- Kompetente MitarbeiterInnen sind ein wesentliches Kapital der Katholischen Aktion. In diesem Zusammenhang steht eine Diskussion über „Ehrenamt" und freiwillige Mitarbeit und vor allem eine Neudefinition der ehrenamtlichen Charakteristik der KA-Leitungsstrukturen an: Setzt die KA weiterhin auf ehrenamtliche Leitungsfunktionen (mit dem Vorteil relativer Unabhängigkeit), sollten sich diese auf inhaltlich-konzeptive, strategische und öffentliche Aufgaben konzentrieren können. Um ihre Aufgaben erfüllen zu können, benötigen sie hauptamtliche MitarbeiterInnen, die sie begleiten, von laufenden Arbeiten entlasten und im Idealfall „Partner" sind.
- KA-Intern geht es primär darum, die inhaltliche Kompetenz zu stärken. Die österreichische Kirche leidet an einem Mangel an sozial-, wirtschafts- und gesellschaftspolitischer Kompetenz, die KA kann hier eine Lücke schließen. Dies bedeutet allerdings auch zusätzliche Ressourcen und Kooperationen zu erschließen. Verbesserungswürdig sind auch die Standardaufgaben einer modernen Großorganisation: Dazu gehören unter anderem die interne Kommunikation, Personalentwicklung, Öffentlichkeitsarbeit.
- Von der Organisationsform der Katholischen Aktion Österreichs her wird es vor allem darauf ankommen, zentrale inhaltlich orientierte Einheiten (wie etwa die „Werke") mit den auf Bewegungsarbeit ausgerichteten Gliederungen besser zu vernetzen.
- Durch verstärkte inhaltliche Zusammenarbeit innerhalb der KA wird die Durchlässigkeit zwischen den „naturständischen" Gliederungen, den Diözesen und Werken automatisch wachsen. Mehr Kompetenz und Kooperation haben zur Folge, daß Anerkennung und KA-Identität zunehmen werden.

Eine derart profilierte KA wird auch keine Probleme haben, die eigene Identität neu zu entdecken und inner- wie außerkirchlich transparent zu machen. Identität bedeutet dann nicht nur den kleinsten gemeinsamen Nenner, den Gliederungen, Werke und Diözesen an Prinzipien und Inhalten haben, sondern weit mehr: Das Wissen darum, unter den Augen Gottes mit und für Menschen in diesem Land zu arbeiten.

Anmerkungen:

[1] Die Katholische Aktion besteht in Österreich aus 12 Gliederungen und 5 Werken auf Bundes- und Diözesanebene. Viele Argumente dieses Beitrags mögen auf die KA insgesamt anwendbar sein. Wenn es aber – wie etwa im letzten Teil des Beitrags – um konkrete Reformmaßnahmen geht, hat der Autor die Österreichebene (KAÖ) im Blick. In manchen Diözesen sind vergleichbare Reformvorhaben schon längere Zeit im Gang.
[2] „Sozial und gerecht – Parameter für politische Entscheidungen", eine Tagung der KAÖ im Adolf-Czettel-Bildungszentrum, Wien, 12.12.1997.
[3] Robert Mitscha-Eibl, Wir Weltbildhauer, in Junge Kirche 30(1996) Heft 4, 3-6, 4.
[4] André Lorenz, Die Werte sind im Kommen. Abschied von der Ellbogengesellschaft, Augsburg 1996, 164.
[5] Matthias Horx / Trendbüro, Trendbuch 2. Megatrends für die späten neunziger Jahre, Düsseldorf 1995, 120.
[6] Paul M. Zulehner / Hermann Denz, Wie Europa lebt und glaubt. Europäische Wertestudie, Düsseldorf 1993, 237.
[7] Vgl. beispielsweise die Typologie von Heiner Barz in: Ders., Postmoderne Religion (= Jugend und Religion 2), Opladen 1992.
[8] Zulehner / Denz, Europa, 239.
[9] Vgl. Meinrad Bumiller, Junge Menschen – alte Kirche. Orientierungen für die Jugendpastoral, Würzburg 1991, 59.
[10] Norbert Mette, Gemeinsam im Dienst einer evangelisierenden Pastoral. Die Chance einer Vielfalt kirchlicher Berufe für die Sendung der Kirche, in: Paul Hoffmann (Hg.), Priesterkirche, Düsseldorf 1987 (= Theologie zur Zeit 3), 208-231, 231.
[11] Zulehner / Denz, Europa, 259.
[12] Peter Neuner, Der Laie und das Gottesvolk, Frankfurt/M., 1988, 121.
[13] Markus Lehner, Vom Bollwerk zur Brücke. Katholische Aktion in Österreich, Thaur 1992, 217. Lehner zitiert hierbei E. Klinger.
[14] Vgl. Lehner, Bollwerk, 218.
[15] Lorenz, Werte, 13-15; 179.

VERONIKA PRÜLLER-JAGENTEUFEL

Laien und die Lust an der Kirche
Essay beim Luftholen für den langen Atem

„Das Amt in der Kirche darf sich nicht wundern oder darüber unwillig sein, wenn sich ein Leben des Geistes regt, bevor es in den Ministerien der Kirche geplant worden ist. Und die Gläubigen dürfen nicht meinen, sie hätten bestimmt nichts zu tun, bevor von oben ein Befehl heruntergereicht wird. Es gibt Taten, die Gott will, vom Gewissen des einzelnen verlangt, auch bevor das Startzeichen vom Amt gegeben ist, und zwar in Richtungen, die nicht schon amtlich positiv gebilligt und festgelegt sind."[1]

Vor bereits 36 Jahren richtete Karl Rahner diesen Appell an Österreichs KatholikInnen. Von der Kirchenleitung wie von den Laien forderte er damals mehr Mut, sich vom Geist Christi treiben zu lassen, auch wenn es an die äußersten Grenzen dessen führen möge, was christliche Lehre und christliches Gewissen als vertretbar ansehen könnten.[2] Der Antagonismus von Amt und Charisma, „Beamten" und „Künstlern" in der Kirche sei dabei mutig als Chance zu begreifen, da Gott aus dem Wechselspiel der Kräfte und dem „Pluralismus der Geister und Aufgaben und Dienstleistungen"[3] seine Kirche baut.

Rahners Ansprache, die damals für viele ermutigend war und ihnen noch heute in Erinnerung ist, war einer Kirche gesagt, in der die Laien mitten im Aufbruch waren. Denn in unserem Jahrhundert hat sich die Stellung der Laien in der katholischen Kirche wesentlich verändert: Ihr Handlungsspielraum wurde bedeutend größer, ihr Selbstbewußtsein als Glieder der Kirche wuchs, neue Möglichkeiten der Mitbestimmung kündigten sich an. Das Zweite Vatikanische Konzil stellte die fundamentale Gleichheit und Würde aller Getauften fest, die jeder besonderen Beauftragung zu spezifischen Diensten als Basis zugrundeliegt, es betonte das gemeinsame Priestertum aller Gläubigen und begrüßte die immer stärker und bewußter wahrgenomme aktive Teilnahme der Laien an der Sendung der Kirche. Nach dem Konzil waren Pfarrgemeinde- und diözesane Pastoralräte neue Versuchsfelder dialogischer Zusammenarbeit von Klerus und Laien, ähnlich die nachkonziliaren Synoden.

Dennoch ist der Schwung dieser Jahre verflogen. Neben den veränderten soziokulturellen Bedingungen, die die Kirche in der heutigen Gesellschaft vorfindet und die ihr Wirken nicht unbedingt leichter machen, liegen tiefe Wurzeln für die Ernüchterung im inneren Bereich der Kirche selbst. Die „kirchliche Naherwartung" (Leo Karrer) weitergehender Reformen hat sich nicht erfüllt, die Ankunft bzw. Parousie synodaler Strukturen läßt auf sich warten. Der Eintritt der erwarteten weiteren Veränderungen – um nur zwei prominente Beispiele zu nennen: mehr Mitsprache des Kirchenvolkes bei Personalentscheidungen und die Zulassung von verheirateten Männern wie von Frauen zu den Weiheämtern – verzögert sich bis heute. Ein Teil des Volkes Gottes kann damit gut leben, ist sogar erleichtert, sich nicht ständig an Neuerungen gewöhnen zu müssen. Sie mögen die alten Möbel im Haus, wie und wo sie sind, auch wenn sie gelegentlich zugeben, daß der eine oder andere Fauteuil schon ein wenig durchgesessen ist. Neuanschaffungen und Umstellungen lehnen sie ab, Renovierungen sind nur ganz originalgetreu erwünscht. Andere im kirchlichen Spektrum sprechen jedoch vom drängenden Reformstau, rechten mit dem Hausmeister und haben in ihren Wohnungen mit dem Umräumen längst begonnen.

Bei den älteren unter ihnen mischt sich dabei immer öfter Resignation und Bitterkeit in den Ton der Auseinandersetzungen. Sie haben als junge Menschen den Aufbruch der Laien in der Kirche vorangetragen, ermutigt von Bischöfen und Päpsten, bestätigt durch das Konzil, das die von ihnen mitentwickelte neue Linie der Kirche theologisch fundierte und verbindlich machte. Die Generation der heute 50-80jährigen war es, die sich daranmachte, die Impulse des Konzils weiterzuführen und die begonnenen Neuerungen weiter auszugestalten. Sie waren Synodale in ihren Diözesen und auf Österreichebene, sie wurden Pfarrgemeinderäte und RundenleiterInnen, sie sind KommunionspenderInnen und gestalten Wortgottesdienste. Sie engagieren sich als VertreterInnen der Kirche in der Gesellschaft. Heute sagen viele von ihnen: Das Konzil war eher das Ende einer vielversprechenden Entwicklung, wir aber wollten weitergehen und sind sehr bald gebremst worden. Denn schon kurz nach dem Konzil gab es die ersten Anzeichen dafür, daß die Mündigkeit der Laien nicht wirklich ernst genommen wurde. Die Enzyklika „Humanae vitae" ist zum Symbol dafür geworden. Man begann, die geöffneten Fenster wieder zu schließen. Insbesondere in den letzten zehn Jahren verschärfte sich dann der restaurative Kurs der römischen Zentrale, merkbar vor allem durch belastende Bischofsernennungen und restriktive Verlautbarungen des Lehramts. Seit dadurch in so manchem Gremium und so mancher Gemeinde oder Diözese das freie Atmen schwer wurde, sind viele atemlos und erschöpft. Die „Konzilsgeneration" erlebt eine kirchliche Entwicklung, die ihre jahrzehntelangen Bemühungen um eine lebendige und einladende Kirche veruntreut und die gesellschaftliche Stellung der Kirche damit fahrlässig aushöhlt. Allen, die diese bittere Erfahrung teilen, und allen, die dennoch weitermachen, gilt – nicht nur in diesem Beitrag – meine Sympathie und Bewunderung.

Zwei theologische Zeitzeuginnen und zu unrecht kaum mehr beachtete Synodendokumente vertiefen im folgenden den Blick in die Geschichte. Das soll nicht die Resignation fördern, sondern die Frage aufnehmen, wie wir, jung und alt, die sich der jeweils neu zu erstrebenden Erneuerung der Kirche verpflichtet fühlen, den langen Atem schöpfen können, der uns zugleich nüchtern und in heiterer Gelassenheit als Kirche leben und diese Kirche lieben läßt.

Dem Klerus die Kirche – den Laien die Welt?

1964 publizierte Elisabeth Schüssler ihre Lizentiatsarbeit über „Grundlagen, Tatsachen und Möglichkeiten der beruflichen Mitarbeit der Frau in der Heilssorge der Kirche".[4] Viele große Theologen dieser Zeit sprachen davon, daß die Sendung des Klerus die Kirche sei, die der Laien aber die Welt.

> „Ich wollte in meiner Arbeit also theologische Klarheit finden, ob ich meine Berufung als Laiin in der Kirche verfehlt hatte, als ich mich entschloß, professionelle Theologin zu werden."[5]

Die damals etwa 25jährige Theologin argumentiert in ihrem ersten Buch also unter anderem gegen eine Gebietsaufteilung, die auch heute, mehr als 30 Jahre später, nicht überwunden und immer noch umstritten ist.

Die Definition des Laien als „Weltchrist", die eine rein negative Abgrenzung vom Kleriker überwinden wollte, verdächtigt Schüssler als strategisches Zugeständnis.

> „Da man psychologisch dem Laien ein Bewußtsein seiner Würde und positiven Eigenart geben wollte, fand man als Charakteristikum seinen Weltdienst, dem sich weder Kleriker noch Religiose verpflichtet fühlen." (98)

Nicht nur soziologisch, sondern auch ekklesiologisch erweist Schüssler diese Aufteilungsformel als ungenügend. Sie geht dabei konsequent von den Charakteristika aus, die die als Kirchenglieder berufenen ChristInnen allgemein auszeichnen. Alle sind *laoi*, Glieder des Gottesvolkes, und alle sind *kleroi*, Herausgerufene aus der heidnischen Welt. So ist in der Kirche nicht nur der geweihte Priester, sondern auch der Laie auserwählt, geheiligt und nicht mehr wirklich von dieser Welt.

> „Der wesenbestimmende Ort des Laien ist also nicht die Welt, sondern die Kirche. Kleriker wie Laien sind Glieder am Leibe Christi, Jünger und Brüder in Christus. Beide Stände gehören wesentlich zur Kirche und ergänzen einander." (105)[6]

Beide Stände sind also nur aus dem Gemeinsamen und aus der Verwiesenheit aufeinander zu fassen, keiner ist ohne den anderen sinnvoll, keiner ohne den anderen Kirche. Die Sendung der Kirche, die eine Sendung zur Welt ist, ist allen Gliedern gemeinsam aufgetragen.

> „Wenn aber die Kirche als Gesamtheit die Sendung Christi fortsetzt, gibt es nur ein Apostolat in der Kirche, das sich jedoch in zwei Formen verwirklicht: im hierarchischen und im Laienapostolat." (103)

Dieses eine Apostolat der Kirche gilt der Welt, denn Kirche ist nie Selbstzweck und darf Welt und Menschen nicht aus den Augen verlieren. Daher kann sich auch die Aufgabe des Priesters nicht auf die Sorge um die schon vorhandene Herde beschränken. Ebensowenig sind für die Verchristlichung der Welt nur die Laien zuständig. Schüssler betont, daß die kirchlichen Sakramente und Lehren einerseits und das konkrete Leben der Menschen andererseits zueinander vermittelt werden müssen, das eine in das andere einzubringen und hineinzutragen ist.

„Vielleicht ist unsere Verkündigung deshalb so unwirksam, weil sie sich nicht inkarniert und die Fragen und die Situation des modernen Menschen nicht mehr trifft. An diesen ‚Nahtstellen' zwischen Kirche und Welt kann man die beiden Arten des Apostolats nicht scharf trennen. So wäre es wichtig, daß Priester wie Laien sich ihrer Sendung zur Welt wieder bewußt würden und alles dafür täten, daß diese Sendung fruchtbar werden kann." (110)

Schüssler kritisiert hier, daß sowohl manche Kleriker wie auch manche Laien es sich innerhalb der schützenden Kirchenmauern zu bequem eingerichtet hätten, beide also ihren gemeinsamen Weltauftrag nicht ausfüllen würden.

Auch der hauptamtlich in der Kirche tätige Laie, argumentiert Schüssler weiter, wechselt nicht auf die Seite der Kleriker, sondern ist Mitarbeiter des Bischofs „von einem anderen kirchlichen Standort aus" (105). Er ist profilierter Vertreter des Laienstandes, durch den sichtbar wird, „daß jeder Christ sowohl eine kirchliche als auch eine weltliche Funktion hat" und „gleichwertiges und mitverantwortliches Glied der Kirche ist" (106). Das Miteinander von hauptamtlich in der Kirche tätigen Laien und Priestern ist für Schüssler die Nagelprobe der Partnerschaft zwischen Klerus und mündigen Laien.

„Nur dann, wenn dieses Miteinander von Klerus und Laien in der Zukunft glückt, kann das Komplementärverhältnis der beiden kirchlichen Stände für Christen und Nichtchristen sichtbar werden und in das theologisch-praktische Bewußtsein der Kirche eingehen. An ihm muß deutlich werden, daß die Kirche Brüdergemeinde ist, in der alle Glieder das Recht der Mitsorge und Mitsprache haben, in der es apostolische Autorität gibt, die aber wesentlich auf die Gemeinde und den Dienst am Gottesvolk hingeordnet ist." (108)

Anhand der Bemühungen um die Wiederbelebung des Diakonats sowie um eine aktive Rolle der Frauenorden warnt Schüssler schließlich davor, zugunsten der Profilierung dieser Stände die Laien neuerlich abzuwerten. Keine Lebensform und Berufung ist christlicher oder radikaler als eine andere, jede muß in Treue zum Evangelium gelebt werden. Jede sollte die anderen an den gemeinsamen Auftrag erinnern und zur jeweiligen vollen Entfaltung verhelfen.

„Ein solch voll entfaltetes Laienapostolat wird aufzeigen, daß sich in der Kirche ‚Weltverantwortung mit Gehorsam, Weltverfügung mit Armut und Welterfahrung mit Jungfräulichkeit' verträgt. So könnte deutlich werden, daß es in der Kirche nicht verschiedene Klassen und privilegierte Stände gibt, sondern daß alle ihre Glieder sich um das Heil der Welt mühen." [(115)] [7]

In dieselbe Kerbe schlägt auch Elisabeth Gößmann in ihrer bereits 1962 erschienenen Schrift über das „Bild der Frau heute".[8] Sie macht darin den kreativen Vorschlag:

„Wie nach der Betonung des besonderen Priestertums der Ordinierten in der nachtridentinischen Theologie heute wieder das allgemeine Priestertum der nichtordinierten Getauften gesehen wird, so müßte auch neben dem besonderen Laientum der getauften Nichtordinierten wieder das allgemeine Laientum betont werden, dem die Ordinierten zuzuzählen sind."[9]

So würde deutlich, daß Teilhabe am Apostolat nur als gegenseitige möglich ist. Die innerkirchliche Solidarität, die aus dem gemeinsamen Priestertum wie aus dem gemeinsamen Laientum aller Glieder entsteht, ist für Gößmann die entscheidende Hilfe dabei, sich gemeinsam als Kirche dem Weltauftrag der Christen zu stellen.

Anfang der 60er Jahre erschien es also notwendig, gegen eine einseitige Festlegung der Laien auf den Weltdienst anzuschreiben. Jeder Versuch der säuberlichen Trennung der Zuständigkeiten stellte sich schon an den ehrenamtlichen MitarbeiterInnen, spätestens jedoch an den amtlich beauftragten und hauptberuflich tätigen Laien im kirchlichen Dienst nachhaltig in Frage. Gegen die theologischen Entwürfe, die diese als faktische Amtsträger deuteten – vor allem Rahner wurde hier diskutiert – wurden sie als Laien par excellence herausgestellt, als Paradebeispiel und Ernstfall der gegenseitigen Verwiesenheit und der allen Kirchengliedern aufgetragenen Partnerschaft im Sinne der Sendung der ganzen Kirche zum Heil dieser Welt.

Auch wenn sich vieles in der Sicht der Laien und ihrer Stellung in der Kirche in den seither vergangenen 35 Jahren gefestigt hat, ist die Diskussion dennoch zu keinem befriedigenden Ende gekommen. Während Laien mittlerweile auf vielfache Weise das Leben der Kirche gestalten und zugleich das Evangelium in die Welt tragen und es dabei in der praktischen Zusammenarbeit mit dem Klerus positive wie negative Erfahrungen gibt, hat sich lehramtlich in diesen Fragen nicht allzuviel weiterentwickelt. So betont etwa die jüngste vatikanische Instruktion über die Zusammenarbeit von Klerus und Laien neuerlich den besonderen „Weltcharakter" der Sendung und Berufung der Laien.[10] Die Bemerkungen von Schüssler und Gößmann haben also an Aktualität noch (zu) wenig eingebüßt. Auf die Dauerbrennerqualitäten des Themas verweist auch der Titel, der für eine der Studientagungen zum Dialog für Österreich gewählt wurde: „Profis in der Welt, Laien in der Kirche?"

Forderndes Volk – zögernde Bischöfe

Wie die Diskussion um Ort und Sendung der Laien haben auch Dialogprozesse, bei denen VertreterInnen des Kirchenvolkes bestimmte Veränderungen bzw. das Gespräch darüber einfordern und die Bischöfe dem zögernd und zurückhaltend gegenüberstehen, in der österreichischen Kirche Tradition. Ein Beispiel dafür ist der Österreichische Synodale Vorgang von 1974, dessen Ziel und Aufgabe es war, „Aussagen und Forderungen des II. Vatikanischen Konzils und der österreichischen Synoden für die Kirche in Österreich fruchtbar zu machen und bei der Klärung nachkonziliarer pastoraler Fragen im Geist des II. Vatikanums förderlich zu sein."[11] Sukkus der damaligen Diskussionen ist ein Beschlußtext, der *Leitsätze* – sie legten grundlegende Positionen fest, die ab sofort und für alle gültig waren –, *Beschlüsse* mit Bestimmungen, die von der Bischofskonferenz bzw. den Bischöfen durchzuführen waren, unverbindliche *Empfehlungen* an dieselben Adressaten, *Appelle* an Gesellschaft bzw. Staat und *Voten* an den Heiligen Stuhl enthält.[12] Meinungsbildung und Abstimmung war damals also auch zu solchen Themen möglich, deren weitere Behandlung nicht in der Zuständigkeit der österreichischen Ortskirche lag. Dabei wurde das Auseinanderklaffen der Meinungen der Oberhirten und des aktiven Kirchenvolks in einigen typischen Fragen ungeschminkt deutlich. Die veröffentlichte Form der Texte macht an einigen Stellen den Dissens zwischen der Mehrheit der Delegierten und den Bischöfen sichtbar, die sich so manchem Beschluß nicht anschließen oder sich eine Empfehlung nicht zu eigen machen konnten bzw. wollten.

Ich greife hier nur einige wenige der vor 24 Jahren beschlossenen Sätze heraus – mit den Forderungen des Kirchenvolks-Begehrens[13] vor Augen und den Diskussionen im Vorfeld des „Dialogs für Österreich"[14] im Ohr.

Aus mehreren Beschlüssen spricht schon damals *Unbehagen mit dem Pflichtzölibat*. So werden die Bischöfe etwa gebeten, sich bei den entsprechenden Stellen für eine generelle Heiratserlaubnis für Diakone einzusetzen (I/4.1.4. a und b). Die Bischöfe machen sich die Bitte um die Aufhebung des Verbots der Wiederheirat nach dem Tod der Frau zu eigen, sich jedoch für die Möglichkeit einzusetzen, als unverheiratet geweihter Diakon heiraten zu dürfen, lehnen sie ab (Anm. 7).

Auch die Bitte, sich bei den zuständigen Stellen darum zu bemühen, „bewährte verheiratete Männer zu Priestern weihen zu dürfen" (I/4.2.5.), weist die Bischofskonferenz entschieden zurück.

Zum Thema Priestertum fällt übrigens auf, daß eine Überlegung damals noch eine Rolle spielte, die heute nicht mehr zu hören ist, nämlich die Möglichkeit von Priestern, die ihren Dienst nebenamtlich ausüben. Obwohl die Bischofskonferenz einen dazu formulierten Leitsatz ersatzlos streicht (Anm.

9), läßt sie eine Empfehlung zu, die sich für geeignete Regelungen der Ausbildung von Priestern, „die sich nach oder neben der Ausübung eines anderen Berufes für den priesterlichen Dienst zur Verfügung stellen" (I/4.2.4.), einsetzt.

Den *Frauen* ist ein eigener Abschnitt gewidmet: „Die Frau in der Gesellschaft unserer Zeit". Neben allgemeinen Aussagen zu Partnerschaft und Chancengleichheit, Beteiligung von Frauen am öffentlichen Leben und gleicher Entlohnung für Frauen und Männer[15] finden sich interessanterweise hier und nicht im Kapitel zu den Trägern kirchlicher Dienste zwei brisante Empfehlungen an die Bischofskonferenz. Sie „möge sich dafür einsetzen, daß die Frage der Weihefähigkeit und Weihemöglichkeit der Frau von den zuständigen Gremien vorurteilsfrei geprüft wird" (II/6.3.) und: „Die Kirche soll sich bemühen, grundsätzlich den Frauen im kirchlichen Bereich alle Funktionen, Dienste und Ämter zugänglich zu machen, die männlichen Laien zukommen" (II/6.4.). Zu beiden Aussagen merken die Bischöfe an, daß sie diese zwar weiterleiten werden, sie sich inhaltlich aber nicht zu eigen machen (Anm. 42 und 43).

Auch im Abschnitt über die Diakone plädieren die Delegierten des Österreichischen Synodalen Vorgangs für eine Prüfung der Zulassung von Frauen zum Diakonat. „Im positiven Fall mögen Frauen auch tatsächlich zum Diakonat zugelassen werden" (I/4.1.4. c). Zu dieser Empfehlung, die ausdrücklich nicht unverbindliche theologische Debatte, sondern konsequentes Handeln fordert, wird sogar das genaue Abstimmungsergebnis in der Bischofskonferenz wiedergegeben. 7 Bischöfe stimmten dafür, sich im Sinne der Delegierten in Rom einzusetzen, 8 enthielten sich der Stimme, keiner stimmte dagegen (Anm. 7).

Die Beschlüsse von 1974 zeigen also deutlich, daß einiges von dem, was im Oktober 1998 bei Delegiertentag des Dialogs für Österreich Diskussions- und Beschlußmaterie sein wird – wofür ja auch ein durchaus langwieriger Prozeß nötig war, um gewisse Themen und deren pointierte VertreterInnen überhaupt zuzulassen – beileibe nicht neu ist. Diese heißen Eisen werden seit Jahrzehnten periodisch aus dem Ofen genommen, ein klein wenig beklopft und dann wieder zurückgelegt. So entsteht nichts Neues. Die Trümmer erkalten aber auch nicht, denn die steigende Unzufriedenheit vieler KatholikInnen heizt nach.

Damals wie heute fehlt dann das Material – Holz sowie Eisen –, um in der modernen Gesellschaft sich kreativ einzubringen und einladend anwesend zu sein. Würden diese alten innerkirchlichen Streitthemen offensiver angegangen, spielerischer bearbeitet und endlich, dem Stand der Theologie entsprechend, kreativen Lösungen zugeführt, würde die Energie auch in anderen Bereichen freier fließen. Die Repetition der bereits bekannten Diskussionen lähmt auch das Interesse von SympathisantInnen im Umkreis der Kirche. Damals wie heute sind dabei die Empfehlungen des Kirchenvolkes keine Aufforderung zum häretischen Bruch mit der römisch-katholischen Kirche, sondern der Wunsch danach, daß eine durch Konsens oder auch Mehrheitsbeschluß gefundene klare Meinung der österreichischen Kirche der römischen Kirchenleitung gegenüber entsprechend vertreten wird, sodaß sich die Weltkirche in diesen Fragen weiterentwickeln kann.

Barrieren auflösen

Zugegeben, es ist weder erfreulich noch ermutigend, sich so deutlich vor Augen zu führen, daß die innerkirchliche Entwicklung in einigen zentralen Fragen seit Jahrzehnten auf der Stelle tritt. Selbstverständlich ist diese Perspektive einseitig und vernachlässigt, was an Positivem und Zukunftsträchtigem in den vergangenen 30 Jahren in der Kirche entstanden ist und sich bewähren konnte. Sich von Enttäuschung und Ernüchterung den Blick darauf nicht verstellen zu lassen, ist eine der Notwendigkeiten, um psychisch und spirituell nicht bleibend Schaden zu leiden. Doch ohne klaren analytischen Blick begibt sich jeder Versuch, persönlich-geistlich mit der Situation zurecht zu kommen, in die Gefahr, allzu billiger Rückzug in die Privatsphäre zu sein, sei es die der eigenen Pfarre oder die der persönlichen Gottesbeziehung. Bevor ich auf weitere Strategien zur Erhaltung von Freude am eigenen Kirchesein eingehe, möchte ich daher noch eine Idee zur kritischen Analyse der Blockaden des innerkirchlichen Diskurses beisteuern.

Aus der Beschäftigung mit Problemen und Sehnsüchten von Frauen in einer patriarchalen Gesellschaft kommt mir nämlich nicht nur die Beharrungskraft überkommener Strukturen und Denkformen bekannt vor, es springen mir immer wieder auch Parallelen in der Argumentation und Begründung der gegebenen Verhältnisse ins Auge. Diese können hier nur kurz und bewußt pointiert-überzeichnend benannt werden und dennoch vielleicht in bestimmter Hinsicht Aufschluß darüber geben, warum in der Kirche „nichts weitergeht".

Frauen wurden über Jahrhunderte in negativer Abgrenzung von Männern als mindere Andere definiert. Laien erscheinen über Jahrhunderte dadurch bestimmt, daß sie nicht Kleriker sind, diesen klar untergeordnet.

Wachsende Einsicht in die Würde aller Menschen und die Notwendigkeit von Gerechtigkeit unter ihnen stellte in den letzten zweihundert Jahren hierarchisch-unterdrückerische Strukturen immer mehr in Frage. Frauen wurden daher nicht mehr als den Männern prinzipiell unterlegen angesehen, sondern ihnen an die Seite gestellt, ebenbürtig, gelegentlich sogar überschwenglich hochgelobt. Die Formel „gleichwertig, aber anders" zollte Frauen Anerkennung und hielt sie dennoch auf dem ihnen zugewiesenen Platz fest. Ihr Bereich der Häuslichkeit, der Kindererziehung, der Stiftung und Pflege von Beziehungen, der Lebensnähe etc. wurde gegenüber dem öffentlichen Wirken der Männer, ihrer Aufgabe der Weltgestaltung in Wirtschaft und Politik, ihrer Zielstrebigkeit und Durchsetzungskraft zwar aufgewertet, die Zuweisung getrennter Sphären blieb jedoch erhalten, mitsamt der Verdächtigung, unweiblich oder vice versa unmännlich zu werden und die eigene Berufung zu verfehlen, sollte sich eine oder einer zu weit über die Grenzen wagen. In der Kirche wurde ebenfalls die Sicht der Laien als unmündig und nachrangig aufgegeben, um auch hier der Rede von gleicher Wertung bei unterschiedlichen Aufgaben und Wirkungsbereichen Platz zu machen. Wie das Menschliche zwischen Mann und Frau, so wurde das Christliche zwischen Klerus und Laien aufgeteilt.

Doch weder die Frauen noch die Laien haben bis heute damit aufgehört, die ihnen gesetzten Grenzen zu überschreiten und sich in Feldern zu bewähren, die früher Männern bzw. Klerikern vorbehalten waren. In beiden Geschlechtern sowie in den Ständen der Kirche wächst das Bewußtsein dafür, daß eine ganzheitliche Verwirklichung der positiven menschlichen Anlagen ebenso wie die ganzheitliche Wahrnehmung der Sendung der Kirche ein unteilbarer Auftrag ist, der von allen Kräften gemeinsam erfüllt werden muß. Jeder Mensch hat seine individuellen Begabungen zu entwickeln, egal ob sie in das traditionelle Bild von Männlichkeit oder von Weiblichkeit fallen. Jeder Christ und jede Christin soll die eigenen Charismen entwickeln, denn alle sind Teil der Kirche in der Welt und gemeinsam verantwortlich für den Aufbau des Leibes Christi sowie für die Verbreitung des Evangeliums in Wort und Tat.

Die Betonung des Gemeinsamen, sei es das Menschliche, sei es das Christsein bzw. Kirchesein, fordert die Frage nach der verbleibenden Differenz heraus: Worin besteht sie? Ist sie wesentlich, also im Wesen begründet, oder entsteht sie durch unterschiedliche Rollen und Funktionen? Wie gelingt die Gewinnung einer Identität als Mann, als Frau, als Laie, als Kleriker ohne abwertende Abgrenzung vom Anderen? Wie kann vermieden werden, daß männliche, weibliche, laikale, klerikale Rollen bzw. Identitäten genuine Begabungen und Charismen der Person an der Entfaltung hindern? Wie kann die Dichotomie bzw. Zweiteilung auf eine bunte Verschiedenheit ohne Über- und Unterordnungen hin überwunden und aus der Gegenüberstellung ein Netz wechselseitiger Beziehungen werden?

Kirche und Frauenbewegung haben heute offenbar mehr Fragen und Diskussionsfelder gemein, als gewöhnlich angenommen wird. Gemeinsam können sie bereits auf eine Menge an Erfahrungen mit Theorien, Strategien und Versuchen im Umgang mit Differenz, mit Macht, mit (Hoffnung auf) Veränderung von Denken, Symbolen, Strukturen, Institutionen, Verhaltensweisen etc. zurückgreifen. Eine dieser Lernerfahrungen sagt, daß die Rede von „gleichwertig, aber anders" leer bleibt und neuen Unfrieden erzeugt, wenn sie nicht entsprechende Veränderungen der Entscheidungsstrukturen und Einflußmöglichkeiten sowie eine sichtbare, symbolische und tatsächliche Realisierung dieser Gleichwertigkeit in den konkreten Lebensvollzügen nach sich zieht.

Luft holen

Wie nun damit umgehen, daß die Realität den erkannten Notwendigkeiten nicht entspricht? Daß Reformen zu langsam gehen oder blockiert sind? Daß sich angesichts der Beharrungskraft der seit Jahrzehnten wieder und wieder benannten Probleme und der scheinbaren Vergeblichkeit der angestrengten Bemühungen Resignation einstellt? Zu einer möglichen Orientierung solchen Fragens möchte ich abschließend von frischer Luft und unverdorbener Lust sprechen, Grundlagen für jedes Engagement, wenn es lebendig bleiben will.

Bei Müdigkeit und Lustlosigkeit raten Mütter und ÄrztInnen, die Fenster aufzumachen und für genügend Frischluft zu sorgen. Auch ein Spaziergang wird als sehr hilfreich empfohlen. Wer hinausgeht oder die Welt draußen in das eigene Heim hereinläßt, erfährt eine neue Weite, die das, was zu Hause müde macht und die Lust nimmt, in angenehmer oder herausfordernder Weise relativieren kann. Dieses Bild bestätigt das oft zu hörende Plädoyer, sich in der Kirche von der gebannten Fixierung auf die internen Probleme freizumachen und sich wieder den Fragen und Herausforderungen vor den Kirchentoren zu widmen – gerade dabei kann neue Vitalität gefunden werden.

Doch das Öffnen der Fenster und Türen und der Weg ins Freie ist nur eine mögliche und nötige Folge der Entdeckung, daß im eigenen Haus die Luft schlecht geworden ist. Genauso und zugleich muß man sich in den Innenräumen auf die Suche nach den Luftverpestern begeben. Da gibt es sogenannte „Leichen im Keller", aber auch einfach nicht ausgeleerte Müllsäcke, ungewaschene Wäsche, Polstermöbel, die entstaubt werden müssen, Teppiche, unter die zu viel gekehrt wurde, und Kleinkinder mit vollen Windeln. Diejenigen, die im Kirchenraum die neuen Ideen und jungen Projekte umsorgen, die das wegwerfen, was einmal Lebensmittel war, jetzt aber abgelaufen und verdorben ist, die überliefertes Gut abstauben und durchklopfen, sodaß es in neuem Glanz erstrahlen kann, die waschen und flicken und nähen, sie sollten nicht dafür gescholten werden, daß sie sich mit angeblich zweitrangigen Interna abgeben. Zu vernachlässigen ist das, was im Haus zu erledigen ist, auch dann nicht, wenn dazu gelegentlich die streitbare Diskussion gehört, wer heute womit an der Reihe ist, wer Haushaltsvorstand sein kann und was dieser zu tun hat.

Luft holen und frischen Wind einlassen – das hat in der Kirche aber nicht bloß eine alltagspraktische Bedeutung, es ist ein theologisch gefordertes, spirituelles Unternehmen. Atem zu schöpfen, bedeutet, Gottes Geist einzulassen.[16] Ruach, die biblische Bezeichnung für den Heiligen Geist, ist Gottes Lebensatem, ist Wind, der weht, wo er will, ist Kraft, die eingehaucht wird und einfahren kann, sanftes Säuseln und bewegendes Brausen. Stickige Kirchenluft und chronische Kurzatmigkeit haben daher auch damit zu tun, daß Gottes Geist ausgesperrt wird. Wo der charismatische Wesenszug der Kirche zu kurz kommt, beschnitten und eingeengt wird, dort gefährdet sie selbst ihre Identität und Lebendigkeit.

Als Jesus sich von seinen FreundInnen verabschiedet, verspricht er ihnen den Geist Gottes als Beistand. Für die jungen Christengemeinden wurde die Gegenwart dieser göttlichen Lebenskraft zur entscheidenden Hilfe, mit der ausbleibenden Wiederkehr Christi fertig zu werden, damit, daß die Erfüllung der Verheißungen auf sich warten ließ und die Ankunft des Reiches Gottes sich verzögerte. Als vom Geist Erfüllte vermochten sie dennoch den Beginn einer neuen Wirklichkeit zu erfahren und diese im Vertrauen auf den Geist weiter auszugestalten und aufzubauen. Auch in unserer Zeit der enttäuschten „nachkonziliaren Naherwartungen" ist die Besinnung auf den Beistand Ruachs, der unberechenbaren, aber absolut zuverlässigen göttlichen Helferin, die wichtigste „Frischluftzufuhr", die wir je persönlich, aber auch als kirchliche Gemeinschaft immer wieder nötig haben. Sich dem Atem Gottes auszusetzen, verlangt dabei aber immer die Bereitschaft, dem wehenden Wind die Türen aufzuhalten und das Durcheinanderwirbeln als kreative Chance zu begreifen.

Lust bekommen

Wer kurzatmig und damit sauerstoffarm ist, der und dem geht auch die Lust verloren, und Neugier und Interesse, wichtige Unterstützungsgehilfinnen der Lebenslust, versiegen. Christina Thürmer-Rohr, deutsche Sozialwissenschaftlerin und Feministin, hat diesen Lustverlust für die Frauenbewegung als die verlorengegangene Liebe zur Welt beschrieben.

> „Die treibende Kraft der Zuneigung ist ermüdet, ihr Objekt verarmt. Die Welt ist ein einziger Mißton geworden. (...) Die Vitalisierung durch sie wird zum Kunstgriff, zur allmorgendlichen Erfindung. Die Frage nach der Lust und dem Lustverlust an der Welt stellt sich heute vor dem Hintergrund ihrer Ruinierung und Entzauberung. (...) Sie ist Ergebnis nüchterner Beobachtung, ... Antwort auf real Erfahrenes, Ergebnis des Nachdenkens über realen Stoff. Und auch alle Zukunfts- und Verbesserungszusagen haben – sofern es sie überhaupt noch gibt – ihre Überzeugungskraft so gründlich eingebüßt, daß zu ihrer Entmystifizierung keine besondere Geistesanstrengung mehr nötig ist."[17]

Drastisch beschreibt hier Thürmer-Rohr die Enttäuschung und Ernüchterung über den Zustand der Welt, die lähmende Vergeblichkeit der abgetragenen Hoffnungen. Sie weiß, daß diese holzschnittartig gezeichnete Haltung weite Teile der Wirklichkeit der Welt ausblendet – gerade darum und wegen ihrer großen Verbreitung, vor allem unter Frauen und Jugendlichen, stellt sie ein beunruhigendes Politikum dar. Denn viele stellen die Frage, ob es erstrebenswert wäre, an dieser Welt bzw. dieser Gesellschaft sich aktiv zu beteiligen, mittlerweile sehr zweifelnd. Manche ziehen sich in Frauenzirkel zurück, andere steigen ganz aus, suchend nach privatem, kleinem Glück. Daß Frauen über Jahrhunderte ein engagiertes Verhältnis zur Welt abtrainiert worden ist, tut dabei ein Übriges.

Nun könnte die Haltung vieler, vor allem vieler Laien zur Kirche beinahe in ähnlichen Worten beschrieben werden: Die Zuneigung ist müde geworden, Kirche stimuliert und vitalisiert nicht mehr, für die Enttäuschung gibt es genügend gute, reale Gründe, die Zukunftshoffnungen sind verflogen, man stößt sich ab. Mit jeder Nachricht aus Rom oder von anderswo – manchmal auch aus dem eigenen Pfarrhof – wird es mühsamer, sich von der Sinnhaftigkeit des eigenen Kirchenengagements zu überzeugen. Viele ziehen sich in kleine Gemeinschaften zurück, mögen die eigene Pfarre, aber die Kirche nicht mehr. Daß es die Laien, in historischen Perioden gedacht, ebenfalls noch kaum gewöhnt sind, die Kirche mitzugestalten und für sie Verantwortung zu übernehmen, macht das Ausharren nicht einfacher.

Thürmer-Rohr konstatiert den Verlust des munter zupackenden Engagements nach dem Motto: Uns Frauen gehört die Welt, wir schaffen sie neu. – War nicht auch die Aufbruchsgeneration in der Kirche mit diesem unverbrauchten Mut angetreten: Wir sind die Kirche, und wir verändern ihr Gesicht?

Um die Lust an der Welt neu zu nähren, plädiert Thürmer-Rohr dafür, sich genau dieser Welt, und das bedeutet anderen Menschen mit all ihrer vielleicht auch verstörenden Fremdheit, offen, respektvoll und neugierig auszusetzen. In solchen konkreten Begegnungen und Erfahrungen entsteht das, worauf es ankommt: Gutes.

> „Die guten Erfahrungen bleiben unerklärt und unplanbar. Diese verschwundene Großartigkeit des Guten ist die Chance für eine jeder Ideologie entkleideten Neugierde. Die Banalität des Guten ist überhaupt das einzige Argument gegen den Lustverlust. (...) Jede Liebe gewinnt den Wert eines Exempels. Und da es sie gibt, ist alles offen."[18]

Lust an der Kirche kann ebenfalls nur dadurch geweckt werden, daß wir uns in sie hineinbegeben, neugierig auf neue Erfahrungen, vor allem solche mit anderen ChristInnen in dieser Kirche. Ihnen in Respekt und Offenheit zu begegnen, heißt davon abzusehen, ob sie meine Vorstellung von Kirche bestätigen oder in Frage stellen, heißt zunächst nicht danach zu fragen, ob sie dafür

oder dagegen sind (die letzte Bischofsernennung, den Zölibat, die Pille, ...).
Die oft betonte nötige Achtung der Verschiedenheiten wird von der *Neugier*
auf die anderen noch überboten. Sie ist Interesse ohne Vorbehalt und Verzweckung. Ein solches Interesse an den MitkatholikInnen sowie an der Kirche
als historische und als spirituelle Größe gilt es sich nicht nehmen zu lassen.

Wer mit Engagement und voller Lebensfreude Welt und Menschen liebt,
sich also wirklich für sie interessiert, sich ihnen vorbehaltlos aussetzt und dabei bereit ist, nach mehr als dem eigenen Glück Ausschau zu halten, kann
nicht unbedingt mit Verständnis bei den eigenen ZeitgenossInnen rechnen.
Wer hat heute schon Lust an der Welt aus Liebe zu den Anderen?

Ähnlich ernten die meisten, die sich als bewußte Kirchenmenschen zeigen,
oft nur mehr Kopfschütteln. Unbelastete Neugier und ein Interesse, das auch
angesichts von Verunsicherungen aufrecht bleibt, sind gegenüber der Kirche
erst recht selten geworden. Wer kann das noch, die Kirche lieben, weil es
lustig ist?

Post Skriptum

Selbstverständlich wäre es leichter, Lust an der Kirche zu haben, und sie wäre
auch leichter zu vermitteln, würde sich die Kirche zur Jahrtausendwende mit
neuem Mut den vor allem von Laien seit langem eingemahnten Reformvorhaben widmen. In den dabei immer wieder angesprochenen Fragen von Amt und
Leitung, Macht und Mitbestimmung wären wir gut beraten, Karl Rahners eingangs erwähnter alter Aufforderung zu folgen und an die äußersten Grenzen
dessen vorzustoßen, was gewissenhaft von christlicher Theologie her verantwortet werden kann. Ich wage zu behaupten, daß zwischen diesen Grenzen
und denen, die derzeit vom Lehramt der Kirche gezogen werden, noch einiges
an Spielraum zur Verfügung steht.

Diesen Raum mutig und gläubig, also im vertrauenden Hören auf das, was
der Geist den Gemeinden sagt, wirklich auszunutzen, darf als Ziel nicht aus
den Augen geraten. Wir alle, Laien und Priester der katholischen Kirche, sind
es dem Reich Gottes und den Menschen schuldig.

Dennoch wird die Geschichte der Mitbestimmung der Laien in der Kirche
nicht erst dann als erfolgreich gelten können, wenn dabei alle zentralistischen
und klerikalistischen Reste (und auch die diesbezüglichen Neuanschaffungen
der letzten Jahre) aus den kirchlichen Strukturen und Umgangsformen ausgeräumt sind. Vielleicht feiern wir unsere wichtigsten Erfolge jetzt schon dort,
wo wir durch konkretes Engagement, das ohne zögerliches Fragen, aber auch
ohne Scheu vor Auseinandersetzung einfach und selbstverständlich getan
wird, uns und anderen Gliedern der Kirche frische Atemluft und neue Lust am
Kirchesein vermitteln.

Doch noch einmal: Dieses Tun darf dabei nicht zu klein gehalten werden, denn die kleinen Schritte brauchen ein großes Ziel, sonst gleiten sie ab in die billige Vertröstung und den langweiligen Appell an die bescheidene Geduld. Die Spannung zwischen Tun und Wünschen, zwischen Einfordern und Selbst-Beginnen, zwischen Lust und Enttäuschung ist wahrscheinlich nicht auflösbar. Wer sich heute auf die Kirche einläßt, ist vor Widersprüchen nicht gefeit.

Anmerkungen:

[1] Karl Rahner, „Löscht den Geist nicht aus!", in: Löscht den Geist nicht aus. Probleme und Imperative des Katholikentages 1962, hg. v. Präsidium der Katholischen Aktion Österreichs, Innsbruck 1963, 15-25, hier 25.

[2] Vgl. ebd., 21,

[3] Ebd., 22.

[4] Elisabeth Schüssler, Der vergessene Partner. Grundlagen, Tatsachen und Möglichkeiten der beruflichen Mitarbeit der Frau in der Heilssorge der Kirche, Düsseldorf 1964. Ich füge im folgenden die Seitenzahlen der zitierten Passagen direkt im Text ein.

[5] Elisabeth Schüssler Fiorenza, Discipleship of Equals. A Critical Feminist *Ekklesia*-logy of Liberation, London 1993, 14.

[6] Neben den Brüdern auch die Schwestern zu nennen, kam auch einer kritischen jungen Frau damals noch nicht in den Sinn.

[7] Schüssler greift hier ein Wort von Hans Urs von Balthasar auf.

[8] Elisabeth Gößmann, Das Bild der Frau heute, Düsseldorf 1962.

[9] Ebd., 67.

[10] Vgl. Instruktion zu einigen Fragen über die Mitarbeit der Laien am Dienst der Priester (15.8.1997) (= Sekretariat der deutschen Bischofskonferenz (Hg.), Verlautbarungen des Apostolischen Stuhls 129). Zwar gibt es auch hier die Rede von den gemeinsamen Aufgaben aller Gläubigen, doch wird letztlich priesterliche Identität „in Abgrenzung und ungesunder Konkurrenz" gesucht, anstatt aus der Kooperation entwickelt. (Vgl. Heribert Hallermann, Priesterliche Identität gewinnen in Abgrenzung oder in Kooperation? Zur sogenannten „Laieninstruktion", in: Diakonia 29(1998), 195-201, 201.)

[11] Statut, in: Österreichischer Synodaler Vorgang. Dokumente, hg. v. Sekretariat des Österreichischen Synodalen Vorgangs, Wien 1974, 187-192, 187. Die im Text in Klammern angeführte Nummerierung bezieht sich auf Kapitel und Abschnitte der Beschlußmaterie.

[12] Vgl. Österreichischer Synodaler Vorgang, Hinweise, 11. Ich habe allerdings kein Votum, das direkt an vatikanische Stellen oder den Papst gerichtet wäre, in den veröffentlichten Texten gefunden. Vorhanden sind aber eine Reihe Empfehlungen, die die Bischofskonferenz auffordern, sich in Rom für bestimmte Veränderungen zu verwenden.

[13] Zum Kirchenvolks-Begehren vgl. in diesem Band den Beitrag von Jakob Patsch.

[14] Der „Dialog für Österreich" ist ein derzeit stattfindender gesamtösterreichischer Gesprächsvorgang. Eingaben von Gruppen, Gremien und Einzelpersonen sowie Ergebnisse einer Reihe von Studientagungen fließen in Texte ein, die im Oktober 1998 einer Delegiertenversammlung vorgelegt und dort diskutiert werden.

[15] Vgl. Österreichischer Synodaler Vorgang, 66-67.

[16] Für diesen Hinweis danke ich Dr. Stefan Dinges.

[17] Christina Thürmer-Rohr, Erfahrungsmüde. Fragmente zum Lustverlust, in: dies., Verlorene Narrenfreiheit. Essays, Berlin 1994, 59-74, 60-61.

[18] Ebd., 74.

Familie

Zugewiesene Lebenswelt im Wandel

THERESIA PRÜLLER

Ein Familienmensch

Leo Prüller kommt aus einer großen Bauernfamilie im niederösterreichischen Mostviertel/Alpenvorland. Als Jüngster von dreizehn Kindern – der Älteste war bei Leos Geburt einundzwanzig Jahre alt – war er ausersehen zum Studium. Die Mutter hoffte auf einen Priester – vergeblich.

Sein Zuhause, die liebevolle Ehe seiner Eltern, die von Verwandten zunächst als „Vernunftehe" arrangiert worden war, der Zusammenhalt der sehr verschiedenen Geschwister in einer politisch unruhigen Zeit, die Verbundenheit mit seinem Heimatort und dem Bauerntum – all das war und ist bis heute prägend und wichtig für ihn. Auch wenn Leo und seine um zehn Jahre ältere Schwester, eine Ordensfrau, die lezten noch Lebenden ihrer Generation sind, so gibt es noch die „Großfamilie Prüller" in der zweiten, dritten und vierten Generation. Mit vielen „Dazugekommenen" eine stattliche Zahl von rund zweihundert Personen, die 1998 die beiden Jubilare mit einem „Familientag" feiern wollen. Kein Wunder also, daß Leo es mit seinem Familiensinn selbst auch zu einer Frau, fünf Kindern, zwei Schwiegerkindern und sechs Enkelkindern brachte.

Mit der Tätigkeit eines Direktors des Bildungshauses St. Hippolyt war auch eine jahrzehntelange Ehe- und Elternbildung gegeben: Familienwerkwochen für ältere Jugendliche als Vorbereitung auf die Zukunft, Ehevorbereitung für Brautpaare, Ehebegleitung für Ehepaare nach zehn, fünfundzwanzig Jahren Ehe bis hin zur „alten Ehe", verschiedenste Eltern- und Großelternseminare für das Gelingen des Miteinanders mit den Kindern ... Leo Prüllers Vorsitz und Mitarbeit in diözesanen, österreichischen und internationalen Gremien zum Wohl der Familie wirkten anregend und fruchtbar auf die Bildungsarbeit und ließen umgekehrt praktische Erfahrung in die grundsätzlichen Überlegungen einfließen.

Wichtig war für ihn vor allem zweierlei: daß Väter und Mütter über ihr Elternsein ihre Ehe, ihr Aneinander- und Miteinander-Wachsen nicht übersehen und daß Ehe und Familie als dynamische Prozesse gesehen und verstanden werden, die immer neue Herausforderungen und Erfüllungen bringen. So galten nicht zuletzt auch seine Sorge und Hilfe Ehen in der Krise, gescheiterten Ehen und Zweitehen. Daß diese Bildungsaufgaben auch den Einsatz für eine gerechte Familienpolitik, mehr Familienförderung, für Ehe- und Familiengesetze notwendig machte, ist eigentlich selbstverständlich; ebenso wichtig war es ihm aber auch, die Erfahrungen aus der Bildungsarbeit in die Theorie und Praxis der Ehe- und Familienpastoral einzubringen.

BARTHOLD STRÄTLING

Von der Vielzahl der Familienformen
Von ihren Wandlungen und Veränderungen und ihren zukünftigen Perspektiven

Familie anno 1928

Wenn man eine Entwicklung beschreiben soll, braucht man einen Ausgangspunkt, von dem aus man beurteilt, wie und auf welche Weise Veränderungen sich ergeben haben. Was liegt näher, als einen Beitrag über die Entwicklung von Ehe und Familie in unserem Jahrhundert für die Festschrift für Leo Prüller die Situation in seinem Geburtsjahr 1928 zu Grunde zu legen.

Wer die heutigen Verhältnisse beklagt, neigt vielleicht dazu anzunehmen, damals sei, was Ehe und Familie angeht, die Welt sozusagen „noch in Ordnung" gewesen. Und heute?

Wie aber sah es damals in Mitteleuropa aus? Die soziologischen Fakten sind leicht aufgezählt. Siebzig bis achtzig Prozent der erwachsenen Bevölkerung waren verheiratet oder waren verheiratet gewesen. Katholiken heirateten zu neunzig Prozent (auch) kirchlich. Wer sich als Katholik mit der bürgerlichen Eheschließung begnügte, war zumeist selbst geschieden oder heiratete einen geschiedenen Partner. Wenn Ehen geschieden wurden, dann meistens durch den Tod, kaum jemals durch den Scheidungsrichter. So entfielen im Jahr 1930 in Niederbayern auf 1000 Eheschließungen elf Ehescheidungen.

Insgesamt waren drei Familientypen zu beobachten: Zum ersten die Großfamilie im Sinne des traditionellen „Hauses", zu der neben den drei oder vier Generationen der Blutsverwandten auch Nichtblutsverwandte gehörten, zum Beispiel Dienstpersonal. (Noch bis ins 19. Jahrhundert war es üblich, nicht von seiner [Herkunfts-]Familie zu sprechen, sondern von seinem „Haus"). Dieser Familientyp existierte vor allem in ländlichen Gegenden mit großen landwirtschaftlichen Besitzungen.

Zum zweiten die Drei-Generationen-Familie, zeitweilig auch die Vier-Generationen-Familie, die es fast überall auf dem Lande, aber durchaus auch in Bürgerhäusern und in den Arbeiter-Vororten der Großstädte sehr häufig gab. Auf diese beiden ersten Typen entfielen noch Anfang der 20er Jahre die Hälfte aller Familien.

Der dritte Typ schließlich war die sogenannte Klein- oder Kernfamilie, in der miteinander verheiratete Eltern und ihre Kinder lebten. Sie unterteilten sich wieder in die am Herkunftsort oder in der Nachbarschaft ansässigen und die sogenannten isolierten Familien, die sich in einer beiden Partnern fremden Umgebung niederließen – etwa junge Leute vom Land, die in den Städten ihr Auskommen suchten.

Die Unverheirateten in der Gesellschaft lebten zum größten Teil in Anlehnung an eine bestimmte Familie – z. B. als Dienstpersonal –, in klösterlichen oder sonstigen Gemeinschaften, viele in Gemeinschaftsunterkünften.

Wenn man von den Großstädten absieht, gab es so gut wie keine unverheiratet in einer Wohnung zusammenlebenden Paare. Das war keineswegs nur darauf zurückzuführen, daß im ländlichen Milieu solches nicht geduldet wurde, sondern auch auf die Kuppelei-Gesetzgebung, die die Vermietung von Wohnungen an unverheiratete Paare riskant machte.

Die durchschnittliche Geburtenzahl pro Ehepaar lag bei vier bis sechs, die Zahl der lebenden Kinder pro Ehe betrug im Durchschnitt drei bis vier (statistisch 3,7).[1]

Schaut man jedoch näher hin, so zeigt sich, daß sich hinter diesem Zahlenbild durchaus auch anderes verbirgt, und daß es manches, was heute offen zu Tage liegt, auch damals schon gab.

Zwar lebten junge Paare nicht öffentlich zusammen; aber die Vorstellung, daß die Sexualität damals ausschließlich auf die Ehe beschränkt gewesen sei, erscheint nicht haltbar, wenn man sich vergegenwärtigt, daß die weitaus größte Zahl ehelicher Erstgeborener innerhalb von fünf bis sieben Monaten nach der Hochzeit der Eltern zur Welt kam. Außerdem wurden damals, je nach Gegend, sieben bis neun Prozent aller Kinder unehelich geboren, in den katholischen Gegenden häufiger als anderswo[2].

Die Vielzahl heutiger Familienformen

Und heute? Beim Vergleich der Situation von Ehe und Familie früher und heute gibt es ein Problem: Im Deutschen Grundgesetz heißt es zwar im Artikel 6: „Ehe und Familie stehen unter dem besonderen Schutz der staatlichen Ordnung". Aber was eine Familie ist, ist nirgendwo verbindlich definiert. Das, was als „Familienrecht" bezeichnet wird, ist im Grunde ein Eherecht, denn es bezieht sich auf das Zustandekommen der Ehe, auf die Regelung der „Ehefolgen" und auf die Ehescheidung. Es gibt weder ein „Familieneinkommen" – was so genannt wird, ist nämlich das gemeinsame Einkommen aller in einem Haushalt lebenden Erwerbstätigen, also ein Haushaltseinkommen – es gibt keinen Familienbesitz, keinen Familienschmuck – beides gehört stets Einzelpersonen, zuweilen zwar gemeinsam –, und neuerdings gibt es nicht einmal mehr verbindlich einen Familiennamen.

Da Ehe und Familie miteinander verbunden waren, wurden sie faktisch auch in eins gesetzt. Zwar bezeichnete die katholische Kirche die Ehe als Sakrament, aber ihre soziale Bedeutung hatte sie für die Familie und von der Familie her. Zu dieser traditionellen an die Ehe gebundene Familie gibt es in der heutigen Gesellschaft in großer Zahl alternative Lebensformen, deren Verfechter deren Anerkennung als Familie und deren rechtliche Gleichstellung mit der auf der Ehe beruhenden Familie verlangen. Faktisch existiert in der Bundesrepublik Deutschland, und darüber hinaus auch im übrigen West- und Mitteleuropa eine Vielzahl von Familienformen nebeneinander. Wenn wir alle Lebensformen, die sich als Familie verstehen oder als Familie anerkannt werden wollen, zusammenfassen, läßt sich Familie heute so definieren:

Familie ist eine nicht nur vorübergehend, sondern langfristig existierende Lebensgemeinschaft und Beziehungsgemeinschaft von Erwachsenen und von diesen abhängigen Kindern, in der traditionell der Familie zugeschriebene Funktionen erfüllt werden.

Legen wir diese Definition zugrunde, können wir für den Bereich Mittel- und Westeuropa die folgenden Familienformen unterscheiden, die sich jeweils in verschiedene Typen aufgliedern:

Da sind zuerst zu nennen die *mitteleuropäischen ehelichen Familienformen*. Die *Mehr-Generationen-Familie*, also die traditionelle Großfamilie in einem Haus, hat in den vergangenen Jahrzehnten erheblich an Bedeutung und Zahl verloren. Als Drei-Generationen-Familie macht sie nur noch vier Prozent der gesamten Familien aus.

In der *dezentralisierten Großfamilie in räumlicher Nähe* leben Eltern und verheiratete Kinder zwar in mehreren getrennten Wohnungen, aber am selben Ort oder in der Nähe und können sich zu Fuß oder mit dem Auto innerhalb kürzester Zeit gegenseitig erreichen und einander helfen. Zudem stehen die getrennten Kleinfamilien, gewissermaßen als Dependencen der Großfamilien über Telefon im ständigen Kontakt und Austausch. Da Reibungsverluste, wie sie beim Zusammenwohnen mehrerer Generationen in einem Haus fast unvermeidlich sind, bei der dezentralen Wohnlage weitgehend ausfallen, man aber jederzeit Verbindung aufnehmen kann, ist bei dieser Familienform die Kommunikation zwischen den Generationen durchschnittlich intensiver und spannungsfreier als in der Großfamilie. Diese neue Form des Zusammenlebens von Verwandten in verschiedenen Wohnungen kann in manchen Gegenden als der vorherrschende Familientyp angesehen werden. Im früheren deutschen Bundesgebiet lebten die verheirateten Kinder mit ihren Partnern und den Enkeln zu 40 Prozent im selben Ort wie die Eltern und 27 Prozent in einer Umgebung von weniger als einer Fahrstunde. Nur 30 Prozent machten die sogenannten *isolierten Kleinfamilien* aus, die vom ursprünglichen Familienverband weiter als eine Fahrstunde entfernt lebten[3].

Unter der *Kernfamilie* versteht man Eltern, die mit eigenen Kindern allein in einem Haushalt leben. Das sind etwa 35 Prozent aller verheirateten Paare mit Kindern, von denen aber viele durchaus in enger Bindung an wenigstens eine der Ursprungsfamilien der Eltern leben, also zu einer dezentralisierten Großfamilie gerechnet werden dürfen.

Als *Ein-Elternteil-Familie* nach Ende der Ehe gelten die sogenannten Alleinerziehenden ohne Partner: das sind 4,1 Prozent der Familien. Wesentlich höher hingegen ist die Zahl der *Stieffamilien,* die als komplettierte Form durch Eingliederung eines neuen Partners (Stiefvater, Stiefmutter) oder als kombinierte Form durch das Zusammenrücken zweier Teilfamilien entstehen.

Zugenommen haben in den vergangenen Jahren generell mitteleuropäische nichteheliche Familienformen. Dazu gehören die *nichteheliche Lebensgemeinschaft von Mann und Frau* mit Kindern aus früheren Beziehungen und/ oder gemeinsamen Kindern. Sie machen 3,3 Prozent aller zusammenlebenden Paare aus. Dazu kommen *Wohngemeinschaften mehrerer Teilfamilien*, die sogenannten *Nur-Mutter-Familien*, die aus einer (bewußt) unverheiratet gebliebenen Frau mit Kind oder Kindern bestehen, und die *kombinierten Familien*, in denen Teilelemente verschiedener früherer Familien, z. B. zwei Frauen mit ihren Kindern, zusammenleben.

Im klassischen Durchwanderungsgebiet Mitteleuropa hat sich auch die Zusammensetzung der Bevölkerung in den vergangenen Jahrzehnten sehr verändert. Fast überall leben neben der europäischen Bevölkerung Menschen anderer ethnischer und kultureller Herkunft und verschiedener Glaubensrichtungen. Auch dies hat Auswirkungen auf die bei uns existierenden Familienformen. So kommen zu den oben genannten einheimischen Familientypen noch die Familien nichteinheimischer ethnischer/kultureller/religiöser Herkunft.

Da gibt es die *ethnisch/kulturell/religiös gemischten Familien* aus der Verbindung von Mitteleuropäern und Angehörigen anderen Herkommens. Da der Anteil der Ausländer an der Wohnbevölkerung jünger ist als der Durchschnitt der Bevölkerung und da zudem ein Männerüberschuß herrscht, überwiegt in diesen Familien der Anteil einheimischer Frauen.

Dazu kommen ethnisch/kulturell/religiös gemischte Familien aus der Verbindung von Angehörigen unterschiedlicher Immigrantengruppen[4].

Wesentlich geändert hat sich das Verhalten der jungen Paare. Sie leben heute überwiegend bereits längere Zeit zusammen, bevor sie sich zur Heirat entschließen, oder sie verzichten überhaupt auf eine Eheschließung. In der Bundesrepublik Deutschland gab es 1997 ca. 1,8 Millionen solcher unverheirateter Paare. Von den jungen Paaren unter 35 Jahren waren es 60 Prozent, von den Paaren unter 40 Jahren 70 Prozent. Von diesen Paaren lebten in den westdeutschen Bundesländern 17,7 Prozent mit Kindern – meistens aus früheren

Verbindungen der Partner – zusammen, in den sogenannten neuen Bundesländern waren es nahezu 50 Prozent[5].

Und schließlich änderte sich das generative Verhalten in der Weise, daß die durchschnittliche Zahl der Kinder pro zusammenlebendem Paar mittlerweile auf 1,3 bis 1,4 gesunken ist, so daß der Erhalt der biologischen Substanz der Bevölkerung nicht mehr gesichert erscheint. In Anbetracht der Tatsache, daß das Heiratsalter seit der Mitte der 70er Jahre, als es in Deutschland die jüngsten Brautpaare des Jahrhunderts gab, ständig angestiegen ist und bei den Männern bei durchschnittlich 29,7 Jahren und bei den Frauen bei 27,3 Jahren liegt, die Zahl freiwillig dauernd kinderlos bleibender Paare in den vergangenen Jahren stark angestiegen ist und daß andere Paare erst relativ spät ein Kind – seltener noch Kinder – bekommen, muß in den kommenden Jahren eher mit einem weiteren Sinken der Geburtenzahlen gerechnet werden.

Zu den Gründen dieser Entwicklung

Fragt man nach den Gründen dieser Entwicklung und will man sie bewerten, müssen zwei Aspekte berücksichtigt werden:
1. Immer dann, wenn große Teile einer Bevölkerung ihre Einstellung und ihr Verhalten in einem bestimmten Lebensbereich gleichzeitig und in die gleiche oder doch ähnliche Richtung verändern, hat man es nicht mehr nur mit einer großen Anzahl gleicher oder ähnlicher subjektiver Entscheidungen zu tun. Dann muß man davon ausgehen, daß es sich um Reaktionen auf eingetretene Veränderungen in den Lebensverhältnissen und -bedingungen handelt.
2. Wohl kaum jemals in der Menschheitsgeschichte ist einer Generation von Menschen eine solche Fülle von Veränderungen und Umbrüchen zugemutet worden wie dieser Generation in Mitteleuropa. Zwar hat es auch früher Umstellungen und Veränderungen gegeben, aber wohl niemals zuvor so viel, so gravierend und in der relativ kurzen Zeitspanne eines Menschenlebens.

Ein bezeichnendes Beispiel für das Leben in der permanenten Veränderung – und für die Spanne dieser Veränderungen – ist vielleicht der 65jährige, der mit elf Jahren noch nie ein Eisenbahnabteil von innen gesehen hatte, der über sein Heimatdorf und die zwei oder drei zu Fuß zu erreichenden Nachbarorte nicht hinausgekommen war, dessen real bekannte Welt einen Durchmesser von zehn Kilometern hatte und der am Ende seines beruflichen Lebens nach jahrelanger Tätigkeit in vieler Herren Länder mit dem Düsenjet aus Fernost in die Heimat zurückkehrte.

So müssen wir im Hinblick auf die soziologisch feststellbaren Veränderungen in Ehe und Familie danach fragen, worauf und in welcher Weise die Menschen reagiert haben, also danach, was sich geändert hat und sich in den veränderten Einstellungen und im veränderten Verhalten niederschlug.

Ursache von vielem ist die gesellschaftliche und wirtschaftliche Entwicklung in Mitteleuropa seit der Mitte des 19. Jahrhunderts, die im Hinblick auf Ehe und Familie durch den Bedeutungsverlust der Landwirtschaft und des Handwerks zugunsten der industriellen Produktion und der Abwanderung großer Teile der ländlichen und kleinstädtischen Bevölkerung und damit durch die Veränderung des Siedlungs- und Familientyps gekennzeichnet war. Die traditionelle Bedeutung der Familie als Lebens- und Arbeitsgemeinschaft ging verloren. Die Familie war zukünftig nur zeitweilig und partiell Lebensmittelpunkt des einzelnen, die Sektorierung des Lebens begann und setzte sich fort, so daß heute bereits Kinder ihre Familie früh als den zunächst zwar wichtigsten, aber dennoch als nur einen Lebensbereich neben anderen erleben.

Im Zusammenhang damit ergab sich eine grundlegende Veränderung durch die Umkehrung des Verhältnisses von Ehe und Familie zu einander. War in der traditionellen Großfamilie die Ehe sozusagen in das Familiengefüge eingebettet, trug gewissermaßen die Familie die Ehe (mit), so beruht heute die Familie überwiegend auf der Ehe, erhält von ihr ihre Stabilität und spiegelt auch deren Labilität. Im Zusammenhang damit steht auch die veränderte Lebensdauer der Familie, die nicht mehr Generationen umfaßt, sondern als Lebensgemeinschaft von Eltern und Kindern überwiegend nur noch zwei, höchstens drei Jahrzehnte, oft jedoch auch nur Jahre dauert. Dafür wird ein anderer Aspekt umso wichtiger, nämlich daß die Familie nicht nur Lebensgemeinschaft, sondern vor allem auch Beziehungsgemeinschaft ist. Als solche besteht sie fort, auch wenn sie als Lebensgemeinschaft beendet ist. Das gilt nicht nur im Hinblick auf die fortgesetzten Beziehungen zwischen Eltern und Kindern nach deren Auszug, sondern auch dann, wenn die Eltern sich getrennt – womöglich neue Partner gewählt – haben. Gemeinsame Verantwortung beider Eltern für das Wohl der Kinder und die sich daraus ergebende Notwendigkeit mindestens eines Minimalkontaktes zwischen ihnen sowie die fortbestehenden Kontakte der Kinder zu beiden Eltern sind Kennzeichen dieser fortbestehenden Beziehungsgemeinschaft. Das heißt, daß solche Kinder auch dann durchaus weiterhin in der Beziehungsgemeinschaft ihrer ersten Familie leben, wenn sie inzwischen längst in einer anderen Lebensgemeinschaft – etwa in einer sogenannten Stieffamilie – beheimatet sind.

Eine andere Umstellung haben die Paare aus Leo Prüllers Generation mitvollzogen, zum Teil eingeleitet, oft vorangebracht: den Übergang vom traditionellen Paternalismus in Ehe und Familie mindestens zum Versuch der gleichberechtigten Partnerschaft zwischen den Erwachsenen. Grundlage dafür war ein verändertes Selbstverständnis von Frau und Mann, wie es sich im Streben von Frauen nach Emanzipation von der Vorherrschaft des Mannes, nach gleichberechtigter Partizipation nicht nur in der Familie, sondern auch in Gesellschaft und Beruf ausdrückt. Wo die elterliche Generation dies für sich selbst nicht mehr erreichen konnte, bemühte sie sich jedoch großteils, bei ihren Kindern die Voraussetzungen dafür zu schaffen. Dazu war es nicht nur erforderlich, die eigene, an traditionellen Leitbildern ausgerichtete Erziehung – frei nach Schillers „Glocke": *Der Mann muß hinaus ins feindliche Leben* und: *Dienen lerne beizeiten das Weib nach seiner Bestimmung* – zu übersteigen. Auch im Hinblick auf die Erziehung der eigenen Kinder mußten überkommene Vorstellungen und Grundsätze aufgegeben, mußten neue Prinzipien und Regeln – oft mühsam und auf mancherlei Umwegen – gesucht werden. Daß keine allgemeingültigen Regeln mehr galten, hatte aber zur Folge, daß in unterschiedlichen Familien nach den unterschiedlichsten Vorstellungen und auf die verschiedensten Ziele hin erzogen wurde. Diese verschiedene Erzogenheit der Partner ist heute eines der bisher am wenigsten beachteten, gleichwohl bedeutendsten Probleme in jungen Ehen und mindestens unterschwellig mitverantwortlich für das Scheitern so vieler Beziehungen.

Neue Erkenntnisse sowohl der Psychologie seit Freud als auch der Biologie und Physiologie im Hinblick auf die menschliche Sexualität und Fortpflanzung ließen eine Revision früherer Vorstellungen über Sinn und Bedeutung der Sexualität und der für sie gültigen moralischen Normen nicht nur zu, sondern machten sie geradezu erforderlich. Dies drückt sich z. B. darin aus, daß die katholische Kirche ihre traditionellen Aussagen in dieser Hinsicht verändert hat, wie die Pastoralkonstitution „Gaudium et spes" des II. Vaticanums und die Enzyklika „Humanae vitae" Pauls VI. zeigen.[6] Hier ist die alte – auf unzulänglichen und damit falschen biologischen Vorstellungen beruhende – Naturrechtslehre weitgehend aufgegeben, wonach der erste Zweck der menschlichen Sexualität die Zeugung von Nachkommenschaft sei. Vielmehr wird das Kind als „Frucht der ehelichen Liebe" bezeichnet und das Prinzip der „verantworteten Elternschaft" postuliert.[7] Diese Entwicklung hatte weitreichende Folgen, nicht nur hinsichtlich des generativen Verhaltens, sondern auch im Hinblick auf Veränderungen in Ehe und Familie.

Die Erkenntnisse von Knaus und Ogino[8] und noch mehr die Entwicklung neuer sicherer Antikonzeptiva erlaubten einerseits die Trennung von Sexualität und Zeugung, führten aber in vielen Fällen auch zur Abkoppelung der Zweierbeziehung von der Familie. Die auch sexuell gelebte Partnerbeziehung veränderte ihre Sinngehalte: Nicht mehr Gründung und Erhaltung einer Familie waren das Ziel, sondern das Maß an persönlicher Befriedigung und gegenseitiger Bereicherung, das sie zu bieten hatte. Oder anders ausgedrückt: Die Ehe bzw. die Partnerbeziehung wurde zur Glücksinstitution mit dem Risiko, aufgegeben zu werden, wenn sie das erwartete und erhoffte Glück – momentan oder längerfristig – nicht bietet.

Da die Partnerbeziehung nicht mehr in erster Linie unter dem Aspekt ihrer sozialen Bedeutung als Quelle des Nachwuchses auch für die Gesellschaft gesehen wird, erscheint sie oft als private Angelegenheit, was sich darin ausdrückt, daß viele, wenn nicht die meisten jungen Paare zunächst unverheiratet zusammenleben und ihre Beziehung erst legalisieren, wenn das Kind ins Spiel kommt. Denn daß eine Familie einen geordneten rechtlichen Rahmen braucht, wird meistens noch eingesehen. Das zeigt sich nicht nur darin, daß die meisten Paare in dieser Situation heiraten, also „den Schutz der staatlichen Ordnung"[9] in Anspruch nehmen, sondern auch in der Forderung, sogenannte „nichteheliche Lebensgemeinschaften mit Kindern" den Familien rechtlich gleichzustellen.

Ehe und Familie im „mobilen Zeitalter"

Ein gleichfalls wenig beachteter Faktor für die Entwicklung von Ehe und Familie in den mitteleuropäischen Gesellschaften ist die vor allem seit Ende des Zweiten Weltkriegs eingetretene Veränderung im Heiratsverhalten. Das früher durch Seßhaftigkeit, Immobilität, Milieu und Normen begrenzte Feld für die Partnersuche hat sich in den vergangenen Jahrzehnten unerhört ausgeweitet. Noch Anfang der 50er Jahre kannten sich – von den Großstädten und Ballungsgebieten abgesehen – über 90 Prozent der heiratenden Paare von Kindesbeinen an, waren im selben Ort oder in der erreichbaren Nachbarschaft aufgewachsen und nach den selben Regeln erzogen und unter gleichen Bedingungen sozialisiert worden. Man spricht von „Vertrautenheirat". Heute dagegen lernen sie sich überwiegend erst als Erwachsene kennen, stammen aus verschiedener Umgebung und wurden in ihren Familien unterschiedlich, zum Teil sogar nach gegensätzlichen Regeln erzogen. Deswegen erscheint es berechtigt, von einer „Fremdenheirat" zu sprechen. So kannte sich bei verschiedenen Befragungen im Rahmen der kirchlichen Ehevorbereitung nur eins bzw. nicht einmal eins von jeweils zwölf Paaren länger als vier Jahre, bevor sie das gemeinsame Leben aufnahmen[10]. Diese Entwicklung begann in den Ballungsgebieten zwar schon früher, sie wurde aber maßgeblich beeinflußt durch die Flucht und Vertreibung großer Bevölkerungsgruppen nach dem Zweiten Weltkrieg, und sie setzte sich fort im Zusammenhang mit der Urbanisierung auch des ländlichen Raums, als auswärtige Berufstätigkeit und gesteigerte Mobilität im Zusammenhang mit der Motorisierung den Aktions- und Erlebnisradius der jüngeren Generation stark ausweiteten. In ländlichen Gegenden hat die gemeinsame Busfahrt zur Ausbildungsstätte oder zum Arbeitsplatz dem Dorffest als Heiratsmarkt längst den Rang abgelaufen. Aber auch die Situation der sogenannten Milieuwechsler muß mitgesehen werden – ob es sich um den aus „kleinen Verhältnissen" stammenden Akademiker oder um das Akademikerkind mit Hauptschulbildung handelt. Wenn sie sich den Lebenspartner aus dem neuen Milieu wählen, ergeben sich für sie nicht nur Anpassungsschwierigkeiten in ihrer Beziehung, sondern oft auch Probleme in ihrem Verhältnis zu ihrer Ursprungsfamilie.

Der Vorteil dieser Entwicklung liegt sicherlich darin, daß durch die Wahl fremder Partner in den Dörfern und allgemein auf dem Land eine Art Blutauffrischung stattgefunden hat. Andererseits gibt es für diese Beziehungen ein bisher wenig beachtetes Risiko aufgrund der unterschiedlichen Erzogenheit der Partner und des Einflusses der Erziehung und der im Elternhaus gelernten Regeln auf das unwillkürliche Spontanverhalten. So zeigt sich immer wieder, daß es den Partnern gut gelingt, sich im Verhalten abzustimmen und aufeinander einzustellen, so lange sie nach Überlegen und gegenseitiger Aussprache handeln. Die Schwierigkeit entsteht, wenn dazu keine Zeit bleibt, man schnell und spontan handeln muß und damit unwillkürlich in Verhaltensweisen zurückfällt, die man für überwunden hielt.

Schließlich muß noch davon die Rede sein, daß nicht nur die unterschiedlichen Erziehungsstile und -ziele in den Herkunftsfamilien das Zusammenleben junger Paare belasten können, sondern daß es bei den Partnern auch häufig Unterschiede oder gar Defizite in der sozialen Kompetenz gibt. Dies hängt wiederum mit der Tatsache zusammen, daß das für die Sozialisation des Kindes wichtige Personalangebot in den Ursprungsfamilien häufig sehr eng ist, weil nur sporadischer Kontakt zu Großeltern und anderen Verwandten besteht, der Kreis der erwachsenen Bezugspersonen also sehr klein ist. Wo dann auch noch Geschwister ausfallen oder der Abstand zwischen mehreren Kindern jeweils so groß ist, daß jedes einzelne faktisch als Einzelkind aufwächst, fehlen dem Kind nicht nur gleichrangige Bundesgenossen gegenüber der Übermacht der Erwachsenen, es fehlen ihm auch die Trainingspartner, mit denen zusammen die Selbstregulierung sozialer Beziehungen durch Üben gelernt werden kann.[11] Es besteht häufig ein großer Bedarf des Nachlernens innerhalb der Partnerbeziehung, und den jungen Paaren diese Einsicht zu vermitteln und sie zum Nachlernen zu ermutigen, erscheint als eine besonders wichtige Aufgabe im Hinblick auf die Ehevorbereitung.

Und endlich muß noch gesehen werden, daß mittlerweile in jeder dritten oder vierten Ehe, die heute geschlossen wird, einer der Partner aus seiner Lebensgeschichte die Erfahrung des Scheiterns von Beziehungen erlebt hat.

Dies alles erklärt auch zu einem guten Teil die Zurückhaltung junger Paare, sich endgültig zu binden, ihre Beziehung auch amtlich zu legitimieren, solange sie nicht sicher sind, daß sie auf Dauer zusammenbleiben können. Dabei darf man davon ausgehen, daß der Wunsch, die Liebe möge bis zum Lebensende dauern, gegeben ist. Gezweifelt aber wird oft an der eigenen und gemeinsamen Fähigkeit, das, was man sich wünscht und will, auch zu realisieren.

Singles

Diese Zweifel – oder die Erfahrung des eigenen Scheiterns und die Enttäuschung darüber – können auch als Motive gelten für die, die sich entschließen, überhaupt keine feste Bindung (mehr) einzugehen, für die sogenannten Singles. Deren Zahl ist, wenn man den Statistiken glauben will, in den vergangenen Jahrzehnten stark gestiegen. Eine sachliche Betrachtung entlarvt jedoch leicht die „optische Täuschung".

Da ist zuerst die Frage, was denn und wer denn eigentlich ein „Single" ist. Ein Fremdwörter-Lexikon definiert den Single als „ohne feste Bindung Lebenden"[12]. Eine andere Definition nennt den Single „das nicht ehe- und familienbehinderte Individuum"[13]. Dem entspricht auch die gängige Vorstellung: Der Single lebt für sich, scheut eine intensive Bindung, bleibt in seinen sozialen Beziehungen und auch bei Freundschaften grundsätzlich unverbindlich und vermeidet gegenseitige Ansprüche und Verpflichtungen. Motto etwa: Das Schöne miteinander verleben, die Lasten aussparen.

Diesen Typ des Singles gibt es, aber alle Allein- und „ohne feste Bindung" Lebenden darunter zu subsumieren, wäre falsch. Vielmehr braucht es eine differenziertere Sicht dieses Phänomens. Dabei zeigt sich, daß der „eigentliche Single" im Sinne der obengenannten Definitionen nur eine Minderheit unter den Alleinlebenden repräsentiert.

Als Kriterium für die Verbreitung der Singles gilt die Zunahme der Ein-Personen-Haushalte in unseren Gesellschaften in den vergangenen Jahrzehnten. War noch vor dreißig Jahren nur jeder fünfte ein Ein-Personen-Haushalt, so ist es inzwischen jeder dritte (35,5 %), in manchen Ballungsgebieten (z. B. im Raum Berlin oder Frankfurt) und in Städten mit hohem Studentenanteil beinahe schon jeder zweite. Allein in der Zeit von 1985 bis 1992 ergab sich eine Zunahme um 40 Prozent. Die Ursachen dafür sind vielfältig.[14]

Tatsächlich gibt es unter den Alleinlebenden in unserer Gesellschaft sehr große Unterschiede. Eine Typologie der „Singles" könnte etwa so aussehen:
1. Junge Leute, die aus Ausbildungs- oder Studiengründen überwiegend von ihrer Ursprungsfamilie getrennt und allein leben (so hört man als Bezeichnung für Studentinnen-Wohnheime gelegentlich den Begriff Single-Silo). Sie unterhalten überwiegend regelmäßige Beziehungen zur Ursprungsfamilie, haben zum Teil Partnerbeziehungen auf Distanz, weil der andere Teil im Heimatort oder an einem anderen Arbeits- oder Studienort lebt. Das Kriterium der Beziehungslosigkeit trifft hier nicht zu.

2. Junge Männer und Frauen mit einer längerfristig angelegten Partnerbeziehung, die aus verschiedenen Gründen das dauernde Zusammenleben vermeiden.
3. Sogenannte „Nestflüchter", die früh aus dem Elternhaus ausziehen, um allein zu leben. Für sie haben die Lösung von mancherlei Ansprüchen, Einschränkungen und Zwängen der Familie und daneben die „eigene Wohnung" (oder Bude) einen hohen Stellenwert.
4. Junge Männer und – meistens – Frauen, insbesondere solche mit qualifizierter Ausbildung und befriedigendem sozialen Status, die eine Heirat nicht grundsätzlich ausschließen, aber sich auch als Alleinstehende ein durchaus sinnvolles Leben vorstellen können, daher abwarten, ob sich eine Heiratschance ergibt, und es nicht nötig haben, sich „auf Partnerjagd" zu begeben.
5. Verheiratete Männer und Frauen (aus fast allen Altersgruppen) in der gesetzlich vorgeschriebenen Trennungszeit vor der Ehescheidung, Geschiedene ohne Kinder. Für viele von ihnen ist das Single-Dasein eine Übergangslösung bis zum Eingehen einer neuen Partnerschaft.
6. Ältere alleinlebende Männer und Frauen, vor allem Verwitwete, aber auch Geschiedene und von vornherein Unverheiratete.
7. Karriere-Singles, überwiegend Frauen, die meinen, zwischen den Erfordernissen ihrer beruflichen oder künstlerischen Karriere und den an eine Frau gerichteten Ansprüchen einer Familien wählen zu müssen. Es handelt sich meistens um hochqualifizierte Personen mit hohen Leistungsansprüchen an sich selbst. (So bleiben die meisten Managerinnen in Spitzenpositionen unverheiratet – oder wenn verheiratet, dann kinderlos –, wogegen ihre männlichen Kollegen überwiegend Ehe, Familie und Beruf miteinander vereinbaren können, weil ihnen die Ehefrauen im Hinblick auf die Familie „den Rücken freihalten".)
8. Der „eigentliche Single" im Sinne den oben angeführten Definitionen. Nach einer Umfrage spielen bei der Wahl dieser Existenzform für die meisten vor allem zwei Motive eine Rolle:
die Vorstellung, daß ein „eigenständiges Leben (zumindest als Lebensphase) zur Persönlichkeitsentwicklung gehört"[15], und
„negative Erfahrungen mit früheren Partnerschaften, die an gegensätzlichen Rollenauffassungen zerbrachen".
Außerdem berichten viele von „positiven Erfahrungen mit diesem Lebensstil" (Kontaktfreude, Selbstsicherheit, Berufsentwicklung, kulturelle Aktivitäten).

Was die Verbreitung und die Leitbildfunktion der Dauer-Singles, „die ihre Unabhängigkeit zum Credo gemacht"[16] haben, angeht, so muß vor Übertreibungen gewarnt werden: Die Mitteleuropäer sind keine Eheflüchter und haben nach allen Umfragen auch keine Aussicht, es zu werden.

Zum einen handelt es sich um einen „relativ geringen Prozentsatz" aller Alleinlebenden, zum anderen spricht nichts dafür, daß sie „eine generelle Entwicklung einläuten"[17].

Im Hinblick auf eine häufig befürchtete zukünftige Zunahme dieser Tendenz in unserer Gesellschaft und im Hinblick auf die Folgen eines solchen Autonomie-Fanatismus lassen sich die folgenden Feststellungen treffen:
– Alle Umfragen unter jüngeren Menschen lassen das Dauer-Singletum als wenig erstrebenswert erscheinen, vielmehr haben Ehe, Familie und Kinderwunsch – trotz massiver negativer Erfahrungen – bei ihnen einen hohen Stellenwert[18].
– Der Mensch ist ein soziales Wesen, und es gibt ein Grundbedürfnis nach Angenommensein und Zugehörigkeit. Man kann es eine Zeitlang, aber nicht auf Dauer negieren, im anderen Fall ist der Preis der Autonomie-Fixierung die Einsamkeit. Die „Spätfolgen" werden vermutlich meistens übersehen, sie auszuhalten wird immer nur wenigen Menschen möglich sein.
– Die Grenzen der Autonomie des Individuums werden spätestens dann erkennbar, wenn der Mensch zur Bewältigung auch seines individuellen Lebens den Beistand und die Unterstützung anderer braucht, er aber darauf fixiert ist, andere nicht an sich „heranzulassen".

Mutationen sichern Zukunft

Wie ist es nun um die Zukunftsperspektiven von Ehe und Familie gestellt? Wer frühere Verhältnisse, etwa die in Leo Prüllers Geburtsjahr 1928, für optimal und „richtig", als in Ordnung und als „normal" ansieht und nur eine Form von Ehe und Familie gelten lassen will – und sie möglicherweise in der rückwärtsgerichteten Blickweise auch noch glorifiziert –, dem wird das, was sich im Hinblick auf Ehe und Familie in den letzten Jahrzehnten ereignet hat, leicht als Verfall und Dekadenz erscheinen.

Nun gehören Ehe und Familie zwar zu den kulturellen Universalien der Menschheit – es gab und gibt sie in allen uns bekannten Kulturen –, aber sie waren und sind nie eine unveränderbare Größe. Im Gegenteil zeigt sich, daß sie außerordentlich vielförmig, variabel und anpassungsfähig sind. Daß die Menschheit es fertig brachte, in allen Klimazonen und unter den unterschiedlichsten und sogar gegensätzlichsten Verhältnissen und Bedingungen zu überleben, ist nicht nur darauf zurückzuführen, daß das Individuum gelernt hat, sich in seiner Lebensweise den äußeren Gegebenheiten anzupassen, sondern vor allem auch darauf, daß er auch seine soziale Organisation entsprechend gestaltet hat.

Wenn wir oben gesagt haben, daß wir es bei dem veränderten Verhalten der Menschen in Mitteleuropa im Hinblick auf Ehe und Familie mit der Reaktion auf veränderte Bedingungen und Verhältnisse zu tun haben, dann heißt das: Was sich heute abspielt, ist die Suche nach neuen Formen dauerhafter und tragfähiger Beziehungen von Mann, Frau und Kindern unter den Bedingungen unserer Gesellschaft. Seit Darwin wissen wir, daß biologische Organismen auf Veränderung in ihren Umwelt- und Lebensbedingungen mit Mutationsbildung reagieren, daß sie Ab- und Unterarten entwickeln, von denen die auf Dauer überleben, die den neuen Verhältnissen am besten angepaßt sind.[19]

Vieles spricht dafür, daß nicht nur biologische, sondern auch soziale Organismen sich so verhalten. Danach hätten wir es bei den verschiedenen heutigen Familienformen also mit Mutationen zu tun, von denen sich im Laufe der Zeit die überlebensfähigsten auf Dauer durchsetzen werden.

Bei aller Bedeutung von Ehe und Familie für die Individuen, die wichtigste Funktion, die sie haben und behalten werden, ist die, das Überleben der Art, der Spezies Mensch, zu sichern. Und weil die Menschen keine kaltblütigen Selbstmörder (schon das ist ein Paradoxon) sind und weil auch der hartgesottenste Egozentriker begreifen wird, daß er ohne die anderen zwar zeitweilig über die Runden kommen kann, im Falle der Hilfsbedürftigkeit oder sogar der Hilflosigkeit aber auf andere angewiesen ist oder ohne sie umkommt, gibt es genügend egoistische Motive, Ehe und Familie nicht untergehen zu lassen. Ohne Kinder in der Gesellschaft hat auch das einzelne Individuum keine Zukunft. Die Bedeutung von Partnerschaft, Ehe und Familie, wie immer sie sich organisieren, wird darin liegen, ob und wie sie dem Kind entsprechen, ihm gut tun. Es wird spannend sein, die Entwicklung in naher Zukunft zu beobachten.

Anmerkungen:

[1] Alle in diesem Beitrag genannten statistischen Zahlen beziehen sich – weil Zahlen aus Österreich nicht zur Verfügung standen – auf die Verhältnisse in der Bundesrepublik Deutschland und zwar auf die sogenannten „alten Bundesländer". Hier scheint die Vergleichbarkeit mit österreichischen Verhältnissen am ehesten gegeben. Dagegen weicht die Entwicklung in den sogenannten „neuen Ländern" zum Teil erheblich ab. Alle Zahlen beruhen, soweit nicht anders angegeben, auf Angaben des Statistischen Bundesamtes der Bundesrepublik Deutschland in Wiesbaden.

[2] Barthold Strätling, Zur Situation der Kleinstadtjugend, in: Deutsche Jugend 4/58. – Man kann geradezu von einer sozialen Norm sprechen, daß in manchen katholischen Gegenden – als Reaktion auf die Unauflöslichkeit der Ehe – erst gezeugt und dann geheiratet wurde, um sicherzugehen, daß aus einer Beziehung auch Nachwuchs entstehen konnte.

[3] Vgl. Heribert Engstler, Die Familie im Spiegel der amtlichen Statistik, Herausgegeben vom BMSFJ Bonn 1997, 23.

[4] Alle Zahlen nach Engstler, Familie.

[5] Statistisches Bundesamt BRD – nach UP-Meldung vom 20. Febr. 1998.

[6] Pastoralkonstitution „Gaudium et spes" des Zweiten Vatikanums (1965) und Enzyklika „Humane vitae" von Paul VI. (1968).
[7] Ebd.
[8] Der Österreicher H. Knaus und der Japaner K. Ogino entdeckten 1924/25 unabhängig von einander den Eisprung und damit die sogenannten fruchtbaren und unfruchtbaren Zeiten im Zyklus der Frau, wiesen also nach, daß der Geschlechtsakt beim Menschen keineswegs stets die Zeugung neuen Lebens zum Ziel hat.
[9] Artikel 6 des Grundgesetzes der Bundesrepublik Deutschland.
[10] Untersuchung des Verfassers 1988 im Rahmen der Ehevorbereitung in Unterfranken.
[11] Barthold Strätling, Streiten, Teilen und Vertragen, München 1993.
[12] E. von Hollander, Fremdwörter-Lexikon, München 1991.
[13] Ulrich Beck, Risikogesellschaft, Frankfurt 1986.
[14] Alle Zahlen nach: Statistisches Jahrbuch der Bundesrepublik Deutschland 1993/94 und R. Hettlage, Familienreport, München 1992 und H. H. Rohlfs / U. Schäfer, Jahrbuch der Bundesrepublik, München 1993.
[15] Beck, Risikogesellschaft.
[16] Hettlage, Familienreport.
[17] Beck, Risikogesellschaft.
[18] Hier sei nur verwiesen auf: K. A. Schniedewind / L. A. Vascovics (Hg.), Optionen der Lebensgestaltung junger Ehen und Kinderwunsch, Stuttgart 1992 (= Schriftenreihe des BMJfUS 9).
[19] Charles Darwin, On the Origin of Species by Means of Natural Selection, London 1859.

Eva Maria Krendl-Klimitsch
Robert Krendl

Ein Partner für alle Lebensabschnitte?
Ehe – ein Leben lang unvermischt und ungetrennt leben

Ehe – der Frage auf der Spur:
Wer bin ich für dich? Wer bist du für mich?

In einer österreichischen Tageszeitung war vor einigen Jahren eine Karikatur zu finden, in welcher ein Mann dargestellt wird, der soeben in einem Restaurant eine junge Frau mit folgenden Worten anspricht:

> „Entschuldigung, wenn ich Sie anspreche, aber ich kann's in 10 Minuten erklären. Die Sache ist die, dass ich Sie durchs Fenster gesehen habe und mich sofort in Sie verliebt habe. An sich kein Problem. Wir könnten eine Beziehung haben, uns lieben, die tollsten Nächte erleben, später heiraten und Kinder kriegen, Urlaub machen. Kurz: Den Himmel auf Erden. Aber ich muss ehrlich zu Dir sein. Wer kann sagen, ob wir wirklich eins miteinander werden, verschmelzen mit dem Universum, und aufblühen im ewigen Wahnsinn der Liebe. Oder ob wir vielleicht zweifeln werden. Bedenken könnten aufkeimen, Unverständnis oder gar Unmut, wir würden uns streiten und auseinanderleben. Ich habe lange überlegt, aber es ist das Beste, wenn wir uns trennen. Bitte sei nicht traurig. Ich weiß, es ist hart, aber es ist das Beste für uns beide, Kopf hoch!"

In jeder Zuspitzung sind einige Körnchen Wahrheit zu finden. Einer Beziehung wird keine Chance eingeräumt. Bevor sich der junge Mann auch nur im entferntesten mit der jungen Frau auseinandersetzt, bricht er „die Beziehung" schon ab. Einerseits ist ihm die Sache zu mühsam, zu unsicher, zu risikoreich. Andererseits sind seine Erwartungen an die mögliche Beziehung völlig überladen. Er spricht von „tollsten Nächten", vom „Verschmelzen mit dem Universum", ja vom „Himmel auf Erden". Jeder Gedanke an Unverständnis, Krise und Konflikt scheint ihn zu lähmen. Er gibt letztlich der Beziehung keine Chance.

Ist es heute wirklich um so viel schwieriger als früher, eine lebenslange Beziehung zu leben? Wir denken, ja. Früher war das Leben als Paar keine Kunst, sondern eher ein Schicksal, dem man sich zu fügen hatte. Heute hat jedes Paar seine Beziehung völlig individuell zu gestalten, mit allen Chancen, aber auch mit allen Risiken. Traditionelle Bindefaktoren fallen weg. Die Paarbeziehung ist z. B. nicht mehr in einen größeren Familienverband eingebunden. Die wirtschaftliche Notwendigkeit einer Ehe ist heute nicht mehr gegeben. Die starre Rollenverteilung zwischen Mann und Frau wurde aufgeweicht. Die gemeinsame Elternschaft ist nicht mehr selbstverständlich, weltanschauliche Fundierung weitgehend verschwunden. Was übrigbleibt, sind zwei Partner und ihre persönliche Verbundenheit miteinander.

Ehe als lebenslange Weggemeinschaft

Der Weg ist ein uraltes Symbol für das Leben eines Menschen, ob allein, in einer Freundschaft oder in einer Partnerschaft. In vielen Märchen spielt der Weg, den eine(r) geht oder gehen muss, eine große Rolle. Er stellt die Wandlung des Lebens dar und wie ein Mensch darauf antwortet. Diese Wandlung kommt in Variationen: Als „Heilung auf dem Weg", d. h. als das Zurechtbringen eines Lebens- oder Einstellungsproblems; als Verarbeiten von Schuld aneinander oder von Entfremdung; als Suchen nacheinander und als Nachgehen eines von beiden; als Sich-verlieren, so dass jede(r) seinen/ihren eigenen Weg gehen muss und es keinen gemeinsamen Weg mehr gibt.

Der Weg ist auch ein biblisches Symbol. Wir nennen nur drei Beispiele: Das Volk Israel, welches erst nach einer langen und mühsamen Wüstenwanderung das gelobte Land erreicht. Unsere Lieblingsgeschichte im Neuen Testament ist die Emmauserzählung, die wir auch für unsere eigene Trauung gewählt haben. Zwei Jünger, die mit dem auferstandenen Jesus eine Wegstrecke gingen, ohne ihn erkannt zu haben. Wie oft gehen Paare miteinander eine lange Wegstrecke, ohne zu erkennen, einander nicht und den Sinn ihres Lebens nicht. Und doch kommt dann oft irgendwann das Brotbrechen, ein Stück Erkenntnis. Schließlich bezeichnet Johannes Jesus in seinem Evangelium als „den Weg". Überdies spielt der Weg in unserem Alltag eine große Rolle. Würden wir unsere Wege im Alltag bewusster gehen, bekämen wir ein tieferes Gespür für die Dimensionen unseres Lebens, aber auch für die Hindernisse, Kreuzungen und Weggabelungen. Die Ehe zweier Menschen ist nun eine Weggemeinschaft, ein Prozess. Ein Prozess, der nicht von alleine abläuft, sondern von lebenslangem Bemühen begleitet ist. Von Zeit zu Zeit sind Entscheidungen zu treffen, gilt es, Wegweiser zu deuten.

Entscheidungen sind oft schmerzhaft, aber notwendig, weil sie immer neue Lebensmöglichkeiten eröffnen. Immer wieder sollte sich Verbindlichkeit gegen Beliebigkeit durchsetzen. Hilfreich für diesen lebenslangen Weg ist es, wenn an bestimmten Stationen Feste gefeiert werden, wenn Rituale und Symbole ins Spiel gebracht werden, überlieferte oder eigens dafür geschaffene. Die Ehe wird auch immer wieder verglichen mit den Jahreszeiten eines Jahreskreises. Da gibt es die Paarbildung, die junge Beziehung mit der Phase der Verliebtheit, die kinderlose Zeit. Mit der Elternschaft beginnt eine neue Jahreszeit. Verantwortung für jemand Dritten wird übernommen, die Partnerschaft tritt in den Hintergrund, verantwortete Elternschaft in den Vordergrund. Mit dem Verlassen des Elternhauses durch die Kinder entsteht oft eine Krise in der Ehe. Neue Formen des Zusammenlebens müssen gesucht werden, die Gefahr des Auseinanderlebens ist sehr groß.

Ehen, die bis ins Alter als sinnvoll erlebt werden, sind Ergebnis sorgfältiger Gestaltung. Es gehört zu den berührendsten Anblicken, alte Ehepaare händchenhaltend spazierengehen zu sehen, voller Zärtlichkeit und Gewissheit. In der erlebten Zeit liegt die Chance des Reifens. Albert Camus sagte: „Liebe bedeutet, miteinander alt werden wollen." Jemand anderer beschrieb die gelungene Altersehe mit „Beieinander sein und die Stunden schlagen hören."

Ehe als Lebensentwurf

Die Ehe als Lebensentwurf erscheint uns vergleichbar mit einem Kunstwerk. Die Phase der Verliebtheit wäre dann analog zu sehen mit der Intuition, der zündenden Idee, der Vision oder Utopie; die Idee eines Kunstwerks, die Idee einer Beziehung. Genauso wie durch die Intuition allein das Kunstwerk noch nicht entsteht, ist Verliebtheit noch nicht Liebe. Auf die Intuition muss die Ausführung folgen, auf die Verliebtheit das Einlösen der Anfangsvision im alltäglichen Bemühen. Liebe reift im ständigen Wechsel von Machen und Geschehen lassen, von Wüste und gelobtem Land. Die Qualität eines Kunstwerks zeigt sich nicht nur in der handwerklichen Ausführung, ein Werk braucht auch eine Seele. Desgleichen lebt eine Ehe vom richtigen alltäglichen Handeln. Allerdings nützt all unser willentliches Bemühen, all unsere Arbeit an besseren Beziehungsgewohnheiten nichts, wenn wir nicht zugleich auch dafür sorgen, dass die Intuition bzw. Vision des Anfangs immer wieder zum Leuchten kommt. Neben dem Kunstwerk drängt sich uns für die Ehe noch eine zweite Analogie auf, und zwar der spirituelle Weg. Ein spiritueller Weg ist ein Übungsweg, bei dem am Anfang immer so etwas wie ein Berufungserlebnis steht, eine Anfangsvision. Wie beim spirituellen Weg der Alltag das Übungsfeld ist, sorgfältig mit den Dingen umzugehen, so ist es in der Ehe die tägliche Beziehungsarbeit und Aufmerksamkeit füreinander. Der geistlichen Übung entsprechen etwa die „Inseln", auf die sich die Partner von Zeit zu Zeit zurückziehen, um ihrer Liebe auch als geistig-seelisch-körperliches Erlebnis immer wieder Raum zu geben.

Ehe kann ein hervorragender Ort sowohl geistiger als auch körperlicher Fruchtbarkeit und Kreativität sein. Das Ausrichten auf die Schöpferkraft einer Beziehung kann dieselbe wachhalten und ihrer Gewöhnung widerstehen. In der Ehe steckt die Chance einer schöpferischen und fruchtbaren Vereinigung der beiden Grundprinzipien unserer Wirklichkeit: des männlichen und weiblichen Prinzips. Fruchtbarkeit und Kreativität können sich dabei auf die Offenheit für eigene Nachkommenschaft beziehen. Der Blickwinkel kann sich aber auch auf eine geistige Schöpferkraft richten. Wir beide haben schon mehrmals in unserem gemeinsamen Leben erfahren dürfen, was die Kreativität einer gelebten Beziehung bewirken kann, z. B. in der Arbeit an gemeinsamen Projekten oder in der konkreten Arbeit mit Menschen in der Ehe- und Familienbildung.

Spannung zwischen Ich und Du

„Es ist das schwierige Rätsel, wie zwei sich verändernde Menschen ihre Zeit zum Wachsen finden oder sich erkämpfen, und wie sie zugleich die Verbindung miteinander halten können oder, nach Schwierigkeiten und Erprobungen, wiederfinden."[1]

Eine auf Dauer angelegte Partnerbeziehung wie die Ehe steht immer in verschiedenen Spannungsfeldern, so in der Spannung zwischen Entwicklung als Einzelperson und Verbindung miteinander. Es ist ein Trugschluss, wenn Menschen in einer jungen Beziehung meinen, der Partner / die Partnerin wird sich nicht verändern. Es bedarf einiger Mühe, jungen Paaren bei Ehevorbereitungstagen diese Tatsache begreiflich zu machen. So manche Enttäuschung über eine eigenständige Entwicklung des Partners / der Partnerin bildet den Keim für eine spätere Trennung. Andererseits ist jede/r auch ein Stück verantwortlich dafür, den Partner / die Partnerin in seiner/ihrer eigenen Entwicklung und Veränderung Schritt halten zu lassen. Es geschehen immer wieder Tragödien, wenn ein Partner – oft ist es die Frau – in einem fortgeschrittenen Ehestadium plötzlich aus eingefahrenen Geleisen ausbricht, eigene Wege geht und der Partner / die Partnerin völlig hilflos danebensteht. Um ein ähnlich gelagertes Spannungsfeld handelt es sich bei der Pendelbewegung zwischen Nähe und Distanz, zwischen Verschmelzung und Distanzierung. Es gehört zur Kunst als Ehepaar zu leben, eine Ausgewogenheit dieser beiden Pole zu erreichen bzw. deren Pendelbewegung zuzulassen. Gerade wenn die Beziehung in eine Krise kommt, glauben viele Paare, mehr Nähe erzwingen zu müssen. Dabei wäre in vielen dieser Fälle eine bewusste Distanz angebracht. Wir scheuen uns immer noch oft davor, einen Abend mit einem Freund, einer Freundin zu verbringen statt mit dem Ehepartner / der Ehepartnerin. Ein ohne Partner / Partnerin verbrachter Urlaub gibt für die Umgebung Stoff für Spekulationen über das Ende diese Beziehung. Ja, manchmal könnte sogar eine örtliche Trennung auf Zeit einer Ehe neue Impulse geben, sei es ein eigenes Zimmer oder sogar eine eigene Wohnung. Wobei unsere Sehnsucht nach Verschmelzung mit dem Partner / der Partnerin durchaus verständlich ist, handelt es sich dabei doch um ein Urbedürfnis des Menschen nach Rückkehr in den

Mutterschoß bzw. absolutem Angenommensein. Dabei werden tiefste religiöse Sehnsüchte des Menschen angesprochen. Obwohl es durchaus auch das Phänomen der Bindungsangst gibt, scheitern die meisten Beziehungen nicht an zuviel Distanz, sondern am Anspruch auf zuviel Nähe. Rudolf Weiß schreibt in seinem Gedichtband „Beziehungen":

> „Es wäre dumm, ein Herz und eine Seele zu werden, wenn wir miteinander doch zwei von jedem haben können."[2]

Bei noch so vielen Begegnungsmöglichkeiten in einer Ehe und deren tatsächlicher Verwirklichung bleibt ein unaufhebbares Gegenüber zweier Partner. Es bedarf einiger Reife und Erfahrung, die mannigfaltigen Polaritäten und Gegensatzspannungen einer Beziehung auszuhalten. Ein Satz ist für unsere Ehe im Laufe der Jahre immer wichtiger geworden: „Beziehung dauerhaft gestalten heißt, das Anderssein des/der anderen akzeptieren lernen." Hätte uns jemand in unseren jungen Jahren diesen Satz unterbreitet, wir hätten diese Aussage wohl nie mit einer Ehe in Verbindung gebracht. Da schon eher Beschreibungen wie „ein Herz und eine Seele", „alles miteinander unternehmen" oder „endlich jemanden gefunden haben, der einen zutiefst und immer versteht". Dabei möchten wir nochmals darauf hinweisen, dass es ohne Wachhalten der Anfangsvision unserer Beziehung auch nicht geht. Dies hat schon mehrmals mitgeholfen, über Krisen hinwegzukommen. Aber letzlich gibt es in Ehen immer wieder das Einander-fremd-Werden und das Sich-einsam-Fühlen. Es gehört zur großen Kunst einer Paarbeziehung, einander das Anderssein zu lassen, ohne die Verbindung miteinander abreißen zu lassen. Es gehört zu den großen Chancen einer Beziehung, alteingefahrene Muster herzugeben und sich vom/von der anderen in dessen/deren Welt hineinführen zu lassen. Wir beide haben z. B. die besten Erfahrungen damit gemacht, einander vom Anfang unserer Beziehung an unsere Herkunftsgeschichten zu erschließen. Wobei dies nicht ohne Krisen und Spannungen ablief, letzlich aber Verständnis und Toleranz zueinander vergrößerte. Neben der Verschmelzungssehnsucht auf der einen Seite gibt es als gegenteiliges Extrem den totalen Rückzug auf sich selbst. In diesem Fall wird die Paarbeziehung zum Feind des Ich. Menschen, die von der Liebe des anderen ihre Selbstverwirklichung erwarten, sehen den anderen / die andere als anderen/andere gar nicht. Nur indem ich mich selbst überschreite, indem ich ein Stück von mir hergebe, kann ich mich in einer Paarbeziehung selbst verwirklichen. Daran führt kein Weg vorbei, sonst wird die Paarbeziehung nämlich zum Nebeneinanderleben zweier Individuen. Die positive Form der Selbstverwirklichung innerhalb einer Paarbeziehung drückt Friedrich Rückert aus: „Dass du mich liebst, macht mich mir wert."[3]

Spannung zwischen Außen und Innen

Neben dem Spannungsfeld zwischen Ich und Du wird eine Ehe auch von der Spannung zwischen Außen und Innen geprägt. Viele Menschen erwarten sich von der Zweierbeziehung Erholung und Rückzugsmöglichkeit von den Härten des beruflichen Alltags. Wenn dabei die Erwartungen nicht überspannt werden, ist dies durchaus legitim. Eine stabile Paarbeziehung kann tatsächlich eine Verlangsamung des Lebens gegenüber auferlegtem schnellem Tempowechsel der Umwelt, der Rollen und Gefühle bringen. Man könnte Ehe – wäre dieses Bild nicht so missverständlich – durchaus auch als Festung im Sturm der Zeit – wärmend, gefühlsinnig, stabil, uneinnehmbar, zuverlässig – bezeichnen. Gesund ist dies jedoch nur dann, wenn das Pendel immer wieder auch Richtung Außenbeziehungen ausschlägt. Einem Ehepaar wird es nur guttun, wenn es offen bleibt für Beziehungen zu anderen Menschen. Die Paarbeziehung kann nicht die einzige Quelle von Zuwendung sein. Wir beide schätzen das Zusammensein mit guten Freunden, miteinander oder jede/r für sich allein. Für den einen von uns beiden gehört die sommerliche Bergwanderung mit einem guten Freund zu den Höhepunkten des Jahres, die andere kommt nach einem Urlaub mit der eigenen Schwester aufgebaut ins Familienleben zurück. Freundschaftliche Beziehungen zu Menschen anderen Geschlechts sind wohl möglich, bedürfen jedoch mit dem Partner / der Partnerin ausgehandelter Grenzen. Einander entgegengebrachtes Vertrauen kann eine Ehe ungemein weiten, starres Alles-Oder-Nichts-Verhalten kann letztlich zum Zerbrechen führen. Eine besonders intensive Form der Begegnung eines Paares mit anderen Paaren kann eine Familienrunde sein. Diese bietet die Möglichkeit für Gespräche und Austausch von Erfahrungen. In Krisensituationen kann sie Stütze sein und gegenseitige Hilfe leisten. Gemeinsam verbrachte Freizeit kann Entspannung, Freude und Erweiterung des Horizonts bieten. Neben privaten Außenbeziehungen sind Ehepaare auch zum Hinausgehen in die größeren sozialen Räume berufen. „Der Gemeinschaftspflicht einer Liebesbeziehung ist auf die Dauer nicht ungestraft zu entgehen", schreibt Lorenz Wachinger[4]. Dies kann sich im gemeinsamen Engagement für Außenseiter unserer Gesellschaft ausdrücken, in der Mitarbeit in einer Pfarre oder in der Mitgliedschaft in einer Selbstbesteuerungsgruppe. Ehepaare müssen sich auf die Pendelbewegung zwischen Inseldasein und Verlassen des eigenen Hauses einlassen.

Einen wesentlichen Impuls für die Paarbeziehung bieten Bildungs- und spirituelle Angebote der Ehe- und Familienarbeit. Es werden immer wieder ehebegleitende Veranstaltungen angeboten. Für uns und unsere Beziehung ist es immer wieder erfrischend und manchmal wirklich notwendig, an solchen Veranstaltungen teilzunehmen. Neben anderen war es ja

Leo Prüller, der den Aufbau dieser Art von Bildungsarbeit initiiert und gefördert hat.

Spannung zwischen Vision und Realität

Als letztes Spannungsfeld möchten wir jenes zwischen Vision und Realität beschreiben, wobei wir den Schwerpunkt auf zweitere legen wollen. Neben der Tatsache, dass in einer Paarbeziehung sehr viel gegeben und geschenkt wird, gibt es auch den Bereich des Gestaltbaren. Konkret möchten wir die folgenden sieben Bereiche beleuchten: Macht; Kommunikation; Schuld und Vergebung; Eros und Sexualität; Freude, Phantasie, Spiel; Treue gestalten; Vertrauen und Glaube.

Es wäre naiv zu behaupten, in einer Liebesbeziehung ginge es nie um Macht. Die Macht bleibt eine nicht der logischen Dimension angehörende Dynamik in jeder Beziehung zwischen Menschen, auch in den Liebesbeziehungen, besonders in der lange durchzuhaltenden Ehe. Dabei geht es einzig und allein darum, wie mit Macht umgegangen wird und wie diese verteilt wird.

Ein wesentlicher Bereich einer Paarbeziehung ist die Kommunikation. Das Gespräch ist etwas, das man lernen und pflegen kann. Dabei geht es immer um ein Miteinanderreden statt Aufeinandereinreden. Es darf sich keine Befehlssprache in eine Paarbeziehung einschleichen, es soll immer der Dialog gesucht werden. So wichtig es ist, eigene Standpunkte in die Beziehung einzubringen, darf doch der Selbstbehauptungswille nicht wuchern und die Rechte des/der anderen einschränken. Einer unserer Standardsätze bei der Ehevorbereitung lautet: „Lasst niemals für längere Zeit das Gespräch abreißen!"

Genauso wie Macht zum Leben gehört, ist Streit in einer Beziehung etwas völlig Normales. Wichtig ist jedoch ein menschenwürdiges Streitverhalten und ein gutes Konfliktmanagement. Bei allem Bemühen kann es jedoch immer wieder zu Verletzungen kommen. In solch einem Fall steht die Reife einer Beziehung besonders auf dem Prüfstand: Sind die beiden Partner fähig, Schuld einzugestehen? Ist es möglich, um Verzeihung zu bitten und diese auch zu gewähren? Nur wer sich selbst annehmen kann, ist auch fähig, verzeihen zu können.

Der intimste Raum einer Paarbeziehung ist wohl die Sexualität, ja diese macht eine Paarbeziehung erst zu einer Paarbeziehung. Die gemeinsame Sexualität braucht Zeit und Pflege, braucht die Sprache der Liebe. In unserer Gesellschaft wird Sexualität oft hochstilisiert zur höchsten Erfüllung oder zum Spitzenerlebnis der Lust. Beides setzt unter Druck und bringt Verkrampfung. Sexualität gehört entmythologisiert und entlastet, in den menschlichen Intimraum zurückgeholt. In der Sexualität kann die schöpferische Kraft einer Beziehung zum Ausdruck kommen.

Neben der Sexualität ist auch das Spiel ein zweckfreier Raum in einer Paarbeziehung. Miteinander Freude erleben, in den Bereich der Phantasie entfliehen, das kann eine Liebesbeziehung ungemein bereichern und ihr neue Impulse geben. Einander zu beschenken, Überraschungen zu bereiten, Geschichten zu erzählen, schafft Freiräume. Verrückte Unternehmungen können starre Gewohnheiten einer Beziehung brechen und neue Horizonte eröffnen.

Eine wesentliche Grundhaltung in einer Ehe scheint uns die Treue zu sein. Dabei ist uns ein bestimmter Zugang zur Treue sehr wichtig geworden, nämlich: „Treue heißt, die unausbleiblichen Veränderungen so leben, dass sie nicht die Beziehung zerstören."[5] Treue ist sehr oft eine Gratwanderung zwischen Gewähren-Lassen und Einander-Schritt-Halten-Lassen. Eine zu enge Sicht wäre für uns: „Treue als verbissenes Vermeiden von Untreue." Treue ist im Gegenteil eine positive Haltung, zum je eigenen und zum gemeinsamen Wandel in der Kontinuität zu stehen.

Bei allem irdischen Bemühen sehen wir als wesentliche Fundamente einer Ehe Vertrauen und Glaube. Wenn wir die Sakramentalität der Ehe ernst nehmen, dann dürfen wir daran glauben, dass sie sich tagtäglich in unserem Alltag verwirklicht. Das einmalige Ja wird jeden Tag in Kleingeld umgesetzt. Das Dauersakrament Ehe beginnt keimhaft beim Kennenlernen und währt durch die lebenslange Ehegemeinschaft hindurch. So wichtig für das Gelingen einer Ehe das Bemühen umeinander ist, sind doch die wesentlichen Fragen der Partner aneinander: Wer bin ich für dich? Wer bist du für mich? Meint er/sie wirklich mich? Die Partner sehnen sich wahrscheinlich nach nichts mehr als nach der Unbedingtheit der Liebe. Sie sehnen sich danach, einander beim Namen zu nennen und beim Namen genannt zu werden.

Eine lebenslange Beziehung leben heißt, einander ganz als Mann bzw. Frau zu wollen, heißt, sich immer mehr „unter die Wahrheit der Beziehung zwischen dir und mir zu beugen"[6]. Um einen Begriff aus der katholischen Dogmatik zu verwenden, bedeutet Ehe, eine Paarbeziehung auf Dauer „unvermischt und ungetrennt" zu leben.

Anmerkungen:

[1] Lorenz Wachinger, Einander lieben – einander lassen. Über Ehe und Partnerschaft, München 1992, 16.
[2] Rudolf Weiß, Beziehungen, Bisamberg 1989.
[3] Aus einem Gedicht von Friedrich Rückert, abgedruckt in: Katja Behrens, Das Inselbuch vom Lob der Frau, Frankfurt/M. 1982, 205. Auch Hans Jellouschek und Elisabeth Beck-Gernsheim und Ulrich Beck greifen auf dieses Gedicht zurück (vgl. Hans Jellouschek, Die Kunst als Paar zu leben, Zürich 1992, 63, und Ulrich Beck / Elisabeth Beck-Gernsheim, Das ganz normale Chaos der Liebe, Frankfurt/M. 1990, 70f).

[4] Wachinger, Einander lieben, 103.
[5] Ebd., 104.
[6] Ebd., 119.

Weitere Literatur:

Bernhard Liss, Ehe kann gelingen, Linz 1978.
Lorenz Wachinger, Paare begleiten, Mainz 1989 (Reihe: Heilende Seelsorge)
Carl R. Rogers, Partnerschule. Zusammenleben will gelernt sein – das offene Gespräch mit Paaren und Ehepaaren, Frankfurt a. M. 1992.

VERONICA-MARIA SCHWED

Miteinander im Glauben wachsen
Vom Zugewinn religiösen Familienlebens

Einleitung

Wenn ich zum Thema „religiöses Familienleben" schreibe, dann mache ich das einerseits als Theologin, andererseits als Mutter von vier Töchtern und Ehefrau eines Religionslehrers. Ich möchte in diesem Beitrag versuchen, diese beiden Pole zu verbinden, so dass sowohl theologische Überlegungen, als auch persönliche Erfahrungen darin Platz finden.

Dieser Beitrag ist in vier Abschnitte gegliedert: In einem ersten Schritt zeige ich den unmittelbaren *Zusammenhang von Familien- und Glaubensleben* auf. Im zweiten Punkt wird dargelegt, wie das *Kirchenjahr* Schritt für Schritt zur Glaubensvertiefung führen kann. Der dritte Abschnitt geht auf das *Gebet* als gemeinsamen Ausdruck des Glaubens ein und im vierten spreche ich das *Zueinander von Hauskirche und Gemeinde* an. Ich möchte mit dieser Vorgangsweise meine Überlegungen von den Grundfragen über konkrete Formen hin zu Folgen für kirchliches Leben im allgemeinen führen, wobei mein Schwerpunkt auf der *Entwicklung einer Kultur der Hauskirche* liegt.

Familiäre Urerfahrungen als Wurzelgrund des Glaubens

Glaube gefragt

> „Heute in einer Welt, die dem Glauben oft fernsteht oder sogar Feind ist, sind die christlichen Familien als Brennpunkte lebendigen, ausstrahlenden Glaubens höchst wichtig. Darum nennt das Zweite Vatikanische Konzil die Familie nach einem alten Ausdruck ‚ecclesia domestica' (Hauskirche). Im Schoß der Familie ‚sollen die Eltern durch Wort und Beispiel für ihre Kinder die ersten Glaubensboten sein und die einem jeden eigene Berufung fördern, die geistlichen aber mit besonderer Sorgfalt'".[1]

Das, was der Katechismus im Artikel 1656 feststellt, verdeutlicht die große Bedeutung der Familie und die Wichtigkeit der Eltern für die religiöse Entwicklung ihrer Kinder. Es wird im geschützten familiären Kreis das grundgelegt, worauf im Laufe des Lebens der Glaube des Menschen wachsen kann.

„Hauskirche" ist also gleichsam als „Wurzelgrund religiösen Wachsens" zu bezeichnen.

Dabei ist vor allem die Verflochtenheit von gepflegter Familienkultur und Glaubensleben ausdrücklich zu betonen. Ich habe die Erfahrung gemacht, dass das nicht zwei unabhängige Geschehnisse sind, sondern dass sie eng zusammengehören, ja eine Einheit bilden. Denn das, was zum Gelingen einer jeden menschlichen Beziehung grundlegend notwendig ist, hat wesentlichen Wert für die religiöse Entwicklung: Menschliche Grundhaltungen wie Offenheit, Ehrlichkeit, partnerschaftlicher Umgang, Toleranz und Respekt sind sowohl für ein harmonisches Zusammenleben, wie auch für das religiöse Wachsen unentbehrlich. Von dieser Einübung des guten Umgangs miteinander profitieren freilich nicht nur die Kinder, die geliebt, ernstgenommen und geschützt aufwachsen können, sondern auch deren Eltern. So ist der – auch im religiösen Bereich – wachsende Entwicklungsstand der eigenen Kinder immer An-frage an die begleitenden Eltern und andere nahestehende Erwachsene.

Immer wieder durchleben Kinder Phasen, in denen ihnen die Welt fragwürdig wird. Zum ersten Mal passiert das mit etwa vier Jahren. In diesem Alter beginnen viele sehr bewusst, den Dingen auf den Grund zu gehen. Sie stellen Fragen, die die tiefsten Bereiche menschlichen Lebens betreffen. Diese erste Suche nach Gott, nach Sinn, nach Transzendenz ist sehr bedeutsam. Hier zeigt sich, dass der Mensch ein auf Gott hin Geschaffener ist, einer, der zuerst von Gott angesprochen wurde, einer, in dem die Frage nach dem Schöpfer durch denselben grundgelegt ist.

Es ist prägend für das weitere Leben, wie mit diesen Fragen umgegangen wird. Wenn ein Kind sich hierin ernstgenommen weiß, wird es auch später den Mut aufbringen, Fragen zu stellen, ohne Angst davor zu haben, ausgelacht zu werden. – Wie können nun Eltern mit diesen so großen Fragen nach den Tiefen des Lebens und des Glaubens umgehen? Dazu gibt es eine wesentliche Grundlage: Bevor ich einem Kind eine Antwort geben kann, muss ich die Frage in mir selbst klingen lassen. Ich muss in das Innerste meines Herzens hineinhorchen und mich prüfen, was eigentlich mein eigener Glaube ist. Hier genau ist einer der Bereiche, von denen ich überzeugt bin, dass sie für die begleitenden Erwachsenen eine kostbare Chance bilden, ihren eigenen Glauben zu vertiefen und selbst zu wachsen. Ich kann ja nur weitergeben, was ich glaube – wobei ich „glauben" hier als die ganzheitliche, im Innersten prägende Grundhaltung meines Lebens verstehe, die mich durchdringt, auf Gott hin ausrichtet und leben lässt. Versucht jemand, unreflektierte Glaubenssätze oder erlernte Antworten weiterzugeben, so werden diese nur viel „seichter" ankommen als ein persönliches Zeugnis. Gerade Kinder spüren sehr feinfühlig, was „echt", ehrlich ist. Sie sind wie ein Spiegel: Es ist in dem, was bei ihnen ankommt, erkennbar, was authentisch ist.

Vertrauen „erstritten"

Christliche Familien stehen oft unter dem Erwartungsdruck der Umwelt, „perfekte Familien" sein zu müssen. Das führt zur Gefahr, dass bestehende Probleme verdrängt und Spannungen verschwiegen werden. Ich habe oftmals beobachtet, dass Glaubensgespräche aber nur dort geführt werden können, wo die Beteiligten gelernt haben, respektvoll und partnerschaftlich miteinander umzugehen, wo zugehört und zugelassen wird und wo die Grundregeln einer offenen und fairen Kommunikation eingehalten werden. Das gilt nicht nur für den Umgang unter Erwachsenen, sondern ebenso für den mit Jugendlichen und Kindern.

Dabei darf es sehr wohl Auseinandersetzungen geben, die jedoch in eine zu pflegende „Kultur der Versöhnung" eingebettet sein sollten. Das bedeutet sowohl das ehrliche Aufarbeiten ganz konkreter Spannungen als auch die grundlegende Bereitschaft zu verzeihen und Vergebung anzunehmen. Gerade die Familie bietet als geschützte Gemeinschaft die Möglichkeit, dafür eigene Ausdrucksformen zu finden. Konkret können das beispielsweise Bußfeiern in der Advent- oder Fastenzeit im Famlienkreis sein, in denen kreative Zeichen der Versöhnung gesetzt und gefeiert werden.

In einer solchen Atmosphäre kann das Vertrauen wachsen, dass ich liebenswert bin, ohne perfekt sein zu müssen und dass ich mich in meiner Fehlerhaftigkeit angenommen wissen darf. Diese Erfahrung wird sich sehr positiv auf das Gottesbild auswirken: Wenn ein Mensch im Kreis der Familie Liebe, Geborgenheit und Verzeihung erfahren hat, wird er auch an diesen liebenden Gott glauben können, der unser Heil will. Erst auf dieser Basis kann ein sinnvoller Umgang mit dem „Sakrament der Umkehr" wachsen. Nur ein Mensch, der vertraut, dass er gewollt und geliebt ist, kann sich Vergebung zusprechen lassen!

Das Kirchenjahr als Leitfaden der Glaubensvertiefung

Die Fülle des Jahreszyklus

Es gehört zu den Grundfiguren menschlicher Religiosität, den Wandel der Natur im Laufe eines Jahres bewusst im Blick auf Gott mitzuvollziehen. So ist auch das Kirchenjahr Grundlage der Begegnung mit immer wiederkehrenden Erfahrungen. In ihm ist die Fülle dessen enthalten, was menschliches Leben ausmacht: Trauer und Freude, Schmerz und Hoffnung, Ernst und Ausgelassenheit, Erwartung und Erfüllung, Geburt, Tod und Auferstehung. Gerade innerhalb der Familie besteht eine große Bandbreite von Möglichkeiten des aktiven Mitvollzuges des Wechsels der Zeiten. Durch wachsendes Alter, sich verändernde Lebensumstände und neue Erfahrungen gewinnt der Mensch einen jeweils neuen Blick auf die Inhalte, die gefeiert werden. So führt dieser Weg von Jahr zu Jahr tiefer in die dahinter liegenden Wahrheiten hinein.

Es ist gut, sich wirklich bewusst auf die jeweilige Zeit im Jahreskreis einzustellen. Um sich den Inhalten der Feste nähern zu können, ist es notwendig, sich möglichst ganzheitlich darauf einzulassen. Gerade innerhalb der Familie gibt es dazu eine Vielzahl verschiedener Gestaltungsmöglichkeiten. Einerseits sind das äußere Zeichen: So ist es hilfreich, wenn in der Wohnung sichtbar wird, ob gerade Advent oder Osterzeit, Weihnachten, Fasching, die österliche Bußzeit oder die Zeit im Jahreskreis begangen wird. Es kann z. B. mit Kindern passender Tisch- oder Fensterschmuck gebastelt oder der Gebetsplatz der Familie zur jeweiligen Zeit besonders geschmückt werden. Dazu eignen sich etwa ein Tuch in der liturgischen Farbe, verzierte Kerzen aber auch Palmzweige, Faschingsgirlanden, Reisig oder Blumen.

Die Bedeutung solcher äußerer Zeichen soll nicht unterschätzt werden. Sie helfen beim innerlichen Mitvollziehen der Inhalte, sind sichtbarer Anstoß, sich auf die Botschaft der Zeit einzulassen und durchbrechen den Trott des Alltags. Sie können gleichzeitig auch „Blickpunkt", „Mitte" des gemeinsamen Gebetes sein. Wie wohltuend es sein kann, sich um einen Adventkranz zu versammeln, um bei Kerzenlicht zu singen, Geschichten zu hören oder ähnliches, ist eine Erfahrung, die wohl weithin bekannt ist. – Wäre so ein „verbindendes Zentrum" nicht auch z. B. in der Fastenzeit hilfreich? – Aus diesem Bedürfnis heraus hat sich in unserer Familie der Brauch entwickelt, für die österliche Bußzeit eine Schale zu richten, die mit Erde gefüllt ist und in der wir Gras anpflanzen. Eine rosa und fünf lila Kerzen begleiten uns durch diese Wochen. Ihr immer heller werdendes Licht und das frische, sprießende Gras sind Zeichen für unseren Glauben an das neue Leben, auf das wir in Ostern zugehen.

Es bilden solche äußeren Zeichen den Rahmen für religiöse Gespräche, gemeinsames Gebet und Feiern der „Hauskirche". Es ist wichtig, darauf zu achten, dass Gebet nicht nur „Sprache" ist, sondern dass der ganze Mensch dabei vor Gott hintritt. Das wird besonders deutlich bei sogenannten Ritualen.

Rituale in der Familie

Rituale sind religiöse Handlungen, in denen wir sichtbar das vollziehen, woran wir glauben, was aber für uns oft unsichtbare Wirklichkeit ist. Sie helfen, sich Glaubenswahrheiten anzunähern, weil Inhalte nicht nur im Kopf überdacht, sondern fühlbar, sichtbar, be-greif-bar werden. Oft können sie auch Hilfe dabei sein, Belastendes aufzuarbeiten, Abschied zu nehmen, aber auch Freude zu zeigen. Besonders für Kinder sind solche Rituale unentbehrlich, weil sie ihnen ermöglichen, in ihrem Glauben zu wachsen, Schwieriges in ihr Leben zu integrieren und Wesentliches auszudrücken. So kann beispielsweise

Weihrauch sichtbar werden lassen, wie unser Gebet zu Gott aufsteigt; im Verbrennen von Zetteln, auf denen Belastendes steht, kann die Bitte um Verwandlung deutlich werden; Salben mit Öl macht Segen spürbar; u. a. m.

Die in Ritualen verwendeten Zeichen sind häufig Ursymbole, wie Wasser, Feuer, heilendes Öl ... Diese Zeichen sind uns tief vertraut. Sie sind auch in der Liturgie der Kirche wiederzufinden, wo sie in sakramentalen Handlungen eine vertiefte und vertiefende Bedeutung bekommen. Hauskirche bereitet den Weg zu dieser Tiefendimension der Symbole: Erst wenn wir ihre Kraft in unserem Alltag bewusst gespürt und erfahren haben, werden wir sie auch in ihrer besonderen Bedeutung „verstehen" können. Die Fülle und Schönheit, die in festlichen, kirchlichen Gottesdiensten enthalten ist, können dann sowohl Kinder als auch Erwachsene wesentlich intensiver mitvollziehen. So wird diese Liturgie nicht mehr als zu „abgehoben" und „weltfremd" erlebt, sondern bekommt einen ganz konkreten Bezug zum je eigenen Leben. Dadurch wird die „volle, bewusste und tätige Teilnahme an den liturgischen Feiern" gefördert, die das 2. Vatikanische Konzil so sehr für alle Gläubigen wünscht.[2]

Miteinander beten – den Glauben ausdrücken

In der „Hauskirche" ist es gut, wenn ein ausgewogenes Verhältnis von einerseits freiem Gebet, andererseits vorgegebenen Texten gewahrt wird. Es ist sowohl wichtig, das eigene Leben zur Sprache zu bringen, zu bitten und zu danken, zu klagen und eigene Freude auszudrücken, als auch unsere Wurzeln in alten Formen zu pflegen. Diese können gerade in schweren Zeiten des Lebens helfen, sich trotz eigener Sprachlosigkeit an Gott zu wenden. Wenn beispielsweise eine Familie um einen geliebten Menschen trauert, fehlen meist eigene Worte. In einer solchen Situation tut es gut, auf „vorgeformte" Gebete zurückgreifen zu können. Zu solchen wichtigen vorformulierten Gebeten gehören nicht nur die Texte des „Vater unser", des Glaubensbekenntnisses oder des „Gegrüßet-seist-du-Maria", sondern auch Gebete der Bibel, wie Psalmen, Magnificat, Benedictus und andere. Gerade in den Psalmen werden Grunderfahrungen von Leid, Krankheit, Not, aber ebenfalls Freude, Lob, Hoffnung und Geborgenheit ausgedrückt und vor Gott gebracht. In ihnen ist ein „Schatz des Gebetes" enthalten, der es wert ist, weitergegeben zu werden. Für Kinder können diese Gebete sprachlich so vereinfacht werden, dass sie deren Bedeutung erfassen können. Dem Alter entsprechend sollte dann aber auch eine behutsame Hinführung zum Verständnis der diesen Texten eigenen Sprache geschehen.

In unserer Familie hat es sich gezeigt, dass es wichtig ist, Zeiten des Gebetes einzuhalten, auf die Verlass ist. Wann sich für die je eigene Familie der konkrete Platz im Tagesablauf dafür findet, muss gemeinsam überlegt werden. Übliche Möglichkeiten sind Morgen- bzw. Abend- und Tischgebete. Dabei ist wichtig, dass man bei der Gestaltung den unterschiedlichen Bedürfnissen der einzelnen Familienmitglieder gerecht wird. So ist einerseits auf altersgemäße Formen der Kinder und Jugendlichen einzugehen, andererseits aber auch auf die der Eltern oder der anderen im Familienverband lebenden Erwachsenen. Das ist am leichtesten möglich, wenn die Verantwortung für die Gestaltung aufgeteilt wird. So kann z. B. ein Text oder auch Lied zum Tischgebet täglich von einem anderen Familienmitglied ausgesucht werden. Diese Aufteilung der Verantwortung für die Gestaltung wird auch dabei helfen, treu und regelmäßig zum Gebet zusammenzukommen, weil eine größere persönliche Identifikation besteht.

Der Advent bzw. die österliche Bußzeit bieten sich besonders an, sich länger zusammenzusetzen und bewusst miteinander kleine Feiern zu gestalten. In ihnen soll es ebenfalls Platz für eigene Erfahrung geben, für Fürbitte und Dank, für Gesang und – gerade mit Kindern – auch für spielerische Elemente. So kann es z. B. eine intensive Begegnung mit neutestamentlichen Geschichten sein, sie nachzuspielen. Auch Erwachsene werden dabei die Erfahrung machen, dass dieser Zugang zu biblischen Texten ihnen diese tiefer erschließt. Weiters können in diesem Rahmen einfache Meditationsübungen, Übungen zur Körpererfahrung oder das Malen von Mandalas Platz finden.

Auch in der Zeit im Jahreskreis kann die regelmäßige Beschäftigung mit Lesungen des Alten und Neuen Testaments eine große Hilfe sein. In diesen – meist viel schwieriger gestaltbaren – Wochen ist es gut, wenn sich eine Familie am Samstag zusammensetzt, um gemeinsam den Schrifttext des kommenden Sonntags zu lesen, zu überlegen und darüber zu sprechen. Eine Vielzahl kreativer Arbeitsmethoden sind dabei möglich und hilfreich. Durch diese Vorbereitung wird die Mitfeier des Sonntagsgottesdienstes intensiviert und vertieft. Bei meinen Kindern zeigt es sich, dass sie um so besser mitfeiern können, je bekannter ihnen Texte, Lieder, Gebete, gemeinsame Antworten etc. sind. Durch die persönliche Beteiligung erfahren sie sich als Angesprochene und können sich bewusster in den Gottesdienst einlassen.

Das Zueinander von Hauskirche und Gemeinde

Bei all den Überlegungen, die ich in den ersten drei Gliederungspunkten angestellt habe, ist es mir sehr wichtig, zu betonen, dass diese „Hauskirche" nicht eine abgekapselte, isolierte Gemeinschaft bildet, sondern auf die Pfarrgemeinde hin offen sein soll. Es geht dabei nicht um ein Konkurrenzverhältnis, sondern um sich gegenseitig ergänzende Bereiche religiösen Lebens.

Gerade in der heutigen Situation, in der der *Sonntag* als Möglichkeit zur Ruhe, als Zeit für die Familie, als „Tag des Herrn" gesellschaftlich immer massiver in Frage gestellt wird, ist es mir wichtig, seinen diesbezüglichen Wert zu betonen. Das Leben am Sonntag soll sich bewusst von den anderen Wochentagen unterscheiden! Hier kann sehr gut deutlich werden, wie eng das Leben in der Familie mit dem in der Gemeinschaft der Kirche verbunden ist: Am Sonntag finden sich die Familien als Gebets- und Glaubensgemeinschaften zum gemeinsamen Gottesdienst, der Dankfeier der jeweiligen Gemeinde ein. Als die, die Tag für Tag mitsammen Mahl halten, kommen sie zusammen, um zur großen Mahlgemeinschaft zu werden. Gerade am Sonntag bleibt auch Zeit für Besuche, Gespräche und Hobbies; so wird die Lebens- und Liebesgemeinschaft auch nach außen hin offen gehalten.

Die Öffnung der Hauskirche hin zur Gemeinde wird dann insbesondere in sakramentalen Feiern sichtbar: Wenn Eltern ihr Kind zur *Taufe* bringen, wird es dort Mitglied einer ganz konkreten Pfarrgemeinde. Wenn Tauffeiern nur im engsten Familienkreis bzw. außerhalb der eigenen Pfarrkirche gehalten werden, geht dieser Zusammenhang verloren.

In der Vorbereitung zur Ersten Heiligen *Kommunion* wird durch das Einbeziehen von Tischeltern die Verbindung von Familie und Gemeinde ebenfalls intensiviert. Die Wochen der Hinführung sind meist auch für die Eltern Anstoß zur neuen Glaubensauseinandersetzung und Begegnung mit anderen Familien. Es ist eine Zeit, in der ich immer wieder eine dichtere „Vernetzung" beteiligter Familien beobachtet habe, durch die auch weiter außen Stehende erneut Zugang zur Gemeinde gewonnen haben.

Die *Firmung* soll als Initiationssakrament der reife Schritt der/des Jugendlichen sein, sich selbst für diese Kirche zu entscheiden. Für diese Bereitschaft ist es eine Voraussetzung, dass die jungen Menschen bereits eine gewisse Beheimatung in der Kirche erfahren und auch eigene kritische Positionen einbringen konnten. Deshalb plädiere ich persönlich auch für ein höheres Firmalter.

Im Sakrament der *Ehe* wird schließlich ein Grundstein für eine neue „Hauskirche" gelegt. Das gute Miteinander in Ehe und Familie hat dann wieder große Wichtigkeit für das Sakrament der Umkehr, wie bereits oben gezeigt wurde.

Besonders in den Brennpunkten der Sakramente wird also deutlich, wie sehr familiäres Glaubensleben und Gemeindeleben sich gegenseitig befruchten und bereichern können. Bedeutsam ist nicht die Bildung eines „Elitechristentums", sondern das Bemühen um einen guten „Wurzelgrund". So sollen alle Beteiligten darin bestärkt werden, ihre „Wurzeln" im „Erdreich Gottes" festzumachen.

Zusammenfassende Überlegungen

Bei all den Gedanken zu religiösem Familienleben, die ich hier zusammengetragen habe, geht es mir darum, zu zeigen und zu betonen, dass die Familie als Hauskirche der Raum sein kann und ist, in dem Glaubensinhalte sinnlich greifbar und fühlbar werden und unter die Haut gehen können. Erst wenn Menschen diese Erfahrungen gemacht haben, erst wenn „Glaube" etwas mit ihrem ganz konkreten, je eigenen Alltag zu tun hat, werden alte Symbole und Botschaften neu belebt und verstanden. Nur so werden sie das je eigene Leben wirklich prägen und dabei auch einen vertieften Zugang zu dem in einer Gemeinde gemeinsam gelebten und bezeugten Glauben eröffnen. Glaubensleben und Familienleben werden so zu einer selbstverständlichen Einheit, die das Leben der Menschen, die sich darauf einlassen, bereichert und vertieft. Der Glaube an diesen gütigen, barmherzigen, bei uns seienden Gott, der Liebe ist, wird als Kraft des Lebens erfahrbar.

Prinzipiell haben wir als Christ/inn/en den Auftrag, das Evangelium, also die „frohe Botschaft" zu verkünden, und zwar in Wort und Tat. Es geht nicht vordergründig um Belehrung, Zurechtweisung oder gar Richten. Vielmehr geht es um die Frohbotschaft, um Be-geist-erung, um Mitarbeit an einer Kirche, die bereits erahnen lässt, was mit „himmlischem Hochzeitsmahl" oder mit „Leben in Fülle" gemeint ist. Wir sind dabei freilich immer auf dem Weg. Es soll aber ein Weg ohne Angst und ohne Enge sein, eben ein Weg, den wir im Vertrauen gehen, dass jede und jeder der Mensch sein darf, der sie oder er ist: vor sich selbst, innerhalb der Familie, innerhalb der Gemeinde und vor Gott.

Anmerkungen:

[1] Katechismus der Katholischen Kirche, München 1993, 1656. Der Katechismus zitiert hier Lumen Gentium 11.
[2] Sacrosanctum Concilium 14.

Weiterführende Literatur

Ehe- und Familienpastoral in der Pfarrgemeinde. Vorschläge für ein „Mindestprogramm", hg. vom Katholischen Familienwerk Österreich.
Ich rufe täglich zu dir. Morgen- und Abendgebete, ausgewählt von Johannes Hasselhorn, Stuttgart 1997.
Kindermessbörse, Verlag Kindermessbörse GbR, Hoher Turm 5, D-31137 Hildesheim (erscheint viermal jährlich.).
Kleine Bibel für Kinder. Mit Bildern von Sieger Köder, Stuttgart 1996.
Was uns die Bibel erzählt (Reihe), Deutsche Bibelgesellschaft, Stuttgart 1983-88.

Hans Gerhard Behringer, Die Heilkraft der Feste. Der Jahreskreis als Lebenshilfe, München 1997.
Eckhard Bieger / Hans Wolfgang Heßler, Das Kirchenjahr zum Nachschlagen. Entstehung – Bedeutung – Brauchtum, Kevelaer [3]1995.
Marc Gellman / Thomas Hartman, Wo wohnt Gott? Fragen und Antworten für Eltern und Kinder. Mit einem Vorwort des Dalai Lama, Hamburg 1997.
Max Huber, Erstkommunion vorbereiten. Elternseminar, Freiburg/Br. 1992.
Martin Jäggle / Lene Mayer-Skumanz, Mit Kindern über den Glauben reden, Wien 1995.
Marielene Leist, Erste Erfahrungen mit Gott. Mit Kindern die Welt des Glaubens entdecken, Wien [20]1992 (1971).
Karin E. Leiter, Wenn Gott uns streichelt. Krankensalbung erleben, Innsbruck 1997.
Veronica-Maria Schwed, Arbeitsbehelf zur Gestaltung des Weihnachtsfestkreises in der Familie, St. Pölten 1996.
dies., Arbeitsbehelf zur Gestaltung des Osterfestkreises in der Familie, St. Pölten 1997.
dies., Arbeitsbehelf zur Gestaltung des Jahreskreises in der Familie. Erntedank – Heiligenverehrung – Kinder und Tod, St. Pölten 1997 (Zu beziehen über den Behelfsdienst des Pastoralamtes der Diözese St. Pölten).
Johannes Spölgen / Beate Eichinger, Wenn Kinder dem Tod begegnen. Fragen – Antworten aus der Erfahrung des Glaubens, München 1996.
Martin Tiator, Beichte – Gottes Liebesgeschenk. Zur Pastoral eines vergessenen Sakraments, Einsiedeln 1988.

EVA UND JOSEF PETRIK

Beziehungen im Generationensprung
Großeltern und ihre Enkelkinder[1]

Vorbemerkung

Beziehungen zwischen Enkeln und Großeltern werden – wie andere Beziehungssysteme (Familie, Geschwisterreihe, Partnerbeziehungen) auch – ambivalent empfunden. Das bedeutet aber auch, daß sie – ebenso wie alle Beziehungen – gestaltbar sind und zwar von allen Seiten, in diesem Fall dreifach: von den Kindern, den Eltern und den Großeltern.

Im Folgenden wird versucht, diese Ambivalenz jeweils von der optimistischen (+) sowie pessimistischen (–) Seite anhand verschiedener Stichworte darzustellen und Überlegungen zur positiven Gestaltung anzubieten – dies auch durch *Fallbeispiele* illustriert.

Stichwort: Lebenserfahrung

(+) Großeltern haben lange Lebenserfahrung, Eltern sind „up to date". Beides kann jungen Menschen eine Hilfe zum Aufbau ihres eigenen Weltbildes sein.

(–) Großeltern wissen alles besser und preisen ihre Erfahrungen an; die muß aber jede Generation selbst machen. Eltern wissen alles besser, denn heute ist (angeblich) alles anders als gestern. Für die Kinder ist schwer zu unterscheiden, was tatsächlich „besser" ist.

Lebenserfahrung haben und „in der Zeit stehen" sind keine Konkurrenzangebote, sondern können einander fruchtbar ergänzen. Dies dann, wenn niemand Absolutheitsanspruch erhebt und nicht oktroyiert. Anzubieten statt aufzudrängen heißt, dem Gegenüber die Wahl zwischen Annehmen und Ablehnen zu überlassen und in keinem Fall beleidigt zu sein. Was Großeltern auf diese Weise einbringen, steht dann nicht im Gegensatz zum Angebot der Eltern.

Einschlägige Killerphrasen: „Zu unserer Zeit hätte es das nicht gegeben." „Das waren halt noch Zeiten". „Wo ist die Moral geblieben?" „Ihr Jungen/ Alten habt ja keine Ahnung!" „Davon verstehst noch nichts / nichts mehr!"

Stichwort: Weltanschauung

(+) Unterschiede in Weltanschauungsfragen (zum Beispiel auch verschieden intensive Religiosität oder Kirchlichkeit) zwischen Eltern und Großeltern können Kindern neue Zugänge schaffen und Heranwachsenden Vergleiche ermöglichen, die wichtig zur eigenen Standpunktfindung sind.

(–) Zwischen unterschiedlichen weltanschaulichen oder religiösen Auffassungen von Eltern und Großeltern können Kinder sich aber auch hin und her gerissen und überfordert fühlen. So erlangen sie nur schwer ein gefestigtes Weltbild.

Großeltern müssen hier den Anspruch aufgeben, in Fragen der (insbesondere religiösen) Erziehung gegen den Willen der Eltern, noch dazu vielleicht hinter deren Rücken, ihnen erscheinende Mängel beheben zu wollen. Nur dann können Enkelkinder frei – und sogar mit Interesse – Differenzen in der (insbesondere religiösen) Praxis beobachten und annehmen. Nur so fühlen Eltern sich nicht durch das Verhalten der Großeltern kritisiert.

Max geht mit den Eltern nur fallweise in die Kirche. In der Familie wird kaum gemeinsam gebetet. Ist er sonntags bei den Großeltern, ist ihm der Kirchenbesuch aber selbstverständlich, er freut sich auf die Abwechslung. Das Tischgebet macht er gerne mit. Die Eltern empfinden solches nicht als unerlaubte Einmischung, sondern als spezifisches Angebot.

Stichwort: Unterschiedliche Interessen

(+) Wenn Großeltern mit den Enkelkindern ihre Interessen und Hobbies teilen, erweitert das den Horizont der Kinder, weil dadurch Bereiche abgedeckt werden, die die Eltern nicht abdecken.

(–) Daß Großeltern und Enkel Gemeinsamkeiten pflegen, an denen Eltern keinen Anteil haben, macht diese oft mißtrauisch. Befürchtet wird Reizüberflutung, Geschmacksverwirrung, Zeitverschwendung ...

Mit den Großeltern das Leben von neuen Seiten kennenzulernen, ist eine Chance für die Kinder, eine Freude für die Großeltern und eine Entlastung für die Eltern. Dies allerdings nur, wenn Pläne und Unternehmungen abgesprochen und im Einverständnis mit den Eltern durchgeführt werden.

Jakobs Opa ist zuständig für Fußball – er war früher Trainer. Sein Rat und seine Meinung sind begehrt. Der Opapa erklärt technische Zusammenhänge. Und die Omi ist als Zeitzeugin aus dem Krieg gefragt.

Christian lebt in der Stadt. In den Ferien auf dem großelterlichen Bauernhof darf er bei vielen Arbeiten mitmachen. So eröffnet sich ihm eine neue Welt.

Stichwort: Erziehung

(+) Großeltern haben Abstand von der Familiensituation. Daher können sie (Eltern und Kinder) besser verstehen, trösten und manches ausgleichen, wo Eltern mit ihrer Geduld und „Weisheit" am Ende sind. Sie können die Eltern entlasten, wo diese ihnen Verantwortung und Sorgepflicht abtreten, indem sie ihnen die Kinder zeitweise überlassen.

(–) Großeltern haben Abstand von der Familiensituation. Sie haben weniger Einblick und können daher manches nicht beurteilen. Dennoch wollen sie regelnd eingreifen. Dadurch sabotieren sie erzieherische Maßnahmen der Eltern, wenn sie sie entweder für zu streng oder zu nachgiebig halten. Wenn die Kinder aus der Obhut der Großeltern heimkommen, muß vieles wieder korrigiert werden: *„Flausen im Kopf und Süßigkeiten im Bauch..."*

Großeltern können ihre Enkelkinder verstehen,
– weil sie inzwischen erfahren haben, was aus den eigenen Erziehungsbemühungen geworden ist;
– weil sie aus dieser Erfahrung nicht mehr so unsicher sind und nicht mehr so leicht verzagen;
– weil sie die Eltern ihrer Enkel als Kinder kannten (Vergleiche sind unvermeidlich und oft sehr entlastend);
– weil sie die Eigenarten ihrer erwachsenen Kinder als deren Eltern beurteilen und ihren Enkeln verständlich machen können;
– wenn sie akzeptieren, daß Zeit- und Umwelteinflüsse sich in einer Generation geändert haben und daher anderes pädagogisches Verhalten erfordern.

Diese Chance können sie nützen,
– wenn klare Regeln aufgestellt werden: zum Beispiel
  - Wer jeweils die Verantwortung trägt, hat das Sagen (z. B. die Großeltern in Abwesenheit der Eltern).
  - In Zweifelsfällen vergewissern sich die Großeltern des Einverständnisses der Eltern (*„Würden das deine Eltern auch erlauben?"*)
  - Debatten über unterschiedliche Erziehungsstile müssen ausgetragen werden, allerdings nicht vor den Kindern.
– wenn weder Eltern noch Großeltern sich die Enkelkinder zu Verbündeten in eigener Sache machen;
– wenn Eltern es nicht als Vertrauensbruch sehen, daß Enkelkinder zu ihren Großeltern oft ein unbefangeres Verhältnis haben als zu ihren Eltern – und wenn Großeltern dies nicht ausnützen in einem „Wettkampf" um die Sympathie der Kinder;

– wenn Eltern darauf vertrauen, daß Kinder sehr genau unterscheiden können, was wo und bei wem verboten und erlaubt ist und dies auch akzeptieren.

Klara wünscht sich ein Moped: Die Eltern erfüllen den Wunsch nicht,
- weil ihnen der Stadtverkehr zu gefährlich erscheint, oder
- weil sie es sich finanziell nicht leisten können.
Die Großeltern wollen einspringen. Nur im zweiten Fall ist dies gerechtfertigt.

Die Mutter beschimpft wütend das Chaos im Zimmer der Tochter, bis sie den amüsierten Blick der Großmutter auffängt. Sie erinnert sich und wird toleranter.

Vater und Sohn krachen ständig aneinander, weil sie beide die gleichen Hitzköpfe sind. Vaters Vater erinnert seinen Sohn an dessen eigene Kindheit und verbessert dadurch das Klima.

Stichwort: Großfamilie

(+) Über gemeinsame Beziehungen zu den Großeltern kann ein „großfamiliäres" Beziehungssystem entstehen, das bedeutet auch Intensivierung der Beziehungen unter den Geschwisterkindern. Das Familienleben wird vielfältiger und bunter.

(–) Das Familienleben wird immer wieder durch (vermeintlich) notwendige Rücksichtnahme auf die Verwandtschaft, insbesondere die Großeltern, gestört und durchkreuzt.

In jedem Fall – bei Vorhandensein von Geschwistern und Geschwisterkindern ebenso wie beim Generationssprung von Einzelkind zu Einzelkind („Bohnenstangenfamilie") ermöglicht der Kontakt mit den Großeltern die Sicht über den Zaun der kleinen Kernfamilie. „Verwandte kann man sich nicht aussuchen", aber sie können miteinander Freunde werden – und Großeltern sind daran wesentlich beteiligt. Über sie werden Kontakte lebendig erhalten und das umso mehr, je weniger Großeltern darauf erpicht sind, daß alle Kontakte immer über sie laufen. Die eigene Familie wird besser verstanden, wenn Familiengeschichte gemeinsam lebendig wird (*„Erzählt uns, wie es war, als unsere Eltern noch klein waren"*). Einzelkinder können mit Geschwisterkindern „Mehrkinderfamilie" erleben.

Großeltern machen die Erfahrung, wie verschieden ihre Enkelkinder sind und genommen werden müssen. Kein „Lieblingsenkelkind" zu bevorzugen, gelingt dann am besten, wenn man sich und den anderen nicht vorgaukelt,

„alle gleich lieb zu haben", sondern ganz natürlich jedes auf seine Weise mag und auf seine Eigenart eingeht.

In einer Sippe von 10 Enkelkindern aus 4 Familien freuen sich alle auf den Urlaub mit den Großeltern im „Familien-Mix". Denn das bedeutet Urlaub von den Eltern, von manchen Geschwistern, Erlebnisse mit Gleichaltrigen, Rücksicht auf Einzelinteressen... schon bei der Planung. Die Freude besteht nicht nur auf seiten der Kinder, sondern auch auf seiten der Großeltern. Entlastend für die Großeltern ist, daß die gemeinsame Zeit und Verantwortung begrenzt sind und die Eltern freuen sich über kinderfreie Tage.

Für Einelternfamilien haben Großeltern sehr oft eine stark stützende Funktion, die – auch in ihrer gesellschaftlichen Relevanz – nicht zu übersehen ist. Der gegengeschlechtliche Großelternteil kann für die Kinder zumindest zum Teil das Manko des fehlenden Elternteils ausfüllen.

Alleinerziehende Mütter können oft im eigenen Vater nicht nur eine persönliche Stütze finden, er ist überdies das männliche Element in der Kindererziehung. Alleinerziehenden Vätern führt die eigene Mutter nicht nur oft den Haushalt, sondern ist die mütterliche Großmutter der Kinder.

Schlußbemerkung

„Mehrgenerationenfamilien" gibt es in großer Vielfalt. Eines haben sie gemeinsam: sie bieten unerhörte Chancen für alle Generationen, die Großeltern, die Eltern und die Kinder.

Anmerkung:

[1] Erstabdruck in: Diakonia 27(1996) 416-418

Konrad Köhl

Das Alter als spirituelle Aufgabe

Viele Menschen stellen sich die brennende Frage: Warum altert der Mensch? Es ist nicht eine Frage, welche an die Naturwissenschaft, sondern an Gott gerichtet ist. Gemeint ist: Warum hat der gute Gott es nicht so eingerichtet (er hätte es ja können!), daß wir Erdenbürger eine Zeitlang gesund und munter hier auf der Welt ein mehr oder weniger plagenfreies, glückliches Leben führen, um uns dann nach einigen Jahrzehnten, ohne daß wir die Gebrechen des Alters stöhnend tragen müssen, zu sich in den Himmel zu nehmen? Wären nicht alle Menschen (gerade die älteren) damit einverstanden, wenn Gott einen so positiven Ablauf unseres Erdendaseins ermöglichte? Blättere ich die Bibel durch, dann treffe ich dort immer wieder Menschen, welche unter ihrem Schicksal schwer leiden: „Mich umfingen die Fesseln des Todes, mich erschreckten die Fluten des Verderbens ... In meiner Not rief ich zum Herrn und schrie zu meinem Gott (Psalm 18)." Gehe ich in ein Altersheim oder gar in ein Pflegeheim für Langzeitkranke, dann sehe ich mit Betrübtheit die vielen Gebrechen an Körper und Geist: erloschene Augen, fast taube Ohren, Füße, welche nicht mehr tragen wollen, zitternde Hände, Haut mit vielen runzeligen Falten, einen Kopf, der schwer geworden, und einen Geist, der zeitweise verwirrt ist. Warum guter Gott der Liebe, hast du nicht deine Schöpfung in ein belastungsfreies Dasein gerufen?

Darauf gibt es leider auch für den Glaubenden keine letztgültige Antwort. Unser gebrechliches Dasein bleibt letztendlich ein Geheimnis. Wir können uns einer Antwort mit der Kraft unseres Verstandes nähern. Auf einem zweifachen Weg soll dies versucht werden: Ich strenge meinen Geist an und versuche im Alterungsprozeß Sinninhalte wahrzunehmen, anschließend soll an die Fragestellung auch noch mit den Augen eines Glaubenden herangegangen werden, d. h. mit dem Geist, der von der Botschaft Jesu erleuchtet ist.

Gedanken zu einer rein natürlichen Spiritualität

Spiritus = Geist, unter Spiritualität verstehe ich da folgendes: ich versuche mit meinem Geist die Verluste, welche mit dem Alterungsprozeß zusammenhängen, zu durchdringen und zu verstehen, einen darin verborgenen Sinn wahrzunehmen.

Die Augen

Die Augen machen nicht mehr mit. Es ist ein empfindlicher Verlust, wenn der ältere Mensch weniger und weniger sieht. Manche erkennen einen guten Bekannten, der vier Meter weit entfernt ist, nicht mehr. Eine solche Minderung der Sehkraft drückt sehr auf das Gemüt des Betroffenen.

Wie kann nun der einzelne mit seinem Geist den Verlust verarbeiten? Bei näherem Hinsehen ist das „weniger Sehen" nicht nur etwas Negatives, sondern hat auch eine neue Chance in sich verborgen. Mit dem eigenen Auto, mit dem Schnellzug rasen wir durch die Lande. Dabei nehmen unsere Augen eine Unzahl von verschiedenen Bildern auf. Der Lebensstil des Menschen von heute ist auch außerhalb der schnellen Fortbewegungsmittel mit einer Unsumme von Eindrücken überfrachtet: der Fernseher trägt da eine maßgebliche Mitschuld. Was bedeutet dies für den Menschen? Überreizung seines Nervensystems und damit zusammenhängende Schlafstörungen; Oberflächlichkeit, weil er sich wegen der Fülle der Bilder mit nichts mehr gründlich auseinandersetzen kann. Er wird von Bild zu Bild gejagt und hat nur Zeit, einen oberflächlichen Eindruck aufzunehmen.

„Meine Augen wollen nicht mehr", sagte eine Seniorin. Es ist dies betrüblich, und doch macht sie aus der Not eine Tugend: Sie nimmt weniger Bilder auf, aber nun hat sie Zeit und Muße, sich mit dem, was sie noch sieht, genauer auseinanderzusetzen. Letztendlich ist dies keine Verarmung, sondern eine innere Bereicherung. Finden wir nicht öfters solche Männer und Frauen, welche im Alter, weil die Augen mehr und mehr ihren Dienst versagen, erst innerlich Schauende geworden sind? Nun ist auch Zeit, das Leben zu überdenken und Bilanz zu ziehen. Es ist eine kostbare Zeit des Weiterreifens. Die Einladung der Natur, wenn das Augenlicht schwächer und schwächer wird, ist wohl: wir sollten vom Sehen zum Schauen kommen.

Die deutsche Sprache hat in den beiden Zeitwörtern einen Unterschied festgeschrieben: sehen tun wir vieles, allzuvieles; schauen tun wir dann, wenn wir uns mit einem Bild, einem Eindruck längere Zeit intensiv beschäftigen. Die Einübung in das Schauen gehört zur Vorbereitung auf die älteren Tage. „Schauen, das heißt sich den Erscheinungen der Natur öffnen und diese auf sich einwirken lassen; also lange betrachtend hinschauen, statt nur einen registrierenden Blick hinwerfen; das Schöne ausgiebig und mit Freude beschauen, daß es einem mit Lebenskräften auflädt und regeneriert."[1]

„Das Auge des Geistes fängt erst an, scharf zu sehen, wenn das leibliche seine Schärfe schon verliert", sagte der große griechische Philosoph Platon.

Die Ohren

Die Ohren machen nicht mehr mit. Weniger Hören drückt auf das Gemüt des älteren Mensch noch mehr als die Abnahme der Sehkraft. Das behauptete ein erfahrener Arzt aufgrund genauer Beobachtungen. Wenig hören kann den Menschen in die Isolation treiben. Etwas Abhilfe schaffen Hörgeräte, aber der Plage bleibt noch genug. Kann nun von der Minderung des Hörens Ähnliches gesagt werden, wie oben von der Abnahme des Augenlichtes? Hören wir nicht viel zuviele Worte, Töne? Lärm und Geräusche belästigen unser Ohr. Die Einladung der Natur ist wohl: Du mußt versuchen vom Hören zum Horchen zu kommen. Nicht alle Töne und Worte kann das Ohr in den älteren Tagen mehr aufnehmen. Dadurch ist dem Mensch die Chance gegeben, sich mit dem, was er noch hören kann, genauer zu beschäftigen und es zu überdenken. Er muß sich da aber vor der Gefahr des Grübelns hüten. Dies bringt ja nur unnötige Belastung in das Leben.

Horchen ist nicht in erster Linie ein akustischer Vorgang, sondern meint vor allem ein innerliches Hören, ein inneres tieferes Erfassen und Aneignen von Gedanken und Gefühlen. Dieses Horchen, das in der Nähe der Meditation anzusiedeln ist, muß der Mensch einüben. Da kann für viele die Musik eine wertvolle Hilfe sein.

In künstlerischer Perfektion hat Ernst Barlach einen menschlichen Kopf geschaffen, der fast ganz Ohr ist, offen ist zur Aufnahme einer Botschaft, eines Wortes. Mir scheint das Werk Barlachs den äußerlich hörenden und innerlich horchenden Menschen darzustellen. Wäre das nicht ein anregendes Bild für die älteren Mitbürger mit Hörschwierigkeiten? Eine Einladung zum beschaulichen Horchen zu kommen?

Die Füße

Die Füße machen nicht mehr mit. Der Bewegungsapparat wird mit zunehmendem Alter langsamer und unsicherer. Die Natur lädt ein, langsamer zu werden, bedächtiger durch die Landschaft zu gehen. Der Leistungsfimmel des Hochgebirgskletterers sollte abgelegt werden, ein neuer Stil des sich Weiterbewegens müßte gefunden werden. Es hieße die Einladung der Natur zu überhören und zu mißachten, wenn sich der Senior nun dauernd vieler technischer Hilfsmittel (Auto, Seilbahn, Bahn usw.) bediente, um das Bewegungstempo nicht drosseln zu müssen.

Vom Gehen und Laufen zum Schreiten kommen. Wenn ich schreite – ein langsames, bedächtiges Gehen –, dann sehe ich quantitativ weniger, habe aber die große Chance, mit den Dingen und Ereignissen mich genauer zu befassen. Es wird eine Verlagerung von der Quantität zur Qualität des Erlebens von der Natur nahegelegt. Ich bleibe eher mal stehen, um mir besonders genau eine Blume am Wegesrand anzusehen. Ich verweile beim abendlichen Spaziergang am Teich und denke an den Schriftsteller Joseph Bernhard, der folgende anregende Überlegungen niedergeschrieben hat:

„Wir hoffen und versuchen zuvörderst das Heil in den natürlichen Dingen zu finden. Aber je reifer wir werden, um so mehr erkennen wir, daß wir sie nicht an ihrer Wurzel fassen können. Der Grund, aus dem sie erwachsen, liegt jenseits unser in unzugänglicher Verborgenheit."[2]

Spiritualität aus dem Glauben

Mit Bewunderung denke ich noch an Prälat Paul Wollmann. Er war Landvolkseelsorger von ganz Deutschland, ein beliebter Redner und guter Organisator. Nach vielen Jahren, die von großem Engagement gekennzeichnet waren, riß ihn ein Gehirnschlag aus seinem bewegten Leben heraus. Er wurde ein Pflegefall. Sein von Ideen sprühender Geist war Gott sei Dank nur leicht behindert. Ich lud ihn ein, vor einer Seniorengruppe in der Cusanus Akademie in Brixen sein Leben und seinen Umgang mit der Krankheit zu schildern. Den aufmerksamen Zuhörern sagte er u. a. folgendes: „Ich war viel unterwegs, habe viel gearbeitet, habe mich um die Anliegen und Sorgen der Mitmenschen gekümmert. Dabei kam das Gebet, die Meditation oft ein bißchen zu kurz. Da hat Gott durch den Schlaganfall mir mitgeteilt: Jetzt Paul ist es genug, jetzt sollst du mehr Ruhe geben, mehr beten und an mich denken. Ich bin ja dein letztes Ziel." So hat Prälat Wollmann persönlich den Verlust seiner Gesundheit und Arbeitsfähigkeit gedeutet. Dies ist ein Stück gläubiger Spiritualität.

Der älter werdende Mensch muß mehr und mehr gesundheitliche Verluste einstecken, den Verlust des Berufes verkraften, den Tod lieber Mitmenschen verarbeiten. Was will Gott den Menschen durch den Alterungsprozeß mit all den Begleiterscheinungen sagen? Der sadistische Gott, der Freude hat am Schmerz und an den Tränen des Menschen, paßt nicht zum Gottesbild Jesu. Gott läßt das Leiden nicht zu, um den Menschen zu quälen. Er will seinen Geschöpfen durch den Alterungsprozeß eine wichtige Botschaft mitteilen. Der Mensch wird durch das Alter gezwungen, auf so manches zu verzichten und davon Abschied zu nehmen. So manch liebgewordene Tätigkeit muß unterbleiben, die Lieblingsspeise wird nicht mehr vertragen. Diese Vorgänge sollen für den Gläubigen eine Hilfe sein, daß er ganz allgemein mehr und mehr Distanz zu dieser Welt bekommt und dadurch freier und freier wird. Zunehmend mehr soll er sich seinem letzten Ziel, Gott, zuwenden. Das Altern ist, um es anders auszudrücken, auch eine Einladung Gottes an den Menschen. Diese will ihn ermuntern, sich mehr mit seinem Schöpfer, Ursprung und Ziel zu beschäftigen. Dabei kann er zu neuen Einstellungen kommen, die ihm helfen, durch die älteren Tage zu gehen. Neue Gedanken können sich da in das Herz schleichen, wenn der Senior mit dem Psalmisten zu Gott redet:

> „Herr, tu mir mein Ende kund und die Zahl meiner Tage! Laß mich erkennen, wie sehr ich vergänglich bin!
> Du machtest meine Tage nur eine Spanne lang, meine Lebenszeit ist vor dir wie ein Nichts. Ein Hauch nur ist jeder Mensch.
> Nur wie ein Schatten geht der Mensch einher, um ein Nichts macht er Lärm. Er rafft zusammen und weiß nicht, wer es einheimst.
> Und nun, Herr, worauf soll ich hoffen? Auf dich allein will ich harren." (Psalm 39)

Gläubige Zukunftshoffnung ist oft großen Schwankungen ausgesetzt, nicht immer ist sie im Menschen lebendig. Er muß darum oft ringen und trotzdem bleibt es im Inneren leer. Zeitweilig ist sie dem Menschen geschenkt, dann macht sie hell die Tage.

Lukas führt uns im zweiten Kapitel seines Evangeliums zwei hochbetagte Menschen vor Augen, es sind eine Frau und ein Mann, Hanna und Simeon. Propheten werden sie genannt. Eugen Drewermann beschäftigt sich in seinem Kommentar zur Kindheitsgeschichte bei Lukas mit den beiden Gestalten und meint, daß die eigentliche Frage, die hier angesprochen wird, ist: „Wie verhält sich in unserem Leben die Tatsache fortschreitenden Alters zu der Dynamik und Leidenschaft unseres Verlangens nach Erfüllung? ... Was bleibt noch zu erwarten, wenn das Leben sich dem Ende zuneigt?"[3] Die Spannung ist unübersehbar: beim Älterwerden gibt es eine Aufwärtsbewegung und eine Abwärtsbewegung.

Dem alten Kapuzinerpater, der langsam die Straße daherhumpelt, begegne ich gerne. Was zieht mich zu ihm hin? Er ist in den Jahren gereift und ein gütiger Mensch geworden. In seiner Güte fühle ich mich geborgen. Viele älterwerdende Frauen und Männer werden mit den Jahren reifer, gütiger, großzügiger, abgeklärter. Der Lebensstil, den sie sich angeeignet haben, sagt: Nicht Geld und Gut sind das Wichtigste im Leben, nicht auf Macht und Ansehen kommt es in erster Linie an. Die Liebe und die Güte allein schenken Geborgenheit und verleihen dem Leben Farbe und Sinn. Wir mögen sie gerne diese reif gewordenen Mitbürger, sie sind ein großer Reichtum für die Gemeinschaft. Bei allen Schwankungen, welche den einzelnen in die Zange des Gefühls nehmen, ein Versager zu sein, registrieren wir eine dauernd fortschreitende Aufwärtsbewegung.

Und die Abwärtsbewegung? Meine Füße wollen nicht mehr, mein Auge trübt sich, meine Ohren brauchen das Hilfsmittel des Hörapparats, das manchmal mehr stört als hilft. Die Gesundheit? Heute tut's da weh, morgen woanders. Von der Vergeßlichkeit wollen wir erst gar nicht reden. Die Schwermut sucht gar nicht wenige heim. Diese Minderungen, welche das eigene Dasein bedrängen, wirken sich intensiv auf das Denken und Fühlen des Menschen aus. Die Spannung fällt ins Auge: wie kann der Mensch trotz dieser mehr oder weniger intensiv erfahrenen physisch-psychischen Abwärtsbewegung eine große Zukunftshoffnung in sich wachhalten?

Bei dieser Frage denke ich unwillkürlich an viele alte Leute, die irgendwo auf einer Bank sitzen und in den Tag hineinstarren. Betrübt und gelangweilt ist der Gesichtsausdruck. Man merkt es ihnen an, sie erwarten vom Tag und vom Leben nichts mehr. Und da hat dann die Zeit keine Spannung mehr. Erwartung würde Leben schaffen, in Bewegung halten.

Ist aber gläubige Zukunftshoffnung da noch möglich? Simeon im Lukasevangelium ist einer, der Heil erwartet. „Er war gerecht und fromm und wartete auf die Rettung Israels, und der Heilige Geist ruhte auf ihm" (Lk 2,25). Trotz der wechselvollen Geschichte des Volkes mit den vielen Rückschlägen und ausweglosen Situationen, erwartet er Rettung und Heil. Er gehört zum Volk und erwartet auch für sich persönlich Heil und Rettung. Gottes Geist war in ihm (so Lukas) und gab ihm die Kraft, Großes zu erwarten.

Von der Prophetin Hanna kann Ähnliches gesagt werden. In der Antike war die Frau rechtlich und soziologisch nur ein Anhängsel des Mannes. Wenn dieser starb, und das war bei Hanna der Fall, dann war auch das Leben der Frau zu Ende, wenn sie sich nicht einem anderen Mann anschloß. Bei Hanna lief das anders. Sie blieb Witwe und richtete ihre ganze Lebenserwartung auf Gott. Sie hoffte gegen alle Hoffnung. Äußerlich waren die Rahmenbedingungen schlecht. Innerlich wirkte in ihr der Geist Gottes, der sie Heil erwarten ließ. Dies gibt dem alternden, absterbenden Leben ein großes Ziel, ein Licht, das den rauhen Alltag erhellt. Ist diese Einstellung wachgerufen, dann kann die Bereitschaft zu scheiden, von der Lebensbühne abzutreten und dem großen letzten Ziel entgegenzugehen, wach werden. Simeon drückt dies so aus: „Nun läßt du, Herr, deinen Knecht, wie du gesagt hast, in Frieden scheiden, denn meine Augen haben das Heil gesehen" (Lk 2,29).

In der gläubigen Erwartung des Heils für sein Volk drückt sich auch die Überzeugung des greisen Simeon aus, daß er selber berufen ist, ganz heil zu werden. Max Rössler, der begnadete Schriftsteller, hat in einer kurzen Betrachtung zu Simeon folgendes Gebet formuliert[4]:

Simeon
Der Abend naht – nun schließe mir die Augen.
Was kann das Schauen dem noch taugen,
der sich in deinem Licht verlor.
Ich bin in dir so selig eingeboren.
Der Abend ruft die Nacht, die Nacht den Morgen.
Nun schließe mir die Augen – öffne mir dein Tor!

In der Kirchenbank sitzt eine alte Frau und betet. Auf ihrem Gesicht finden Sorge und Hoffnung einen sichtbaren Ausdruck. Sorge hat sie um ihre Gesundheit, um ihre Angehörigen ... Ihr Herz hat aber auch eine feste Hoffnung, weil sie die Botschaft Jesu als Frohbotschaft in ihr Herz aufgenommen hat. „Kommt alle zu mir, die ihr mühselig und beladen seid. Ich will eurem Herzen Ruhe schenken" (Mt 11,28). Dies ist ihre große Hoffnung. Dabei sind alle und alles miteinbegriffen. „Wenn Gott uns heimbringt aus den Tagen der Wanderschaft, das wird ein Fest sein! Ein Fest ohne Ende!" (Martin Gutl zu Psalm 126)[5].

Senioren auf der Überholspur

Statt einer Zusammenfassung sollen den Schluß einige Gedanken aus dem Buch „Senioren auf der Überholspur" bilden, das wir zu dritt vor zwei Jahren bei Tyrolia Innsbruck herausgebracht haben.[6]
„Der ist ein Narr, der sich an der Vergangenheit die Zähne ausbricht," sagt Antoine de Saint-Exupéry, „denn sie ist ein Granitblock und hat sich vollendet." Aber der Autor des „Kleinen Prinzen" weiß noch einen weiteren Rat für uns: „Bejahe den Tag, wie er dir geschenkt wird, statt dich am Unwiederbringlichen zu stoßen." Einige Seiten später lesen wir im gleichen Buch über die Haltung eines Seniors:

> „Das Leben jetzt nehme ich mit offenen Augen ins Visier. Ich entdecke viele Möglichkeiten für andere dazusein. Regelmäßig besuche ich den kranken Nachbarn, der nicht mehr außer Haus kann. Zum Seniorennachmittag hole ich gehbehinderte Frauen und Männer mit meinem Auto ab und bringe sie auch wieder nach Hause. Beim Arbeitskreis „Senioren helfen einander" mache ich eifrig mit. Ich nehme alle Gelegenheiten wahr, Gutes zu tun, und mach so ein bißchen wett, was früher danebengegangen ist."[7]

Wer so denkt und handelt, hat im Denken und Tun das Alter als Aufgabe entdeckt.

Anmerkungen:

[1] Karl Ledergerber, Worauf es im Alter ankommt. Sinn und Gewinn der dritten Lebensphase, Freiburg/Br. 1987, 85.
[2] zitiert nach: Max Rössler, Notausgänge. Trost für trübe Stunden, München 1986, 72.
[3] Eugen Drewermann, Dein Name ist wie der Geschmack des Lebens. Tiefenpsychologische Deutung der Kindheitsgeschichte nach dem Lukasevangelium, (Reihe Spektrum Bd. 4113) Freiburg/Br. 1986, 168.
[4] Rössler, Notausgänge, 107.
[5] Martin Gutl, Er führt uns heim (frei nach Psalm 126), in: Der tanzende Hiob, Graz [4]1981, 63-65.
[6] Vgl. Silvia Hohenauer / Konrad Köhl / Louis Oberwalder, Senioren auf der Überholspur, Innsbruck 1996, 50.
[7] Hohenauer / Köhl / Oberwalder, Senioren auf der Überholspur, 55.

Leo Prüller

Zur Person

Wirken und Anliegen Leo Prüllers
Streiflichter zur Biographie

Geboren am 5.11.1928 in Reinsberg in NÖ als 13. und jüngstes Kind eines Bauernehepaares. Mittelschüler in Mauer bei Wien und Melk. Luftwaffenhelfer (Jänner 1944 – Februar 1945). 1947 Matura am Realgymnasium Amstetten, danach Studium der Landwirtschaft an der Hochschule für Bodenkultur in Wien. 1952 Graduierung zum Diplomingenieur.
Seit 1957 mit Theresia Waldstein-Wartenberg verheiratet; 2 Söhne und 3 Töchter; 6 Enkelkinder.
1952-1953 Zentralsekretär der Katholischen Landjugend Österreichs
1953-1956 Bundessekretär der Katholischen Jugend Österreichs
1956-1960 Generalsekretär der Katholischen Aktion Österreichs
1961-1988 Direktor des Bildungshauses St. Hippolyt in St. Pölten
Seit 1989 in Pension – aber nicht im Ruhestand.
Zahlreiche ehrenamtliche Funktionen, Auszeichnungen und Publikationen (sie sind im Anhang detailliert angeführt).

Durch Vieles und Viele geprägt

1928, in einer politisch wie ökonomisch schwierigen Zeit, war der kleine Leo das dreizehnte, eigentlich aber der fünfzehnte Kind, denn zwei seiner Geschwister überlebten die Geburt bzw. die ersten Lebenstage nicht. Benannt nach dem heiligen Leopold, kann heute auch Papst Leo XIII. gewissermaßen als Patron seines Wirkens gelten, denn die von diesem Papst begründete Katholische Soziallehre wurde für Leo Prüller zu einer wichtigen inhaltlichen Richtschnur seines Engagements.

Die große Bauernfamilie litt unter der Rezession – und so überlegten die älteren Brüder, damals um die 20, sogar eine Auswanderung nach Brasilien. Auch die politischen Turbulenzen dieser Jahre spiegelten sich in der Geschwisterschar, denn die Brüder gehörten verschiedenen Lagern an, und es wurde heftig diskutiert. So wurde Leo einerseits streng und traditionell erzogen, erlebte aber unter seinen Geschwistern rege Auseinandersetzungen zu politischen wie religiösen Fragen. Dazu erzählt er gern die Geschichte, daß seine Mutter zu solchen Gesprächen öfter sagte: „Über religiöse Dinge red't man nicht, die glaubt man." Gerade das Gespräch über Glaube und Kirche hat jedoch sein Leben später weithin geprägt.

Von seiner Zeit als Luftwaffenhelfer blieb ihm wegen eines Bombeneinschlags in nächster Nähe ein Ohrensausen und später die klare Erkenntnis, daß er nicht – wie er selbst damals noch glaubte – seine Heimat verteidigte, sondern als Handlanger eines verbrecherischen Regimes mißbraucht wurde. Daß er 1945 nicht mehr zur Wehrmacht mußte, verdankt er einem unbekannten mutigen Menschenfreund im Bezirksamt Scheibbs, der dafür sorgte, daß der gesamte Jahrgang 1928 dort nicht mehr eingezogen wurde – was ihm vielleicht das Leben gerettet hat.

Prägend war für Leo Prüller gewiß die Zeit in der Katholischen Hochschuljugend, als er zum engen Kreis um Prälat Karl Strobl gehörte, der ihm neue geistige Welten eröffnete (und zugleich die Leidenschaft für's Tarockspielen förderte). Auch die Zeit als Generalsekretär der KA unter Prof. Rudolf Henz und Msgr. Otto Mauer war eine wichtige Zeit anregender Auseinandersetzungen. Von diesen Priestern, wie auch von Prälat Franz Steiner und Prof. Ferdinand Klostermann, spricht er heute noch mit großer Hochachtung – und er vermißt solche Persönlichkeiten manchmal in den gegenwärtigen Kirchenzeiten.

Land

Leo Prüller engagierte sich schon früh für das „neue Dorf". Er war um eine moderne Sicht des Landes bemüht, die Traditionen hochschätzt, aber nicht krampfhaft daran festhält. Werte wie die Zusammenarbeit und das Zusammenleben im Familienbetrieb oder die Bewahrung der Schöpfung sollten immer im Dienst der Menschen stehen, die sich ihrerseits den Anforderungen der Zeit nicht entziehen dürfen. Heute z. B. plädiert er dafür, daß die Bauern sich offensiv auf die neuen Bedingungen der EU einstellen, anstatt sich zu verweigern und damit Chancen zu versäumen und erst recht unter die Räder zu geraten.

Das ist allerdings nicht zu verwechseln mit einer unkritischen Haltung gegenüber Zeitströmungen – im Gegenteil. Verbundenheit mit Geschichte und Tradition hatte für Leo Prüller immer einen sehr hohen Stellenwert; heute widmet er fast seine gesamte Zeit der Erforschung und Weitergabe der Geschichte seiner Heimat, die er zu heutigen Herausforderungen in Beziehung setzt. So sieht er in Adelheid von Reinsberg (13. Jhd.) das Vorbild einer selbständigen Frau; er zieht Parallelen von der Entwicklung des Eisenhandels im 18. Jhd. zur heutigen Liberalisierung von Handel und Wirtschaft; die Aufarbeitung der Geschichte der Bauernkriege (16. Jhd.) im Jahr 1997 enthielt Aspekte der Identitätsstärkung für die Bauern als heute immer noch marginalisierter Gruppe. – Geschichte wird also mit Zukunft verbunden. Die Sorge um die Zukunft des Lebens auf dem Land ist eines der wichtigsten Lebensthemen Leo Prüllers.

Diese Sorge um die Lebensbedingungen der Bauern hat auch seinen Einsatz in der internationalen Vereinigung der katholischen ländlichen Organisationen (ICRA – international catholic rural association) geprägt. Hier ging es vor allem um die miserable Lage der Bauern in der Dritten Welt. Reisen nach Südamerika und Südostasien bestärkten ihn in seinem Einsatz für Gerechtigkeit für die, die diese Welt mit ihrer Hände Arbeit ernähren.

Familie

Ein weiterer Schwerpunkt war und ist die Sorge um die Ehen und Familien – von einer Familienrunde über die Ehekurse im Hippolythaus bis zur internationalen Zusammenarbeit in der FEECA (Europäische Föderation für katholische Erwachsenenbildung). Besonderes Anliegen war ihm dabei, daß die Grundlage einer guten Familie eine gute Ehe ist. Immer wieder warb er dabei für Toleranz und den Versuch, den anderen von dessen Standpunkt aus zu verstehen, für Bereitschaft, die Dinge auch aus einem anderen Blickwinkel zu betrachten. Bildlich drückte er das gerne am Beispiel vom Berg Ötscher in NÖ aus: Von Norden oder Süden gesehen ist er ein breiter Bergrücken, von Osten gesehen ein schroffer, spitzer Berg. Wenn nun zwei sich streiten, ob der Ötscher breit oder spitz ist, so können sie zu einer größeren Wahrheit nur gelangen, indem sie sich für den Standpunkt oder die Perspektive des anderen interessieren und diese positiv als Erweiterung der eigenen Sichtweise akzeptieren.

Kirche

Auch Leo Prüllers innerkirchliches Engagement zeugt von dieser Dialogbereitschaft. Er kann als ein gutes Beispiel für das viel gebrauchte Wort von der kritischen Loyalität gelten. Er bewahrte sich seine Visionen und die Fähigkeit zum offenen Wort. An seiner tiefen Verbindung zur Kirche sowie an seiner Bereitschaft, sich ihr einzuordnen, konnte dabei nie ein Zweifel sein.

Leo Prüller gehört zu der Generation, die den Aufbruch rund um das Konzil mitgetragen hat, und er hat Kirche auf vielen ihrer verschiedenen Ebenen erlebt, gelebt und mitgestaltet: von Hauskirche und Pfarre bis hin zu internationalen Kommissionen und Vereinigungen, die er als Austauschforen und als konkret gelebte weltkirchliche Zusammengehörigkeit schätzte.

Der Einsatz in der Kirche und der Einsatz in der Gesellschaft waren für ihn stets zwei zusammengehörende Seiten des kirchlichen Engagements als Laie. Im Sinne des Konzilsdekrets über das Laienapostolat und der Enzyklika „Christifideles laici" ging und geht es ihm um das gemeinsame Engagement aller Getauften in der Kirche und als Kirche in der Gesellschaft.

Gesellschaft

Für diesen gesellschaftlichen Auftrag galt und gilt ihm die Katholische Soziallehre als Handlungsrichtschnur, deren Aussagen inner- wie außerkirchlich seiner Meinung nach zu wenig beachtet werden und zu wenig das Bild von Kirche und ihren Lehren prägen.

Sein solidarisches Interesse an den Sichtweisen anderer und seine Bereitschaft zur dialogischen Auseinandersetzung haben auch Prüllers eigene Zusammenarbeit mit verschiedenen gesellschaftlichen Kräften geprägt: schon als erster Vorsitzender des Österreichischen Bundesjugendringes war es ihm wichtig, Brücken über alte ideologische Gräben zu schlagen. Als Präsident der Katholischen Aktion Österreichs hat er dann viel später wieder darauf gedrängt, von der KA aus das Gespräch mit allen Parteien zu suchen.

Bildung

Alle bislang genannten Anliegen spiegeln sich auch in seinem Hauptberuf: der Bildungsarbeit. Bildung – Beschäftigung mit anderen Menschen und Inhalten, Hinausschauen über den eigenen Tellerrand, neue Perspektiven gewinnen, neue Möglichkeiten sehen und nutzen, das eigene Leben und das gesellschaftliche Zusammenleben zu gestalten – war für Leo Prüller immer ein um den Menschen zentriertes Unternehmen, das diesen zugleich mit Neuem konfrontieren sollte. Die Lust an der Erkenntnis, an ihrer Gewinnung wie ihrer Weitervermittlung treibt den Erwachsenenbildner Prüller heute noch an, selbst immer weiter zu lernen und dieses Wissen und diese Weisheit anderen anzubieten.

Sein Engagement in der Erwachsenenbildung war aber über die eigentliche Bildungstätigkeit hinaus ebenso dem Aufbau von Strukturen in der österreichischen und internationalen Bildungslandschaft gewidmet. Austausch, um auch auf dieser Ebene voneinander zu lernen und die Kräfte zu bündeln, sowie die gemeinsame Vertretung von Interessen gegenüber politischen Institutionen standen hier im Vordergrund. Bildungsarbeit, insbesondere katholische Erwachsenenbildung, sollte sich nie in ein Ghetto zurückziehen und von der Gesellschaft nicht als Spielwiese für die, die zuviel Zeit haben, betrachtet werden. Bildung war für Leo Prüller immer ein brisantes Politikum, für das es sich zu streiten, aber vor allem sich zusammenzusetzen lohnte.

Sein Anliegen läßt sich zusammenfassend beschreiben als Sorge um die Mündigkeit. Menschen ein mündiges, waches Leben im Einsatz für andere zu ermöglichen, war und ist Ziel seiner Bemühungen um Bildung, Land, Familie und Kirche und darüber hinaus.

Funktionen, Ehrungen, Publikationen

Berufliche Laufbahn

1952-53	Zentralsekretär der Katholischen Landjugend Österreichs
1953-56	Bundessekretär der Katholischen Jugend Österreichs/Burschen und Generalsekretär des Katholischen Jugendwerkes Österreichs
1956-60	Generalsekretär der Katholischen Aktion Österreichs
1960/61	Sekretär des niederösterreichischen Bauernbundes
1961-88	Direktor des Bildungshauses St. Hippolyt

Ehrenamtliche Funktionen

1947-50	Pfarrführer der Katholischen Jugend Reinsberg
1949/50	Verantwortlicher der Katholischen Hochschuljugend an der Hochschule für Bodenkultur
1950-51	Vorsitzender der Katholischen Hochschuljugend Österreichs
1951-52	Primus der Katholischen Hochschuljugend Wien
1952	Sekretär der „Kommission für Landprobleme" zur Vorbereitung des Österreichischen Katholikentages 1952
1953-56	Mitbegründer und erster Vorsitzender des Österreichischen Bundesjugendringes
1956-66	Sekretär des Arbeitskreises Land der Katholischen Aktion Österreichs
1957-60	Sekretär des Katholischen Akademikerverbandes Österreichs
1957-58	Vorsitzender der „Kommission für Landfragen" zur Vorbereitung des Wiener Katholikentags 1958
1958-61	Sekretär der Katholischen Männerbewegung Österreichs
1961-88	Mitglied des Diözesanausschusses der Katholischen Aktion der Diözese St. Pölten
1962-71	Stellvertretender Vorsitzender des Katholischen Familienwerkes der Diözese St. Pölten und des Katholischen Familienverbandes
1962-72	Vorsitzender des „Arbeitskreises Land" der Diözese St. Pölten
1963-68	Vorsitzender der Arbeitsgemeinschaft der kirchlichen Bildungsheime Österreichs
1963-69	Vizepräsident der Bundesarbeitsgemeinschaft für Katholische Erwachsenenbildung
1963-69	Mitglied des Präsidiums der europäischen Föderation für katholische Erwachsenenbildung

1963-71	Mitglied des Präsidiums des Katholischen Familienverbandes Österreichs
1963-71	Mitglied des Vorstandes der Internationalen Föderation katholischer ländlicher Bildungsheime
1963-75	Mitglied des Vorstandes des Katholischen Akademikerverbandes der Diözese St. Pölten
1965-70	Referent für „Katholische Soziallehre und Landwirtschaft" beim Internatskurs der Katholischen Sozialakademie Österreichs
1965-71	Gründungsverantwortlicher und erster Vorsitzender des Katholischen Familienwerkes Österreichs
1965-85	Pfarrgemeinderat der Dompfarre St. Pölten
1966-72	Vizepräsident des Katholischen Familienverbandes Österreichs
1968-71	Mitglied des Familienpolitischen Beirates beim Bundeskanzleramt
1968-79	Stellvertretender Vorsitzender der Arbeitsgemeinschaft der kirchlichen Bildungsheime Österreichs
seit 1968	Mitglied des Vorstandes des Katholischen Pressvereins der Diözese St. Pölten (seit 1992 stellvertretender Vorsitzender)
1969-76	Referent für das Fach „Einführung in die Soziologie" am Bundesseminar für das Landwirtschaftliche Bildungswesen
1970-79	Vorsitzender des Katholischen Familienwerkes der Diözese St. Pölten
1971-75	Mitglied des Vorstandes der Österreichisch-Koreanischen Gesellschaft
1972-74	Vorsitzender der Kommission III „Strukturen der Kirche" der St. Pöltner Diözesansynode
1972-78	Vorsitzender der Kommission „Ehe- und Elternbildung" der europäischen Föderation für katholische Erwachsenenbildung
1973-74	Delegierter beim Österreichischen Synodalen Vorgang
1977-84	Mitglied des Vorstandes der Österreichischen Gesellschaft für politische Bildung
1977 und 1986	Vorsitzender der niederösterreichischen Konferenz für Erwachsenenbildung
1978-88	Vorsitzender der Internationalen Föderation katholischer ländlicher Bildungsheime
1979-87	Vorsitzender der Arbeitsgemeinschaft der Bildungsheime Österreichs
1980-85	Vorsitzender der diözesanen Arbeitsgemeinschaft für Katholische Erwachsenenbildung
1981-97	Mitglied des Vorstandes des Katholischen Bildungswerkes der Diözese St. Pölten

1982	Vorsitzender der Konferenz der Erwachsenenbildung Österreichs
1987-95	Präsident der Internationalen Vereinigung der katholischen ländlichen Organisationen
1988-91	Präsident der Katholischen Aktion Österreichs
seit 1988	Leiter des Referats Seniorenpastoral der Diözese St. Pölten
seit 1991	Schriftführer des Vereins „Schöneres Wang"
seit 1993	Vorsitzender des Arbeitskreises „Trauer- und Sterbebegleitung" der Diözese St. Pölten
seit 1993	Lektor und Kommunionspender der Pfarre Steinakirchen
seit 1995	Mitglied des Bildungsauschusses der Pfarre Steinakirchen
seit 1996	Mitglied der Kommission „Seniorenbildung" der europäischen Föderation für katholische Erwachsenenbildung
seit 1997	Schriftführer des Freundeskreises des Bildungszentrums St. Benedikt Seitenstetten
seit 1997	Mitglied des Vorstandes des Katholischen Akademikerverbandes der Diözese St. Pölten

Preise und Auszeichnungen

1967	*Volksbildungspreis* des Unterrichtsministeriums; erhalten für die Arbeit „Bildung als wesentliche Hilfe bei der Überwindung bäuerlicher familiärer Sozialprobleme"
1970	*Hans Kudlich Preis* für die journalistische und volksbildnerische Arbeit zur Eingliederung des Bauerntums in die Industriegesellschaft
1973	*Silbernes Ehrenzeichen* für Verdienste um die Republik Österreich
1975	*Josef Krainer Preis* für den Beitrag „Soziologische Überlegungen zur Landwirtschaft im Nebenerwerb" in dem Buch „Landwirtschaft im Nebenerwerb"
1978	*Komturkreuz des päpstlichen Silvesterordens* verliehen von Papst Johannes Paul I.
1979	*Förderungspreis für Erwachsenenbildung* im Dienste des Landes Niederösterreich
1980	Verleihung des *Berufstitels Professor* durch den Bundespräsidenten
1987	*Großes Ehrenzeichen* für Verdienste um das Bundesland Niederösterreich
1991	*Ehrenbürger* der Gemeinde Reinsberg

Publikationen

Selbständige Publikationen

Das Wesen der Kultur, Referat bei der Studientagung der Katholischen Landjugend Österreichs 1955, Vervielfältigung Wien 1956.
Umwandlungsprozesse auf dem Lande – seine Ursachen und Auswirkungen, Behelfsdienst der Katholischen Jugend Österreichs 1957.
Dorf im Umbruch. Das Dorf im Umwandlungsprozess. Ursachen – Erscheinungsformen – Auswirkungen, Wien 1958.
Bildung als wesentliche Hilfe bei der Lösung bäuerlicher familiärer Sozialprobleme, Vervielfältigung St. Pölten 1968.
25 Jahre Katholisches Familienwerk, St. Pölten 1973.
Milleniumsfestspiel: Zwischen Babenberg und Habsburg: Adelheid von Reinsberg, Theaterstück, uraufgeführt 1996 auf der Burg Reinsberg.
Texte zu den Ausstellungen auf der Burgruine Reinsberg: 1997 – Bauernleben in der Eisenwurzen; 1998 – Zwei Eisen im Feuer: Die Handelsherrn, Vervielfältigung Reinsberg 1998.

Herausgeberschaft

Sozialprogramm für den bäuerlichen Berufsstand, 1958.
Ehe- und Elternbildung in Österreich (= Schriftenreihe der Bundesarbeitsgemeinschaft für Katholische Erwachsenenbildung Heft 1), St. Pölten 1971.
Helmut Weinhandl / Leopold Prüller / Alois Puntigam / Anton Stock (Hgg.), Landwirtschaft im Nebenerwerb (= agrar-perspektiven 1), Wien 1973.
Leo Prüller / Monika Prüller / Werner Riemer (Hgg.), Erwachsenenbildung mit Heimvorteil. 30 Jahre Arbeitsgemeinschaft der Bildungsheime Österreichs 1954-1984, o.O., o.J.
25 Jahre Bildungshaus St. Hippolyt 1961-1986, St. Pölten 1986.
Johann Prüller / Leo Prüller / Leopold Schoder, Reinsberg in der Geschichte. 700 Jahre Pfarre 1291-1991, Reinsberg 1991.
Leopold Prüller / Adalbert Waser / Erich Schmid, Festschrift anläßlich der Jubiläumsfeiern 1994 der Marktgemeinde Randegg, Randegg 1994.

Artikel in Sammelwerken

Bericht über Österreich, in: Europäische Jugendkampagne (Hg.), Existenzfragen für junge Landwirte, o.O., o.J. [1954], 79-87.
Gesunder Bauernstand, gesundes Volk, in: Die soziale Verantwortung des Christen in der modernen Gesellschaft. Offizieller Bericht über den Katholikentag Wien 1958, Wien 1958, 90-107.

Die sozialen Bedrohungen des Bauerntums in Österreich, in: Katholische Aktion Österreichs (Hg.), Probleme des Bauerntums (= Studien des Arbeitskreises Land 1), Wels o.J. [1962], 28-50.

Landvolk in der Entscheidung, in: Hippolyt-Kalender, St. Pölten 1963.

Aufgaben der Katholischen Aktion und der Bildungseinrichtungen auf dem Land, in: Katholische Aktion Österreichs (Hg.), Das Land von morgen (= Studien des Arbeitskreises Land 2), Wels o.J. [1965], 31-42.

Die Landfrage – eine Bildungsfrage, in: Bericht über die Tiroler Dorftagung 1966.

Eltern – Erzieher in der Familie, in: Der Christ, Salzburg 1967, 553-558.

Die ländliche Familie, in: Leopold Prohaska (Hg.), Familienerziehung in Stadt und Land (= Veröffentlichung des Institutes für Vergleichende Erziehungswissenschaft Salzburg Bd. 22), Wien 1968, 88-106.

Ehe- und Elternbildung in Österreich. Vorschläge für die Zukunft, in: Ehe- und Elternbildung in Österreich, hg. v. der Bundesarbeitsgemeinschaft für Katholische Erwachsenenbildung, St. Pölten 1971, 46-55.

Ziele der Familienbildung, in: Ehe- und Elternbildung in Österreich, hg. v. der Bundesarbeitsgemeinschaft für Katholische Erwachsenenbildung, St. Pölten 1971, 56-61.

Die Bildungsheime im System der heutigen Erwachsenenbildung in Österreich, in: Hermann Weber (Hg.), Erfolgreich lernen. Arbeitsgemeinschaft der Volksbildungsheime Österreichs, o.O., 1973, 5-18.

Soziologische Überlegungen zur Landwirtschaft im Nebenerwerb, in: Weinhandl/Prüller/Puntigam/Stock, Landwirtschaft im Nebenerwerb, 1973, 27-58.

Die Arbeitsgemeinschaft der Bildungsheime, in: Situation und Trends der Erwachsenenbildung in Österreich (= Schriften zur Erwachsenenbildung in Österreich Bd. 22), Wien 1975, 82-92.

Vielfalt der Arbeitsmethoden in einem Bildungshaus, in: Bildungshaus St. Virgil, Salzburg 1976, 55-57.

Lebensbegleitende Bildung, in: 25 Jahre Arbeitsgemeinschaft der Bildungsheime Österreichs 1954-1979, Salzburg, 1979, 49-52.

Zum Wesen eines Bildungshauses, in: Prüller/Prüller/Riemer, Erwachsenenbildung mit Heimvorteil, 1984, 8-15.

Organisationsentwicklung für ein Bildungshaus, in: Prüller/Prüller/Riemer, Erwachsenenbildung mit Heimvorteil, 1984, 42-45.

Zum Wesen eines Bildungshauses, in: 25 Jahre Bildungshaus St. Hippolyt 1961-1986, St. Pölten 1986, 5-10.

25 Jahre Bildungshaus St. Hippolyt, in: 25 Jahre Bildungshaus St. Hippolyt 1961-1986, St. Pölten 1986, 29-36.

Blitzlichter aus 20 Jahren, in: Josef Schneider (Hg.), Ein Leben in Fülle. Erinnerungen an den Landvolkpfarrer Prälat Paul Wollmann, Freiburg 1986, 59-60.

Die Erwachsenenbildung, in: Andreas Gruber (Hg.), Ein unpraktischer Mensch: Dr. Josef Gruber 1922-1980. Spurensicherungen, Graz 1991, 39-45.

Reinsberg in der Geschichte, in: Prüller/Prüller/Schoder, Reinsberg, 1991, 15-100.

Erinnerungen von DI Leo Prüller, in: 40 Jahre ÖBJR – Erinnerungen ehemaliger Präsidiumsmitglieder, hg. v. Österreichischen Bundesjugendring (ÖBJR), Wien 1993, 15-17.

Wille zur Zusammenarbeit, in: Arbeitsgemeinschaft der Bildungsheime Österreichs (Hg.), Persönlichkeiten prägen. 40 Jahre Arbeitsgemeinschaft der Bildungsheime Österreichs 1954-1994, o.O., o.J., 7-9.

Beiträge als Zeitzeuge in dem Band: Katholische Aktion der Diözese St. Pölten (Hg.), Sie erzählen was sie erlebten. 1945-1955, St. Pölten o.J. [1995].

Die Religiosität alter Menschen, in: Krank und alt. Kranke alte Menschen – eine Herausforderung an die Seelsorge, Dokumentation der österreichischen Krankenhausseelsorgertagung 1996, keine Seitenangaben, 10 Seiten.

Zur Geschichte eines diözesanen Bildungshauses, in: Fritz Csoklich u. a. (Hgg.), ReVisionen. Katholische Kirche in der Zweiten Republik, Graz 1996, 220-224.

Artikel in Zeitschriften und Periodika

Zeitgemäßes Bauerntum, in: Österreichischer Bauernbündler, Mai 1949.

Baut das Neue Dorf, in: Wende, August 1952.

Hier Glaube – hier Fortschritt – und wo steht der Bauer? In: Ruf, Dezember 1953.

Die Landjugend will Europa, in: Ruf, Juli 1954.

Vergeßt die Jugend nicht, in : Ruf, Juli 1954.

Ist die vorhandene Bauernkultur noch förderungswürdig?, in: Kulturberichte NÖ-5, 1965.

Waldviertel – Land ohne Hinterland, in: Rufer 4/1968, 3-4.

Familiäre und soziale Probleme beim Übergang vom Vollerwerbsbetrieb zum Zu- und Nebenerwerbsbetrieb, in: Förderungsdienst, Zeitschrift für Lehr- und Beratungskräfte des Bundesministeriums für Land- und Forstwirtschaft, Sonderheft 4 1970.

Die ländliche Erwachsenenbildung, in: Agrarische Rundschau 1/1971.

Perspektiven für die Erwachsenenbildung im ländlichen Raum, in: Förderungsdienst. Zeitschrift für Beratungs- und Lehrkräfte, Wien 1971. (Erschien ebenfalls in: Agrarische Rundschau 1971.)

Kurzkurse in Bildungsheimen, in: Schritt halten – Zeitschrift der ARGE Tiroler Volksbildungskurse 8/1971, 37-45.

Die Rolle des Elternhauses und die öffentlichen Einflüsse auf die Erziehung, in: Der nächste Schritt 1/1972, 7-9.

Ehe, Familie und Gesellschaft, in: Der nächste Schritt 2/1972, 7-8.

Land der Bauern, Land der Arbeiter, in: Jahrbuch der Diözese St. Pölten 1972.

Ja zur Partnerschaft – neues Eherecht, in: Der Rufer 5/1973, 5.

Bauern oder Landschaftspfleger, in: Der Rufer 6/1973, 5.

Öffentliche Verantwortung für die Erwachsenenbildung. Erwachsenenbildungskonzept für Nordrhein-Westfalen, in: BAKEB-Informationen 6/1973, 3-6.

Bildungsheime und Fernsehen, in: Fernsehen und EB in Österreich 17/1975, 7ff.

Kultur der Gesellschaft aus Kultur der Familie, in: Furche September 1978.

Bildungshäuser sind Anwälte der Zukunft, in: Furche Dezember 1978.

Als Christ in unserem Staat, in: Der Rufer 6/1980, 5.

Bildungshaus St. Hippolyt – 20 Jahre, in: Niederösterreichische Nachrichten, Sondernummer 12/1981, 15.

Hunger – und kein Ende, in: Kirche bunt 34/1981, 12.

Regionales Bildungszentrum – ein Versuch, in: EB in Österreich 2/1981, 17-19.

Erwachsenenbildung – Stiefkind der Gesellschaft, in: Präsent 21/1982, 2.

Sozialethik für Bauern, in: Land aktuell 7/1983, 174-178.

Gedanken zum Wesen eines Bildungshauses, in: Cooperatio – Hauszeitung für Stift Zwettl 3/1984, 3-7.

Bildungsheime: kosten- und zeitintensiv, in: Furche 1986.

Katholische Erwachsenenbildung nach 1945 in der Diözese St. Pölten, in: Jahrbuch für Landeskunde von Niederösterreich 1986,168-207.

Katholische Soziallehre und Landwirtschaft, in: Gesellschaft und Politik. Zeitschrift für soziales und wirtschaftliches Engagement 4/1988, 17-20.

(Aus-)Bildungsangebote für Betreuer pflegebedürftiger Menschen, in: Diakonia 28(1997) 345-346.

Artikelserien und Sendereihen

Der Nächste Schritt. Werkblatt der Katholischen Männerbewegung Österreichs – Artikel 1964-1974:
Die Familie als Bildungsinstitution
Elternbildung
Familienpastoral in der Pfarre
Eherunden in der Pfarre

Ehe, Familie und Gesellschaft
Elternhaus und öffentliche Einflüsse auf die Erziehung
Erwachsenenbildung im ländlichen Bereich.

Reihe „Die bäuerliche Familie", in: Ehe und Familie, Wien 1967-69:
Die bäuerliche Familie in der modernen Welt
Die bäuerliche Familie und der Hof
Mitarbeit der Kinder
Die weichenden Bauernkinder
Die Hofübergabe
Alt und jung unter einem Dach

Hörfunk-Sendereihe: Die junge Familie auf dem Land, Österreichischer Rundfunk 1972/73:
Die Familie des Nebenerwerbsbauern
Die junge bäuerliche Familie
Die Familie des Pendlers
Die Familie des Wochenpendlers
Die Familie des Akademikers
Die gewerbliche Familie

Verantwortung für Ausstellungen

Reinsberg in der Geschichte, Ausstellung in der alten Volksschule Reinsberg 1991.
Bauernleben in der Eisenwurzen, Ausstellung auf der Burgruine Reinsberg 1997.
Zwei Eisen im Feuer: Die Handelsherrn, Ausstellung auf der Burgruine Reinsberg 1998.

Es gratulieren herzlich

Hildegard Adamowicz · Maximilian Aichern · Peter und Juliane Altenburg · Josef und Elfriede Althaler · Erika und Franz Amler · Camilo C. Antonio · Paul Appiano · Gottfried Auer · Niederösterreichischer Bauernbund · Anton Bayr · Antonia und Rudolf Beer · Herbert Beiglböck · Herbert und Hermine Binder · Helmut Birgfellner · Markus und Edith Bittner · Vittoria und Johannes Blanckenstein · Hannelore Blaschek · Franz Blöchl · Martha Bodzenta · Hugo Bogensberger · Gerda Böhm · Ernst Bräuer · Andreas und Eva Braunbruck · Bruno Breinschmid · Marianne Brusselle · Edeltraud Buchberger · Hans und Hannelore Bürstmayr · Erhard Busek · Erich Buxbaum · August Christa · Thomas und Eleonore Cornides · Barbara Coudenhove-Calergi · Fritz und Gerti Csoklich · Anna Czernin · Franz Dammerer · Hermann Danninger · Rosa und Rudolf Daurer · Fritz De Bray SDB · Luitgard Derschmidt · Anton und Ursula Dick · Karl und Hermine Dillinger · Karl Donabauer · Josefine Dürr · Romana Eder · Burkhard Ellegast OSB · Manfred und Friederike Engel · Waltraud Engelmann · Hubert Englisch · Charlotte Ennser · Helmut Erharter · Gerhard Fahrnberger · Johannes und Christine Farnleitner · Hubert Feichtlbauer · Diözese Feldkirch · Martin Felhofer OPraem. · Walter Feninger · Josef und Erna Feregyhazy · Wilhelm Filla · Franz und Heidi Fischler · Margarethe Flachenegger · Förderungsstelle des Bundes für Erwachsenenbildung für Niederösterreich · Anny Friedrich · Christian Friesl · Josef Frühwald · Leopoldine und Johann Frühwald · Josef Fuchsbauer · Maximilian Fürnsinn CanReg · Karl Garnitschnig · Johannes Gartner OSB · Josef Gärtner · Erika Susanne Gastager · Karl Gastgeber · Josef Gaupmann · Christine Gleixner · Franz Glinsner · Rupert Gnant · Josef Göschl · Walter Graf · Wilhelm Grafl · Katholisches Bildungswerk der Diözese Graz-Seckau · Johann Greifeneder · Greisinghof - Bildungshaus der Marianisten · Heimatverein Gresten-Land · Volksbildungsheim Grillhof · Anna und Ludwig Großalber · Hedwig Grossmann · Eduard Gruber · Hermine Gruber · Ludmilla und Franz Gruber · Josef Gugerbauer · Ernst Güntschl · Katholische Aktion der Diözese Gurk-Klagenfurt · Peter Haberfehlner · Helmut Haberfellner · Franz Habersatter · Edith und Karl Habsburg-Lothringen · Alois Hadwiger · Hans Hafner · Helmut Hagel · Maria Hagmann · Christine Haindl · Eleonore und Johannes Hartig · Sophie und Franz Hartig · Theresia und Ferdinand Hartig · Helmut Haslinger · Margit Hauft · Haus der Frauen St. Johann bei Herberstein · Franz Hausmann · Berthold Heigl OSB · Karl und Johanna Heindl · Anton Heinen · Wilhelm Herzog · Johanna Herzogenberg · Andrea und Andreas Heulos · Gertrude Hierzer · Hermann Hirner · Rudolf und Hermine Hlawka · Elias Hobiger · Hans Hobl · Anneliese und Hannes Hochetlinger · Johannes Hochholzer · Herbert Hofbauer · Liesl und Vinzenz Höfinger · Klara und Franz Höhlmüller-Prüller · Johanna und Johann Höllmüller · Maria Hönig · Alexandra und Bernhard Hoyos · Brigitte Huber · Anton Hufnagl · Paul Iby · Katholisches Bildungswerk der Diözese Innsbruck · International Catholic Rural Association · Franz Ivan · Adolf und Else Jagenteufel · Hermann Jagenteufel · Maria Chiara und Joachim Jäger · Adolf Joksch · Karl Kalcsics · Christl und Hans Karner · Peter Paul Kaspar · Katholische Aktion Österreichs · Forum Katholische Erwachsenenbildung in Österreich · Katholische Hochschuljugend Österreichs · Katholische Jungschar Österreichs · Katholische Sozialakademie Österreichs · Arbeitsgemeinschaft Katholischer Soldaten · Katholisches Familienwerk Österreichs · Katholisches Zentrum für Massenkommunikation Österreichs · Leopold Kendöl · Felicitas Kerer · Franz Kerschbaumsteiner · Robert Kerschner · Reisebüro Kerschner-Putz · Kerschner-Reisen · Josef Kleebinder · Veronika und Rupert Kleibel · Ingrid und Kurt Klein · Josef Klemen · Günter Klingenbrunner · Franz und Maria Köck · Reinhart Kögerler · Helmar Kögl · Konrad Köhl · Hildegund Konar · Franz Kardinal König · Georg Kopetzky · Johann Kräftner · Josef und Rosemarie Krainer · Eva-Maria und Robert Krendl-Klimitsch · Gertraud und Otto Krinzinger · Gitta Kröll · Peter Krön · Franz Küberl · Wilhelm Kuhne · Josef und Anna Lackner · Josef Lagler · Angela und Karl Lahmer · Monika und Martin Lammerhuber · Katholische Landvolkbewegung Freiburg · Gerhard Lang · Josef und Herta Länger · Sixtus Lanner · Clemens Lashofer OSB · Hubert und Anna Lehner · Hans Leitner · Friederike Lenzeder · Gottfried Leonhartsberger · Doris Leopold · Bildungshaus Lichtenberg an der Etsch · Walter Linser · Katholischer Akademikerverband der Diözese Linz · Leonhard Lüftenegger · Marianne Maier · Bildungshaus Mariatrost · Maria Maringer · Fritz Marsch · Hilde Maurer · Franz Mayer · Otto Mayerhofer · Stift Melk · Clemens Meyer · Maria Mitterhofer · Karl Mittlinger · Hermann Mökker · Rudolf und Käthe Moshammer · Siegfried M. Müller SDB · Hermann Nagele · Inge Nagele · Anton Nenning · Josef und Gertrud Neumayer · Silvia Neumeier · Niederösterreichisches Pressehaus · Agnes Niegl · Reinfried und Lotte Niel · Hermine Nürnberger · Erna und Johann Oberleithner · Konrad Obexer · Erich Ortner · Bildungshaus Osttirol · Österreichischer Entwicklungsdienst · Verband Österreichischer Volkshochschulen · Alexander Page · Marie Elisabeth Page · Philippa Page · Silvia Parik · Marianne Pasetti-Swoboda · Jakob Patsch · Friederike Pertl · Eva und Josef Petrik · Karl Pfaffenbichler · Kurt und Gretl Pilz · Josef Pircher · Franz Pirchner · Maria Pitnauer · Barbara Poller · Elisa Pomberger · Eduard Posch · Leo Pötzelberger · Josef Prager · Bernhard Praxmarer · Margareta und Adolf Primmer · Michael Prinz OSB · Veronika Prisching · Anna Prüller · Annemarie und Johann Prüller · Annemarie und Leopold Prüller · August und Renate Prüller · Franz und Martha Prüller · Helga Prüller · Josefa und Alois Prüller · Karl und Renate

Prüller · Martin und Monika Prüller · Renate und Christoph Prüller · Familie Prüller Grafenöd · Familie Prüller Hoderberg · Leopold Punz · Theodor Quendler · Raiffeisenhof Graz · Erhard Rauch SDS · Maria Rauch-Kallat · Auguste und Rene Reichel · Margarete Reinberg · Dorfwerkstätte Reinsberg · Gemeinde Reinsberg · Heimatbühne Reinsberg · Musikverein Reinsberg · Manfred und Wilfriede Reinthaler · Josef Reisenbichler · Familie Madelaine und Dieter Reisser · Josef Resch · Franz Richter · Rudolf Richter · Josef Riegler · Werner Riemer · Hadwig Rochleder · Willibald Rodler · Anton Rohrmoser · Katholische Aktion der Erzdiözese Salzburg · Katholisches Bildungswerk der Erzdiözese Salzburg · Rolf Sauer · Franziska und Josef Schachinger · Christine Schaffer-Reinsperger · Helmut und Renate Schattovits · Hanna und Franz Schenk · Karl Schinko · Gert und Linde Schlegel · Familie Schlögel · Hans Schmeiser · Traude Schmid · Leopoldine Schmidt · Martin Schmiedbauer · Karl Schmitzer · Walter und Marianne Schmutz · Peter Schnaubelt · Franz Schneider · Heinrich Schneider · Heinrich Schnuderl · Josef Schogger · Christoph Kardinal Schönborn · Friedrich Schragl · Viktor Schuhmeier · Erika Schuster · Rudolf Schütz · Erich Schwanzelberger · Karl Schwarzenberg · Veronica und Gerhard Schwed · Sophie und Christian Seilern-Aspang · Elisabeth Seilern-Aspang · Franz Seilern-Aspang · Johannes und Elisabeth Seilern-Aspang · Friedrich M. Seitz · Franz Sidl · Franz Silbermayr · Karl Singer · Gertraud Sixtl · Katholisches Bildungshaus Sodalitas · Herbert und Maria Sommer · Ingrid Sommer · Irmfried Speiser · Constantin Spiegelfeld · Jugend- und Bildungshaus St. Arbogast · Bildungs- und Exerzitienhaus St. Hippolyt · Finanzkammer der Diözese St. Pölten · Katholische Aktion der Diözese St. Pölten · Katholisches Bildungswerk der Diözese St. Pölten · Katholisches Familienwerk der Diözese St. Pölten · Medienstelle der Diözese St. Pölten · Schulamt der Diözese St. Pölten · Franz und Hilde Stauber · Ferdinand Staudinger · Emmerich und Grete Steigberger-Griesmayr · Petrus Steigenberger OCist · Josef Steinbichler · Adele Steiner · Viktor Steininger · Notburga und Franz Steinkellner · Leopold Stieger · Alfred Stirnemann · Ignaz Stöger · Hilde Stöger-Ehrenberger · Elisabeth Stolberg · Barthold Strätling · Leopoldine Streimelweger · Josef Streisselberger · Eva Stricker-Barolin · Hans und Inge Ströbitzer · Alfred Ströer · Walter Suk · Alois Tampier · Ilse Temlik · Lisl und Toni Teufel · Wilhelm Thuswald · Franz Totschnig · Stefanie Tschandl · Monica Tupay · Vikariat Unter dem Wienerwald · Otto Urban · Günter Virt · Josef Vollnhofer · Alois Wagner · Josef Wagner · Nicolaus Wagner OSB · Daisy Waldstein-Wartenberg · Ernst und Marie Waldstein-Wartenberg · Karl und Yvonne Waldstein-Wartenberg · Nicholas Waldstein-Wartenberg · Gabriela Wallner-Fussi · Gustl Walzer · Rudolf Wancata · Marktgemeinde Wang · Karl Wanitschek · Elfriede Wawra · Hans Weber · Doris Weber-Kauf · Erika Weinzierl · Josef Weismayer · Ernst Wenisch · Christian Werner · Josef

Wessely · Katholischer Akademikerverband der Erzdiözese Wien · Katholisches Bildungswerk der Erzdiözese Wien · Katholisches Familienwerk der Erzdiözese Wien · Josef Wiener · Siegfried Wiesinger · Vera und Werner Wigelbeyer · Michael Wilhelm · Edith Wimmer · Johanna Wimmer · Sepp Winklmayr · Theresia und Anton Wischenbart · Manfred Wohlfahrt · Rudolf und Gertraud Wolfbauer · Josefa und Johann Wolmersdorfer · Franz Zak · Klaus Zapotoczky · Martha und Herbert Zihr · Bildungshaus Stift Zwettl und 45 hier nicht namentlich genannte Gratulanten sowie die ganze Familie.

Zu den Autoren

- Dr. Erhard Busek war u. a. Bundesminister für Wissenschaft und Kunst und von 1991 bis 1995 Vorsitzender der Österreichischen Volkspartei und Vizekanzler der Republik Österreich.
- Dr. Hubert Feichtlbauer war u. a. Chefredakteur der Furche und von 1979 bis 1990 Vorsitzender des Verbandes Katholischer Publizisten. Er ist Mitglied des Österreichischen Laienrates.
- Dr. Wilhem Filla ist Generalsekretär des Verbandes österreichischer Volkshochschulen.
- Dr. Christian Friesl ist Universitätsassistent am Institut für Pastoraltheologie in Wien und seit November 1997 Präsident der Katholischen Aktion Österreichs.
- Prof. Mag. Karl Kalcsics ist Leiter der Förderungsstelle des Bundes für Erwachsenenbildung in der Steiermark.
- Hans Karner ist Vizebürgermeister der Gemeinde Gresten Land und Vorstandsmitglied des Vereins NÖ Eisenstraße.
- Dr. Konrad Köhl war Leiter der Cusanus-Akademie Brixen und ist derzeit Vorsitzender der Kommission „Seniorenbildung" der Europäischen Förderation katholischer Erwachsenenbildung (FEECA).
- Dr. Franz Kardinal König war von 1956 bis 1986 Erzbischof von Wien und Vorsitzender der österreichischen Bischofskonferenz.
- Mag. Robert Krendl ist Theologe, Religionslehrer und Erwachsenenbildner, u. a. in den Bereichen Ehe- und Elternbildung und Arbeit an einem neuen Männer(selbst)bild.
- Eva-Maria Krendl-Klimitsch ist Theologin, Religionslehrerin und in der Erwachsenenbildung tätig, vor allem in den Bereichen Frauenbildung, Ehe- und Elternbildung sowie Kommunikation.
- Dr. Sixtus Lanner war u. a. Direktor des Bauernbundes, Generalsekretär der ÖVP und Abgeordneter zum Nationalrat.
- Mag. Karl Mittlinger ist Theologe und Direktor des Bildungshauses Mariatrost in Graz.
- Mag. Jakob Patsch ist Theologe und Mitarbeiter der Plattform „Wir sind Kirche".
- Mag. Eva Petrik war u. a. von 1983 bis 1991 Landtagsabgeordnete und Gemeinderätin von Wien und von 1991 bis 1997 Präsidentin der Katholischen Aktion Österreichs. Sie hat vier Töchter und elf Enkelkinder.

- Prof. Mag. Josef Petrik war Vorsitzender des Katholischen Familienwerkes Österreichs. Er ist vierfacher Vater und elffacher Großvater.
- Theresia Prüller war u. a. Bundesführerin der KJ/Mädchen, Vorsitzende der Katholischen Frauenbewegung der Diözese St. Pölten und Redakteurin der Zeitung „Kirche bunt".
- Dr. Gunter M. Prüller-Jagenteufel ist Universitätsassistent am Institut für Moraltheologie in Wien.
- Mag. Veronika Prüller-Jagenteufel ist Pastoraltheologin und Chefredakteurin der praktisch-theologischen Zeitschrift „Diakonia".
- Dipl. Ing. Josef Riegler war u. a. von 1989 bis 1991 Vorsitzender der Österreichischen Volkspartei und Vizekanzler der Republik Österreich.
- Dr. Erika Schuster, Germanistin und Erwachsenenbildnerin, ist Leiterin des Literarischen Forums der Katholischen Aktion Österreichs.
- Mag. Veronica Schwed ist Theologin und Religionslehrerin sowie in der Erwachsenenbildung tätig. Sie ist Mutter von vier Töchtern.
- Dr. Franz Stauber war Leiter des Katholischen Bildungswerkes der Diözese Linz, von 1982 bis 1991 Direktor der Caritas der Diözese Linz und u. a. stellvertretender Vorsitzender des Kuratoriums des ORF.
- Akademiedozent i. R. Barthold Strätling war u. a. von 1977 bis 1996 Vorsitzender der Kommission „Ehe und Familie" der Europäischen Föderation katholischer Erwachsenenbildung (FEECA). Er ist verheiratet und hat mehrere Kinder und Enkel.
- Alfred Ströer war u. a. Sekretär des ÖGB, Mitglied des SPÖ-Parteivorstandes und Abgeordneter zum Nationalrat. Er ist Vorsitzender des Bundes Sozialdemokratischer Widerstandskämpfer und Opfer des Faschismus.
- Dr. Ernst Waldstein war u. a. Vorsitzender des Österreichischen Laienrates und von 1988 bis 1992 Präsident des Europäischen Laienrates.
- Hans Weber war Bundesgeschäftsführer der Katholischen Landvolkbewegung Deutschlands.
- Univ.-Prof. Dr. Erika Weinzierl war ordentliche Universitätsprofessorin für Neuere Geschichte an der Universität Wien.
- Dr. Manfred Wohlfahrt leitet das Referat für Pfarrgemeinderäte, Weltanschauungsfragen und Glaubensinformation im Pastoralamt der Diözese St. Pölten.
- Dr. Franz Zak war von 1961 bis 1991 Diözesanbischof der Diözese St. Pölten.